毛泽东说与写的魅力

王守柱 编著

中央文献出版社

图书在版编目（CIP）数据

毛泽东说与写的魅力 / 王守柱 编著.
—北京：中央文献出版社 2003.10（2021.5 重印）
ISBN 978-7-5073-1368-0
Ⅰ.毛… Ⅱ.①王… Ⅲ.①毛泽东（1893~1976）
②毛泽东著作研究—书信集 Ⅳ.① A755 ② A841.3
中国版本图书馆 CIP 数据核字（2003）第 030230 号

毛泽东说与写的魅力

编　　者 / 王守柱
责任编辑 / 李月兰
策　　划 / 王　猛
封面设计 / 田　松

出版发行 / 中央文献出版社
地　　址 / 北京北四环西路69号
邮　　编 / 100080
经　　销 / 新华书店
排　　版 / 北京水利万物传媒有限公司
印　　刷 / 唐山楠萍印务有限公司

880×1230mm　32开　16.75印张　400千字
2003年10月出版　2021年5月第2次印刷

ISBN 978-7-5073-1368-0　　定价：98.00元

目 录

第2章　毛泽东与同事、部下、身边工作人员的交谈

第7章 毛泽东与外国领导人、友人的交谈

第二篇 毛泽东批评的语言魅力

第三篇 毛泽东辩论、说服的语言魅力

第六篇　毛泽东文章的语言魅力

第七篇　毛泽东书信的语言魅力

第八篇　毛泽东诗词的语言魅力

前　言

毛泽东是中国人民的伟大领袖，是一位世界伟人。毛泽东从青年时代起就投身于革命，领导中国人民推翻了压在头上的“三座大山”，建立了新中国。建国后，毛泽东又继续领导中国人民进行社会主义革命和社会主义建设，为改变中国“一穷二白”的贫困落后面貌，为使新中国富强、昌盛，屹立于世界民族之林，日夜操劳运筹，废寝忘食地工作，不仅为中国历史谱写了新篇章，而且在世界历史上也产生了深远的影响。

毛泽东的一生，与他所从事的伟大的革命事业是紧密相连的。从毛泽东的言谈话语中和写作的作品中，我们可以看到毛泽东所从事的伟大的革命事业的光辉业绩。毛泽东说与写的语言艺术是很有魅力的，不仅在当时影响巨大，就是到今天，其影响也是不可低估的。毛泽东毕竟是一位农民的儿子，一位从人民中走出来的伟大领袖，他所说所写的，都是雅俗共赏的，都是为人民大众所喜闻乐见的。毛泽东语言艺术的最主要的特点之一就是：大众化，通俗易懂，生动活泼，幽默风趣，且富有哲理。这种语言风格是很值得我们认真学习的。

本书从选题的酝酿、确定到编写付梓，笔者都付出了大量的心血，花费了一年多的时间。

在编写本书的过程中，笔者翻阅了大量的有关毛泽东生平的纪实文章、书籍，从中选择可供本书使用的资料，并且对资料中的事实、时间、地点、人物等进行了认真核对，发现问题及时予以改正，力求做到真实、可信；在进行点评时，虽纯属个人体会，但仍认真、反复思考，用文、史、哲等方面的知识尽量作出较为准确无误的分析。

在编写体例上，本书按大类分为八篇，每篇中的各章节均按时间顺序编排，以使读者易于了解历史脉络。

在编写本书内容时，笔者力求每一篇中的每一章、每一章中的每一节，都充分体现出真实性、典型性、故事性、艺术性、趣味性，以便于读者悦读品读，并且从书中获益多多。

由于时间匆促和所用资料尚不充分，再加笔者水平有限，书中难免有不足之处，恳请读者批评指正。

王守柱

2003 年 1 月完稿

2021 年 3 月 21 日修订于北京香山

第一篇

毛泽东交谈的语言魅力

第1章

毛泽东与亲属、师友的交谈

“虎父无犬子……将来定成大器!”

——毛泽东与三弟毛泽覃的妻子周文楠的交谈

1938年6月下旬，延安。一天，毛泽东会见了与自己分散多年的三弟毛泽覃的妻子周文楠。周文楠是在党组织的帮助下来到这里的。毛泽东很高兴，也更加追忆三弟毛泽覃。一家人欢聚，一起吃了晚饭，饭后又在毛泽东居住的窑洞里作了彻夜长谈。

当周文楠谈及在韶山读书的儿子毛楚雄时，她从自己带着的一个小布包里取出了一个小本子，翻开来很自豪地说:“楚雄的学习可好了！这是他写的一篇作文，题目是《抗战建国》。”说完便读给大家听:“现在国家已被暴日侵略，危急到了万分，就如刀架在头上，火烧在眉尖一样，我们小朋友也该团结起来……要抗战才能建国，要建国必须抗战。在前方的应该努力作战，在后方的应该努力读书和宣传，建筑新的中华民族。所以要在这青年时代，努力向前猛进，千万不要养尊处优，虎头蛇尾，青年要达成目标，非要吃苦不行！”

毛泽东听罢，不由感慨道:“一个十三四岁的娃娃，能写出这样情绪激昂、卓尔不群的作文来，很是我们毛家的后代么！”

见到大哥称赞自己的儿子，周文楠又说：“有一次县里的督学来到学校看学生，听了校长介绍楚雄，翻看了楚雄写的作文，很有些吃惊，他不相信一个少年能写出这么成熟的文章，就把楚雄叫了去，当面给楚雄提了几个问题，楚雄竟对答如流呢！”

毛泽东笑了：“好么！虎父无犬子，日后定能为国家的大业出力。”周文楠又说：“还有呢——那个督学还是有些不相信的样子，又出题叫楚雄当面写文章；楚雄立刻铺纸研墨，一挥而就……”

毛泽东又一次笑了：“才气横溢，将来定成大器！”

围坐在一起的人都笑了，周文楠笑得最开心……

毛泽东对侄子恰如其分的评语和饱含激情的夸赞，使做母亲的周文楠很高兴。亲人相逢，谈及快事，怎不倍感高兴，何况毛泽东的评语、夸赞又是那么的中听悦耳、恰如其分！

入乡随俗　礼貌待人

——毛泽东与长子毛岸英的交谈

1937年初，毛岸英去莫斯科学习；1946年从莫斯科秘密回到延安。由于毛岸英在苏联生活的时间较长，其生活习惯，特别是待人接物方面都已有些欧化了。初到延安时，他感到各方面都很陌生、别扭，一时难以适应这种全新的生活环境。

开始，毛岸英与人说起话来，高兴时就旁若无人般地开怀大笑，遇到听不懂、搞不明白的时候，往往是耸肩、摇头、摆手，而且又特别喜欢用手势来加重与人谈话的语气，这些举止动作，毛泽东看到后很不高兴，直截了当地提出了严肃批评：你现在是在中国，在延安，不是在苏联。对这里的人你要按照东方人的传统习惯行事。他又语重心长地说："年轻人在长辈面前，在年纪大的人面前，要文静，要规规矩矩地跟人说话，不可手之舞之足之蹈之也！"

经过毛泽东的一番批评教育，毛岸英不仅改正了在国外养成的生活习惯，适应了延安生活，而且很快就变成了一个名副其实的"土八路"。

毛泽东十分注重中国的传统美德，郑重其事地教毛岸英按中国传统方式与人交往。毛泽东对他说："你先去看看延安的老同志。见了人不要没大没小，年纪大些的，你喊他伯伯、伯母、叔叔、婶婶；最老的，要喊爷爷、老爹爹、老奶奶；跟你年纪差不多的，你就喊哥哥，或称同志。不能随随便便地直呼人家的大名。"

听了父亲的一番教诲后，岸英就开始行动，到各个窑洞去看望老一辈人，向周恩来、邓颖超和朱德、康克清等问好，并受到了他们的夸赞。

毛泽东的话无疑是合情合理的，入乡随俗，礼貌待人，无论是过去，还是现在，对任何人都是有启示意义的。

毛泽东特别注重对子女的教育，一旦发现子女身上存在问题，则严肃对待，毫不含糊。毛泽东对长子毛岸英生活习惯的批评教育，就是一个典型的例子。对岸英的错误、缺点，作为父亲的毛泽东，看在眼里，并及时给以严肃认真的批评教育，使其按革命事业的要求来改造、成长。江泽民说："毛主席对子女要求很严，对全党干部子弟也是很大教育。要宣传毛主席是怎样教育子女的。在这方面，我们后代人要像毛主席那样，对子女要求严格。"

“好呀，白胖子成了黑胖子！”

——毛泽东与长子毛岸英的谈话

1946年，毛岸英结束了在苏联的学习生活，回到了祖国，回到了父亲的身边。

看到儿子一表人才，毛泽东满意地笑了。他仔细地询问了岸英在苏联的学习情况，然后又问道：“你在苏联经常读中国的书吗？”

“经常读的，能找到的我就找来读。”

“读过什么小说吗？”

岸英想了想，说：“读过《红楼梦》《水浒传》，还有鲁迅的作品。《红楼梦》里的诗词不大好懂。”

毛泽东把读《红楼梦》的要领告诉岸英，然后站了起来，抬头遥望延河那边的凤凰山上正在开荒的人群，慈祥地对岸英说：“岸英，你在苏联长大，国内的生活你不熟悉。你在苏联大学读书，住的是洋学堂，我们中国还有个学堂，这就是农业大学，劳动大学。”

听到这里，岸英已领会了父亲的心意，便接着说：“是的，我离开中国这么久，在苏联大多过的是学校生活，中国农村我不知道，也不会种田，我愿意向农民学习。”

毛泽东又对岸英讲起了孔夫子的一个故事：有一次，孔子的学生问孔子：“会种田吗？”孔子说：“我不如老农。”学生又问：“会种菜吗？”孔子说：“我不如老圃。”毛泽东想通过这个故事教育儿子，要虚心学习，不耻下问。

“你在莫斯科睡得那么好，一人一个床，到了延安，就是炕上铺张芦席子，底下烧火，不要怕；老百姓有虱子呀，不要怕，有水就多洗一洗，没水，就用手多捉几个。”讲到这里，毛泽东也笑了，又说，“过些时，我替你找个校长，住劳动大学去。”

一天，毛泽东给毛岸英介绍了一位劳动模范，指着他对岸英说：“这就是校长，你过去吃的是面包牛奶，回来要吃中国的小米，可养人呐！”又指着岸英对劳模说：“我现在给你送一个学生，他进过外国的大学，没有进过中国的大学。”

劳模惶恐地说：“咱叫什么大学，咱啥也不懂。”

毛泽东谦虚地说：“我知道的你都知道，你知道的我还不知道。他还是娃娃，我就拜托你，你要教他种地嘛，告诉他，庄稼怎么种出来的，怎么多打粮食。”

劳模信心十足地答：“那我行。”

“好吧，就这样说定了，过几天就来。”

吴家枣园在延安城南 15 里，这天一大早，岸英就起床收拾行装。当岸英听说眼下乡亲们生活很苦，睡炕都不垫褥子，赶紧把手里拿着的一床蓝布褥子收进柜子里，对身旁的张参谋说：“那我也不带褥子。垫褥子，在老乡家里会显得特殊。”这时，毛泽东走了进来，把一件打了补丁的棉衣披在岸英身上。岸英脱去大皮鞋，换上爸爸送给他的旧皮底鞋，背包里捆了一些小米和几斤菜籽、瓜籽，从窑洞里走了出来。

毛泽东送了他一段路，语重心长地说：“岸英，你要和老乡们一同吃，一同住，一同劳动，从开荒一直到收割后，再回来，等你劳动大学毕了业，再上‘延安大学’好不好？”

“好，很好！”岸英爽朗地回答，告别了父亲，背着行李向前走去。

50 多天后，因胡宗南部进犯延安，形势紧张，村长把毛岸英送回毛泽东身边。毛泽东仔细地打量，只见岸英头上用白羊肚毛巾扎着英雄结，穿着灰土布汗褂子，两条又粗又黑的胳膊闪着黝黑的油彩，脸上也黑不溜秋的，跟陕北青年农民一个样。

毛泽东风趣地说："好呀，白胖子成了黑胖子！"

村长赞不绝口地说："岸英是个好后生，他学会了驮粪、刨地、犁地、播种这些庄稼活儿，还利用空余时间组织村里的青年人学政治、学文化。上山劳动回来，还总要捎回一捆柴，送给烈军属，岸英在劳动大学毕业了。"

毛泽东摸了摸儿子的双手，是一层厚厚的茧子，毛泽东满意地说："这就是你在劳动大学的毕业证书！"

毛泽东的一席话，很有特点。他教导岸英要注重书本的学习.更要注重实际生活的学习、锻炼，循循善诱，引经据典，使岸英欣然同意到艰苦的农业生产第一线去，上劳动大学，向劳动人民学习，并在劳动大学中取得了优异的成绩。这不仅体现了毛泽东对如何教育子女问题的重视，体现了毛泽东密切联系群众，保持劳动人民的本色，更体现了领袖和人民心连心，廉洁奉公。在如何教育好子女的问题上，如果今人，特别是当领导的都想一想当年毛泽东的榜样，何愁不好解决呢？！

终身大事要慎重　光凭漂亮不行

——毛泽东与长子毛岸英的交谈

1947 年，延安。

毛泽东将儿子岸英召到自己的住处，与他谈论婚姻大事。

毛岸英走进父亲毛泽东的住房，问起父亲的饮食起居，说了些请父亲注意身体之类的话。

毛泽东告诉儿子，胡宗南要进攻延安了，工作千头万绪，你别浮在上面了，到斗争的第一线去磨炼……

接着，毛泽东将话头引入正题："听说你结识了一个姑娘，北平来的？”

岸英连忙说：“我觉得人挺不错，长得也漂亮，又有文化……”

毛泽东早看透儿子的心，笑了笑说：“当然了，不漂亮不聪明，你也不会动心，这一条我理解。共产党人不是禁欲主义者。不过，见了漂亮就动心，除了漂亮外什么都不考虑了，这一条我对你就不敢恭维了。”

接着，毛泽东又以严肃的口吻说道：“除了漂亮，有文化，你还了解她些什么呢？理想、品德、性格，你了解吗？她刚刚从北平来，她的家庭出身、社会关系、个人品质，我们都不甚了解。岸英，婚姻对你来讲，不，对每个人来讲，都是终身大事，既是终身大事，也关系着我们的革命事业，因为你是毛泽东的儿子呀，这件事，一定要慎重，不能轻率从事。现在你还年轻，刚回国才一年，眼前正赶上胡宗南举兵进犯的紧急时候，不要急于定终身，双方再处处，多方面了解了解。”

不久，延安成了胡宗南的天下，毛岸英东渡黄河，到艰苦的山西乡下搞土改去了。那位北平来的姑娘，吃不了苦，脱离了革命队伍，又回到北平去了，还在报上写文章攻击共产党。

后来，毛泽东笑着对儿子岸英说道：“漂亮靠不住吧，还得靠理想，靠志同道合。”

毛泽东动之以情，晓之以理，告诉儿子对待个人的婚姻问题这一终身大事，要慎重、多思，既要考虑个人问题，又要考虑革命事业；谈恋爱搞对象，不能光看外表漂亮而被其诱惑忘乎所以。无数事实证明，毛泽东的观点是正确的。君不见，有许多英雄“难过美人”关，因而堕入情网结果弄得身败名裂；专就谈恋爱搞对象而言，因图美貌而忽视其他，最终弄得痛苦不堪，这样的案例也不在少数，很是发人深省啊！

"孩子淘气是聪明健康的一种表现"

——毛泽东与女儿李讷的谈话

1947年10月底，陕北的形势好转，江青去河东接回了李讷。

这时，带李讷的阿姨由高小毕业生韩桂馨担任。毛泽东说："李讷7岁了，现在的形势上不了学，怎么办呢？"毛泽东让小韩教李讷读书识字。

李讷回来后，见到爸爸特别亲热，还向爸爸表决心："好好学习，不淘气……"

毛泽东笑着说："好好学习是对的……乱淘气不行，有点小淘气还是可以的。孩子淘气是聪明健康的一种表现……"

孩子聪明健康，有时通过淘气表现出来。因为这种淘气打破常规，没有条条框框的限制，能使兴趣得到发挥，脑筋得到锻炼，智力得到开发，素质得到加强。毛泽东在教育子女方面明确指出了全面发展的重要性。

处理婚姻大事，以大局为重

——毛泽东与长子毛岸英的交谈

毛泽东的长子毛岸英与刘谦初（革命烈士）的女儿刘思齐在延安时就相识了。中央机关迁至西柏坡后，毛岸英、刘思齐就被分配到附近农村搞土改，在工作和生活中接触多了，两人互相尊重，产生了感情。经邓颖超和康克清帮忙，毛泽东同意岸英和思齐确定了恋爱关系。

两人的关系发展很快。热恋中的岸英因年龄已26岁了，自然就萌发了结婚的念头。为稳妥起见，他们先托康妈妈向父亲打了招呼，然后，同刘思齐一起去找父亲。一见面，岸英就单刀直入地请求父亲同意他们结婚。毛泽东和气地说:“思齐还小，不到结婚年纪，现在不能结婚。”岸英说:“也差不了几个月。”毛泽东说:“差一天也不行……”毛岸英继续恳求:“我自己的事还是让我自己作主吧”。毛泽东严肃地说:“结婚年龄不到你做得了主吗？那就要由制度和纪律作主。毛岸英，你知道吗？我们军队有一条规定，连以上干部不满30岁不准结婚，而你才26岁。再说解放区的婚姻法规定，男满20岁，女满18岁才准结婚。思齐不到18岁。”岸英一听急了，以攀比的口气说:“岁数不到结婚的人多着呢？”毛泽东生气了:“谁叫你是毛泽东的儿子！现在你们两个都不够结婚条件，法律，是要每个人都遵守的，你毛岸英、刘思齐更不能例外。”毛岸英被父亲“剋”了一顿，心里很烦，第二天仍没起床，在床上哭。毛泽东听到卫士报告此事，立时火上来了。他走到儿子的住房门口，大声吼道:“毛岸英，你想干什么？”毛泽东这一声大吼，比别人劝说顶用得多，毛岸英不哭了。毛泽东又狠狠地训斥了一声:“没出息！”几天之后，岸英想通了，向父亲作了检讨，毛泽东笑着说:“很好，这样，你就是一个模范的守法者，而不是一个违法者了。”

1949年9月，岸英同思齐商量好了办婚事。他们先征求了思齐母亲张文秋的意见，尔后到了父亲毛泽东那里。

毛泽东说:“我同意。你们准备怎么办婚事呀？”

岸英说:“我们商量好了，越简单越好，我们都有随身的衣服，也有现成的被褥，不用花钱买东西。”

毛泽东听了非常高兴，说:“这是喜上加喜，应该艰苦朴素。但你们结婚是一辈子的大事啊，我请大家吃顿饭。你们想请谁就请谁。我跟思齐的妈妈说说，现在是供给制，她也不要花钱买东西了。她请谁来都可以，来吃顿饭。”

1949 年 10 月 15 日，岸英和思齐在中南海丰泽园举行了简单的婚礼。毛泽东亲自请了几位革命老人来吃了一顿饭，并在婚礼结束后，岸英和思齐临走时，拿出随身带来的 1945 年去重庆谈判时穿的一件黑色皮大衣，风趣地笑着说：“我没有什么贵重礼品送给你们，就这么一件大衣，白天让岸英穿，晚上盖在被子上，你俩都有份。”

毛泽东以身作则，率先垂范，严格要求子女，严格教育子女。在对儿子岸英提出要求结婚这一问题上，严把关，丝毫不放宽，晓之以理，动之以情，又不失父亲的“威严”，终于管教好了孩子。

毛泽东一贯倡导艰苦朴素，勤俭办一切。儿子结婚，是个人终身大事，按理说，当时尽管条件差些，可尽力搞得好一点儿，像模像样地“热闹”一番，还是能做到的；可毛泽东不允许，要求俭朴地操办，谆谆教诲，使儿女心悦诚服，并在俭朴的婚礼中，享受着慈父的亲切关怀。

看看当年毛泽东的言行，有些领导干部真该认真地好好地学习学习。教育好子女，不仅仅是个人家庭问题，而且是关系到党和人民群众的关系问题，更是干部的形象问题。

“这就是知识的力量”

——毛泽东与大儿媳刘思齐等的交谈

1949 年 11 月 13 日，中南海的周末之夜。

毛泽东与亲属向三立谈笑风生。正值周末，家里人都回来了，毛岸英、刘思齐夫妇，李敏、李讷，还有江青都聚在了一起，这更令毛泽东高兴，他和家人一起共度良宵。毛泽东一边吃水果，一边同人家说着笑话。

刘思齐给毛泽东沏了一杯茶，毛泽东喝了口茶，给她讲了一个故事。他说：古时候有两个秀才，一个姓刘，一个姓李，两个人都爱作对联，一见面就想对对子。一次，两人又见面了，商量对对子，谁对不出谁就要受罚。李秀才先出上联："骑青牛，过函谷，老子姓李。"刘秀才知道李秀才用了老子李聃骑青牛过函谷的典故，心想："他想占我的便宜，没门！看我非损他一下不可！"于是他略加思索，对了下联："斩白蛇，兴汉室，高祖是刘。"刘秀才以汉高祖刘邦自比，来对"老子"，高过李秀才一筹，李秀才不得不服了，连说："高明，高明！你赢了，我服输！"

刘思齐觉得这个故事很有趣，称赞道："爸爸，那个刘秀才真有学问！"

"思齐呀，那个刘秀才是你的祖先，他崇拜汉高祖刘邦。那个李秀才也可算是我的本家，因为我在延安时虽化名李得胜，但我不信老子李聃学说，他提倡出世思想，清静无为。"

毛泽东对刘思齐说："你说得对，人家多有学问，对历史掌故如此熟悉，能运用到实际生活中来，并且一用就活，一下把人家给吓倒了。这就是知识的力量！"

刘思齐和姊妹们听得很认真，向三立也听得津津有味。

毛泽东又对孩子们说："知识一旦灵活运用，就可以变成武器，用来保卫自己，所以，你们要努力学习，积累丰富的知识，尤其是要学好历史和古典文学。"

接着，毛泽东又把学习历史同治国联系起来。他说："刘邦出身贫苦，没有多少兵力，没有万贯家财，却能称霸一方，统一天下，并且使汉朝长治久安，其原因主要是他善于用人。他手下有两个重要的谋士，一个是张良，另一个是韩信，这两个人都能够为他所用。

刘邦的对手楚霸王项羽却是个孤家寡人。当初，他的势力比刘邦大多了，拥有庞大的军队，统治着楚国这块富庶之地，兵强马壮，不可一世。但他有勇无谋，刚愎自用，不听谋士的进言，鸿门宴放走了刘邦。当然，项羽心肠好。鸿门宴项庄舞剑，意在沛公，项羽却不肯杀刘邦，刘邦说了几句好话，他就心软了。范增向他进言，他却不杀刘邦，而把刘邦放了，等于放虎归山。项羽没有理睬他的话，结果被范增言中。刘邦逃走后，势力不断扩大，与项羽争雄，结果打败了项羽。项羽被围在垓下，只得别姬自刎。项羽也不善用人，不能招贤纳士。韩信去拜访项羽，项羽却看不起韩信，结果韩信却为刘邦所用，为建立汉朝立下了汗马功劳。”

毛泽东说到这里，把历史掌故引到现实生活中来，他说：“殷鉴不远。前车之覆，后车之鉴。我们要记取项羽的教训，切不可骄傲自满，对敌人更不要心慈手软。‘宜将剩勇追穷寇，不可沽名学霸王’，现在新中国刚刚成立，百废待兴，蒋介石逃到了台湾，还想要反攻大陆。我们一定要解放台湾，将革命进行到底！”毛泽东停了停，又说，“刘邦的治国之道，任人唯贤，广纳贤才，治理好国家，实现长治久安，也是值得我们借鉴的。”

毛泽东利用讲故事的方法来阐明道理，深入浅出，耐人寻味，特别是对子女们谈话，采取这种方式，子女们更容易接受，在融洽、和谐、热烈的家庭气氛中愉快地交谈，从而使大家获得了历史知识。

“都不要争了，今晚我请客”

——毛泽东与汤璪真、黎锦熙等的交谈

1949年春夏之交的一天下午，毛泽东从当天大量来信中，看到一封寄自北京师范大学、署名汤璪真的信件，心里很是高兴。

汤璪真是毛泽东少年时代的同学，毛泽东曾和他在湘乡东山高等小学一起读过书。他聪明过人，曾连跳两级，且各门功课皆优。1918年，两人在北京相会，毛泽东知道他准备走一条教育报国之路……当毛泽东回到现实中来时，激动地拿起电话："请给我接通北平师范大学汤璪真校长。"汤璪真拿起电话问："喂！你找谁啊？"

毛泽东："我找汤校长。"

汤璪真："我就是啊，你是谁啊？"

毛泽东："我是你二十多年前的老同学毛润之。"

汤璪真："噢，你就是润公啊！我们非常想念你呀！"

毛泽东："我也很想念你的啊！你写给我的信收到了，很是高兴呀！"

汤璪真："一想到你现在的地位，只能先给你写信呀……"

毛泽东风趣地说："不敢上门来找，先投石问路，写封信试试，看看我忘记没有忘记你这位小同学。"

汤璪真："不是这个意思，你日理万机，太忙……"

毛泽东："再忙也不能怠慢老同学。请告诉我：在北平还有哪些熟人？"

汤璪真："有北师大文学院院长黎锦熙、地理学系主任黄国璋，还有齐白石老先生……"

毛泽东："太好了！太好了！今天下午我来看你们。"

下午3时，毛泽东带着秘书田家英及一名卫士乘车专程去北师大宿舍拜访汤璪真等人。

这时，汤璪真站在门前问夫人："通知黎院长他们了吗？"汤夫人答："通知了！你的老同学不知带多少保镖来？"汤璪真摇摇头说："不知道。出于安全考虑，我想会带不少保安人员的。"汤夫人说："这我就放心了。"在对面墙下，有几个小孩拿着粉笔在墙上一笔一划地写着:“欢迎毛主席!”

此时,毛泽东已到和平门内东顺城街48号大院,走进后院,看见等着的汤璪真夫妇,大声说道:“老同学,你好哇!”汤璪真大步向前,紧紧握住毛泽东的手:“润公,你好啊!”转身指着夫人说,“这是我的堂客。”毛泽东伸手握住汤夫人的手说:“嫂夫人好!”

汤夫人拘谨地问:“毛主席好!您带的保镖人员呢?”毛泽东指着田家英和一位卫士说:“他俩就是。”汤夫人惊讶地说:“就他俩……”毛泽东看见孩子们写标语,走过去摸着正在写的一个女孩的头:“小朋友,不要写什么欢迎标语嘛!”这一下,院中响起了欢乐的笑声。

毛泽东在汤璪真夫妇陪同下走进书房。他坐下后就问汤夫人:“嫂夫人,这些年来你跟我这位老同学一定吃了不少苦吧?”汤夫人说:“是啊,远的不说就说这两年吧,北平是国民党兵痞、美国大兵横行的地方,苦了这些穷教书先生!”汤璪真接着说:“南京的教育部长朱家骅是我留德的朋友,北平解放前夕,他派专机接我南下,到教育部供职,过所谓上等人的生活,我不愿意同流合污,坚拒南下,冒着生命危险,等着润公的到来。”

毛泽东感动地说:“谢谢老同学!我的老师黎锦熙先生也是出于这样的原因留下的吧?”这时,年过花甲的黎锦熙走进书房说:“对!我对家人说,哪儿也不去,我要在这里等一位唐宗宋祖稍逊风骚的伟人哩!”毛泽东急忙起身,紧紧握住黎锦熙的双手:“黎先生,我不是什么唐宗宋祖稍逊风骚的伟人,我还是那位当年给您抄写文章的学生毛润之!”

汤璪真一惊,说:“黎院长,润之还曾给你抄过文章?这是一个珍闻呀!”

“我黄某可以证明,”这时,黄国璋一齐走进来,“润公,还记得我吗？”毛泽东迎上去，紧紧握住黄国璋的双手答：“记得，记得，地理学家黄国璋先生的大名岂敢忘怀？我至今还记得黎先生办《湖南公报》，我帮着先生抄文章时，你就对地理有特殊的兴趣。”黄国璋接着说道：“我更记得黎先生说过这样的一段话：‘那时，有三个青年帮我抄文章，第一个不问内容如何，一概照抄，事后默默无闻；第二个凡见到文稿中有问题总要提出来，并代为润色，此人成了大戏剧家，这就是田汉；第三个看到文稿中有不同意见的观点，就不愿意代抄，他后来就成了一代伟人，他就是毛泽东。’”

毛泽东听后立即说：“黎先生过誉了！公平地说，在我的成长过程中，黎先生是我可与商量学问、讨论国家大计的恩师。”黄国璋称道：“既然润公称黎院长为恩师，那今天就由黎伯乐做东了！”汤璪真立即接过话：“不，不，今天在我家当然由我做东。”毛泽东插话说：“都不要争了，今晚我请客。”立即让田家英定两桌酒席，送到这里来吃。

在汤璪真家堂屋里，一张八仙桌摆满了丰盛的酒和菜。毛泽东请黎先生坐上位。黎先生决意不肯，并说：“你是主席，应该坐上位。”毛泽东扶着黎锦熙往上位方向走，说道：“这里您年纪最大，又是我的老师，哪有学生坐上位的道理？”汤璪真调解说：“黎院长，既然润公说了，你就不必再谦让了。”于是，大家依次落座。

毛泽东边给大家斟酒、夹菜边说：“今天，我们是难得的相聚，大家有什么心里话，都可以对我毛泽东直言。”教授们觉得这是难得的机会，从生活困难开始谈起，又谈到教育事业如何发展的问题。毛泽东当即表示，教授的生活困难只是暂时的；新中国的教育事业会有很大的发展，教授待遇问题政府一定会考虑，会提高薪水……他特别强调许多从旧社会走过来的知识分子是爱国的，拥护共产党和人民政府，一定会为新中国贡献力量。

席间谈话不断深入，黎锦熙说：“我和黄先生都是九三学社的成员，大家认为新中国将成立了，我们这个以大学教授为主体的团体就没有再存在的必要了，多数人主张解散，其成员将加入中国科学工作者协会。”毛泽东沉思片刻后说：“我认为九三学社不仅不要解散，还应认真地团结科学、文教界的知名人士，积极参政议政，共同建设新中国。”黎锦熙、黄国璋教授异口同声地说：“那我们就把润公的意见带回去，再商量商量。”

汤璪真主动提出：“润公，你对我们有什么希望也可以说说。”毛泽东说：“我希望大家不仅是我毛泽东个人的朋友，也都应该成为中国共产党的朋友。”坐在上位的黎锦熙端起酒杯说：“为我们这些毛泽东的老朋友，成为中国共产党的新朋友，干杯！”大家举杯响应“干杯”。

毛泽东起身向主人告辞，并和每一个人握手告别，最后拉着汤璪真的手说：“孟林，今天到你这里来，是我拜访老师、同学时间最长的一回了。”

身为领袖的毛泽东，在老师们面前，仍如当年的学生一样尊敬自己的老师，当话题谈及国事的时候，毛泽东开诚布公，又将私交自然升华为国事。

“谁叫他是毛泽东的儿子”

——毛泽东与江青等人的交谈

1950年6月，毛泽东和中共中央政治局常委作出了派志愿军抗美援朝的决策。

毛泽东还决定送长子毛岸英随彭德怀司令员赴朝参战。江青和其他一些同志纷纷劝说毛泽东不要派岸英出国参战，理由是：岸英在单位里负责任务很重，不好离开。毛泽东坚持岸英应该去，还讲了他应该去的许多理由，大家全都无法说服毛泽东。

在毛泽东说明送子出国参战的道理中，给人印象最深的一句话：“谁叫他是毛泽东的儿子，他不去谁还去？”

“谁叫他是毛泽东的儿子”，这句话看似平常，却寓意深刻、深远。越是身居高位的领导者，越是要自觉地严格要求自己，严格要求子女，绝不许搞“特殊化”。毛泽东的言传身教，对于领导干部的影响很大。身为领导干部都应该很好地向毛泽东学习这种品德。

“一日为师，终身为父”

——毛泽东与老师徐特立的交谈

建国初期，尽管政务繁忙，身为共和国主席的毛泽东仍惦念着当时还在南方的徐特立，他特地发电报邀请徐老到北京会晤。

徐老到中南海后，毛泽东专门备了几样家乡菜为老师洗尘：一碗湘笋，一碗青椒，还有一个汤。

“没有好菜吃。”毛泽东表示抱歉。

“人意好，水也甜嘛！”徐老笑着说。

入座前，徐老对毛泽东说：“您是全国人民的主席，应该坐上席。”

“您是主席的老师。‘一日为师，终身为父’，您更应该坐上席。”毛泽东坚持谦让，他硬是让徐老坐了上席。

几日后，二人话别，毛泽东见徐老穿着还和当年那样俭朴，就把自己的一件呢子大衣送给了他，说是以表人子之心。

徐老接衣在手，激动不已，老泪纵横。

毛泽东拉着老师的手，依依不舍，送了一程又一程。

徐老回家后，把大衣交给老伴收藏起来，只在庄重的场合才舍得穿它。

“一日为师，终身为父”，这是在人民群众口头上广为流传的一句成语，毛泽东将它征引过来，意在说明他对老师徐特立的敬重；“一日为师，终身为父”，也是中国传统文化中教师在学生心目中的形象和地位，毛泽东虽身居高位，仍没有忘记这一传统美德。教师为有这样的好学生，能不感动吗？其精神值得继承和发扬！

“过去的事，不要提它了”

——毛泽东与周世钊、张干的交谈

1950 年 10 月 5 日，毛泽东在中南海住所邀请原一师部分老师、同学吃饭。同班同学周世钊谈及张干一直教学的情况和张干六口之家的困难，及让转告主席给予适当照顾的请求。毛泽东深受感动，放下筷子说：“张干这个人很有能力。30 多岁就当了一师校长，不简单。原来我估计他要向上爬，爬到反动统治队伍里做高官，结果没有。刚才听你说，他现在还在划粉笔，这是难能可贵的。”又说，“张干是有向上爬的本钱的，如果他下决心向上爬，一定爬得上去。经过几十年还没有爬上去，可见他没有向上爬的决心，这就算有一定的操守。对张干应该照顾，应该照顾！”谈及当年的往事，毛泽东带有自责的口气说，“现在看来，当时赶走张干没有多大必要。每个学生多交十元学杂费，也不能归罪于他，多读半年书有什么不好。”

当年的往事是这样的：1915 年，在湖南省立一师就读的毛泽东写了《驱张宣言》，油印千余份在校内张贴、散发，抨击校长张干治校弊政，推动了校内因张干每月让学生交十元学杂费引发的“驱张运动”。张干当即决定开除毛泽东。因教师杨昌济、王季范、徐特立等据理维护，迫使张干收回成命，但给了毛泽东“记大过处分”。

1951 年，张干应邀来中南海毛泽东家中做客。毛泽东向子女们介绍自己的老校长说：“你们平时讲你们的老师怎么好，这是我的老师，我的老师也很好。”他的话引起了张干的回忆，他一边吃饭，一边检讨当年学潮中要开除毛泽东和给他记大过的事。毛泽东缓慢地摆着手说：“我那时年轻，看问题片面。过去的事，不要提它了。”

在同学面前，毛泽东对张干予以正确评价；在张干面前，他宽容大度，谦恭尊敬，检讨自己，不计前嫌向前看，充分显示了领袖那种尊师敬师的宽广胸怀。

“今后，你就是我的大女儿”

——毛泽东与大儿媳刘思齐的交谈

1950 年 11 月 25 日，毛岸英在抗美援朝战争中不幸牺牲。毛泽东万分悲痛。为了思齐的学习，毛泽东强颜欢笑瞒了儿媳两年。两年之后，《朝鲜停战协定》签订了，思齐似乎已从一直没收到岸英的来信中悟出了什么。毛泽东决定让儿媳知道此事，他把周恩来请来一起和思齐谈。周恩来轻声委婉地对思齐说，为抗美援朝保家卫国，无数牺牲了生命的战士，人们永远不会忘记他们，“岸英也是其中之一！”思齐听到这一消息，立时痛不欲生。毛泽东脸色苍白，木然地坐着；思齐伏在爸爸的肩上极度悲痛地哭着。周恩来安慰思齐并让思齐躺在沙发上休息，当周恩来摸着毛泽东的手时，心里一惊，与思齐耳语："你要节哀，你爸爸的手都冰凉了！"思齐又哭着去安慰爸爸。

毛泽东和儿媳互相劝慰，都各自把悲伤压在心里。毛泽东对思齐说："今后，你就是我的大女儿。"随后，又说道，"战争嘛，总是要死人的。不能因为岸英是我的孩子，就不应该为中朝人民而牺牲。"

爱子的牺牲，使毛泽东极度地悲伤，但他不愧为伟人，在悲伤中仍能冷静、理智地面对，想到的是对他人的关心，对大局的重视。毛泽东的心胸是多么豁达，眼界是多么宽阔啊！其奉献精神将流芳千古！

"不能贪图安逸和享受啊！"

——毛泽东与堂弟毛泽嵘的交谈

毛泽嵘是毛泽东的堂弟，解放后，曾多次进京拜访毛泽东。

1953 年冬，毛泽嵘赴京与毛泽东相见。毛泽嵘以为三哥毛泽东当上了国家主席，生活一定很奢华，衣食住行都是常人所无法企及的，哪知道他的生活十分朴素，穿的是褪了色的布衣，衬衣还打了补丁；住的房子也很普通，里面的陈设相当简朴，没有什么花草和书画；吃的也是粗茶淡饭，没有什么美味佳肴。毛泽东爱吃红烧肉和苦瓜、辣椒、蕹菜（空心菜）等蔬菜，饭后吃一点水果。毛泽嵘有些不解地问："三哥，你当了主席，时时要考虑国家大事，要保重身体，生活要过得好一点。"毛泽东莞尔一笑说："我的身体不是很好吗？"又说，"我们国家底子薄，人民的生活很不富裕，我们当干部的是人民的公仆，要时刻为人民着想，不能贪图安逸和享受啊！"

1955年5月，毛泽嵘携养子毛绘华进京见毛泽东。当时绘华刚从部队转业，正忙着出去找工作，他知道养父和毛泽东的关系很密切，便央求父亲到北京向毛泽东说情，帮忙找个工作。毛泽嵘犹豫再三，还是答应了儿子的要求。

父子俩来到北京后，住在一个招待所里。几天后，他们在中南海丰泽园见到了毛泽东，毛泽东当即叫秘书拿了200元现金给初次见面的侄子绘华作为见面礼，并勉励他好好学习，努力工作。毛泽嵘借此提出请协助帮忙找个工作。毛泽东沉吟不语，半晌才说："这个事情不大好办。我是国家主席，不能随便给人介绍工作，更不能只考虑自己的亲属、故旧、同事的利益。"毛泽嵘听了，心中有些不悦。

晚饭后，毛泽东邀毛泽嵘出去散步。兄弟俩漫步中南海的林荫道上，缓缓而行，喁喁私语，亲切交谈。他们谈了国家建设的发展，又谈了党的任务和宗旨，最后拉起了家常。毛泽东语重心长地说："泽嵘，你有困难不要来找我，要靠当地政府解决。你的困难要根据实际情况出发，政府能解决就解决，不能解决就不要扮蛮。你是我的亲属，我必须严格要求，不会只为你们考虑。至于你的儿子要参加工作，想法是好的，但是要靠他自己努力，不要要求政府照顾。"毛泽嵘细心地听着，心中不由得平添了一番敬意。

"一人得道，鸡犬升天"，这种落后、腐朽的封建思想意识，还有国民党那种"任人唯亲"的作风，在共产党的队伍里是行不通的。人民领袖毛泽东带头做到了这一点。普普通通的几句话，想到的是最广大人民群众的利益，又不乏对亲属的关心，体现了毛泽东"亲者严，疏者宽"，廉洁奉公，大公无私。如果我们的一些领导干部，在亲属的求情面前，都表现出这种高风亮节，徇私舞弊之风就一定能有效地制止住。

“你说说王八为什么要驮石碑呢？”

——毛泽东与女儿李敏的交谈

毛泽东去北京郊区的十三陵水库视察时，带上了女儿李敏。那是50年代，李敏上高中时的一个星期天。

汽车开动起来，车窗外的一切景物，特别是路旁的树木、古建筑等迅速地向后移去。突然，李敏看到一个龟驮石碑的景物，忙惊叫起来，问爸爸那是什么，毛泽东让司机停下车。下车后，毛泽东领着女儿围着石碑转了好几圈，还停步驻足仔细地看了那碑文。

毛泽东向女儿李敏问道：“娇娃，你说说王八为什么要驮石碑呢？”

李敏仰脸看了看父亲，摇了摇头。

毛泽东略微思索了一会儿，然后用浓重的湖南口音，配上曲调，还一边走一边打着拍子给女儿唱了起来：“望望东来望望西，望见王八驮石碑。我问王八犯了什么罪？上辈子卖酒兑了凉水。”

“因为它掺水，就让它驮石碑了？”李敏疑惑不解地问父亲。毛泽东当时没有回答，笑而不语。

回到车上，毛泽东开始给女儿详细地讲了起来：“驮石碑的不是王八，也不是乌龟，它的真名叫赑屃（bìxì）。神话里传说，它是龙王的儿子。龙王有九个儿子，九个儿子中数它力气大，而且性格好，又善背重东西。它的身体形状和其他兄弟也不一样，它体形象龟，可头部又像龙。古人为死者立碑时，就想什么能让碑经久不倒，能保存千秋万载呢？就想到了它，就把它请来。把碑立在它的背上，想借助它的力气，让人名传千古。

“明代十三陵的石碑，是功德碑，就是靠它这龙首龟身给驮到现在，它还要继续驮下去。

“有的石碑上面还盖着亭子，叫碑亭。以后别竖那么多碑了，叫它驮得太累了。还是多建些亭子好。人们可以夏季避雨乘凉，冬季可以避风雪嘛！”

这个故事言外之意，就是要告诉人们：做事，要讲究实际，不要搞假、大、空。

毛泽东的博学多才，由此可见一斑。没有夸夸其谈的说教，而是寓深刻的道理于娓娓动听的历史故事的讲述之中，令听者欢颜，过后玩味无穷，从中既学到了知识，又得到了教益。

毛泽东平常对子女们，并不是板着面孔的，也是谈笑风生的。他和女儿李敏的交谈，就是一个生动的例子。在谈笑风生中，毛泽东也忘不了对子女的教育，往往是寓教于乐。他与女儿的谈话，体现了毛泽东学识的渊博、语言的幽默和对子女的一片爱心。

“我看你是个好人，你敢于说实话……”

——毛泽东与同窗周世钊的交谈

20世纪“大跃进”年代，在湖南省担任副省长的民主人士周世钊还担任全国人大常委会委员。有一次，周世钊等到宁乡县视察。午饭时，每个桌上都上了6～8道菜，说是公社生产的，没花一个钱。周世钊认为这是浮夸和浪费。

全国人民代表大会召开期间，周世钊去看望老同学毛泽东，告了一个“通天御状”。对此，毛泽东表示赞许。毛泽东心情沉重地道:“你还不错，你看出了问题。现在农村确实有一股华而不实的浮夸风。农村到处在放什么卫星，一亩田只有60平方丈，一次怎么能做到亩产几千斤、上万斤，甚至到几万斤，那是吹牛……

他们招待你们的目的，是要你们到北京来给他们说好话嘛！可是……讲他们的不是，还要到我这里来告他们的状，我看他们会骂你的。不过，我看你是个好人，你敢于说真话，你敢于和错误行为作斗争，可敬可佩啊……惇元兄，你是民主人士，你敢这样做，真不错呀……他们名曰招待你们，实则是他们自己大吃大喝。这股平调风要不得，必须坚决纠正。"

这件事传到宁乡，浮夸风吃喝风开始收敛，当地百姓赞扬周世钊是"人民的好代表"。

对老同学周世钊举报错误行为之举，毛泽东予以充分肯定和赞许，并一针见血地指出了那些错误行为的实质，从而为后来纠正"大跃进"的错误提供了依据。

"你们可以考虑找对象了"

——毛泽东与大儿媳刘思齐的交谈

1951 年 11 月 25 日，毛岸英在抗美援朝战争中不幸牺牲的消息，让刘思齐知道已是两年之后了，当时刘思齐悲痛万分，痛不欲生（是毛泽东隐瞒了儿媳刘思齐两年，担心她难以承受，因悲痛而影响学习），后来刘思齐就一直沉浸在对岸英的追忆和思念之中。不知不觉间，一晃多少年过去了。1960 年，刘思齐已经 29 岁，在中国这个社会里，特别是当时，女人过了 30 岁很难解决个人问题，所以，毛泽东开始为思齐着急，由于思齐的感情一直转不过弯，也没有精力去考虑个人的事情，毛泽东劝儿媳改嫁又很难说出口，便常常趁着其他女孩子在一起的时候说："你们可以考虑找对象了。"几个女孩便害羞地乱嚷一通："去哪儿找啊？""我们找不着哇！"毛泽东风趣地说："那你们闭着眼睛上街抓一个吧。"思齐也开玩笑地说：“那抓个麻子怎么办？”过了一段时间后，毛泽东才正式和刘思齐谈了再婚的事，建议并帮助她重新组建一个家庭……毛泽东语言婉转风趣，意思是教儿媳思齐大胆地再去找对象，不要考虑得太多。毛泽东间接说出的话，既体现出他对儿媳的关心、尊重，又用语得体，亲切感人。

这正是：岸英殉国在疆场，儿媳不言再嫁郎。主席心中很着急，直言相劝难开口。忽见一群女孩家，花样年华透芬芳。情窦初开正妙龄，正是恋爱好时光。告诉她们找对象，放开胆量大胆寻。不妨上街抓一个，闭着眼睛尝试行。间接说出劝儿媳，幽默婉转很动听。亲切感人寓意深，儿媳再婚莫迟疑。

第2章

毛泽东与同事、部下、身边工作人员的交谈

平易近人　谆谆教导

——毛泽东与许世友的交谈

20世纪30年代的某一天，许世友因战绩辉煌而受到毛泽东的接见。

许世友当时是红四方面军第9军副军长兼第25师师长。

毛泽东紧紧地握着许的手，笑吟吟地说："你就是许世友同志。我早就听说了，可一直未能见面，今天总算有了个机会嘞！"

许世友十分激动，连声说："毛泽东同志您好，我是一名普通的红军战士，今天能带兵打胜仗，这都是党的培养。但俺工作中存在许多问题，今后还敬请您多教导和帮助……"

毛泽东点燃了一支香烟，示意许世友和他坐在一条木凳上。接着亲切地说："世友呀，参加革命，参加红军，把你锻炼出来了，如今你是一位名声四扬的勇将啦！我常常看到你打胜仗的捷报，可是，关于你的名字，有时被我们的同志写成'仕友'，今天，我想问问你本人，究竟是'仕友'，还是'士友'呀？"

"报告"，许世友"刷"地站起身，立正回答毛泽东的提问。

毛泽东让许坐下慢慢谈。许说:“我名字三个字是言午‘许’，士兵的‘士’，朋友的‘友’。”

“喔，士兵之友。好哇！”毛泽东语音中充满着赞美。

“我原来的名字是‘许仕友’，是带立人的‘仕’。”许补充道。

“喔，是‘学而优则仕’的‘仕’。”毛泽东风趣幽默地说。

“我原来是的，现在已经不是了。”许解释道，“我家家谱上轮到我这个辈分应该是‘仕’字辈，俺爹娘便给俺起名叫‘许仕友’。老人意思是让我日后能大小做个官，好光宗耀祖，不再受地主老财的剥削压迫，为俺穷人能过上太平日子争口气。”

“那你怎么不想当官了，将‘仕友’改成‘士友’呢？”毛泽东颇感兴趣地问。

“这话说来就长了。”许世友陷入深深的回忆中，给毛泽东讲了这段故事的经过。1905 年 2 月 28 日，许出生在河南新县泗水店的许家村一穷苦的农家里。爹娘为他取名“仕友”，是希望儿子多结交官府里一些做“官”的朋友，以改变自己悲惨的命运。投身革命后，许便将“仕”字改成了“士”字。

“您看我这个‘士’字改得中不中？”许自述完后问毛泽东。

“哎哟，都说你是和尚出身，看不出你的肚子里还喝了不少墨水呀！”毛泽东打趣道。

“我可不是什么和尚，当年不过是少林寺里的一个小杂役。我 8 岁时入少林寺，在寺里给师傅（老和尚）做杂役，每天提壶倒尿，洗衣扫地，做饭劈柴……”许不再拘谨，辩解道。

毛泽东听得很认真，抬头见许一副窘迫样，笑吟吟地说:“来，来来，士友，喝点开水，我们是革命队伍中的同志，也是朋友嘛！讲错了也没关系，你说是不是呢？”毛泽东接着又问，“士友呀，那你在少林寺学了几年武功？”

“我16岁‘打’出少林寺，不算在家学的，光在寺里跟师傅学武艺一共8年。”许说。毛泽东笑道：“哈哈，都赶上景阳冈那个打虎英雄武松了，怪不得连那个少数民族的寨主都打不过你呀！”

“怎么，您这件事都知道？”许惊讶地望着毛泽东，又讲了一遍事情的经过……

毛泽东爽朗地笑了：“士友呀，你做得对啊，我们是共产党领导下的中国工农红军，是穷苦百姓的子弟兵，不是军阀、土匪，也不是行侠仗义的草莽英雄绿林好汉。我们讲话办事都要想一想，注意政策和策略，为各族人民谋取幸福之路，人民就会真心拥护我们。你这个寨主的女婿没有当成，但老人家知道你的情况后，也不会怪罪于你的。是不是呀？士友同志。你现在不仅是我们的‘士兵之友’噢，而且还是我们少数民族之友呢！《水浒传》里人道是三碗酒不过景阳冈，你士友打擂台，显身手，施礼仪，斗酒量三碗过村寨呀！”

在一阵轻松愉快的交谈中，毛泽东接着对许说：“在万源城下，听说你那一把鬼头大刀，削铁如泥，威震敌胆嘞，你不愧是名副其实的打‘虎’英雄啊！”

许把四川万源保卫战的情况又讲了一遍，然后从身上解下把鬼头大刀，双手递给毛泽东。

毛泽东轻轻接过许递过来的大刀，抚摸着，说：“真是一把好刀，有功啊！”

许世友坦诚地说：“您要喜欢，俺这把刀就送给您护身吧！”

“不行，谢谢你士友。”毛泽东深情地望着许，轻轻地摇着头，“‘好刀还需真名士’嘛，这刀还是你士友留着用。”毛泽东深吸了一口烟，又微笑着对许说，“士友同志，我们今天谈得很好，现在，咱们需要商量一下，你的名字，不叫‘仕友’，也不叫‘士友’，好不好，再另外改个字，意义就更广了！”

许世友望着毛泽东，没有吱声。

毛泽东接着说：“我们这次是北上抗日，是打日本侵略者，我们红军战士不但要为中国革命去流血牺牲，还要为全世界的无产阶级贡献力量！你看，现在把‘士’字改成世界的‘世’如何？这样，你不仅是我们的士兵之友，中国各民族之友，而且是世界劳动人民之友啦！”毛泽东说完，发出朗朗的笑声。

许世友一下子领悟了毛泽东高瞻远瞩的用意，世友，世友，世界之友！中国工农红军是世界反法西斯力量的一部分，革命战士要站在全中国，放眼全世界，他“刷”地向毛泽东敬了个标准的军礼，“谢谢您！”

许世友，打从毛泽东与他这次会谈后，原来的许士友的名字，就改成了“许世友”。

毛泽东面对许世友这样一位勇武将军，交谈是从日常生活小事谈起，体贴下情，关怀下属，深入浅出，幽默风趣，平易近人。许世友深受感动，受到了更多的革命教育，懂得了更多的革命道理，从而更加热爱自己的领袖，更加忠诚于自己所从事的革命事业。面对革命领袖展现出的温雅而亲切的风范，那些对下属只知发号施令、高高在上的领导者，应感惭愧而汗颜。

“打麻将也很有学问哩！”

——毛泽东与叶子龙等的交谈

1940年12月中旬的一天，在毛泽东身边工作的人见毛泽东工作太劳累，为了让他换换脑筋，便集合了几个人邀请毛泽东打麻将。平日，在工作之余，毛泽东偶尔也同大家打一打麻将、扑克什么的，只是经常打到兴头上，忽然想起了思考中的什么问题，会马上站起来告辞，赶回办公室去继续工作。

这次打麻将，毛泽东边摸牌、出牌，边对大家说："打麻将也很有学问哩！无论摸到什么样的牌，都要统筹调配，安排得当，想办法以劣换优，以弱胜强……"

叶子龙坐在毛泽东的对家，边摸牌边说："摸不到好牌也没有办法……"

毛泽东摇摇头说："如果胸无大局，调配失利，再好的牌拿在手上，也会转胜为败的。有时，只要肯动脑筋，最坏的牌也能变成最好的；如果不动脑筋，最好的牌也可能变成最坏的呢！凡事都在人为啊！"说着话，毛泽东哈哈大笑起来，随即站起来，向大家说了声"对不起"，转身又去工作了……

毛泽东运用马克思主义的对立统一规律，就"打麻将"这一问题发表了自己的特殊见解，对"好牌"与"坏牌"这一对矛盾，给予了辩证的分析，强调事在人为，能否积极地发挥人的主观能动性很重要，这正如俗话讲的那样："世上无难事，只怕有心人。"

"我们一定纠正这些错误"

——毛泽东与师哲、李克农及受审查的专员等的交谈

1942—1943年，党中央在延安开展整风运动。这是一次在全党范围内普遍进行的马克思列宁主义教育运动。通过整风，全党上下开展了全面的学习、检查和总结，使党的理论水平有了很大的提高，思想作风、工作作风也有了显著变化，为夺取抗日战争的胜利，做了思想理论上的准备。

但是，在整风后期，当运动转入审查干部阶段以后，曾经一度

出现过偏差，主要表现在错误地估计形势、夸大敌情，将来自白区的同志列为“特嫌”进行审查。特别是当时具体负责审查干部工作的康生在延安搞的“抢救失足者”运动，搞逼、供、信，制造了不少冤假错案。

毛泽东很快就发现了这种错误倾向，明确指示要纠正偏差。最初，毛泽东发现一些在中央办公厅从事机要工作的同志受到怀疑、审查，感觉有些不对头，他马上指示说：不可能有这么多的特务。为了全面深入地了解情况，毛泽东让有关的同志将一些人的口供材料送给他，认真仔细地翻阅。

一天，他派人将负责案件审理的李克农、师哲等找来，严肃地问道：“你们送来的口供，我还没有看完，你们那里还有没有这样的供词？”

“还有三四十份。”

“你们觉得口供的真实性如何？”

“基本没错，个别地方可能有偏差。”

毛泽东不放心，提醒说：“江西肃反的经验教训是十分沉痛的啊！”

毛泽东举例在江西搞逼、供、信那一套，又询问现在是否也是这样办的，师哲回答说，一些具体的做法还不太清楚。接着，毛泽东又说：“你们送来的6份口供材料，我只看了一份，第二份我就看不下去了，以后也不要再给我送来了。”

毛泽东见他们显出不明白的样子，又接着说：“为什么不想看？我看这些材料像是写文章，不像是口供，有些话不实在。你们怎么看？”

师哲解释说：“一句两句错话，恐怕难免，但这无关紧要。”

毛泽东不同意他的看法，说：“如果有一句是假话，会不会有十句假话？有十句假话，会不会有一段假话？有一段假话，会不会全篇都是假话？我写了一篇文章，不到一千字，贴到墙上，每天改几个字，一个月后就改得面目全非。这还是自己写的，自己和自己打仗。他们写的全对吗？写口供不是写小说，不能编假的。你们回去对写口供的人说，一个字如果是假的，就改正一个字；一句话是假的，改正一句话；全篇是假的，那就全部推翻。你们把他们的口供交给他们，叫他们自己去改，但要说明，一个字、一句话都不要假的。”

最后，毛泽东反复交代：“我们要弄清的是真反革命，不是假反革命，要的是真材料，不是假材料。”

师哲等人按照毛泽东的谈话精神，向写口供的人一了解，才知道其中果然有假，有的口供竟然全部是假的。

毛泽东知道这些真实情况后，立即加以纠正。1943 年 8 月 15 日中共中央作出《关于审查干部的决定》中，公布了毛泽东关于审查干部的 9 条工作方针，即：首长负责，自己动手，领导骨干与广大群众相结合，一般号召和个别指导相结合，调查研究，分清是非轻重，争取失足者，培养干部，教育群众。毛泽东还指示，对被审查的人“一个不杀，大部不抓”，对受迫害的同志进行了彻底平反。毛泽东提出的这些方针是对康生那套错误做法的根本否定。

不仅如此，毛泽东还亲自出面，向被错整的同志赔礼道歉。

当时在延安陕甘宁边区行政学院，集中了许多受审查的专员、县长等，他们一边学习，一边交代问题。由于康生搞“逼、供、信”，有些同志迟迟过不了关，思想压力很大，也有的人被逼无奈，只得写了假口供。

一天，毛泽东来到行政学院，特意看望这些同志，向大家公开承认“抢救运动”中有错误。他说：“我向大家赔个不是。”接着还脱帽向大家鞠了一躬，又说，“一人向隅，满座为之不欢。我们一定纠正这些错误，使我们革命队伍兴旺起来。”大家听了十分感动。

毛泽东看问题、分析问题，就是透彻、深刻。他吸取历史的经验教训来检查现实的工作，从口供材料上看出破绽，认为“写口供不是写小说，不能编假的”，“要的是真材料，不是假材料”，“一个字、一句话都不要假的”，落实到工作中去后，发现问题，立即加以纠正。

毛泽东远见卓识非等闲，观察深刻就是不一般。

“要她帮你回信么！”

——毛泽东与卫士李银桥的交谈

1948年5月来到西柏坡后，生活安定了些，卫士李银桥和韩桂馨接触也相应地多了起来。小韩除了照顾李讷外，还经常帮毛泽东做些针线活。毛泽东的衣服全是穿了多年，补了又补的，所以针线活不少。一次，韩桂馨抖开毛泽东的毛衣毛裤，见上面有好几个大窟窿，不少地方还脱了线，实在不好补了，于是就想买点毛线，给他织件新的，但没有毛泽东的同意又不能买，于是小韩和李银桥便一起去向他请示。

李银桥和韩桂馨来到毛泽东的办公室，见他正坐在沙发上看书，便进去谈了买毛线的事。

毛泽东望着韩桂馨说：“小韩阿姨，你把李讷照顾好了，又为我缝缝补补，帮了我的大忙，我非常感谢你，但还得请你辛苦一点，把我的毛衣毛裤织补一下，能穿就行了。”

小韩说：“你的毛衣毛裤实在太旧了，就算能补上，穿到身上多难看呀。”

“穿在里面不讲什么好看，能挡寒就行。”毛泽东笑着说。李银桥知道没什么希望了，就朝小韩递眼色：不要再耽误主席的时间了。

毛泽东见他们要走，忽然说：“你们两个就为这件事来的吗？还有没有别的事呀？”

小韩嘴快：“没别的事，就是动员主席买毛线。”

毛泽东转向李银桥，问道：“银桥，你今年20几啦？”

“21岁。”李银桥回答道。

“小韩，你今年19岁了，对不对？”毛泽东又问小韩。

“对，19岁了。”小韩答道。

毛泽东瞅着二人笑道：“那很好么，你们应该互相多帮助。”

李银桥的脸唰地红了，小韩的脸也红了。

想当初，两人的相识，就是毛泽东介绍的。韩桂馨刚到毛泽东身边工作，就得到了毛泽东的称赞，认为她跟李银桥是老乡，能走到一起，是一种缘分。毛泽东对李银桥说：“这也叫缘分，你们握个手吧。”

不知为什么，李银桥的脸马上就红了。

毛泽东介绍说：“小韩阿姨，他是我的卫士组组长，李银桥，也是安平县人。”“他也是党小组组长，以后你就归他领导，有什么事多在一起商量。”

就这样，李银桥和韩桂馨就认识了。

工作一段时间后，李银桥发现韩桂馨积极热情，责任心强，人也老实贤惠，便渐渐有了一些好感。

在杨家沟时，一次毛泽东问李银桥：“你看小韩这个人怎么样？”

当时，李银桥和韩桂馨相识不久，彼此只是有好感，并没想那种男女爱情方面的事，因此，他不假思索，随口应道：“不错。”

毛泽东望着他，笑得怪神秘，深有含意地说：“你们可以多接触，多了解一些么。”

李银桥不好意思地低下头来，可心里涌起了热浪。

那时毛泽东就叫他们互相多帮助。

“多谈谈，互相多关心，多帮助，那多好呀。”毛泽东像父亲向孩子说悄悄话，声调变得温和而亲昵。

第二天，李银桥陪同毛泽东散步时，毛泽东又悄悄地问道：“你们谈得怎么样啊？”

李银桥不好意思地低下头，窘得光是笑。

“不要封建哟，你们谈我是赞成的。”毛泽东拉着李银桥的手，鼓励地拍拍他的肩膀。

李银桥又何尝不着急呢？西柏坡男同志多，女同志少，少数女同志自然就成了众多男同志竞相瞄准的目标。李银桥知道有不少男同志托江青向小韩捎过话，而自己却不好意思说，也不好意思托人……

终于，毛泽东帮他找到一次“突破”的机会。

恰在此时，李银桥的父母来信说给他介绍了一个对象。李银桥拿着信，找毛泽东出主意。

毛泽东看完信，反问道：“你说怎么办？”

李银桥低头说不出来。

毛泽东哈哈大笑：“银桥啊。你就是太老实，你就不会去问问小韩？她比你文化高，你正好借口要她帮你回信么！”

李银桥心里顿时一亮……

“小韩，你看看这封信。”李银桥找到韩桂馨，小心观察她看信的神色，试探着问，“你看怎么办？如果，如果……不合适就推掉吧！”

“那就，那就推掉呗……”她越说越气短，脸色也越发红了。

李银桥的胆子便大起来，盯紧她问：“你代我写封回信吧？你文化程度比我高，主席说互相帮助，是吧？”

“你可真聪明……你也真够傻的……那么多人找我，我都没答应，就等……我就，就答应……”

李银桥长长舒了口气，笑着说：“要不然我还要傻呢，是主席教了我这个聪明的办法，是他让我请你写回信。”

“哼，主席就喜欢你，叫别人都是叫警卫，就叫你叫银桥。”韩桂馨说着，声音忽然低下来：“现在女同志少，将来进城了，女同志多，你……，你可不能变心。”

李银桥说：“这怎么可能呢？毛主席不答应，我自己也不答应呀。好歹我是你领导，我要是变心还像个当领导的吗？怎么教育别人呀。”

韩桂馨轻轻地说：“那你就领导我一辈子吧，我都听你的……”

回到毛泽东身边，李银桥把经过原原本本地说了一遍。毛泽东像办成一件喜事那样高兴，把他的手一拉：“走，银桥，散步去。”

毛泽东拉着李银桥的手走到室外，另一只手抚摸他的胳膊，轻声说：“谈下去，银桥，继续谈下去。你们都在我身边工作，又都是安平县老乡，走到一起来了，要说缘分，这就叫缘分。”

在毛泽东的关怀下，俩人终于喜结秦晋之好。

毛泽东鼓励李银桥大胆地谈恋爱，“不要封建哟”，又给李银桥出主意，“要她帮你回信么”。热情、诚恳的话语，表达出的善良愿望和美好智慧，促成了李银桥与韩桂馨喜结良缘。

“学学诸葛亮，唱段空城计”

——毛泽东与周恩来的交谈

根据毛泽东、党中央在西柏坡作出的先解放东北、再回头解放华北的战略决策，我东北野战军于1948年9月12日打响了辽沈战役。聂荣臻、杨成武配合东北战场，拖住华北敌人，切断增援东北之路。从10月15日至19日，东北野战军解放了锦州、长春，使东北战场势如破竹……

1948年10月19日下午，蒋介石在北平召开军事会议，策划完辽西决战之后，单独召见傅作义。蒋令傅出奇制胜：乘中共总部兵力空虚，出动10万人马，于10月28日直取石家庄和西柏坡，“端掉共党的老窝，把毛匪和共党总部消灭，这样就可以很好地配合辽西兵团收回锦州。”蒋、傅还密谋了偷袭西柏坡的行动计划。

10月23日晚，打入北平国民党内部的中共地下党员刘时平将这一紧急军情报告地下党组织。10月25日，毛泽东收到了华北军区司令部的急电。毛泽东等中央军委领导同志连忙在军委作战室研究对策。

毛泽东对周恩来说：“蒋傅合谋，趁我华北主力打到归绥、太原去了，来偷袭我军后方，想一下子摧毁我中央首脑机关，最后是把你我都捉了去。好家伙！还蛮厉害呢。”周恩来说：“后天拂晓他们就要来了，我们的主力不在身边……我们还是就近抽调一部主力取捷径迎击。”当即，根据毛泽东和中央军委的决定，周恩来以军委名义向华北军区司令员聂荣臻、华北一兵团徐向前和二兵团杨得志及地方部队下达了紧急命令……一场粉碎蒋傅偷袭西柏坡的大战开始了。

尽管作了紧急部署，但从军委接到情报，到敌人28日拂晓发起总攻，仅有3天时间，我军距各作战地点较远，如果让敌人抢先到我们家门口就麻烦了。面对这种情况，毛泽东对周恩来说：“我们不妨也来学学诸葛亮，唱段空城计，即我们在动员华北军民准备粉碎敌人进攻的时候，还要通过新华社把蒋介石、傅作义的阴谋作公开的披露，向他们宣布我华北军民已作好准备必将歼灭敢于来犯之敌。他们晓得我们已有准备，就会大为泄气，甚至不敢来犯。我们还要警告蒋介石、傅作义：北平是这样的空虚，你们究竟还要不要北平？”周恩来称赞说：“主席，你真是活孔明！当初诸葛亮用空城计吓退了司马懿，你这一揭露虽不至于把敌人完全吓跑，至少也能使敌人不敢快速疾进，那粉碎敌人的偷袭就容易多了。”

10月26日晚，在面对即将到来的10万敌军，而我军尚未到达指定地点、西柏坡仅有1000多兵力的情况下，毛泽东的“空城计”开演了：新华社用口语连续播发毛泽东写的新闻稿《华北各首长号召保石沿线人民，准备还击蒋傅军进扰》。新闻稿端出了敌人的偷袭计划，也宣布了我们总动员的要求，表明军民做好了准备。敌人听到广播后，乱了阵脚：蒋介石暴跳如雷，傅作义更感不妙，郑挺锋大惊失色。蒋傅的精锐兵团摸不准我军的底子，行军迟缓，解放军的两条腿得以跑在了敌人骑兵之前，造成了阻击和南北夹击之势。10月31日，新华社播发了毛泽东设“空城计”的另一篇文章，文章说：“整个蒋介石的北方战线，整个傅作义系统，大概只有几个月就要完蛋，你们却还在那里做石家庄的梦！”在新闻攻势面前，傅作义的十万人马军心涣散……

历时7天，敌人的各路人马死的死、逃的逃、退的退，连西柏坡的边也没沾上，蒋傅偷袭阴谋迅速破产了。

毛泽东对周恩来所讲的“学学诸葛亮，唱段空城计”这一战略决策，表现了毛泽东的伟大智慧，令周恩来十分钦佩，可见毛泽东的军事谋略之高超。

“不能有点干扰，就放弃了计划”

——毛泽东与警卫员们的交谈

西柏坡时期。有一次，毛泽东带着几个警卫员从西柏坡散步到东柏坡去。

他们正在路上走着，天忽然要下雨。卫士长提示：“要下雨了。”毛泽东说：“我们的部队从来都是风雨无阻嘛。我们在陕北时，下那么大的雨，不是也照常走路么。散步是锻炼身体，也是锻炼意志嘛！”雨下起来了，衣服淋湿了，毛泽东不紧不慢地走着，全然不在乎。雨中的毛泽东对警卫员说：“不能因为下了一点雨，就干扰了我们的散步计划。以后就像今天这样，走这么远的路，有时还可以到更远处去……今后散步也安排个计划，不能有点干扰，就放弃了计划。”

毛泽东和警卫员按原定计划到达了东柏坡。

“不能有点干扰，就放弃了计划”，这正好体现了毛泽东的性格，不怕困难，勇于向困难挑战，敢于斗争，敢于胜利。计划已经做出，就不轻易改变。有干扰，有风雨，就当作锻炼身体、锻炼意志的机会。——这种思想境界，充分表现了毛泽东积极进取的人生态度，充分展现了一个伟大的共产主义者的革命英雄主义和革命乐观主义的昂扬斗志和旺盛的革命精神。

“吃黑豆是个暂时的困难”

——毛泽东与警卫战士朱老四的交谈

由于胡宗南十几万人进犯陕北，抢夺粮食，给陕北带来粮荒。毛泽东率领的中央机关从梁家岔开始，天天顿顿吃黑豆。有一次，毛泽东正撰写《中国人民解放军宣言》，因为吃黑豆胀肚子，便出去散步。当时，不论男女老少，都因吃黑豆胀肚子，没完没了地放屁。

走到院门口，毛泽东看到了站岗的警卫战士朱老四。朱老四由于经常抽烟，牙齿很黑，加上又喜欢咧嘴，时常露着满口黑牙。毛泽东看到了他的黑牙，故意睁大眼睛问："哎呀，老四同志，你的牙齿怎么这么黑哪？吃黑豆吃的吧？"朱老四"嘿"地咧嘴笑了，接着又"噗"地放了一个屁。"不？噢，不是就好。"毛泽东点了点头。这一句，引得朱老四和跟在毛泽东身边的卫士都笑起来，毛泽东也笑了一阵子。

笑过之后，毛泽东对大家说："吃黑豆是个暂时的困难。陕北就是这么大个地方，每年打的粮食，就够自己吃的。现在敌人来了十几万，又吃又毁，粮食就更困难了。不过，这也不要紧，我们要度过这一关，再过几个月，就不在这里吃了，到敌人那边吃去。"说完，毛泽东看了看朱老四。朱老四用力说了一句："吃狗日的！"

"哈哈哈……"大家开心地大笑了。

与老实憨厚的朱老四谈话，毛泽东更加风趣，然后转入正题，"吃黑豆是个暂时的困难"，度过困难期，事情就好办了，使朱老四等人有了信心，受到了鼓舞。

"我的事，我活着的时候你们不要写"

——毛泽东与卫士李银桥的交谈

西柏坡时期。有一天，卫士组长李银桥陪毛泽东散步。

毛泽东忽然立住脚问："银桥，你说我跟儿子亲还是跟你们亲？”银桥回答：“感情上还是跟我们亲。”毛泽东说：“我跟我的儿子，几年难得见一面。就是到了一起，一年也难见几面。我和你们朝夕相处，形影不离。我和我家里这点事，瞒天瞒地瞒不过你们。我活着的时候，你们不要讲，我死了以后可以讲，要讲实话。”银桥说：“主席各方面都为我们做出榜样，我们受到很多关心和教育……”毛泽东摇头说：“也不都是这样。我也有做错事的时候，有时也跟你们发脾气。不过，从心里讲，我是把你们当家里人，说话办事没有那么多的顾忌。我的事，我活着的时候你们不要写，死了以后可以写，如实写，让历史去评论吧。”

1958年，党号召工农兵写文章。卫士长李银桥想写毛泽东，便进行请示，毛泽东仍然坚持以前的观点：“我活着的时候你们不要写，我死了以后你们可以写。”

毛泽东与卫士李银桥的感情亲如家人一般，相互之间都很了解。毛泽东之所以不允许在他活着的时候卫士们写他，而允许在他死后如实地写，这是因为毛泽东活着的时候，人们写他，容易歌功颂德，尽拣好听的写，他逝世后再写，就比较接近真实，不会有那么多的顾虑了，这表明了毛泽东的胸怀多么坦荡无私啊！

“你到新疆去就是演红娘，在那里唱主角”

——毛泽东与王震的交谈

1949年3月，河北省平山县西柏坡村，党的七届二中全会即将在这里举行。

一天，毛泽东接见了前来出席会议的王震。

当王震走进毛泽东简陋的卧室，毛泽东高兴地迎过去，握住他的手，满面笑容地端详着他，好一阵子才说：“王震同志，你的胡子刮得发光啊！”王震笑着摸了摸下巴，说：“来见主席高兴啊！”

两人坐定，王震正要向毛泽东汇报，毛泽东把桌子上摆着的两听三炮台香烟推到王震面前，说：“你辛苦了，慰劳慰劳你呀！”

毛泽东知道王震和自己一样爱吸烟，特意为他准备了这份礼物。王震拿过一听放到鼻子前闻了闻，深吸了一口气：“好香啊！这样好的香烟，还是主席自己留着抽吧！我有‘四美德’抽就很满足了。”

毛泽东说：“你倒容易满足啊！”

俩人吸着烟喝着茶，畅谈起来。

毛泽东问王震：“对今后的革命任务有什么想法？”

王震不假思索地回答：“解放全中国，建立革命政权！”

毛泽东起身在屋子里踱了一圈，思索后说：“仗不会打多久了，现在要把重点放在胜利后发展经济、生产建设上来。”

毛泽东的话引出了王震早已准备好的请求：“我们的想法全在这里。我要求到最艰苦的地方去，到需要我们的边疆去……”他说着拿出自己亲手起草的一份报告，递到毛泽东手里。

这是一份代表一野第二军全体指战员的请战报告，王震在报告中果断提出：“我们要到最艰苦的地方去，到新疆去。开发新疆，建设新疆，使各族人民过上幸福生活。”

知人善任，王震的请求正合毛泽东的想法。毛泽东非常高兴，微笑着对王震说：“那你就去不得那些大城市和富足的地方！”他又拍拍王震的肩膀：“我料到你会提出这样的要求的，这样才像你王震！把你的想法还可以拿到全会上去讲。”

这天晚上，在小俱乐部里举行晚会，演的是京剧《红娘》，代表们大都去看戏了，王震却悄然躲到一个僻静的角落里去准备他的发言。

毛泽东悄悄走进屋来，见王震在埋头写着什么，轻轻走过去，站在他的身后，看了好久才说："王震，你怎么不去看戏呀！那里热闹得很哩！"

毛泽东的突然问话，把王震吓了一跳，立即站起来，诙谐地答道："我没有艺术细胞啊！"

毛泽东扶着王震的肩膀一起坐下，看着桌子上摆着的文件和一本介绍张骞出使西域的书，风趣地说："你是在遵守'勤有功，戏无益'这个信条吧！今天台子上演的是《红娘》，那是出好戏，你应该去看看，那个红娘全心全意给人家做好事。这出戏红娘是主角，你到新疆去就是演红娘，在那里唱主角，去给新疆和各族人民做好事。"

毛泽东以当时正上演的《红娘》作话题谈起，轻松愉快，似聊天，又似开玩笑，实际上他已批准了王震的请求，并要王震到新疆去唱主角。

"老百姓看看有啥不好？"

——毛泽东与秘书、警卫等的交谈

1949年3月23日，中共中央机关开进北平。

汽车驶近保定的时候，正是3月24日上午。朝阳亮堂堂地普照着一望无垠的田野，渡过严寒的冬小麦开始泛出蓬勃的绿意，向人们传达着春天的信息。大家的心境也越发开朗起来。毛泽东突然从窗外收回目光，沉重地叹了一口气，对身旁的秘书说："你注意到了吗？在田里干活的大多是老人、妇女、小孩，很少看见青壮年。好多田地荒废了。为了战争，老百姓吃了多少苦头啊！"过了一会儿，他接着说，"我们一定不能忘，没有人民的支援，没有人民的巨大牺牲，我们就不可能有今天的胜利啊！所以我们一定要把国家建设好，让老百姓过上好日子，安居乐业。”

中午时分，车队开进了保定城。看到这一支长长的车队，街上的行人都注目观看，不少人还围上来，欲看个究竟。考虑到刚解放不久，国民党特务还没有完全肃清，警卫人员要求司机开快一点。毛泽东赶忙制止说：“行人多，车开快了会撞人的。老百姓看看有啥不好？过去日本人、国民党的汽车，老百姓不仅不看，可能还要躲得远远的。”

下午，车队来到了河北涿县（今涿州市）。凌晨2时许，毛泽东和其他领导人将换乘火车，直驶北平。

3月25日清晨，天还未亮，火车到达丰台。借着星光，可以看见北平的城墙。毛泽东点燃一支烟，若有所思地说：“30年前，也就是‘五四’运动那一年，我就来过北平，那时是为了寻求救国救民的真理来的，有幸在北京遇到了在我国最早传播马克思主义的李大钊和陈独秀，也正是得到了这二人的教育和影响，自己才找到了马列主义并决定投身于共产主义事业。如果没有他们的指点和教导，我今天还不知道在哪里呢。”对李大钊等革命前辈，他充满了怀念和敬重的深情。

毛泽东触景生情，与身边工作人员说的这番话，意在说明，革命的胜利，来自人民的支持，来自马列主义的指导，任何时候，都不能忘了人民，不能丢掉马列主义。

进京“赶考”，决不当李自成

——毛泽东与周恩来的交谈

1949年3月23日，是毛泽东等中央领导人进北平的日子。

这日凌晨三四点钟毛泽东才睡觉，将近10点醒来。

刚出门口，周恩来就迎了过来，问：“没有休息好吧？”

“休息好了，睡四五个小时，精神就很好了。”毛泽东轻快地说道。

周恩来说：“多休息一会儿好，长途行军坐车也是很累的。”

“今天是进京的日子，不睡觉也高兴啊。今天是进京‘赶考’嘛，进京‘赶考’，精神不好怎么行呀！”毛泽东这么一说，在场的人都笑了起来。

周恩来笑着说：“我们应当都能考及格，不要退回来。”

这时，毛泽东一脚踩在车上一脚踏在地上，把手一挥，坚定地说：“决不能退回来！退回来就失败了。我们决不当李自成！我们都希望考个好成绩。”稍停顿了一下，他又补充了一句，“我们共产党人决不能当李自成！”

胜利者的头脑贵在清醒。在这之前，即1949年3月5日，毛泽东在七届二中全会上就曾讲过：“……同志们，我们就要进北平了……我们进北平，可不是李自成进北平……”“可能有这样一些共产党人，他们是不曾被拿枪的敌人征服过的，他们在这些敌人面前不愧英雄的称号；但是经不起人们用糖衣裹着的炮弹的攻击，他们在糖弹面前要打败仗……”向全党提出了一个很严肃的问题：在胜利面前，要防止党内的骄傲情绪，以功臣自居的情绪，停顿起来不求进步的情绪，贪图享受不愿再过艰苦生活的情绪。

3月23日进驻北平这天，毛泽东又提到了李自成。中央革命的指挥部离开了22年来最后一个农村指挥所，向北平进发。这是党的工作重心由乡村转移到城市并由城市领导乡村的一个历史转折点。

在这个历史性的时刻，毛泽东的心情既兴奋又不平静。他想起明朝末年农民领袖李自成率领的起义军，攻入北京后，由于部分首领很快腐化、内部分化和宗派斗争，终致彻底失败，他要以史为鉴，记取这一沉痛的历史教训。

毛泽东与周恩来这番发人深省的对话，包含了重若千钧的历史内涵。

在这里，毛泽东以历史上的李自成来类比将要进城的共产党的领导干部，用李自成进京后失败的教训来类比共产党的干部若不吸取历史教训，也将重蹈历史覆辙，遭到失败的命运。用类比法借古喻今，在比较中找出事物的相似之处，能收到"警钟"作用，要比一般说教更有说服力。

忘乎所以，"可就成了李自成了"

——毛泽东与警卫战士们交谈

1949年初，中共中央决定，为了革命全局需要，中央机关过段时间就将由西柏坡开进华北最大的城市——北平。所有的人都十分激动，毛泽东也不例外。

一天，毛泽东散步回来，特意走进警卫员的屋子，四下一望，对大家说："你们进城的工作都准备好了，可是这屋子不像是要搬家的样子嘛。"

警卫排长阎长林代表战士们说："大家已经把有用的东西打了两个大包，到时候往汽车里一放就行了。棉衣和被褥都拆洗过了。我们这里没有老乡的家具，桌椅板凳都是国家的，到时候交给行政科就行了。"

毛泽东满意地点点头，问大家："进北平以后干什么，你们想过没有？你们有没有进城享福的思想？"

阎长林回答："大家在讨论时，都认为进城以后要提高警惕，做好保密、保卫工作，要防止坏人的破坏和捣乱。对大城市的花花世界，要做到贫贱不能移，决不中糖衣炮弹。"

毛泽东高兴地说："你们的准备工作都不错，既有物质准备，也有精神准备。"

接着毛泽东对每个人都问了一遍，问大家有什么想法。

气氛立即活跃起来，大家七嘴八舌，各抒己见。

有的说："进城以后，少出门，防止车祸。"

毛泽东说："不对，应当多见世面，这样才能长知识。"

有的说："进城以后，不能看太阳上下班了，要看表按时间办事了，要买一块手表。"

其中一个战士说："进城以后，大概不吃小米了吧？我吃小米实在吃伤了，看见小米饭就饱了。"

毛泽东说："这不是思想问题出来了吗！有了钱买块手表是可以的。吃小米吃了那么多年，不要忘掉我们是用小米加步枪，打败了日本侵略者和美蒋反动派的。就是革命胜利了，进了大城市，可能在粮食上有些调剂，但中国现在还很落后，在短时间内也很难完全做到想吃什么就吃什么。"这时，毛泽东还再一次提到李自成的教训："我们进城后，还要建立新中国的政府，很多人要在政府里做官。不管多大的官，做什么样的工作，都是为人民服务，都是革命工作，都需要努力奋斗。可不要以为进城了，当官了，就不求上进，不愿再过艰苦的生活了。那样，可就成了李自成了。"

警卫员告诉毛泽东说，周副主席早就给中央机关人员做了指示，所有的人员 3 个月内一律不准进城。

毛泽东说："好好。还要有纪律做保障。军队向前进，生产长一寸，加强纪律性，革命无不胜。你们要守纪律，谁也不准违犯纪律。"

回到屋里，毛泽东叫来警卫排排长，叫他写一份警卫战士的名单送来。在屋里踱了几个来回后，毛泽东在桌前坐了下来，他习惯性地点燃了一支烟，陷入了沉思……

在七届二中全会上，毛泽东已经向全党提出：在胜利面前，要防止党内的骄傲情绪，以功臣自居的情绪，停顿起来不求进步的情绪，贪图享受不愿再过艰苦生活的情绪。毛泽东还提议：不祝寿；不送礼；少敬酒；不拍掌；不以人名作地名；不要把中国同志和马、恩、列、斯平列……

“报告。”喊声把毛泽东的思绪拉了回来。是阎长林把警卫战士名单送来了。毛泽东接过名单，思索了一下，提起笔在上面圈了起来，一共圈了14个名字。望着阎长林疑惑的神情，毛泽东解释说：“这14名同志，先去文化学校学习，等他们回来了，你们剩下的6名再去。”稍停了一下，毛泽东接着说，“马上就要进城了，以后的工作重点就是搞建设，没有文化不行，你们很年轻，打仗也很勇敢，但不学习就要落后。”

几天后，当毛泽东得知这14名战士被批准就要动身去上学的消息时，他兴致勃勃地叫来摄影师，要与大家照相留念。照完相后，他又让战士们拿来笔记本，给每人题上了“现在努力学习，将来努力工作”12个刚劲的大字。午饭时，毛泽东专门到机关食堂聚餐，为去上学的战士送行，再三叮嘱大家，一定要好好学习，争取成为知识分子。

打江山不容易，坐江山更难。毛泽东与战士们交谈，用朴实的语言，强调进城不要忘乎所以，不当李自成；进城了，工作重点转移了，要搞好学习。解近忧问题——没文化就要学习；远虑国事，不当李自成。只有这样，提高觉悟，提高警惕，才能搞好学习搞好建设。脚踏实地干实事，高瞻远瞩成大事。

"照顾到'四面八方'，这就叫全面领导"

——毛泽东与太行区委书记陶鲁笳等人的交谈

1949年4月25日。香山脚下的双清别墅。

毛泽东接见山西太行区委书记陶鲁笳和冷楚、周壁。

待大家坐定后，毛泽东亲切地问：

"你们来北平开的什么会呀？"

"主要是学习主席在七届二中全会上的讲话。"陶鲁笳回答。

"噢，有什么看法吗？"毛泽东谦虚地问。

三人相互对视一下，不知如何回答是好。

"那么，有什么体会也好嘛。"毛泽东进一步启发说。

三个人想了想，还是陶鲁笳先开了口：

"我体会，党的工作重心已由农村转向城市了，转向以生产建设为中心了，这就迫切需要我们学习新的知识……"

其他二人也说：

"需要我们学会管理和建设城市。"

"主席所说的与不拿枪的敌人作斗争将更复杂更不容易，我印象最深啦。"

"敌人的枪炮换成了'糖衣炮弹'，我们要警惕被它击中……"

三个人你一言我一语热烈地说了一阵。

"你们的体会很不错嘛。"毛泽东一直注意地听，看看大家说得差不多了，他才发言，"今天我给你们讲讲'四面八方'的问题。工作重心转到城市后，我们的经济政策可以概括为一句话，叫作'四面八方'。四面即公私、劳资、城乡、内外，其中每一面都包括两方，所以合起来就是四面八方。这就是公私兼顾、劳资两利、城乡互助、内外交流的政策。"

接着，毛泽东展开来讲：

“这内外不仅包括中国与外国，目前，解放区与上海也应包括在内。”当时，上海还没有解放。

“关于劳资两利，许多同志只注意到其中一方，而不注意另一方。你们看二中全会决议中讲到我们同民族资产阶级之间有限制和反限制的斗争。目前，其精神的侧重点，不在于限制而在于联合民族资产阶级。那种怕和资本家来往的思想是不对的。如果劳资双方不是两利而是一利，那就是不利。为什么呢？只有劳利而资不利，工厂就要关门；如果只有资利而劳不利，就不能发展生产。

“公私兼顾亦如此，只能兼顾，不能偏顾，偏顾的结果就是不顾，不顾的结果就要垮台。

“二中全会决议中提出要利用城乡资本主义的积极性，不这样就不行。新富农是农村的资产阶级，要发挥他们的积极性，现在他们要求发展生产，是适合我们需要的。”

毛泽东归结道：

“四个方面的关系中，公私关系、劳资关系是最基本的。四面八方，缺一面，缺一方，就是路线的错误、原则的错误。”他已经把这个问题的重要性提得很高了，“世界上除了四面八方，再没有什么五面十方。照顾到四面八方，这就叫全面领导……”

毛泽东的讲话虽然出乎陶鲁笳等人的预料，但却深深震撼了他们的心田，提高了他们的思想觉悟和精神境界。

毛泽东运用马克思主义唯物辩证法，阐述工作重心转移到城市后的经济政策，分析全面、透彻，深入浅出，寓意深远。

"你看，他真是一副奴才相"

——毛泽东与警卫人员的交谈

1949年4月的一天，北平市举行欢迎晚会，欢迎毛泽东、党中央和解放军总部胜利进城。

晚会期间，在长安大戏院，演出了《法门寺》等几出戏。当《法门寺》演到刘瑾接过状子之后，看见贾桂还在一旁站着，叫贾桂坐下，贾桂说"我站惯了"的时候，毛泽东指着贾桂说："你看，他真是一副奴才相，人家叫他坐下，他说站惯了。"在返回香山的途中，毛泽东意味深长地对警卫员们说："《法门寺》里有两个人物很典型，一个是刘瑾，一个是贾桂。刘瑾从来没有办过一件好事，唯独在法门寺进香时，纠正了一件错案，这也算他为人民办了一件好事。贾桂在他上司的面前，一举一动，一言一行，都是十足的奴才相。我们反对这种奴才思想，要提倡独立思考，实事求是，要有自尊心。"

毛泽东看戏，从戏中人物身上发现问题，由此引申，谈感想，从而使谈话增加了生动性、趣味性。

毛泽东一生最深恶痛绝的就是屈服。少年毛泽东认为，在价值选择上，有人格的得生第一，奋斗被杀第二，自杀第三，屈服第四。青年毛泽东说过一句话：自信人生二百年，会当水击三千里。中年毛泽东面对胡宗南的追兵说：老子不怕邪！晚年毛泽东对人说，要有五不怕的精神。毛泽东这种不屈服、不怕邪的精神，体现在他对许多重大事件的抉择上，特别是事涉国家主权和尊严，他更从不让步。在毛泽东看来，民族自信心和骨气是最重要的，贾桂式的那种奴才思想和习惯要不得。

“当主席也不能比别人特殊，也不能脱离群众”

——毛泽东与警卫员李家骥的交谈

1949年11月，北京的天气开始变冷了。一天夜里，毛泽东工作之余到院子里散步，一股股寒气向他袭来，冷得他直打寒战。警卫员李家骥说：“主席，外边太冷，回去加件毛裤吧。”毛泽东表示同意。

李家骥把毛泽东的那条旧毛裤找出来，发现补丁叠补丁，已经破得不像样子了。据说这条毛裤毛泽东从长征一直穿到全国解放，李银桥的爱人韩桂馨曾给他缝补过多次。李家骥拿着这条毛裤掂量了好半天，才对毛泽东说：“主席，你这条毛裤实在无法再穿了，补丁压补丁，又厚又沉，又不暖和。我到管理科给你领条新的吧。”

毛泽东摇摇头说：“不用，毛裤穿在里边，外边还要套裤子，这又不要什么好看。还是麻烦你想办法给我修补修补吧。”

李家骥继续劝道：“主席，你看看这条毛裤已经补了多少次了，实在无法再补了，还是换一条新的吧。你是党中央的主席，叫管理科给你买条新毛裤完全是应该的，再节省也不在乎一条毛裤呀！”

毛泽东坐在沙发上，点燃一支香烟，慢慢地吸着，听着李家骥的唠叨。他深思了一会儿，耐心地向李家骥解释说：“不论是谁都要注意节约，不能浪费一分钱，我们是为人民服务的，是人民的勤务员，当主席也不能比别人特殊，也不能脱离群众。现在我们国家很困难，很多群众还吃不上穿不上，他们连我这样的旧毛裤也没有啊！还是请你给我修补修补，不要花钱买新的了。”

李家骥没有办法，只好拿出针线，细心地给毛泽东修补那条破得不成“形”了的毛裤。

毛泽东的一生十分节俭。身居高位，不搞特殊化，心里始终装着广大人民群众和国家。“为人民服务”“当人民的勤务员”“当主席也不能比别人特殊，也不能脱离群众”，让别人做到的，自己首先要做到。毛泽东，真是为人民谋幸福的人民的伟大领袖。

“只要你们饭菜做得干净卫生就可以了……”

——毛泽东与生活管理员武象廷、王振海的交谈

1950年年初，武象廷从警卫班调整为专门负责管理毛泽东生活的管理员，主要任务是负责给毛泽东采购食品和蔬菜。

武象廷担任毛泽东的生活管理员没几天，一次他正在新六所干活，毛泽东来到小灶厨房里，看见武象廷正在厨房里忙碌，便走过来问他：“武象廷，你在这里干什么？”

“给小灶厨房买菜哩。”

“你改行了，好啊，我告诉你，只要你们饭菜做得干净卫生就可以了，不必买一些贵重的东西给我吃。比方说，现在是冬天，你就别买那些西红柿、黄瓜之类的新鲜蔬菜，现在买一条黄瓜的钱，到了夏天就能买一筐黄瓜，冬天买一条黄瓜只能吃一顿，夏天买一筐黄瓜能吃几十顿。”

这是武象廷刚担任毛泽东的生活管理员后，毛泽东为他上的第一堂生活管理课。

到了伏天，因为武象廷回警卫班有事请了几天假，就临时让王振海替他给毛泽东买菜。王振海头一次上街买菜，尽挑新鲜的有营养价值的买。结果，他买回来一些嫩玉米蕊，也就是那刚刚开过花，还没有结粒的小玉米笋。王振海满以为这下给毛泽东买回

来好吃的了。炊事员刘景峰做好后，端去给毛泽东吃。

一看这玩意，毛泽东便皱起了眉头，仿佛他这时想起了自己的父母，在农田里辛勤耕种玉米时的劳苦。任你小刘怎么讲，他就是坚决不吃这东西。并且，毛泽东有点不悦地说："炒这一盘菜需要多少棵玉米？要是这些玉米长熟了能打多少粮食？叫我吃这样的菜，还不是破坏生产吗？把这个菜端回去，谁买的就叫谁去吃。"

言为心声。毛泽东从思想上严格要求自己，生活上从不奢侈浪费。毛泽东当时的生活水平，只属于一般水平，即使这样，他仍带头提倡节俭。毛泽东原本就是一个农民的儿子，所以他处处都想着农民，时时过着普通人的生活，保持着劳动人民的本色不忘本。

"告诉大家，毛泽东后来只想当个教书匠"

——毛泽东与卫士田云玉的交谈

新中国成立后，毛泽东工作繁忙，日理万机，还经常参加外事活动，接见外宾，但在接见外宾前必须先剃须整容。理发员王惠师傅，已经上了岁数，长得极像"少林寺"里的老方丈，只是多了副老花眼镜。一次，他给毛泽东理发，由于视力不济，虽然戴了花镜，也总是歪侧着头，眯缝着眼左瞧右瞧，手中的剃刀难得挥一下。

这时毛泽东常常是看一眼手表，催老王说："哎呀，老王，你快点嘛。"

"别着急，着么急呀。"王惠慢条斯理地讲，声音拖得悠长。换个位置，好容易才"刷"了一声。

毛泽东急得抬抬屁股，却被王惠从头顶上按住说："莫急，误不了事。"

毛泽东用手擦擦额头，大概是急出汗了，又抬屁股想走。这位“少林寺老方丈”反而耐不住性地说：“怎么不听话呢？你别着急么！”

毛泽东哭笑不得，在王惠的手掌下强抬一下头：“我要你快点嘛。”

王惠居然在毛泽东的后颈上拍了两下，说：“沉住气，听我的，给你刮干净再去。”周围工作人员都看得目瞪口呆。

可是毛泽东居然不发火，只是无可奈何地叹了口气。而王惠一边给毛泽东刮后脖颈，一边又不知轻重地“教训”起毛泽东来：“你是国家主席，主席要有主席的样子。啊，又是我的手艺，剃不好我也不光彩嘛……”

事后工作人员议论纷纷：“这个王惠，太不像话了，简直不知天高地厚！”

“可不是吗，给主席剃头，怎么能那样放肆……”

毛泽东听到这些议论后，问卫士田云玉：“小田啊，你怕不怕我？”

“不怕。”

“其他工作人员怕不怕？”

“有的不怕，有的怕。新来的同志容易紧张害怕。”

“不要怕么，大家都是人，毛泽东也是个人，有什么可怕的？”

“您是主席啊。”

“主席不是皇帝，主席也是人民的服务员。告诉大家，毛泽东也没想到他会当上共产党的主席，没想到当上国家主席。”毛泽东点燃一支香烟，又说，“告诉大家，毛泽东后来只想当个教书匠，当个教书匠也不容易哩。革命有分工，分工不同，但政治上一律平等，没有高低贵贱之分。比如王惠师傅，他就做得好。他工作认真负责，自尊自爱，他就不认为剃头的比当主席的低，他是从内心到言谈举止都将自己同国家主席放在了平等的政治地位上，这样的同志才值得我们尊重！”

毛泽东把身边工作人员摆在同自己平等的地位来看待，并且和他们在一起，言谈举止坦率、自然、亲切。此番言谈话语，多么平易近人，使人会更加热爱、敬仰自己的领袖。这正是：人民领袖爱人民，人民领袖人民爱。

“革命战争，总是要付出代价的嘛！”

——毛泽东与彭德怀的交谈

1951年2月21日，彭德怀从朝鲜战场赶回北京，向毛泽东汇报了朝鲜战场的局势和困难。最后又说到了毛岸英的牺牲，心情内疚，双眼含泪，十分不安地说：“主席，你让岸英随我到朝鲜前线后，他工作很积极，可我对你和恩来几次督促志司注意防空的指示不重视，致岸英和高参谋不幸牺牲，我应承担责任，我和志司的同志们至今还很悲痛。”

毛泽东在卧室来回走着，沉默良久，轻轻念叨起我国古代南北朝时著名文学家庾信的《枯树赋》中的词句：“昔年种柳，依依汉南，今看摇落，凄怆江潭。树犹如此，人何以堪！”

《枯树赋》抒发的是英雄暮年的凄凉情感，反映的是一种在自然规律面前无可奈何的失落心态。

毛泽东坐回座位，反过来宽慰彭德怀，缓慢顿挫地说道：“革命战争，总是要付出代价的嘛！为了国际共产主义事业，反抗侵略者，中国人民志愿军的英雄儿女，前仆后继，牺牲了成千上万的优秀战士，岸英就是属于牺牲了的成千上万的革命烈士中的一员，一个普通的战士。不要因为是我的儿子，就当成大事。不能因为是我，党的主席的儿子，就不应该为中朝两国人民共同的事业而牺牲，哪有这样的道理呀！哪个战士的血肉之躯不是父母所生？”

据说，当时岸英的战友们较为悲痛，不少人建议将岸英遗体运回国内安葬，毛泽东没有同意。毛泽东说：“青山处处埋忠骨，何须马革裹尸还。不是还有千千万万志愿军烈士安葬在朝鲜吗？”

毛泽东对于毛岸英的不幸牺牲是万分悲痛的，但是为了革命事业，他表现出了伟大革命家的博大胸怀。在他的心里，总是祖国的利益、人民的利益高于一切。尽管老年丧子之痛这人间最悲惨的痛苦重重地撞击着他的心灵，但他以极坚强的意志，始终控制着自己感情的流露，以大局为重。言谈话语中，虽透露出他的一丝悲伤情绪，但更显见的是他那刚强的性格和伟大而宽阔的胸怀。

“你来的时候像这些雪，以后也要保持”

——毛泽东与卫士李银桥的交谈

1951 年冬，北京下起这年的第一场大雪。

那时，全国正在开展轰轰烈烈的“三反”“五反”运动。毛泽东在中南海工作了一整夜，批阅了大量文件材料，天亮时才放下笔。他舒个懒腰，搓搓脸，朝门口走去。他打开门跨出门槛一步，便突然停住了脚。门外正纷纷扬扬地下着大雪。他像孩子似的睁大眼睛，凝视着这银白色的世界。

毛泽东走下台阶，步子迈得极慢极慢，像怕惊醒一个甜美的梦。他回过头来看看自己留在雪地上的脚印，月光里闪耀着孩子一般惊喜的神色。他不忍心再向洁白无瑕的雪地里落下脚去，便把抬起的脚缩回来，重新落在原来留下的脚印里。他看见卫士在一边扫雪，下令：“不要扫，”“把扫帚扔了，她的伤口刚合上你就忍心又割一刀？”

他开始在没有雪的廊檐下踱步，而后又出门，沿中海走。警卫李银桥追上他，发现他爱雪爱得“自私”。他舍不得踩自家门前雪，可是不怕踩外面的雪。他不走扫净的路，专走雪地，入迷地倾听着脚上咯吱咯吱的碾雪声，不时地停在松柏旁欣赏枝丫上的积雪。

他忽然开口问：“银桥，你有没有贪污？”

“没有。”李银桥坦然地回答。

又问：“你现在不贪污，以后贪污不贪污？”

“不贪污”。李银桥又干脆地回答。

“那就好。你来的时候像这些雪。”毛泽东指着松枝上洁白耀眼的积雪说，“以后也要保持，反腐蚀，不要让糖衣炮弹打中。”

毛泽东继续在雪地上走，又问道：“你喜欢雪吗？”李银桥回答“喜欢”。

毛泽东说：“农民喜欢雪，瑞雪兆丰年。害虫不喜欢，一下雪，苍蝇就没有了。我也喜欢雪，我们都喜欢雪。”

毛泽东以“雪”为话题，从它的引申又谈到它的本义，形象鲜明地说明了“雪”的伟大意义。雪，能兴利除弊，净化环境；雪，象征着廉洁奉公、艰苦朴素的工作作风，这样的“雪”，不是很可爱的吗？

“对于这样的叛徒和蛀虫”，必须清除

——毛泽东与周恩来的交谈

1951年12月。当毛泽东的目光再一次盯在了刘青山、张子善的罪行材料上时，他几乎是震怒了。

刘、张二人在进城后就成了毛泽东所预言的那种人。进城后，

他们公开扬言:“天下是老子打下来的，享受一点还不应当吗?”他们利用职权盗用飞机场建筑款，克扣救济灾民款，干部家属救济款、地方粮款、民工供应粮等共计171亿元（旧币），用于经营他们秘密掌握的所谓“机关生产”，他们勾结奸商，从事倒买倒卖的非法经营活动，曾以49亿元巨款倒卖钢材，使国家蒙受21亿元的损失。为了从东北盗购木材，他们不顾灾民疾苦，占用4亿元救灾款，并派人冒充军官进行倒买倒卖。另外，他们以高薪诱聘国家企业的31名工程技术人员，成立非法的“建筑公司”，从事投机活动。在兴建潮白河、海河等工程中，盘剥民工，将国家发给民工的好粮换成坏粮，抬高卖给民工的食品价格，从中渔利22亿元。他们生活腐化堕落，挥霍大量金钱。刘青山吸毒成瘾，借口有病，长期不工作，但对吃的大有“学问”。山珍海味也有吃腻的时候，刘青山异想天开地要吃“没有韭菜但有韭菜味的饺子”。炊事员为难，恐怕“狗不理”“鸭子楼”的名厨也做不出来这种水饺。炊事员绞尽脑汁总算想出了办法，将猪肉、虾仁、炒鸡蛋并白菜心剁烂搅馅，包时每个饺子里放几根洗净挑好的茎粗叶宽的韭菜，茎根包在饺子皮褶外，捏好后下锅，煮熟后捞出，趁热捏住露在外面的韭菜根茎，将包在饺子里的韭菜叶一起抽出来。这种饺子才合了刘青山的心意。张子善为了逃避罪责，曾一次焚毁单据300多张。他们还把自己负责的地区视为个人的天下，说天津地区党内只能有“一个领袖”“一个头”。在工作中实行家长式的统治，欺上压下，独断专行。被捕前，刘青山任石家庄市委副书记，天津地委前任书记；张子善为天津专区专员、天津地委书记。

在毛泽东与周恩来及刘少奇、朱德、薄一波、彭真等人议论时，都一致认为，像刘青山、张子善这样的大贪污犯，则不论他们有多大功劳，都是不可饶恕的。周恩来赞成枪毙刘、张二犯。

毛泽东不但赞成，而且决心不可动摇。毛泽东说：“对于这样的叛徒和蛀虫，有多少就必须清除多少。清除了他们，不是党的损失，而是党的胜利，不是降低了党的威信，而是提高了党的威信。”但是在执行前，他仍不放心，又做了大量的调查研究。

1952年12月下旬。毛泽东与周恩来商量后，根据这些材料，又请民主人士发表意见，做出决定，同意河北省委的建议，由河北省人民法院审判，经最高人民法院核准，对大贪污犯刘青山、张子善处以死刑，立即执行，并没收本人全部财产。

在天津，有人找过市委书记黄敬。黄敬想找毛泽东说情，因为，刘、张新中国成立前曾在他手下工作过，是看着他们成长起来，他知道刘、张错误严重，罪有应得，应当判重刑。但他们都曾被国民党政府抓进监牢，宁死不屈，在战争年代也曾出生入死，在干部中也有很大影响，是否给他们一个改造自新的机会，不要枪毙，何况他们都还年轻，当年刘青山36岁，张子善38岁。

黄敬是浙江人，领导过北平的一二·九运动，担任过地下党北平市委书记和晋察冀的党委副书记，是党内有名的人物，周恩来自然十分熟悉。他听到黄敬要来北京说情的风声，便将此事告诉了毛泽东。毛泽东对周恩来说：“正因为他们俩人的地位高，功劳大，影响大，所以才要下决心处决他们。只有处决他们，才可能挽救20个，200个，2000个犯有各种不同程度错误的干部。”有了这番话，黄敬不敢再找毛泽东了。

毛泽东的话语，铿锵有力，掷地有声，对党内出现的给人民造成极大危害、给党的形象造成极大损害的腐败分子表示了极度的愤慨和严惩不贷的坚定决心，给周恩来的工作以积极的支持，给说情者以无斡旋的余地。这给广大党员干部、给党的廉政建设上了生动的一课。人们说：杀了两个人，管了几十年，值！枪毙刘青山、张子善的枪声穿越过几十年的空间，至今仍在人们的记忆中回荡，发人深省。尽管年代不同，形势不同，但改革开放、搞活经济，建设有中国特色社会主义的今天，廉洁奉公，奉公守法，全心全意地为人民服务仍是需要坚持的，需要大力提倡的。毛泽东关于惩治党内腐败分子所说的话，迄今仍是颠扑不破的真理。

“穷山可以变成富山，恶水可以变成好水”

——毛泽东与徐州市委书记华诚一的交谈

1952年10月28日夜，毛泽东的专列停在徐州郊外的专用线上，毛泽东在列车上过夜休息。29日早饭后，毛泽东在许世友、向明、高克亭及徐州市委书记华诚一等同志陪同下游云龙山。

当毛泽东来到云龙山放鹤亭前时，指着西南的一块石碑问：“这是什么碑？”华诚一回答：“是乾隆写的石刻。”毛泽东批评说：“这个人到处乱写。”毛泽东来到北坡半山腰，走进六角亭内，看到眼前那座光秃秃的九里山，问：“那些山上怎么没有种树？”华诚一回答：“徐州这些地方的山都是光秃秃的。清朝乾隆说徐州是穷山恶水，泼妇刁民。”听了这句话，毛泽东十分严肃地说道：“那是对劳动人民的污辱！”接着，毛泽东指出，“群众是英雄！发动群众，依靠群众，穷山可以变成富山，恶水可以变成好水。我们要发动群众，上山栽树，一定要改变徐州荒山的面貌！”

在毛泽东指示指引下，徐州市人民经过艰苦奋斗，终于把光秃秃的九里山变成了绿树葱郁的青山。

毛泽东历来重视人民群众在创造历史、推动历史前进中所起的重要作用。毛泽东对华诚一这位市委书记所说的话，就是告诉他，我们是代表人民利益的，与历史上的帝王是不一样的，为人民的利益而工作，依靠人民的力量把事情办好。在这里，毛泽东既批判了历史上的帝王乾隆，又肯定、歌颂了今朝的大英雄——人民群众，言简意赅，言近旨远。

现在讲振兴乡村，如何才能实现呢？在以习近平总书记为核心的党中央领导下，广大农村基层干部，只要一心一意听党话跟党走，心里时时刻刻装着人民群众，经常想一想，怎样努力做到“穷山可以变成富山，恶水可以变成好水”，怎样努力做到走社会主义道路不走样儿，共同富裕奔小康，相信群众依靠群众，群策群力，勇于担当尽职尽责，尽心尽力，这样，何愁美好的梦想不能成为真实的现实呢？

“我就是土包子……”

——毛泽东与卫士李银桥的交谈

抗美援朝战争结束后，一次，毛泽东又夜以继日地工作了几十个小时，已经两三天没吃一顿正经饭了。李银桥一再提醒他，后来毛泽东提出要吃一顿饭，让李银桥给“搞一碗红烧肉来”。

当李银桥刚准备去伙房作交代，却遇到了江青。江青问起了毛泽东吃饭的情况，并把李数落了一气，最后说：“不要啰嗦了，照我说的办！红烧肉不要弄，什么好东西？土包子呢，改不了的农民习气！”

由于江青的批评和阻止，李银桥没有弄。

吃饭时，见桌子上没有红烧肉，毛泽东生气了。

“为什么没搞？”他历来坚持“交代了就要办”的原则，大声地问，“交代过的事情为什么不办？”

李银桥垂下头，无言以对。

江青始终沉默。

“说话，交代了的事为什么不办？”毛泽东发脾气了，“我只要求一碗红烧肉，过分了吗？”

明摆着江青是将自己躲开了。失望、委屈一下子涌上了李银桥心头，他站着一动不动，眼泪流了下来。

毛泽东见不得泪。李银桥一哭，他就不安了，嘟哝着：“算了，算了，以后注意么，交代了的事么……”

毛泽东草草吃了几口饭便放下了筷子。

当毛泽东准备睡觉时，他让李银桥坐在他身边，自己倚在床栏上，小声问：“说说吧，这是怎么回事？”

李银桥一听这话，眼泪马上涌了上来，在眼眶里打着转，嘴里却一言不发。

在毛泽东的一再坚持下，他说：“你全明白了，为什么一定要我说？”

“我明白什么？我要你自己说。”

“她不让我弄，她说……”

正在这时，江青进来了。毛泽东皱着眉头白了她一眼。

“你们谈，你们谈，我走。”江青一脸愠色，转身就走。李银桥忙站起来准备跟上去送她，身后传来了毛泽东的怒声：“别理她，接着谈你的！”

李银桥哼哧着讲述了事情的全部经过。

“这就对了嘛。你不哭了，这就好。心里有不痛快就要找人吐，吐出来就痛快了。”毛泽东安慰地拍拍他的手。李银桥咧咧嘴，样子介于哭笑之间。

“不错，说对了！”毛泽东忽然沉下脸，用愠怒的声音说道，“我就是土包子。我是农民的儿子，农民的生活习性。她是洋包子，吃不到一起就分开。今后我住的房子穿的衣服吃的饭菜按我的习惯办。江青住的房子穿什么衣服吃什么饭菜按她的习惯办。我的事不要她管，就这样定了！”

“心里有不痛快就要找人吐，吐出来就痛快了”这句话，体现了毛泽东对工作人员的理解、关心。关于“土包子”“洋包子”的议论，反映了毛泽东以保持劳动人民本色为自豪和对江青的不满，从而也为身边工作人员“出了气”。

“那我们就一起来过生日吧”

——毛泽东在60岁生日时与卫士们的交谈

1953年12月26日，是毛泽东的60大寿诞辰之日。

毛泽东虽三令五申不让祝寿，不让送礼，不让以个人名字命名，这是大家都知道的，可今年是他老人家60大寿，应该让他高高兴兴地度过，这是他身边工作人员的共同心愿。这一天，大家忙乎着为毛泽东准备生日晚宴，不过一切都是在秘密进行，毛泽东一无所知。

晚上7点钟，饭菜端上了桌，6个热菜：木耳炒肉、牛肉炖萝卜、苦瓜炒肉、油菜、米粉肉、鱼；四个凉菜：雪里蕻、小辣椒、咸鱼等。主食是长寿面、花卷。

毛泽东一看就明白了大家的意思，严肃地说：“中央已有决定，不能祝寿。你们为什么还为我祝寿啊？”

李银桥说：“主席，这是家常便饭，不过分，还是可以的。”

“银桥，这又是你出的点子吧？”

“主席，这次你可说错了，这是大家想到的，我们集体决定的，共同来办的。”李银桥回答。

“哎呀，是集体决定的事，那我就不好办了！好吧，我服从，那我们就一起来过生日吧。”

见毛泽东没有责怪的意思，卫士组的同志们都高高兴兴地跑了过来。孙勇说：“主席，我祝您生日快乐！”大家也都同声说：“祝主席生日快乐！”

毛泽东站起来，高兴地点点头，说：“好！谢谢同志们！”说着，用手示意让大家坐下。然后说，“拿酒。”

在李银桥拿酒之时，李家骥跑到值班室取来他的“作品”——6个蒸熟的大寿桃，放在桌子正中间，以显出祝寿的气氛。

每个人面前一个倒满葡萄酒的高脚杯。李银桥端着酒杯站起来，大家也跟着站了起来。李银桥高兴地说：“主席，我们卫士组的同志祝您生日快乐！”

毛泽东点点头，微笑着说：“谢谢大家，我们干杯！”他一一和大家碰杯，并和大家一样干了杯。

大家落座，酒杯重新满上，毛泽东点上一支烟，轻轻地吸了一口，用手示意大家吃菜。大家也都让毛泽东吃菜，你一筷子我一筷子地给他夹菜。毛泽东说：“好了，我自己来。”

毛泽东的心情很好，他高举起酒杯说：“谢谢大家，祝你们健康成长。”然后一饮而尽。“再倒酒，我今天很高兴。你们为我过生日，我也多喝。”他再次提议大家喝酒，大家与毛泽东再次碰杯。

酒已喝得差不多了，该上长寿面了。毛泽东比较爱吃面条，他接过一碗热乎乎的长寿面，吃了两口便说：“吃长寿面能长寿吗？祝寿能使人长寿吗？我看不能。如果能的话，那就天天吃长寿面，天天祝寿就行了！这样能调解空气才是真的。”

毛泽东严格遵守不祝寿的原则，这次毛泽东之所以接受大家对生日的祝贺，是因为“这是家常便饭，不过分”，又是“集体决定的”，目的是为了“调解空气”，“调解空气才是真的”。

非原则性问题，又无伤大雅，又有利于维护群众利益，即善解人意，通融随和而处之，如此益处多多，和群众打成了一片，密切了群众关系，加强了团结友爱。

“我这个‘大元帅’就不要了”

——毛泽东与刘少奇、周恩来、邓小平等的交谈

1955年1月，中央军委发出了《关于评定军衔工作的指示》。在中央召开的一次评衔工作汇报会上，彭德怀、罗荣桓等同志向毛泽东等中央领导同志汇报中国人民解放军评衔授勋工作的初步方案。在初步方案中，毛泽东被评为大元帅，周恩来、刘少奇、邓小平等为元帅，李先念、谭震林、邓子恢、张鼎臣等为大将。

毛泽东听完汇报后说：“你们搞军衔，是很大的工作，也是很不好搞的工作。我这个‘大元帅’就不要了，让我穿上大元帅的制服，多不舒服呀！到群众中去讲话、活动，也不方便。依我看呀，现在在地方工作的同志，都不评军衔为好！”毛泽东问，“少奇同志，你在军队里搞过，领导过军队，你也是元帅，这个元帅要不要？”少奇说：“不要评了。”毛泽东又问恩来、小平同志：“你们的元帅军衔，还要不要啊？”他们都说：“不要评了。”毛泽东还问子恢、鼎臣等同志：“你们几位的大将军衔，还要不要评啊？”他们说：“不要评了，不要评了。”

毛泽东带头辞大元帅军衔，对全军干部的教育作用是很大的，解决了评衔工作中的一些矛盾。

毛泽东平常的几句话，很朴实，却道出了他对工作的重视，对自己的严格要求和对群众的关心。

在荣誉面前不伸手，当官的率先垂范，以身作则，那么工作哪有做不好的呢？

抄首爱情古诗，“你拿给你男朋友看一看”

——毛泽东与专列乘务员姚淑贤的交谈

1956年夏天，毛泽东去北戴河，列车刚启动，他在客厅对大家说：“今天是礼拜六，你们有没有约会呀？”

有的人低头，有的人在笑，只有姚淑贤不加思考，冒冒失失地脱口而出：“有，我有。”话一出口，她就后悔了，可是话已说出来了，没法收回去，只好红着脸，低着头站在那里。

毛泽东望着她，面带微笑，亲切地问：“跟什么人约会呀？”

姚淑贤很不好意思，但又不能不回答，声音很低地说：“跟男朋友。”

“哎呀，搅了你们的好事，怎么办？你们打算在哪儿约会？”毛泽东皱着眉头说，还有些着急的样子。

“中山公园门口。不过没事。”

“怎么会没事呢？你告诉他了吗？”

“没有。”

“你这个小姚啊！要是不见不散怎么办？”毛泽东望了望窗外又说，“你就连个电话都没给他打？”

“我们只要接受任务，就不能告诉其他的人。主席，没事的，我们在一个处工作，他作食品检验工作，一会儿到专列上来采样，就知道了，我有任务，他会理解的。”姚淑贤解释说。毛泽东摇摇头说：“久了会误会的。”

本以为此事说过就算完了，可没想到当天晚上毛泽东又叫住姚淑贤，递给他一张信笺说："小姚，有个东西你拿给你男朋友看一看。"姚淑贤接过一看，信笺上是毛泽东抄录的一首古诗：

静女其姝
俟我于城隅
爱而不见
搔首踟蹰

"主席，我们有纪律，凡是带字的东西都必须上交。"

"你为什么那么老实，现在没谁看到。我是不会打小报告的。"毛泽东说着，做了个手势，"藏起来，带给他。"

姚淑贤心里还是很不安，在向卫士长作了汇报征得允许后，才把这张信笺收藏了起来。

毛泽东抄录爱情古诗给姚淑贤，为姚淑贤的生活留下了一段美好的回忆，这记录了领袖对身边工作人员的关心与爱护。

毛泽东抄录爱情古诗给姚淑贤，"拿给你男朋友看一看"。表现了毛泽东幽默的生活情趣。

这几句爱情古诗，出自《诗经·国风》中《静女》篇。其大意是说，女孩娴静且雅丽，约会等待小城角。故意隐身不相见，使我搔首来回找。毛泽东借用这几句诗，恰当准确地既夸赞了姚淑贤，又将其男友等她的焦急的心情表现了出来。这是多么幽默，多么富有生活情趣啊！

毛泽东对工作人员很随和，经常与他们开玩笑。有一次，列车快到天津了，毛泽东对乘务员姚淑贤说："快到你家了吧？"

"大约再过半小时就能到天津。"姚淑贤告诉毛泽东。

"天津有什么特产？"毛泽东问。

“大麻花，狗不理包子。”姚淑贤看着毛泽东认真地回答。

毛泽东又问：“为什么叫狗不理？”

从小随父母在天津长大的姚淑贤对这个典故还是很熟悉的：“据传说，过去有一个小包子铺，做出的小包子很好吃，可是店铺很小，有钱的人根本不去，都是做小买卖的、拉车的去，总而言之，都是劳动人民去吃，挣不了多少钱，老板一气之下，就给包子起了一个‘狗不理’的名字，谁不吃他的包子，就骂谁呀。”

毛泽东听后风趣地说：“我们可别挨他的骂。小姚，快到天津了，请我们吃包子吧！”

“好，我请。”

毛泽东又说：“我们的人可不少啊！”他用手朝前后车厢一挥，意思是包括所有车上的人。

“行，没问题。”姚淑贤爽快地答应着。

列车路过天津，只要时间合适，总要上点包子，能有机会请毛泽东吃点家乡的特产，姚淑贤别提多高兴了。

列车到达天津站，果然上了狗不理包子。

“来，大家都去餐车吃包子。”毛泽东高兴地招呼大家，接着又开玩笑地指一指姚淑贤，“今天是小姚请客，我掏钱。”在场的人都被逗笑了。

从天津特产谈起，引出“狗不理”包子的典故，引起人们吃的兴趣，由此提出让小姚请客，最后毛泽东又幽默地说，“小姚请客。我掏钱”。一问一答，欢欢乐乐，亲如一家人，毛泽东真是平易近人，和蔼可亲。

“我们的农民不该还吃窝头么！”

——毛泽东与卫士马维等的交谈

1957 年 12 月，卫士马维从家里回来，带回了一点黑面做的窝窝头，里面还掺杂大量粗糙的糠皮，又黑又硬。马维对毛泽东及大家说：“乡亲们就是吃这个东西，我讲的是实话。”毛泽东紧皱着眉头，老人家用发抖的手接过窝头，掰开一块放入嘴中，嚼了几口，刚一咽下，泪水就不停地流下来。

毛泽东流着泪，继续掰着窝窝头说：“吃，你们都吃，都要吃一吃。”卫士们和保健医生吃着窝头，都感到真难吃，又不能不咽下去。毛泽东非常难过：“吃啊，这是农民的口粮，是种粮的人吃的口粮……”

毛泽东没有吃午饭，也没有吃晚饭，他带着久久思考但仍然困惑的表情说：“我们是社会主义么，我们的农民不该还吃窝头么！不应该么……”过了很久，毛泽东又提出，“要想个办法，必须想个办法——怎样才能加速实现社会主义呢？”

面对人民的疾苦，毛泽东看在眼里、痛在心里。农民还在吃糠咽菜，生活水平得不到提高，还算什么社会主义呢？“要想个办法，必须想个办法——怎样才能加速实现社会主义呢？”表明了毛泽东当时要改变中国贫穷、落后的面貌，并且加速实现社会主义搞好社会主义的急切心情。

一路谈笑风生，气氛活跃

——毛泽东南巡途中与张治中、余湛邦的交谈

1958 年 9 月，毛泽东请张治中随他一起同行南巡。

毛泽东此次南巡，一来是要到湖北、安徽、江苏、浙江、上海等地视察工作，二来是打算调整一下长时间紧张的情绪，适当休息一下。

这次南巡，毛泽东一路谈笑风生，好开心，好快活。同行的人们心情都很愉快，气氛活跃。

10日抵武汉。夏末秋初的武汉，依然是热浪未消。一下飞机，毛泽东就直接驱车来到长江边。在船上吃完了中午饭，毛泽东就忙着要下江游泳，他笑着问张治中等人："你们可下水？"张治中等人同声抱歉地答道："不能奉陪了。"毛泽东说："好吧，你们都当'观潮派'吧！"

第二天，毛泽东又来到长江边上，面江而立，准备下长江游泳。这时，张治中向毛泽东介绍余湛邦说："这是我的秘书余湛邦同志。"毛泽东回过头来，用温和的眼光看着余湛邦："噢！"接着向余湛邦伸出了手。余湛邦赶紧向前迈进两步，双手紧紧握住毛泽东那温暖的手，心在突突地跳，举止显得紧张而拘谨。当时船上机器轰隆，人声嘈杂，余湛邦怕毛泽东没有听清楚他的名字，就补充说："我叫余湛邦。"毛泽东听了微微抬起头，似在沉吟。余湛邦怕他的广东腔咬字不准，又补充说："是湛江的湛，联邦的邦。"毛泽东跟着问道："是干勾于吗？"余湛邦在心里责备自己："多疏忽，怎么只提名不道姓呢？"就赶快答道："是人禾余。"大概毛泽东看出了余湛邦的紧张和拘谨，他温和而又幽默地对余湛邦说："yu姓很多，有干勾于，有人禾余，有人则俞，有口人则喻，有虞姬的虞。"说到这里，他用手指着江水说，"还有水里的鱼。"最后补上一句，"其鱼甚多咧！"

为了活跃一下毛泽东一行的文化生活，中共湖北省委组织了一次舞会。毛泽东对张治中等随行人员说："今晚大家跳舞去。"张治中说："我不会。"毛泽东笑了笑，说："看来你的文化程度很低，连舞都不会跳！"来到舞厅，张治中开始是观舞，后来江青请他跳舞，情不可却，只好上场了。休息时，毛泽东对张治中说："你也下海了，可见你的文化程度有所提高了。"张治中不好意思地说："我跳舞是三不管，不管音乐，不管舞伴，不管步子。"毛泽东会意地笑了。

当毛泽东看出余湛邦的紧张和拘谨后，就对他的姓氏加以解释。解释得多么幽默轻松，让人顿感伟大领袖的平易近人。

毛泽东请张治中跳舞，张说"不会"，毛便用"激将法"，适时适度地予以"贬"或"褒"，从而促使了张治中上场跳舞，这样气氛就活跃了起来。

"自力更生了，不能光靠外援"

——毛泽东与保健医生徐涛的交谈

1959年3月13日，毛泽东在招待美国记者斯特朗等人的午宴上说："怕死是没有用的。怕死不能制止死亡，只能导致死亡。"毛泽东生点病，连药都不想吃，常常靠调动自身的抵抗力解除病痛。

有一次，毛泽东的牙床化脓，痛得捂腮皱眉吸凉气，吃不下饭。保健医生徐涛有意重复主席说过的话："牙痛不是病，疼起来要了命。"主席笑起来。徐医生一本正经地说："这次可真是病了，牙床化脓，淋巴肿大，你得吃药，吃抗生素。"毛泽东摇着头说："我不用药。"徐涛灵机一动，便用他的话劝他："别讳疾忌医呀，这是你常说的话。"毛泽东风趣地说："我不忌医我忌药。你有不用药的办法嘛？"徐涛说："病重了不行，重了必须吃药。"毛泽东仍坚持自己的意见："我不吃药。靠吃药，自身的抵抗力量就没法发挥作用，就得不到锻炼，应该调动自身抵抗力量对付外来侵略。总用药抵抗力就会衰退……”“照这样说，还生产药干什么？”徐涛问。毛泽东答：“只有抵抗力不行时，才用药助它一臂之力，反败为胜。这次我要看看我的抵抗力能不能战胜。”几天后，没用药牙床病好了，毛泽东得意地笑着说：“怎么样，我的抵抗力战胜了。自力更生了，不能光靠外援。天下万物万事，都脱不出这个道理。”

毛泽东对徐医生说：“医生的话不可不听，也不可全听，全听你的我就完了，全不听你的我也不行。”

对于一般的病症，主要靠调动自身抵抗力量来对付，用药物治疗不是主要的。这是毛泽东的观点，表现了一种勇敢无畏的精神。毛泽东曾经讲过：“彻底的唯物主义者是无所畏惧的。”当然了，这种勇敢无畏的精神，也是建立在科学基础上的，毛泽东的话，亦不无道理。更有意思的是，毛泽东从自己对付病症的过程中，总结并引申出哲学道理来：“自力更生了，不能光靠外援。天下万物万事，都脱不出这个道理。”这些话语表现了毛泽东的革命英雄主义精神和革命乐观主义精神。

“我下次再回来，还要去看看他们两位”

——毛泽东祭奠父母后与罗瑞卿等的交谈

1959年6月25日，毛泽东回到阔别32年的故乡——韶山。第二天一早，他就急切地爬上南岸对面一座长满青松翠柏的小山——楠竹坨（ào），那里是他父母的墓地。毛泽东把一束松枝敬献在父母的坟上，然后在墓前肃立默哀了片刻，轻声说：“前人辛苦，后人幸福。”说毕又恭恭敬敬地鞠了三个躬。毛泽东回到旧居，在父母卧室里，久久地凝望着父母的照片，深有感慨地对身边人员说："这是我的父母亲。我父亲得的是伤寒病，我母亲颈上生了一个包，穿了一个眼，要是现在就好了，要是现在就死不了了。"意思是说父母亲各得的都不是什么不治之症，但都过早地去世了。如果是现在，他们都不会死的。回到住处卢家湾（即现在韶山宾馆松山一号）后，他又对陪同的罗瑞卿等人说："我们共产党人是彻底的唯物主义者，不信什么鬼神，但生我者父母，教我者党、同志、老师、朋友也，还得承认。我下次再回来，还要去看看他们两位。"

毛泽东回到韶山后就去父母陵墓前拜谒祭奠，并表示"我下次再回来，还要去看看他们两位"。这其中的道理，毛泽东已讲得很清楚："前人辛苦，后人幸福"，"我们共产党人是彻底的唯物主义者，不信什么鬼神，但生我者父母，……还得承认。"也就是说，虽然死者长已矣，但生者不忘父母养育恩，祭奠他们以寄托哀思，表示怀念、孝心，让死者安息，还是应该的。可见毛泽东对父母非常孝敬。

1919年春，毛泽东曾把患病的母亲接到长沙医治，住在长沙岳麓山下的周家台子的"伪痴寄庐"蔡和森家中。母亲患瘰疬（luǒ lì，疬子颈），经医治已有好转，但回韶山后不久复发去世，终年52岁。毛泽东昼夜兼程，从长沙赶回韶山奔丧。

母亲逝世后，毛泽东又曾把父亲接到长沙治病。不幸，父亲回到韶山后因患急性伤寒于1920年1月23日去世，终年50岁。当时，毛泽东正率"驱张代表团"在北京开展反对湖南军阀张敬尧的斗争，未能回家奔丧。他只好把对父亲逝世的哀悼之情深深埋在心里，化作激励斗志的革命豪情。

毛泽东对父母亲的怀念和深情一直深埋在心灵深处，在后来几十年的革命生涯中从未淡漠过。毛泽东曾经讲过："不孝敬父母，天理难容。""连父母都不肯孝敬的人，还肯为人民服务吗？"

"这叫作'投石问路'"

——毛泽东与周恩来的交谈

1949年在蒋家王朝的崩溃中，南京政府的代总统李宗仁逃亡美国。

在中国共产党的感召下，他思国、归国心切。

他的秘书程思远多次来北京牵线搭桥。

1959年，程思远第二次来到北京，参加中华人民共和国建国10周年庆祝活动。李宗仁在通过程思远转给周恩来的一封信中说，他保存着一批文物，希望能献给祖国。李宗仁收藏的这批文物是12箱字画，是他在北平当行辕主任时搜集到的，后来带出去了。李宗仁在信中还说，这批文物是他花了11万美元购买的。周恩来在接见程思远时说："你转来李德邻先生的信，说他自愿将他收藏的历史名画献给国家，这是他爱国精神的表现，政府考虑接受。"

程思远回到香港以后，设法将李宗仁存在纽约的字画运到香港。周恩来马上安排中央有关部门派人去香港，把字画接回了北京，并指示故宫博物院进行鉴定妥为收藏。鉴定发现这批字画有些是真的，大部分是赝品。按当时的行情计算，价值不过3000美元，与李宗仁说的11万美元相差太大了。周恩来听到报告后，感到十分意外，经过反复考虑，决定给李宗仁3万美元。

争取李宗仁回国，事关我党的统战工作政策，应慎重。周恩来把字画的事情和处理意见向毛泽东作了汇报。毛泽东听了哈哈大笑了起来，爽快地说："恩来呀，我们的统战工作要讲策略，他说11

万多，就给他 12 万。这叫作‘投石问路’。”毛泽东亲自批示财政部部长李先念，给了李宗仁 12 万美元。随后，周恩来让程思远转告李宗仁：他所捐的字画，有些是真的，有些是赝品；但是，政府体念李先生的爱国热情，将助他一笔赴欧洲的差旅费，以壮行色。

好一个“投石问路”，政府接收了李宗仁捐赠的字画，这说明祖国对他归国之心是欢迎的，李宗仁心里踏实。毛泽东支付了 12 万美元，更使李宗仁喜出望外，连声称赞：“共产党不简单，是识货的。”1960 年春，他派夫人郭德洁到香港，接受了这笔巨款。李宗仁的归国之心更加坚定了。

毛泽东对周恩来所讲的那几句话，表现了毛泽东宽阔的胸怀、高超的智慧，正因为这样，再加上周恩来对党对毛主席的忠心耿耿对工作的高度负责，从而更增添了李宗仁的爱国热情，更坚定了李宗仁的归国之心。

谈恋爱“速胜论不行……还得搞点持久战”

——毛泽东与卫士封耀松的交谈

卫士封耀松已是 20 多岁的大小伙子了。在中南海跳舞时，他认识了战友文工团的一位漂亮女演员，便与她谈起恋爱。

毛泽东的卫士，这身份听起来是令人肃然起敬的，至少是令人羡慕的。实际上，他们并不享受什么特殊的待遇。每月工资也只有三四十元钱，日夜工作，自由活动的时间极少。恋爱谈了一段时间，女演员不干了，吹了。封耀松的情绪很低，提不起精神。这件事毛泽东全知道，曾多次关心询问。

“我的卫士不发愁，要有信心么。”毛泽东轻轻拍打封耀松的头。

封耀松说：“不发愁么，也不是什么高兴的事了。”

毛泽东放低声音，像父亲开导儿子那样慢条斯理地对他说："老婆不是花瓶，不是为了摆着看的。讨老婆不能光挑长相，还是找温柔贤惠的好。自己进步，又能支持丈夫进步，那多好啊？家里和和睦睦，出去干工作也有劲，你说呢？"

看小封不吭气，毛泽东笑了："当然，挺精神的小伙子，硬塞给你个麻子当老婆，也是不行的。总要自己看着舒服才好。而且，彼此都要看着舒服。"

封耀松扑哧一下笑了出来。毛泽东也笑了，笑得很开心。收住笑，毛泽东换了一种严肃的口气："一定要先看思想，看性格，其次才是长相。思想一致，性格合得来，婚后才会幸福。要不然的话……"毛泽东稍稍停顿一下，眼神变得黯淡，叹了一声，"唉！是要背政治包袱的。"

据说，毛泽东曾对身边的工作人员说过，江青是他的一个"政治包袱"。

后来，一次在合肥省委组织的舞会上，封耀松又认识了一位姑娘，并且很快便同那位姑娘"谈"上了。她是安徽省话剧团的一位演员。

毛泽东和卫士们聊天时知道这件事后对封耀松说："这个人好不好呀？她的情况你全了解吗？"毛泽东把身体仰靠到沙发上，接着说，"不要一时头脑发热，要多了解了解。"

隔天，安徽省委书记曾希圣夫妇来看毛泽东。谈过几句后，毛泽东突然指指封耀松说："我们小封跳舞认识了你们这里话剧团一个演员 ××，这个人怎么样啊？"

曾希圣夫妇互相问询后，摇摇头："不了解。"

"你看我们小封，又年轻又机灵，小伙子不错吧？"毛泽东笑着问。

“主席身边的人，那还用说吗？”曾希圣夫妇笑着连连点头。

“怎么样，帮个忙吧，你们本乡本土的，帮助了解了解。”

“行，这事就交给我们好了。”

省委书记要了解一个演员的情况，那还不容易？当天晚上，他们就把情况了解来了。对毛泽东说：“哎呀，不太合适。女方比小封岁数大，快大3岁了。”

“这不算大问题吧？”毛泽东望着封耀松，“女大三，抱金砖。何况人家长得年轻。”

“还没讲完呢，她已经生过小孩，是离过婚的……”

毛泽东又望着封耀松：“怎么样？小封。给你拖个油瓶行不行啊？要说心里话。”

封耀松早垂下头，尴尬沮丧地摇摇头。

毛泽东笑了，安慰了一句：“关系还没确定，还是自愿为原则。”他对曾希圣夫妇说，“我身边几个小伙子都是不错的，总想选择个漂亮的，方方面面满意些的姑娘。这样一来呢，就有点对不住你们那位演员了。”

曾希圣夫妇刚走，毛泽东便捅了封耀松一指头：“速胜论不行吧，也不要有失败主义，看来还得搞点持久战。”

然而，有毛泽东的帮忙，封耀松便不曾打持久战。

上庐山后，江西省委书记杨尚奎夫妇来看望毛泽东。谈天中，毛泽东对杨尚奎的爱人说：“水静啊，我身边几个小伙子你都见过了。那边老表很多么，帮忙找一个吧？”

“行啊。就怕你们小伙子看不上，一个个都长得那么精神。”

“小封，找个老表好不好啊？”毛泽东转脸问。

没容封耀松开口，叶子龙和李银桥便起哄：“好啊，江西老表好啊。拉一个出色的来谈谈看吧。”

水静略一思索，说："你们187号楼的小郑好不好？叫郑义修，是省医院的护士。能上庐山服务的，都是选了又选，方方面面都优秀才行。"

毛泽东像办完了一件大事似的，朝沙发上一靠，把腿伸出去放松，便露出了补丁线袜，满意地说："小封，就这样吧，接触接触看。"

于是，封耀松和郑义修谈上了。庐山会议开得紧张激烈，他们俩悄悄秘密谈得轻松愉快。下山时，彼此已经有些恋恋不舍了。

以后，每逢封耀松陪毛泽东散步聊天，毛泽东总要问问："小郑给你来信了没有呀？"

"来了。"封耀松把信递给毛泽东，请他看。回信也要请他看，请他修改。毛泽东每次都要认真帮他改错别字，一边改一边说："要加强学习。写了错别字人家是要看不起的。改过的错字你要记住，下次不能再写错。"

终于，有那么一封信毛泽东看过以后，笑了。说："小郑发信号了。你该向前迈一步了，升升值。这种事还是男的主动些好，姑娘总是要比小伙子顾些面子么。"

于是，以后写信封耀松便加上了"亲爱的"。有一次，当毛泽东又问起小郑来信了没有时，封耀松的脸红了，不自然地掏出信，毛泽东哈哈大笑，手在胸前划了一个弧："不看了，不看了，大局已定，我等着吃你们的喜糖了。"

1961年，俩人结婚了。婚后第二天的傍晚，他们一起去看望毛泽东。毛泽东满面笑容，望着小郑问："小郑，今年多大了？"

"22岁。"

"比小封小3岁。爸爸妈妈干什么？"

"退休了。我们兄弟姐妹都能照料他们。"

“那好么，要孝敬父母。连父母都不孝敬的人还肯为别人服务吗？当然不会。”

封耀松悄悄捅小郑，她便起身走近毛泽东，剥一块水果糖：“主席，请您吃我们一块喜糖吧？”

“好啊，甜甜蜜蜜。”毛泽东把糖含入嘴里，说：“你们结婚后要互相多关心多爱护，和和睦睦，白头到老。”

谈恋爱“速胜论不行，……还得搞点持久战”。因为这需要一个过程，相互了解，“先看思想，看性格，其次才是长相。思想一致，性格合得来，婚后才会幸福”。毛泽东所讲的道理是深刻的，不仅当时卫士封耀松受益匪浅，而且就是在今天也是很有意义的。

毛泽东用自然、朴实的话语，不仅在思想上给封耀松以开导，而且在行动上还给以指导。像“你该向前迈一步了，升升值”；“不看了，不看了，大局已定，我等着吃你们的喜糖了”；“要孝敬父母”；“你们结婚后要互相多关心多爱护，和和睦睦，白头到老”。聆听此言，卫士封耀松一定是感到无比幸福的了。

“今天我就为你们结婚，我做主婚人”

——毛泽东与沈同的交谈

1960年3月，毛泽东视察工作到了上海，就地召开了有中央领导同志和各省、市、自治区党委书记参加的上海会议。有一天，毛泽东在锦江饭店俱乐部后花园散步时，问起沈同为什么还没有结婚。沈同说：“响应主席的号召晚婚。”

毛泽东问过沈同的年龄后说：“都是38岁的人了，应该结婚了。有没有女朋友？”

在一旁的卫士抢着告诉毛泽东说:“人家已经有个女朋友小王了。”

毛泽东又问:“人怎么样，做什么工作?”

卫士回答说:“是北京医院的大夫，现在给董老做保健医生，我们还没有见过，听说挺好的。”

毛泽东笑着问沈同:“怎么样?我也没有见过。可以结婚吗?”

“将来结婚就请主席吃酒。”沈同回答道。

“那好嘛，结婚就是了。”

沈同的晚婚，正如他自己所说，是响应毛泽东的号召晚婚。

毛泽东对他的婚姻大事早就很关心。

早在50年代，一天，毛泽东散步时问沈同:“有没有女朋友，结婚了没有?”

“没有。”

“为什么?”

沈同说:“小时候在家由父亲做主订了一门婚姻。读中学时，作为反封建的第一炮，迫使父母为我解除了婚约。刚读中学，就遇上了日寇侵略我们国家，于是决心抗日救国，参加了共产党在北京领导的抗日地下工作。地下工作既紧张，情况也复杂。后来，进了北京大学，那时工作更加紧张，连觉都睡不够，哪有心思谈恋爱?北京解放后，经华北局社会部调到中央机关，为中央正在筹备的政治协商会议做安全保卫工作。为了确保主席和中央的安全，一刻也不敢远离，就更无暇他顾了。”

毛泽东听了沈同的叙述，笑着说:“青年人既要学习全面的基础知识，又要在工作中锻炼学本事，时间非常宝贵，真是一刻千金，万万不可错过。你没有错过时机，还有抗敌救国的豪情壮志，自己也经受了锻炼，这样好。青年人的发育成长都是有规律的，违反规律就要受到惩罚，就会害营养不良症，还会影响到将来的发展。”毛泽东接着给他讲了一对青年人早婚的故事，小夫妻生了个孩子，困难重重，经常抱着孩子三人一起哭鼻子。

毛泽东说，要提倡晚婚，晚婚有很多好处。他说了三条：第一，青年人精力充沛，朝气蓬勃，正是好好学习，努力工作，充实自己的好时候，要排除干扰，万万不可错过；第二，如果早结婚，有了小家庭，就要为家庭分心，被生活琐事占去不少宝贵的时间，须知时不再来；第三，有了家庭，还要生孩子，由于太年轻，生活经验和经济能力都还不够，要用更多的时间和精力去照顾家庭和孩子，学习和工作必定会受到影响，所以要提倡晚婚。中国人口增长得这么快，晚婚晚育也有好处。毛泽东问沈同是不是这样？沈同立刻回答：“主席说得很对，我一定按照主席说的去做！”

自此，沈同牢记着毛泽东的关怀和教导，努力工作，加强学习，对待同志们，男女都一样，不加偏爱。可是当时的社会风气，还是流行着传统的早婚早育的习惯，很多人对于晚婚晚育难理解，更难接受。于是在同志们中间，对迟迟不结婚的沈同逐渐产生了猜疑和非议，总想找出其中的根源。尽管如此，沈同仍然坚持晚婚。

言归正传。再回到60年代，毛泽东在锦江饭店俱乐部后花园。催促沈同结婚的第二天下午，毛泽东要召开大会，午饭前沈同正在检查会场，突然卫士打来电话，说毛泽东找他，沈同立即到了俱乐部。

当时大家正准备吃饭，卫士一见他就笑着说：主席叫你是好事。

毛泽东见沈同来了，笑着说：“把你的小王找来，我们一起吃饭，今天就为你们结婚，我做主婚人。”这实在是突如其来！毛泽东考虑问题是很周到的，但他的想法很少事先告诉别人，不到执行时不宣布，一旦决定了就办，常使人措手不及，以至对他每天的活动，大家事先都要作几手准备，但是没有想到今天的事情竟突然降临到沈同的头上。沈同有些着急，便说："主席下午要开会，吃过午饭应该休息一下，这件事以后再说吧。"

"男大当婚，女大当嫁，这是终身大事嘛，不会耽误开会的，快去办！"

沈同知道，毛泽东已经决定的事情是不会轻易改变的，说也没用，反会惹他生气。于是，他想赶快去报告领导并和同志们商量。

一个卫士怕沈同还不了解情况，便告诉他说："这都是主席的意思，主席还让请了杨主任（杨尚昆）和叶子龙等几位同志，都来一起吃饭。大家已经知道了情况，你就不用忙着去汇报了。"这时，旁边的领导和同志们都向沈同表示祝贺，让沈同按照毛泽东的意思赶快去办。

在餐厅里，工作人员特意为毛泽东摆了一个大圆桌。人员到齐后，沈同请毛泽东和几位领导同志在大圆桌旁入座，毛泽东让沈同和小王坐在自己身旁。其他同志也在另外几个餐桌纷纷坐下。

他俩站起来给毛泽东敬酒。毛泽东说："要敬大家嘛。"

沈同便举杯说："同志们，今天主席很高兴，为我们俩主婚，主席很快乐，我们大家都很快乐，就请大家同吃一杯快乐酒，敬祝主席健康长寿！"

这时毛泽东端起酒杯高兴地说："祝你们团结起来，更好地为人民服务。"说罢一饮而尽，大家也都一一干了杯。毛泽东又对沈同说："要祝大家健康嘛。"

他俩又给各位领导和同志们敬酒，祝大家身体健康！毛泽东也同大家一起干了杯。杨尚昆谈笑风生，说得餐厅里尽是欢笑声。

毛泽东很快吃完了饭，站起身来笑着说："很好，今天给沈同完成了一件大事，多吃一点，还不到开会的时间吧？"

看还没到开会的时间，沈同便请毛泽东先到屋里去休息。随后，大家也都纷纷离席，开始了工作。

晚上，上海市公安局黄局长和区副局长特来祝贺，并给沈同他们送来了结婚证书，鼓励他们更好地保卫毛泽东和党中央的安全。

大家非要他们报告恋爱经过。沈同便把毛泽东关怀青年，提倡晚婚的道理和对自己的教导，以及他们响应号召的决心讲给大家听。大家听后深有感触，纷纷说："通过毛主席为你们主婚，也给我们上了一课。"已结婚的人表示，要牢牢记住毛泽东的教导，并教育好子孙后代；还没有结婚的人则表示，要按照毛泽东的教导，努力工作，盼望着毛泽东将来也为他们主婚。

毛泽东从全面考虑教沈同晚婚，沈同积极响应。沈同晚婚太晚了，毛泽东又从实际考虑教他结婚，并为他主婚，"今天我就为你们结婚，我做主婚人"。这一切充分体现了毛泽东对身边工作人员的无比关心、爱护。

"在济南做了一次'官僚'，现在'辞职'了"

——毛泽东与熊向晖的交谈

1960年。郑州。

要发表会见非洲朋友的消息，毛泽东请外交部办公厅副主任熊向晖到他的办公室去谈谈。

熊向晖走进毛泽东的办公室，毛泽东正靠在大躺椅上吸烟。熊向晖向毛泽东问好。毛泽东说，不握手了，坐吧。今天请你做"秀才"，桌上有烟，自己抽。

熊向晖在办公桌后的长背木椅上坐下，杨尚昆和刘宁一坐在单人沙发上。

毛泽东说，人家要开大国、强国首脑会议，我就开小国、弱国人民会议。3号在济南开了一次，今天又开了一次。这些小国、弱国的人民不简单，破除了对帝国主义的迷信，比赫鲁晓夫高明。赫鲁晓夫迷信帝国主义，不支持殖民地人民反对帝国主义的斗争，不支持被压迫民族、被压迫人民反对帝国主义的斗争，还帮助帝国主义进行恐吓，说只要燃起一星火花，就会引起世界大战，必须马上扑灭。他美化帝国主义，散布和平幻想，麻痹世界人民，实际上助长帝国主义的侵略、战争政策。对这样的事情，我们不能再保持沉默。所以在四大国首脑会议之前，我先开小国、弱国人民会议。3号在济南，我同拉丁美洲和非洲14个国家工会和妇女代表谈话。我说，要发表简短消息。我有些“官僚”，没有看稿子。第二天报上登出来，虽然简短，内容有些不妥，写了人家唱《东方红》。写这干什么？大国沙文主义！今天再发表一次消息，写上非洲朋友讲话的要点，写上我讲话的要点，要表明我们的反帝立场。

熊向晖按照毛泽东的指示精神，稍微考虑了一下，很快就写出了草稿。稿子经刘宁一、杨尚昆传看后，再请毛泽东过目。

卫士打开躺椅后的立灯，把木板架安置在躺椅上，把稿子放在木架上，毛泽东一边吸烟一边看。他在审阅稿子的过程中，问代表团名单搞出来没有？

熊向晖说，搞出来了。

毛泽东要熊向晖递给他。他看后问：名单为什么这样排？熊向晖说明理由。

毛泽东说，排名单要能讲出道理。搞不好，人家会有意见。这个排法我赞成。

熊向晖说："主席真细致。"

毛泽东说，在济南做了一次"官僚"，现在"辞职"了。

这篇新闻稿，几个人仔细研究，认真推敲，再经毛泽东字斟句酌地亲笔修改后，又从头到尾念了一遍，最后定稿了。毛泽东高兴地说，三个臭皮匠，凑成一个诸葛亮。早点发出去，再迟，新华社就难办了。

毛泽东与熊向晖的谈话，简明扼要，重点突出。"在济南做了一次'官僚'，现在'辞职'了。"语言幽默，既检讨了自己的过失，又表明了自己今后要认真负责的态度，说明了自己对此项工作的重视；又说："三个臭皮匠，凑成一个诸葛亮，"表明毛泽东不仅自己重视，而且要求工作人员都要重视，共同努力，把工作做好，从而调动工作人员的积极性。

"你是天下老一嘛！"

——毛泽东南巡途中与一位县委书记的交谈

60年代初，毛泽东南巡回京途中，经过微山湖畔的山东省滕县（今滕州市）时专列短暂停留，县委王书记向毛泽东汇报工作。

毛泽东迎出车厢，握手，亲切问道："你是哪个名字呀？"

王书记拘谨而又恭敬地答道："毛主席，我叫王天乙。"

"噢。"毛泽东笑着，幽默地说道，"你是天下老一嘛！"

王书记急忙更正道："不，不，我不是天下第一的一，是甲乙丙丁的乙。"

毛泽东见他过于紧张，便一面含笑让烟，一面请服务员给倒茶。随后，听了王天乙关于滕县工作的简短汇报，请毛泽东作指示。毛泽东摆摆手，却很有兴致地扯起闲话来。

毛泽东说:“滕县在战国时候是个小滕国，你现在就是小滕国的国王了！孟子当年来这里，还被诬赖偷了你们滕国人的鞋子……”

毛泽东又燃了一支烟后，瞥了一眼窗外浩渺无边的微山湖，问道:“听说微山湖里有种红尾鲤鱼，还是四个鼻孔，你知道为什么四个鼻孔嘛?”

王天乙从来没有听说过，后来他深入实际，调查研究，才知道：这是个民间故事里的鱼，毛泽东向他提这个问题，意在让他多读书学习，多深入群众搞调查研究。

毛泽东对一县之长的谈话很有特点，以幽默风趣开始，让下属在自己面前不感到紧张，从而活跃了谈话气氛；又寓深刻的道理、指示于漫不经心的闲谈中，让王县长从历史、传说故事中去深思、体会。这犹如一面镜子，奉劝那些端大架子、盛气凌人的“大领导”，在此面前照照自己，今后应当怎么做，怎样规范自己的言行，不是很清楚了吗?！

“野菜可救过我们不少人哩……不能忘本哩！”

——毛泽东与随行护士小朱的交谈

三年困难时期，继井冈山、长征路、延安之后，毛泽东又吃上了苦苦菜。

1961年春天的一个下午，毛泽东到北京郊区看小麦的长势。当时，正大办农业，大办粮食，解决吃饭问题。对一些地方缺粮，毛泽东万分焦急。毛泽东看到麦子长势喜人，紧锁的眉头有所舒展。他见随行的护士小朱采了一大把苦苦菜拿在手里，便对小朱说:“再多采一些拿回去给我吃。”“野菜可救过我们不少人哩，不能忘记它哩，不能忘本哩！”小朱和警卫战士采了满满的一挎包苦苦菜，带回了中南海。

厨师和服务人员怕苦苦菜太苦，用开水烫过后，加了一些调料，送给毛泽东吃。毛泽东说：“吃苦苦菜，不要开水烫，一烫味道就变了。也不要那么多调料，只要盐拌。”毛泽东让小朱和卫士们再去采一些来。

当晚，按毛泽东提出的做法，只用盐沫儿拌了的苦苦菜，端上了餐桌。毛泽东高兴地说：“来，大家一起尝尝这苦苦菜的味道。”毛泽东和大家一起吃，并且深有体会地说道：“过去，我们吃野菜，打败了国民党反动派，打败了侵略我们的帝国主义；今天，我们能让困难挡住吗？”说罢，毛泽东夹起一大口苦苦菜，送进了嘴里。

毛泽东在这里说的是艰苦奋斗的精神不可丢掉，要发扬这种精神，克服掉前进路上的困难，去争取胜利。野菜虽苦，可它却是我们革命的“功臣”！

“如果他们打我的旗号给你们找麻烦，你就批评他们，不要讲情面”

——毛泽东与小姚、小田的谈话

专列服务员小姚随毛泽东出车服务时间长了，机敏勤快，毛泽东对她很喜欢，也很关心照顾她，久而久之，她也养成了一点任性的毛病。所以，在毛泽东的专列上，年轻的列车员和卫士之间不总是笑声，也有闹矛盾甚至惊动毛泽东的时候。

1960 年冬，毛泽东的专列从南方回京。因毛泽东派李银桥、小封下乡搞调查，小姚熟悉的卫士只有小张和小田。小张暂时代理卫士长的角色负责工作，将小姚指挥得团团转。“小姚，屋里温度高了。”小张提出了问题。小姚正忙着什么事，漫不经心地随便说了一句：“根本不高，你看看温度表。”“告诉你高了就是高了。”“不知是主席热还是你热的。”小姚不耐烦地调了一下温度。过了一小会儿，小张又说：“小姚，怎么搞的？温度又太低了。”小姚不高兴，大声说：“不低……”小张大声批评起来：“你这个同志怎么搞的，低了、低了，你就是不听？”“不可能低！”小姚说着走出门，来到走廊。小张近乎斥责地说：“主席感冒了你负责！”一句话，把小姚的火激起来了：“得了得了，你了不起，你说了算还不行？下次别喊毛主席万岁了，就喊你张卫士万岁吧！行了吧？”不料，毛泽东听到了小姚的吵嚷声。小姚进去调温时，毛泽东放下报纸问：“小姚，怎么发火了？是不是我身边的人给你找麻烦了？”小姚有些心慌，连忙否认：“没有，没有啊。”毛泽东微笑着说：“我听到了，你在走廊里喊的声音挺大……”小姚尴尬地解释：“闹着玩呢，我们是开玩笑呢。”毛泽东说：“如果他们打我的旗号给你们找麻烦，你就批评他们，不要讲情面。”“没有，真没有，我们是开玩笑。”小姚边说边退至走廊。她和小张对视着，都长吁一声，都笑了，事情也就完了。

卫士小田是个聪明、伶俐、勤快、英俊的小伙子，毛泽东和江青都很喜欢他。他说话办事有时也有点傲气。有一次，专列停车，小姚去开门。小田催促：“快点快点，动作麻利些。”小姚感到毛泽东并没打算下车，只是小田跟在她身后，说话口气大。小姚故意慢慢腾腾，试试小田有多大本事。“怎么搞的？门也不会开了？”小田有些发急，小姚白他一眼：“你会开？”小田更急了：“我叫你开门！”“我就开不快，我就是这样！”“你，你……”小田气得脸通红。小姚越发示威似的说：“就是我，怎么样？”小田气得发抖，怒指小姚：“你，你不就是列车员吗？”小姚反唇相讥：“列车员怎么样了？我还入党了，你还没入党呢！”小田不甘示弱：“你有什么了不起？小小的列车员……”小姚的话头更升级：“你有什么了不起？你在主席身边算最近的人了，可你到现在还不是个党员。告诉你，做人还得靠自己！”小田被伤了自尊心，气得破口大骂，骂得很难听。小姚没有对骂的本事，伤心地哭起来。哭了一阵子，小姚想：“你跟主席近，我跟主席也不远。”于是，一气之下，告了个“御状”。这一告告准了。毛泽东和江青都狠狠地批评了小田。江青怒指小田：“跟谁学的那么凶？都是我们把你宠坏了！”毛泽东皱着眉头说：“你去向小姚作自我批评，要当面道歉。什么时候她原谅你了，你的自我批评才算完成。”小田垂着头来见小姚，小姚后悔不该为这一点小事惊动毛泽东，后悔不该和小田闹这么僵。小姚看见小田那狼狈样，一下子心软了。小田走到小姚面前，结结巴巴地说：“对，对不起。我，我是着急了。”小姚接着作自我批评：“我也对不起你，我不该说话刺你，伤害你的自尊心。”小田有些为难地说：“刺激刺激好。”小姚也低下头小声说：“小田，你不怪我吧？”小田真诚地回答：“不怪。”

真是不打不成交。从此，小姚和小田成了知心朋友，互相商量事，互相帮助，而且把这种亲密友谊保持下来了。

“如果他们打我的旗号给你们找麻烦，你就批评他们，不要讲情面”——毛泽东这句话，表明了对专列服务员小姚的关心和尊重，而对身边卫士小张要求却是严格的，不因是身边卫士较亲近的人而有所袒护；“你去向小姚作自我批评，要当面道歉。”毛泽东的这句话，同样不因田云玉是身边卫士、较亲近的人而有所袒护，相反却严格要求。

“不爱不相思”“不要一时头脑发热”

——毛泽东与卫士们的交谈

一次，毛泽东在合肥视察。休息时，封耀松和田云玉唱起了“对花枪”。小封当着毛泽东的面，首先向小田发难：“主席，今天我要打瞌睡你可别怪，要怪怪小田。昨天夜里他翻饼子，床板响一夜，吵得我没合眼。”毛泽东信以为真，问小田：“是不是娘老子又病了？”毛泽东这一句问得小田红了脸。因为，这里面有个小“典故”：有一次，卫士们随毛泽东出发在外地，小田家里来电报：“母病重速归。”毛泽东听到这个消息，对小田说：“尽孝心是应该的，是必须的。你还是回去看看吧，你去准备一下。”毛泽东让罗秘书从稿费中支100元给小田回家给母亲治病。小田回家后看到母亲满面红光正干活，才知道母亲想儿子拍电报说了谎。毛泽东听到实情后，不但不批评，反而从正面教育卫士们孝敬父母：“儿行千里母担忧啊。这回你们该懂了吧？所以说，不孝敬父母，天理难容！”

小田急得要命地说：“主席，他造谣，造谣……”小封继续进攻：“娘老子没病，是西子姑娘病了。那边相思，这边也睡不着。”毛泽东一边随大家笑，一边顺着小封说小田：“好事么！不爱不相思。”这时，小田对小封发起进攻：“主席，你还不知道，他来合肥又‘跳’上了一个。”毛泽东问：“真的吗？”小田紧接着说：“没错，这么搂着人家转，转晕了就甜言蜜语说悄悄话……”大家哈哈大笑，小封露出狼狈相。张仙鹏说：“主席，我作证。小封跳舞跳上个对象，满不错的。”小封拔腿就跑，毛泽东指令小田把他抓回来。小张顺口说出了那姑娘的姓名。

毛泽东望着小封说：“你是不是速胜论呀？不要一时头脑发热，要多了解了解。”

卫士们在耍贫嘴时，毛泽东适时地发表意见，表明了毛泽东对卫士们的理解、关心、爱护和严格要求，而卫士们，当然会更加热爱自己的领袖毛泽东了。

“要打牙祭可以，但不能用我祝寿的名义”

——毛泽东与谢富治、贺龙等的交谈

1963年12月26日是毛泽东70寿辰。他这天活动的安排是：下午5点到人民大会堂118房间，请周恩来、邓小平一起谈工作，6点钟吃晚饭。可是，公安部部长谢富治、副部长徐子荣和总参谋长罗瑞卿却提前来到了118房间。

毛泽东一走进118房间，便问：“我没叫你们呀，你们也没打招呼，有什么事吗？”“我们商量了一下，今天是主席70岁生日，我们是来给主席过生日的。”谢富治回答。这时，贺龙、陈毅、彭真等人也来了。毛泽东风趣地问：“我该请的人还没来，你们来干什么？”贺龙风趣地说：“愿意来就来……”毛泽东笑了：“原来如此，你们是串通一气对我搞突然袭击呀，是要敲我的竹杠啊！打着给我过生日的招牌想让我破费一点打打牙祭吧？如果是这样，要打牙祭可以，但不能用我祝寿的名义……你们要给我祝寿，就要违反中央规定，要我带头破例，我不能同意。”几位首长说：“我们只是想祝贺一下主席生日，不叫祝寿也行，只要犒劳就行。”毛泽东亲切地说：“你们既然来啦，吃可以，但不叫祝寿，不能照相，我们要遵守中央的规定。今天来的首长、秘书、司机、警卫都参加，就这么定了吧……今天我做东，每人5块钱标准。”

毛泽东严格遵守中央的规定，原则问题不让步，寿诞之日不许祝寿，但又不能影响部下们的情绪，那就打“牙祭”吧，“不能用我祝寿的名义，”“今天我做东，每人5块钱标准。”其乐融融，皆大欢喜。

“我们都应当向牡丹致敬，学习牡丹这种精神”

——毛泽东与身边工作人员的交谈

在“文化大革命”中，毛泽东曾指示把院里的盆花都撤了，唯独留下几株大牡丹。工作人员问他：为什么还留这几株牡丹呢？

毛泽东笑着说：“树立一个对立面嘛。”接着讲道：据说唐朝的武则天有一次下了道命令，叫御花园的百花在一个早上统统开放。其他的花一朵朵都遵命开了，唯独牡丹不开。武则天一见大怒，喝令太监把牡丹连根拔起，推出去斩首。结果刀劈不折，斧砍不断，又架火烧，也烧不死，无可奈何只好弃置路旁。工作人员很想知道这个故事的结局，就赶紧地问：“结果呢？”毛泽东幽默地说：“那株牡丹说话了，它说：此地不留爷，自有留爷处；处处不留爷，爷去投八路。”讲到这里，毛泽东哈哈大笑起来：“你看，没有人要这牡丹而我要，于是我就把它请到这里来了。”工作人员问：“这是真的吗？”毛泽东说：“你听着就是了。我们都应当向牡丹致敬，学习牡丹这种精神。”最后，毛泽东感叹道，“如果我们党内的同志都照牡丹这样去做就好了！”

毛泽东用讲寓言故事的方式讲了一个道理，讲出了他一贯倡导的坚持斗争哲学的意义。在当时的历史背景下，将阶级斗争扩大化是错误的，如抛开当时的历史背景，单就这一寓言故事来看，还是挺有意义的。

“死神面前，一律平等”

——毛泽东与身边护士的交谈

毛泽东对自己的生命何时结束，一点也不惧怕，似乎估计得很准。

1975年国庆节那天，毛泽东对身边的护士说：“这也许是我过的最后一个国庆节了，最后一个‘十一’了。”护士感到突然，安慰他说：“不会的，别胡想。”毛泽东说：“怎么不会呢？怎么叫胡想呢？哪有不死的人？毛泽东岂能例外，死神面前，一律平等，万寿无疆，天大的唯心主义。”“这个世界上，哪一刻不在生，不在死啊！这叫生死不已、新陈代谢么。”“不少人就是想不开这个道理；人无百年寿，常存千年忧，一天到晚想那些办不到的事情，连办得到的事情也耽误啰！秦皇、汉武都想长生不老，到头来，落得个‘万里长城今犹在，不见当年秦始皇’。其实，任何事物都不过是一个过程，人的一生也不过如此，有始必有终。”

毛泽东于1976年9月9日0时10分与世长辞，距国庆节仅有23天。

毛泽东运用马克思主义的辩证唯物主义的观点，分析了生与死的问题。从现实的问题谈起，再联系历史上的秦皇、汉武，最后归纳出：“任何事物都不过是一个过程，人的一生也不过如此，有始必有终。”

我们应该像毛泽东那样，以豁达的态度来对待生死问题。“多少事，从来急；天地转，光阴迫”，只争朝夕，努力把工作做好。

第3章

毛泽东与党外人士、民主人士的交谈

遇诤友，说真言

——毛泽东与黄炎培的交谈

1945年6月，抗战已近尾声，胜利在望，而国共合作却濒于破裂。当时，身为国民党参政员的黄炎培忧心忡忡，他与其他几位参政员，一方面督促蒋介石，一方面联名致电延安中共中央和毛泽东，希望国共两党能早日恢复已经陷于停顿的谈判。中共中央回电，邀请黄炎培等7位参政员来延安商量国事。7月1日，他们应邀来到延安。

对黄炎培一行的来访，中共十分重视……

7月4日下午，毛泽东邀请黄炎培等到他家里做客，整整长谈了一个下午。毛泽东谈了整顿“三风”运动，说从多年的革命实践中，觉悟到过去的种种错误，就错在中了主观主义、宗派主义和党八股的毒害。他们还探讨了教育学的有关问题。

接着，毛泽东问黄炎培，来延安考察了几天有何感想？黄炎培坦诚地说：“我生60多年，耳闻的不说，所亲眼看到的，真所谓‘其兴也勃焉，其亡也忽焉’。一人、一家、一团体、一地方乃至一国，不少单位都没有能跳出这周期率的支配力。大凡初时聚精会神，没有一事不用心，没有一人不卖力，也许那时艰难困苦，只有从万死中觅取一生。继而环境渐渐好转了，精神也渐渐放下了。有的因为历时长久，自然地惰性发作，由少数演为多数，到风气养成，虽有大力，无法扭转，并且无法补救。也因为区域一步步扩大，它的扩大，有的出于自然发展，有的为功业欲所驱使，强求发展，到干部人才渐见竭蹶，艰于应付的时候，环境到越加复杂起来了，控制力不免趋于薄弱了。一部历史，'政怠宦成'的也有，'人亡政息'的也有，'求荣取辱'的也有。总之，没有能跳出这周期率。中共诸君从过去到现在，我略略了解了。就是希望找出一个新路，来跳出这个周期率的支配。"

黄炎培的这一席耿耿诤言，毛泽东听后十分高兴。因为毛泽东时常教导党内同志与党外人士交朋友，要交心，要使他们敢于吐诤言、畏言，成为我们的诤友、畏友，这样我们的事业才能兴旺发达。今天他自己就遇到了这样一个朋友，自然十分开心。毛泽东回答道："我们已经找到了新路，我们能跳出这周期率。这条新路，就是民主。只有让人民来监督政府，政府才不敢松懈。只有人人起来负责，才不会人亡政息。"

黄炎培的诤言，掷地有声；毛泽东的回答，郑重坚定。人所共知，毛泽东亲自发动和领导的延安整风运动，就是要教育全党，打破以教条主义为主要特征的"左"倾错误思想路线的影响，确立实事求是，从群众中来，到群众中去的思想路线，使我们党不犯或少犯错误。在延安整风期间，毛泽东看到郭沫若写的《甲申三百年祭》后，连连称赞"好文章，好文章"。1944 年 4 月 12 日，毛泽东在延安高级干部会议上作《学习和时局》的报告时，又盛赞此文，说"近日我们印了郭沫若论李自成的文章，也叫同志们引为鉴戒，不要重犯胜利时骄傲的错误”。由此可见，毛泽东对黄炎培突然提出的这样重大问题，是早有思考的。因此，他的回答，胸有成竹，坚定而自信。

毛泽东这番话，使黄炎培敬佩至极。他说：“这话是对的，只有把大政方针决定公之于众，个人功业欲也不会发生。只有把每一地方的事，公之于每一地方的人，才能使地地得人、人人得事。用民主来打破这周期率，怕是有效的。”

毛泽东与黄炎培说的这番话，简洁、干脆、有力，这不仅仅是因为毛泽东对问题的看法胸有成竹、胸中有数，还因为毛泽东有很高的口头语言艺术修养，故使黄炎培敬佩、信服。

“您真是老成谋国”

——毛泽东与张澜的交谈

1945 年 8 月 28 日，毛泽东肩负着国家、民族的希望，以其雄伟胆略乘飞机由延安抵达重庆同蒋介石进行和平谈判，商讨团结建国大计。

下午 3 时 30 分，绿色的军用座机降落在重庆九龙坡机场，毛泽东、周恩来、王若飞等相继走下飞机。机场聚满了前来欢迎的人群。

在人群中，毛泽东一眼看到一位长者，不待人介绍，立即走过去，紧紧地握住他的手，一见如故地说：“您是张表老？您好！”

这位年逾古稀、银髯飘拂的老者，就是民盟中央主席张澜，著名的民主人士。在这之前，毛泽东与张澜从未见过面，但是他们之间早已神交心交，久已慕名敬重。

毛泽东拉住张澜的手久久不放，说：“表老，我们神交已久呀！这大热天气，您还亲自到机场来，真是不敢当，不敢当！”

“是的，我们神交已久。你为国家和平、民主而奔走，我们理当欢迎。”张澜热情地说道。

毛泽东推重张澜从领导四川保路运动起一直奋斗不息。张澜，字表方，清末秀才，早年留学日本，回国后，从事教育工作。1911年发动和组织四川保路同志会，领导四川人民开展保路运动。辛亥革命后，任四川军政府川北宣慰使。1915年积极参加反袁护国战争。“五四”时期，同情学生运动，支持青年学生赴法勤工俭学。抗日战争爆发后，他积极参加抗日民主运动。并一贯主张和平民主，反对国民党蒋介石的独裁统治，拥护中国共产党的政治主张。张澜早在“五四”时期，就听人介绍过有关毛泽东的情况，对毛泽东领导共产党、八路军积极抗日救国，取得一个又一个的胜利，更是钦佩不已。

8月30日下午，毛泽东由周恩来陪同来到特园，受到张澜和鲜英的热情迎接。他们步入花园，来到张澜的卧室促膝而谈。张澜为毛泽东的安全担心，提醒说：“蒋介石在演鸿门宴，他哪里会顾得上一点信义！”毛泽东听后风趣地说：“民主也成了蒋介石的时髦货！他要演民主的假戏，我们就来他一个假戏真演，让全国人民当观众，看出真假，分出是非，这场戏也就大有价值了！”

9月2日上午，张澜以中国民主同盟的名义，在“民主之家”特园设宴欢迎毛泽东、周恩来等中共领导人，沈钧儒、黄炎培、鲜英、张申府等做东招待。毛泽东一进特园，高兴地说：“这是‘民主之家’，我也回到家里了。”一句话，说得满园春色。席间，特园的主人鲜英献上家酿的枣子酒。周恩来向毛泽东介绍说，这种酒的浓度不高，味道香而醇厚。张澜举杯向毛泽东敬酒说：“会须一饮三百杯！”思路敏捷的毛泽东举杯相邀道：“且共欢此饮！”宴毕，特园主人拿出纪念册，请毛泽东题词留念。毛泽东笔走龙蛇，写下了“光明在望”4个力透纸背的大字。

9月15日下午，毛泽东又来到特园，向张澜介绍了国共谈判的近况。张澜推心置腹地对毛泽东说：“国民党丧尽民心，全国人民把希望寄托给你们，你们应当坚持的，一定要坚持，好为中国保存一些净土！”毛泽东连连点头。接着，张澜又对毛泽东说：“现在，是你们同国民党双方关起门来谈判。已经谈拢了的，就应当把它公布出来，让大家都知道，免得蒋介石今后不认账。”毛泽东欣然道：“您看用什么方法方式为好？”张澜感到义所当为，毅然表示：“你们如有不便，由我来给国共双方写一封公开信，把这些问题摊开在全国人民面前，好受到全国人民的监督和推动。”“谢谢表老！您真是老成谋国。我代表人民感谢您！”毛泽东深表赞赏。

国共双方会谈纪要于10月10日正式签字。10月11日上午，毛泽东驱车到九龙坡机场，一大群中外记者将他围住，国民党方面的记者借机出了一些难题。毛泽东恢宏大度，应付裕如。当毛泽东一眼看到张澜、鲜英赶来时，立刻推开记者群，同张澜、鲜英热情话别。张澜兴高采烈地说：“日后中国实现民主了，我还要去延安看望你哟！”毛泽东连声说：“欢迎！欢迎！我用延安的川菜来招待您。”

张澜与毛泽东敬酒对诗，很有意思。张澜的文化修养很高，席间向毛泽东敬酒，引用的“会须一饮三百杯”是诗仙李白《将进酒》中的诗句，以此表达了对毛泽东的真诚敬意，也显示了张澜的儒雅风度。从某种意义上，这可说是对毛泽东将了一军。因为主人既已引用古代大诗人的饮酒名句敬酒，假若作为中共领导人的客人毛泽东无诗以对，或对而不当，难免有失领袖风度，也有损欢宴气氛。然而，毛泽东毕竟是精通古典诗词的大诗人，瞬息之间，他从记忆的宝库里有如电脑般准确地“输出”了晋代大诗人陶渊明的诗句，“且共欢此饮”。

毛泽东的引诗和张澜的引诗一样，都是古代大诗人饮酒诗中的名句，都是取其辞而不取其意，可说势均力敌，且十分得体，从而将饮宴的热烈友好气氛推向了高潮，表现了毛泽东的伟人和诗人兼具的风度。

“过去我们在战场见面，清清楚楚；今天我们是姑舅亲戚，难舍难分”

——毛泽东与傅作义的交谈

1949年1月4日，人民解放军攻占天津，全歼顽固守敌，北平面对着兵临城下的形势。在解放军强大力量面前，傅作义接受敦促，命令部队听从人民解放军改编，撤出紫禁城。1949年1月31日，北平和平解放，人民解放军进入北平市。

2月22日，毛泽东在西柏坡接见了傅作义。毛泽东与傅作义一见面，傅作义立正行了一个军礼，连说：“我有罪！”毛泽东双手握着傅作义的手，亲切地说：“谢谢你，你做了一件好事嘛，宜生先生。”“假如说，你过去有错误的话，那么现在功过权衡，还是功大于过，也是有功人员。”傅作义说：“在我有生之年还要做一些对人民有益的事情，弥补我过去的错误。”毛泽东说：“将来你们都是人民解放军的一员了，和人民解放军一样看待，绝不受歧视。”傅作义当即表态：“我保证把工作做好。”毛泽东听了很高兴，谈话中充满悦趣：“过去我们在战场见面，清清楚楚，今天，我们是姑舅亲戚，难舍难分。蒋介石一辈子耍码头，最后还是你把他甩掉了。”傅作义点头说：“是！”毛泽东说：“我俘虏你的人员，都给你放回去。你可以接见他们，我们准备把他们都送到绥远去。”傅作义不解其意地问：“我怎么处理呢？还要送到绥远去，为什么呢？”毛泽东说：“他们到了绥远，可以现身说法，共产党对他们一不搜腰包，二不侮其人格；可以帮助在绥远的人学习学习，提高认识嘛。”“有了北平的和平解放，绥远问题就好解决了。可以先放一下嘛，等待他们的起义。还是以前说的，给你们编两个军。对于你们来说，走革命的道路，要过好几个关，但主要的是要过好军事关。这一关过好了，以后土改关、民主改革关，将来还有社会主义关等就好过了。”交谈的气氛十分融洽，傅作义毫无顾虑，他向毛泽东表达了今后工作的意向，毛泽东同意提议他担任水利部长。毛泽东还对傅作义的安全保卫工作做了安排。

毛泽东的谈话全部落实了。傅作义感谢毛泽东、中共中央对他无比真诚的态度。

“过去我们在战场见面，清清楚楚；今天，我们是姑舅亲戚，难舍难分。蒋介石一辈子要码头，最后还是你把他甩掉了。”毛泽东的这几句话，意思是说，你傅作义跟我们的关系已今非昔比，由敌变友，关系密切，你傅作义甩开蒋介石，弃暗投明，受到了我们的欢迎。

毛泽东把傅作义的历史，形象、生动地概括了出来，刻画了傅作义迷途知返、弃暗投明的形象。

“平和，平和，只要和了就行了”

——毛泽东与刘斐的交谈

1949 年 4 月中旬的一天，毛泽东在北平接见国民党政府参加国共和谈的代表刘斐先生。

对双方代表团达成《国内和平协定》，毛泽东很愉快。他和颜悦色地问刘先生：“你是湖南人吧？”刘斐答：“我是醴陵县（今醴陵市）人，醴陵与毛主席的家乡是邻县，是老乡。”“啊！老乡见老乡，两眼泪汪汪哩！”毛泽东这一句笑谈，打消了刘先生忐忑紧张的心情。毛泽东向刘先生表达了共产党对和谈的诚意，征求刘先生对《协定》的意见。两人坦诚地交谈起来。

吃饭时，刘斐借谈生活爱好测试毛泽东的心理、思路。刘先生问毛泽东：“你会打麻将吗？”“晓得些，晓得些。”毛泽东顺口答曰。刘先生又问：“您爱打清一色呢，还是喜欢打平和？”毛泽东立刻明白了刘先生搞“试探”的本意，哈哈一笑，接着说：“平和，平和，只要和了就行了。”这一双关语，简短，寓意丰富，表现了毛泽东的机智、坦诚、胸怀宽阔，顿使刘斐消除了疑虑。

“我们共产党人最注重谦虚谨慎，勤劳节俭”

——毛泽东与张澜的交谈

1949年6月的一天，张澜应毛泽东的邀请来到北京，参加新政协会议，与共产党共商建国大计。

此时，张澜已是77岁高龄的老人了，走路也有些费力，但是他坚持要去香山看望毛泽东。

毛泽东得知后，很是感动，亲自派车接张澜，并嘱咐司机说：“爬坡时慢一点，稳一点，那是一件珍贵的文物，可千万别碰碎了。”话还没说完，毛泽东自己先笑了。毛泽东把张澜比作一件珍贵的文物，这不仅是毛泽东语言风趣，更主要的是他对张澜的珍视，要求工作人员要十分细心地确保张澜的安全。

张澜乘坐的车子刚刚停下，毛泽东早已迎上去，亲手打开车门，非常小心地搀扶张澜下车、进屋，并扶着张澜坐在客厅的正面沙发上。毛泽东亲切地说：“表老，我要你保重身体，咱们要共同合作努力，建设一个崭新的中国。”

张澜说：“我的年纪大了，但是我很高兴能看到今天的胜利。至少还能多活十年，如果你们愿意洗耳恭听，我一定不客气。”

毛泽东与张澜在热情洋溢的气氛中，敞开肺腑，亲切交谈。他们除了叙说别后几年的思念之情外，更多的是谈论建国的大政方略。

同年 7 月，毛泽东从香山搬进中南海。不久，毛泽东便在家中设宴招待张澜。席上并没有山珍海味，只有普普通通的四菜一汤，还有豆腐豆芽。

席间，毛泽东对张澜说：“我没有好酒好菜招待您，我们共产党人最注重谦虚谨慎，勤劳节俭。”这使张澜非常感动，回家后非常兴奋地向儿女介绍了席上的饭菜和毛泽东的话，并感慨地说：“共产党真是为国为民的党！谦虚谨慎，勤劳节约，真是他们的伟大之处！我们每人都要认真学习。”

在 1949 年 9 月下旬召开的全国政协第一届委员会上，张澜当选为中华人民共和国中央人民政府副主席。10 月 1 日，他和毛泽东、朱德、周恩来等一起，站在天安门城楼上，出席中华人民共和国开国大典。

毛泽东与张澜，早已由神交变成了知交、至交。老朋友相见，说话办事就不必讲究那浮华的应酬方式了，而是以实对实，实事求是，所以毛泽东待之以简单的饭菜和简朴的语言。

“我没有好酒好菜招待您，我们共产党人最注重谦虚谨慎，勤劳节俭。”毛泽东实话实说，没有好酒好菜，是当时的革命形势和经济状况所决定的，共产党刚打下天下，有许多事情要做；共产党富有朝气，不怕困难；共产党要建设新中国，改变“一穷二白”的落后面貌；所以“注重谦虚谨慎，勤劳节俭”是共产党的一大特点。张澜很感动，他看到了共产党的伟大之处，看到了国家与人民的希望。

“对您的到来，我们盼望已久”

——毛泽东与宋庆龄的交谈

建国前夕，在毛泽东的盛情邀请下，宋庆龄欣然从上海来到北京，与共产党共筹大业。

这是1949年8月28日下午4时15分，当火车进站后，前来迎接宋庆龄的毛泽东立即扔掉手中未抽完的香烟，整整衣服，大步向火车跟前走去。在车厢门口，毛泽东双手紧紧握住宋庆龄的手，高兴地说：“欢迎您！欢迎您啊！一路上辛苦了！”

宋庆龄很高兴：“谢谢对我的盛情邀请，热烈地祝贺你们。”

毛泽东说：“新中国的筹建，很需要孙夫人的帮助。对您的到来，我们盼望已久！”

宋庆龄在毛泽东的陪同下离开车厢，只见她身着黑色拷绸旗袍，系一条白色纱巾，步履轻盈，风采依然。欢迎队伍中爆发出热烈的掌声。

随后，毛泽东陪同宋庆龄与周恩来、朱德等中共领导人以及各民主党派的代表李济深、何香凝、沈钧儒、郭沫若、柳亚子等见面。接着，由延安迁来北平的洛杉矶幼稚院的儿童向宋庆龄献上了鲜花。站台上乐曲高奏，掌声、欢呼声四起。此情此景，宋庆龄很高兴，也很激动。

当天晚上，毛泽东亲自主持宴会，刘少奇、周恩来、朱德等出席作陪。在宴会上，毛泽东举杯向宋庆龄敬酒时说："今天是一个让人高兴的日子，在中国革命中劳苦功高、威望卓著的宋庆龄女士来到北平。我们热烈地欢迎您。欢迎您与我们继续合作，共商建国大计，为把中国建设成为繁荣、富强的国度，为使中华民族屹立于世界东方，为使子孙后代过上美满幸福的日子而共同奋斗。"

宋庆龄再次感谢中国共产党和毛泽东的盛情邀请，感谢毛泽东、周恩来派邓颖超到上海专程接她，感谢毛泽东、周恩来等到车站去迎接她，以及到北平后受到的热情款待；并表示，相信中国在共产党的领导下将兴旺发达，她本人愿为此而竭尽全力，为建设新中国努力奋斗。宴会上，大家不断向宋庆龄敬酒，畅抒友情，气氛非常融洽、热烈。

"对您的到来，我们盼望已久！"说明对宋庆龄的高度重视；"在中国革命中劳苦功高、威望卓著的宋庆龄女士"，这是对宋庆龄作了高度评价；"欢迎您与我们继续合作，共商建国大计"，这句话，使人自然想起1924年孙中山领导建立的国共合作，而这次宋庆龄与我们合作，就是继承孙中山遗志，希望她为新中国的建设出谋划策，宋庆龄对此非常感激。

"你们立了功，向你们祝贺，向你们致敬！"

——毛泽东与程潜的交谈

程潜，字颂云，曾任湘军都督府参谋长、非常大总统府陆军总长等职。参加过北伐战争，任国民革命军第六军军长、江右军总指挥、武汉国民政府委员等职。抗日战争时期，曾任国民党第一战区司令长官。毛泽东和程潜都是湖南人，很早两个人的交往就已相当密切，甚至在国民党极端恐怖统治的情况下，两人也保持着联系。对于这位国民党元老，毛泽东是很敬重的，在毛泽东的争取和帮助下，作为湖南省主席的程潜和国民党第一兵团司令陈明仁将军在人民解放军渡江后联合起义，使长沙于 1949 年 8 月 4 日得以和平解放。

湖南和平解放后，中国人民解放军在那里成立了军政委员会，程潜担任军政委员会主任，陈明仁担任副主任兼临时省政府主席。

1949 年 9 月 7 日，程潜将军在毛泽东的邀请下，前来北平参加中国人民政治协商会议。

当程潜微笑着走下火车时，前来迎接他的毛泽东快步迎了上去，亲切地握住他的双手，表示热烈欢迎。程潜和毛泽东握手的时候，流下了眼泪，激动得说不出话来。

还是毛泽东先开口："多年不见，您历尽艰辛，还很健康，洪福不小啊！"

"托福、托福，我已近古稀之年，为党为民定献余力。"程潜顿感一股暖流遍及全身，接着说，"您的工作那么忙，不应该来火车站迎接我，我应当到府上拜访。"

毛泽东说："欢迎您到我家去作客。"

第二天，毛泽东在中南海宴请了程潜。刘少奇、朱德和周恩来等都参加了会见和宴会。

宴会上，毛泽东祝酒时说："程潜将军领导全体官兵宣布起义，和平解放湖南，带了一个好头，也给湖南省、长沙市的人民做了一件大好事，使湖南人民免遭战争的灾难。你们立了功，向你们祝贺，向你们致敬！"

刘少奇和周恩来也先后向程潜等举杯祝贺，赞扬了将军的义举。

程潜见毛泽东等中央领导人这样热情、诚恳地相待，又如此高度评价，很是激动。他高举酒杯说：“我过去被辱国辱民的蒋介石拖进了苦难的深渊，走错了路，很惭愧。今后愿在共产党和毛主席的领导下，为新中国的未来努力奋斗。”

“您历尽艰辛，还很健康，洪福不小啊！”这句是接站时见面说的话，言语不多，要表达的内容却很丰富。这句话与“好人必得好报”的意思相近，既含蓄地对程潜的过去弃暗投明的义举给以充分的肯定，又对程潜身体健康状况给以祝福、说明；用“洪福不小”来祝福，又增加了亲切感。

“程潜将军领导全体官兵宣布起义，……使湖南人民免遭战争的灾难。你们立了功，向你们祝贺，向你们致敬！”这几句话，具体地说了程潜将军的功劳，并予以高度评价。毛泽东的话使程潜将军内心很感激。

“那就让我们只争朝夕地进屋吧”

——毛泽东与邵力子、傅作义的交谈

1950年深秋，中南海。一天，毛泽东邀请邵力子和傅作义到他颐年堂的住处，商讨治淮方案，征求两位专家的意见。

二人准时到达中南海，毛泽东神采奕奕地迎上来，和他们一一握手，热情地说：“欢迎欢迎，先生和将军都很准时呵！”邵力子说：“主席是珍惜时间的人。”

傅作义说：“军人第一是以服从命令为天职，第二是以时间的准确为生命。”

毛泽东笑着说：“那就让我们只争朝夕地进屋吧。”

走到客厅门口，三人相互谦让，谁都不先进屋。毛泽东朗声一笑，说：“客不进，只有主先进了。”说着领他们进了屋。

进屋后，邵力子发现书桌上文房四宝还没有收拾，写好的字幅上墨迹也还未干透。就问："主席正在写字？"

毛泽东神秘地笑笑，说："是啊。我刚才做了个谜，想请你这位清朝举人给解一下。"毛泽东说着拿起宣纸递给邵力子。只见上面写着两个苍劲有力的大字："治淮"。

毛泽东说："邵先生，我可是个续字谜啊！"说完拿起一支香烟，用火柴慢慢地点燃，轻轻地吸了一口。

邵力子拿着字正在端详琢磨，毛泽东见他一副既认真又纳闷的样子，朗声大笑起来："邵先生，这续字谜只有两个字。"

邵力子恍然大悟，也笑了起来，说道："方案！"

"对啊！"毛泽东笑着说，"今天请二位来，就是为治理淮河的方案，听听你们的意见。"

接着，毛泽东又风趣地对邵力子说："先生当年做过西京王。记得我们红军一到陕北就听到老百姓美传先生是大禹治水。先生重视黄河水利，先后修建了泾惠和洛惠两大渠，还有龙门闸、风陵渡的工程，很浩大嘛。陕西的老百姓至今仍在流传先生当年治水的故事。"

邵力子谦逊地说："主席太过奖了。当时是国民党执政时期，我那时任国民党陕西省政府主席，怎能与今天共产党和主席领导下的新中国相提并论，无足挂齿矣！"

毛泽东又说："先生在那时的作为，今天看来也确实是难能可贵啊！今天请先生来，一是想听听先生的意见，二是如先生能离京去实地考察，那是最好不过。这就是我那续谜的谜底。"

毛泽东又转过脸对傅作义说："将军是新中国第一任水利部长。虽然将军带兵打仗几十年，但将军博学水利工程，对我国的水利情况是了解的。请将军拟定一个全面的兴修水利方案。要想改变我国的贫困面貌，看来首先要大兴水利建设。能把几千年来的水患化害为利，那可是造福于民啊！”

毛泽东与邵力子、傅作义的交谈，话语不多，感人至深。他先热情饱满、情趣盎然地将要谈的内容结合起来幽默一番，然后谦虚地征求意见，再将二位的光荣历史和才能加以称道，自然而然地将重任交赋二人。毛泽东知人善任，二人欣然领受。不久，在毛泽东的英明决策和直接领导下，启动了治淮工程，使淮河得到了治理，正如人们所纵情歌唱的那样：“霹雳一声震长空，千里淮河展新容。辞别黑暗千万载，迎来曙光一片红。”

“团结、进步、更加发展”

——毛泽东与达赖、班禅活佛的交谈

1951 年 4 月，达赖派出以阿沛·阿旺晋美为首席代表的和平解放西藏谈判代表团，前来北京。与此同时，十世班禅及其行辕的主要官员也到达北京。

5 月 1 日上午，北京城阳光灿烂，阿沛向毛泽东敬献洁白的哈达，毛泽东高兴地接过哈达，举起手，轻轻挥动，满脸笑容地让周围的其他领导人看。毛泽东对阿沛和张国华说：“你们要好好谈，有什么问题都摆到桌子上。可以争论，可以吵架，但不要分手，都是一家人。家里的事要商量着办。要谈出团结，谈出进步来。”毛泽东又说：“祝你们谈判顺利，取得成功。祝你们在北京生活得愉快。”

班禅这一年才 13 岁。在一般人眼里，这是个孩子。他一脸稚气，在一批饱经革命烽火锻炼的共和国领导人面前，更显得年幼，也有些拘谨和紧张。但他毕竟不同于一般的孩子，活佛这个特殊身份，使他从小受到良好教育，懂得礼仪，高原人特有的体格，又使他比同龄人高一些，沉稳一些，他庄重而又十分恭敬地向毛泽东敬献哈达，然后双手合十，虔诚地为毛泽东祝福。

毛泽东高兴地向班禅表示感谢，又慈祥地对他说："很久以来中国的历史，西藏就是中国不可分割的一部分。过去清朝政府对国内各少数民族实行羁縻压迫的政策，这是反动的，不好的。但是，清朝政府和国民党政府，维护了我们的国家的统一，使西藏没有被帝国主义霸占去。这一点还是应该肯定。"

天安门城楼聚集着党和国家几乎所有的领导人，广场上几十万群众在热烈欢呼，游行队伍已开始行进，毛泽东却依然非常认真而又亲切地同班禅交谈，通过翻译，不断地问："我讲的话，你能听明白吗？"

小班禅高兴地不住地点头。毛泽东勉励班禅要拥护中国共产党，拥护中央人民政府，拥护中国人民解放军进军西藏，为西藏和平解放作出贡献。班禅表示一定要遵照毛泽东的教导去做。

毛泽东又亲切地说："要搞好团结，国内各民族要团结，西藏内部也要团结。要与达赖喇嘛搞好团结。你可以给阿沛发电报，宣传共产党的政策。共产党主张和平解放西藏，保护寺庙，保护宗教信仰自由。"

从 5 月 2 日开始，李维汉与以阿沛为首的西藏代表团密切合作，经过了 20 余天的谈判，达成了《关于和平解放西藏办法的协议》。

毛泽东在勤政殿宴请参加和平谈判的西藏全体代表。毛泽东请阿沛·阿旺晋美和班禅额尔德尼·确吉坚赞坐在自己的右边和左边。毛泽东亲手给他们夹菜，问寒问暖。毛泽东说："藏族是个英勇的民族。过去汉族和藏族之间有过不团结，但现在我们团结起来了。这是中国人民打倒了帝国主义及国内反动统治之后才达到的。今后，我们各民族将在政治、经济、文化等一切方面得到共同繁荣和进步。”

协议签订后，遵照毛泽东的指示，人民解放军分四路向西藏挺进。1951 年 10 月至 12 月，先后到达古城拉萨，以及江孜日喀则、亚东、阿里等边防重镇，把五星红旗插上了喜马拉雅山。至此，祖国大陆全部解放。

1954 年 9 月，第一届全国人民代表大会第一次会议在京举行。达赖和班禅作为西藏选区的代表，联袂来京，共商国是。

9 月 11 日，毛泽东在中南海勤政殿亲切会见两位佛爷。这是毛泽东第一次会见十四世达赖，也是第一次同时会见两位大活佛。

9 月 15 日的下午 3 时，第一届全国人民代表大会第一次会议在中南海怀仁堂开幕。达赖和班禅都被选为主席团成员。会议开始之前，在休息室，毛泽东、刘少奇、周恩来、朱德亲切会见他们，并询问了几天来他们在京的情况。毛泽东关切地问：生活习惯吗？这几天参观了什么地方？有什么活动？看了什么节目？达赖和班禅一一回答，对活动安排表示非常满意，并再次向毛泽东和其他领导表示感谢。毛泽东高兴地点点头，连声说：“满意就好，满意就好。”又指着周恩来说，“你们有什么困难，有什么问题，有什么安排不周的地方，都可以找他。他是我们大家庭的管家，是个大管家，好管家。我们大家的事情都归他管。你们有事尽管找他，他会帮助你们。”

那天，达赖、班禅非常兴奋。

毛泽东主持开幕式，并发表重要演说。毛泽东强调指出：“领导我们事业的核心力量是中国共产党。指导我们思想的理论基础是马克思列宁主义。”毛泽东满怀信心地说：“我们正在做我们的前人从来没有做过的极其光荣伟大的事业。我们的目的一定要达到。我们的目的一定能够达到。”达赖和班禅都不懂汉语，大会为少数民族代表准备了同声传译。达赖和班禅都戴着耳机。他们为会场上团结热烈的气氛所感染，心情十分激动。与其说是听懂了同声传译，不如说是用心灵感受到、体会到毛泽东讲话的深刻含义和丰富内容，以及永久的历史价值和巨大的精神力量。

会议于9月28日闭幕。在这次大会上，达赖当选为全国人大常委会副委员长，那一年他才19岁。在不久之后召开的第二届全国政协会议上，班禅当选为政协副主席，他16岁。这期间，毛泽东多次勉励他们：“你们是最年轻的国家领导人，担负着很重要的责任，你们两位都很年轻，前途远大，要好好团结，努力学习，大胆工作。我们要共同努力，把西藏的事情办好，把全国的事情办好。这样，西藏人民就会感到高兴，全国各族人民也会感到高兴。”

人大、政协会议结束后，达赖、班禅分别到全国各地参观视察，于次年2月下旬回到北京，恰是藏历木羊年。他们就在北京过年了。1955年2月23日是藏历除夕，当天下午和晚上，毛泽东在自己的寓所丰泽园分别会见达赖和班禅，达赖、班禅向毛泽东汇报他们在祖国内地参观视察的收获和心得体会。他们说：解放才几年，祖国各地发展很快，我们感到很高兴。

毛泽东说：“在我们国家里，许多地方还很落后，西藏也是落后的，这是应该承认的。我们承认落后是有好处的，我们可以向先进的国家学习，向苏联学习。这样，我们向先进的国家和民族学习，在我们内部各民族间互相学习，亲密团结，共同建设，那么我们各民族都有希望，全国都有希望。”

2月24日，是藏历正月初一，达赖和班禅在中南海举行盛大宴会，邀请毛泽东和其他领导人共度新年。

那天，在一排长沙发上，毛泽东坐中央，达赖、班禅、刘少奇、周恩来分坐两边，茶几上摆满了各种油炸果子和吉祥物，完全照藏族传统习惯布置。

毛泽东对达赖、班禅说："等一下我讲几句话，向你们表示节日祝贺，可以吗？"达赖、班禅几乎同时说："欢迎！欢迎！毛主席有什么教导，我们非常愿意聆听。"

毛泽东说："不是教导，是祝贺。"说着，从衣兜里拿出一张折好的稿纸，递给刘少奇，说："您看看，行不行？"

刘少奇很快扫了一眼，立即递给周恩来，周看后，说："很好，很好！"达赖接过周恩来递过来的稿纸，转交毛泽东，学着周恩来的口气，用汉语说："很好！很好！"说完，他自己先笑了起来。毛泽东等人也爽朗地笑了起来。

宴会开始时，达赖喇嘛首先讲话，对敬爱的毛泽东、刘少奇、周恩来，以及所有贵宾光临招待会，和在京的藏族同胞一起，欢度藏历新年，表示热烈欢迎和衷心感谢，并向毛泽东和所有贵宾致以节日祝贺，祝愿"扎西德勒"——吉祥如意！

接着，达赖请毛泽东致辞。

毛泽东首先向达赖、班禅和全体藏族同胞致以节日的祝贺。然后说："我们大家应当努力，进一步加强和巩固我们各民族间的团结，进一步加强和巩固汉藏民族间以及藏族内部的团结，共同建设我们伟大的祖国。"

毛泽东的即席讲话，受到大家的热烈欢迎。许多藏族人士涌向他向他敬酒，敬献哈达。学生代表们争着去同他握手，怀着崇敬的心情，致以节日的祝贺。

1955 年 3 月上旬，达赖、班禅准备返回西藏。藏历年过后，他们分别到中南海向毛泽东辞行。3月8日，毛泽东亲自到御河桥达赖住所为达赖送行，作了长时间亲切交谈。

3月9日，毛泽东又到畅观楼去看望班禅，毛泽东一开始就说："昨天我去看望了达赖，今天特意来看您，为您送行。"毛泽东详细询问了回去的准备情况，并指示陪同会见的中央民委副主任刘春等人和班禅堪布会议厅负责人计晋美要认真负责，尽心尽职，让佛爷平安返回故乡。

班禅非常感动，一再表示感谢。

这时，毛泽东点燃一支"中华"烟，猛吸一口，又轻轻吐出去，沉思片刻，说："昨天我给达赖讲了，我这个人薪水不多，开支不小。一要抽烟，二要喝茶，三还要买点书看。这样一来所剩无几。你们要走了，我也没什么礼物可送，就送你们8个字：团结、进步、更加发展。作为临别赠言。"

班禅说："毛主席的教导非常重要，我一定牢记在心，认真贯彻。"

毛泽东又说："前年我对（西藏）国庆观礼团的朋友们讲了这个意思，现在旧话重提，无非是要引起大家的重视，进一步搞好团结，争取进步和发展。"

毛泽东问计晋美："您赞成不赞成团结？"

计晋美说："赞成。"

毛泽东又问："你愿不愿意进步。"

计晋美说："愿意。"

毛泽东放下只抽了一半的烟蒂，平伸双手，在大家面前停了一会儿，然后慢慢合拢，用慈祥的目光看看班禅，说："那好，我们都想到一块去了。团结了，进步了，也就会发展。""现在我们还很穷，很落后，西藏要发展，内地要发展，全中国都要发展。"

按照计划，3月12日，达赖一行、班禅一行启程返藏。

在和平解放西藏前，毛泽东讲西藏历来就是中国领土不可分割的部分，汉、藏民族要团结，一家人有事商量着办，使和谈获得成功；和平解放西藏后，毛泽东一再强调要把西藏的事情办好，进一步搞好团结，争取进步和发展，并身体力行地关心爱护达赖、喇嘛等人。

历史上，藏族是个很强大的民族……

——毛泽东与汤麦·贡觉伯姆等西藏妇女交谈

1956年9月，毛泽东接见了以汤麦·贡觉伯姆为团长的西藏妇女参观团。这个参观团，是西藏派出的第一个妇女参观团，也是毛泽东第一次接见藏族妇女界人士。

毛泽东利用这个机会，详细了解西藏的妇女问题。毛泽东问：西藏妇女的社会地位怎么样？她们在家里是不是同男人有平等的权利？贵族妇女与农奴妇女在社会上、家庭里的地位有什么区别？参加不参加劳动？听说妇女不能进寺院，是不是真的？那贵族妇女能不能进？活佛的妈妈、活佛的亲属能不能进？你们进过寺院没有？

毛泽东问她们："汉族有个很有名的大将军，叫薛仁贵，你们知道吗？"回答说不知道。毛泽东就给她们讲薛仁贵的故事，讲藏族的历史。毛泽东说，过去打仗，各民族不团结，那是统治阶级造成的。藏族在历史上是个很强大的民族，后来衰落了。这是什么原因，恐怕与社会制度有关系，与宗教有关系。你们应该好好想一想，研究一下究竟是什么原因。

毛泽东说，藏族应该发展，经济要发展，人口也要发展。这方面，妇女可以发挥很大的作用。

毛泽东又关切地问她们在内地的情况，问生活上习惯不习惯，又问陪同她们的全国妇联副主席、鲁迅夫人许广平和全国妇联常委康克清，你们对她们照顾得周到不周到？问贡觉伯姆团长，你们满意不满意？贡觉伯姆回答说：全国妇联的领导对我们非常关心，生活上没有任何困难。

毛泽东作为中国各族人民的伟大领袖，对各少数民族人民一贯给予亲切关怀。西藏工作在中国国内民族工作中占有特殊重要的地位。因此，得到毛泽东特别的关心和重视。

毛泽东曾一再指示一定要把西藏的事情办好。而要把西藏的事情办好，就要从西藏的实际出发，认真做好调查研究。毛泽东在接见以汤麦·贡觉伯姆为团长的西藏妇女参观团时，就是先从了解西藏妇女的实际情况谈起，进而讲历史，总结历史经验，引人深思。最后又回到妇女问题上，指出西藏要发展，妇女大有可为。接着又问起她们"现在"的生活情况。毛泽东的这番谈话，有关心，无微不至；有指示，循循善诱；让人倍感亲切，受益匪浅。

"言者无罪，闻者足戒，这个方针一定不变"

——毛泽东与冒鹤亭的交谈

1957年，陈毅元帅的好朋友、清末及民国年间著名学者冒鹤亭写了《对目前整风的一点意见》，经陈毅推荐，此文发表在《人民日报》上。这篇文章引起了毛泽东的注意。后经陈毅传话，毛主席在中南海游泳池畔夏天临时办公室约见了冒先生。

约见是在坦诚的气氛中进行的。毛泽东高兴地说："冒先生，欢迎你！""老先生讲得好啊！""你讲，如果共产党没得偏差，那就何必整风？批评是帮助党员纠正错误。我们这次整风，正如你所说，是'爱人以德，相见以诚'。"冒先生回答："老朽行年八十有五，经历几个朝代，从未见过今天的政治清明。不过，人非圣贤，孰能无过？共产党员也不会承认自己是圣人的吧？”“我对主席提出的‘双百方针’，起初怀疑会不会把思想搞乱。后来一想，各人的立场不同，看问题的角度不同，自不能强人以苟同。国家有道，则庶人不议。人民敢说话是好事，不因其语近偏激而以为忤。只要以国家为前提，而不以个人为目的，那就叫争鸣也可，叫和鸣也可。”听到这里，毛泽东郑重地表示：“言者无罪，闻者足戒，这个方针一定不变。”

送别之时，毛泽东紧握着冒老先生的手说：“……老先生有何临别赠言？”冒先生说：“……一头雄狮也不免为身上几只饥虱所苦。饥虱虽小，害莫大焉。请务必提防！”毛泽东右手抚着胸口说：“讲得好啊！我一定牢记在心上。”

毛泽东尊敬、表扬冒先生，使冒先生畅所欲言，又强调“言者无罪，闻者足戒”，使冒先生“知无不言，言无不尽”。

“蒋介石骂我们做‘匪’，你这次回来不是误上贼船了吗？”

——毛泽东与李宗仁的交谈

1965年7月18日，李宗仁从美国归来，回到了祖国的怀抱。

李宗仁对毛泽东充满了钦佩和尊敬，他渴望能得到毛泽东的接见。7月26日，一个出人意料的喜讯使李宗仁激动不已，毛泽东正在中南海等候接见他们。正在北京东郊参观纺织厂的李宗仁等人立即赶到中南海。他们沿着游泳池往前走，毛泽东热情地迎上来，同李宗仁夫妇亲切握手，说：“你们回来了，很好，欢迎你们！”

跟着，毛泽东紧紧地握住程思远的手，说：“久闻大名，如雷灌耳。”程思远一时茫然不知所对。

寒暄过后，毛泽东忽然看着李宗仁说：“嘿，德邻先生，你上当了！”李宗仁为之一怔。“蒋介石骂我们做‘匪’，你这次回来不是误上贼船了吗？”说完，毛泽东哈哈大笑起来，在座的人们也跟着笑起来。李宗仁瞠目不知所对。

程思远连忙替李宗仁回答：“主席，我们搭上慈航渡登彼岸了。”会见的气氛活跃起来。

李宗仁对毛泽东说：“这一次回到祖国怀抱，受到政府和人民的热烈欢迎，首先对主席表示由衷的感激。几天来，我们在北京地区参观访问，亲眼看到祖国社会主义建设的伟大成果，感触颇深。我们为祖国的日益强大而感到十分高兴。”

毛泽东说：“祖国比过去强大了一些，但还不很强大，我们至少要再建设二三十年，才能真正强大起来。”

李宗仁说：“到了海外的许多人，都怀念伟大的社会主义祖国，他们都渴望回到祖国来。”

“跑到海外的，凡是愿意回来的，我们都欢迎，我们都以礼相待。”

听了毛泽东的这番话，李宗仁十分感动。

毛泽东在丰泽园住所设下丰盛的午宴，用各种各样的京津名菜招待李宗仁等人。谈话间，李宗仁流露出台湾问题久悬不决而深为忧虑。毛泽东说：“德邻先生，不要急，台湾总有一天会回到祖国来的，这是不可逆转的潮流。”

“蒋介石骂我们做‘匪’，你这次回来不是误上贼船了吗？”毛泽东以幽默的话语提出了问题：你如果相信蒋介石，就不会回来；即使回来，也是个错误的选择。

程思远反应灵敏，忙替李宗仁做了回答："主席，我们搭上慈航渡登彼岸了。"程思远在这里采用佛教用语机智又不乏幽默地回答了这个问题。慈航是佛教用语，佛教认为佛、菩萨以大慈悲救度众生离开尘世苦海，有如舟航。程思远的意思是说：我们登上佛家的慈航渡船离开苦海登上归国大陆这幸福的彼岸了。顿时气氛活跃，从而使会谈更加亲切、自然了。毛泽东的一句幽默话语，引来了程思远的机智、巧妙的回答，从而使双方从内心到外表皆大欢喜。

第4章

毛泽东与科学家、文艺家的交谈

“昨日文小姐，今日要变成武将军了！”

——毛泽东与丁玲的交谈

1936年11月中旬的一天，保安——中央苏区、中共中央所在地，来了一位名叫丁玲的女士。她是一位被国民党囚禁了3年多的左翼作家，在共产党地下组织的帮助下在3个月前逃离了南京，秘密经上海、北平、西安，辗转来到了这里。

对于丁玲的到来，中共中央的领导人和共产党在保安的文化界、妇女界都表示了极大的欢迎。中央宣传部特意在一个大窑洞里举行了欢迎宴会，毛泽东、张闻天、周恩来等人都出席了这个别开生面的宴会。

晚上，一身戎装的丁玲来到毛泽东和贺子珍居住的窑洞，前来拜见毛泽东。

警卫员小贺将丁玲引进窑洞后，正在写文章的毛泽东立即起身表示欢迎，并近前握了握她的手说：“请坐！”

毛泽东眼前的丁玲大约30岁的年龄，圆脸短发，个子不是很高，可一双闪亮的眼睛却显得很大、很水灵。丁玲快乐活泼地坐在了窑洞里的一张旧沙发上，这时贺子珍从侧面里间的窑洞里走过来，也同丁玲握了一下手。

毛泽东忙用手指一指分别介绍说："这位是作家丁玲，这是贺子珍。"

丁玲刚刚坐下去的身子又赶忙站起来，笑着说："啊！红军中赫赫有名的贺大姐，还是双枪神枪手呢！出色的女将军、女英雄！"

贺子珍在毛泽东对面的一把木椅上坐下来，毛泽东也请丁玲重新坐下，饶有兴趣地说："白天我和党的几位负责同志一起见了你，我们都欢迎你这位女作家呵！"

丁玲兴奋地说："我真幸运，见到共产党的领导人是我毕生难忘的事……"

毛泽东问她："今后你想做么事呵？"

丁玲将头一歪，爽朗地笑道："当红军呗！"

毛泽东也偏了偏头取笑说："昨日文小姐，今日要变成武将军了！"

丁玲更是高兴，说："啊，你怎么说我是小姐呢？"

这时贺子珍看了毛泽东一眼，说："是呀，革命队伍里哪有称呼小姐的，又不是地主的女儿！"

毛泽东指着丁玲，笑着对贺子珍说："你晓得她年轻的时候，当学生的时候，不就是被称呼小姐大姐的么？现在，我要求她当武将军，也是合乎逻辑的。"

丁玲放开喉咙笑道："毛主席，你真够有才华的！"

毛泽东也爽朗地笑起来："哪里，哪里……"

在后来的几天时间里，丁玲又来见过毛泽东几次，毛泽东鼓励她搞文艺宣传要大众化，短小精悍，合乎战争环境，使老百姓喜欢；要宣传共产党的抗日主张，宣传救国救民的道理，扩大共产党和红军的政治影响。

毛泽东这次招待丁玲，有诗词为证，是这年12月下旬毛泽东写给丁玲的一首词《临江仙·给丁玲同志》：“壁上红旗飘落照，西风漫卷孤城。保安人物一时新。洞中开宴会，招待出牢人。纤笔一枝谁与似？三千毛瑟精兵。阵图开向陇山东。昨天文小姐，今日武将军。”

毛泽东会见丁玲，在与丁玲开场白式的简短交谈中，饶有风趣的言语，使主客关系更加亲近，交谈气氛更加活跃，为下一步的交谈能更加顺利地展开创造了条件。毛泽东很重视丁玲，丁玲也没有辜负毛泽东的期望，后来在工作岗位上做出了自己应有的贡献。

丁玲，原名蒋伟，字冰之，湖南人，早年因写作发表表达追求个性解放、爱情自由幸福和反对旧礼教的中篇小说《莎菲女士的日记》引起文坛反响而一举成名；而后加入“左联”，不久又加入中国共产党，积极从事进步的革命活动，因而遭到了国民党的囚禁。这次来到保安，受到毛泽东的欢迎、重视，她自然非常高兴。后来，在毛泽东的教导、关怀、栽培下，丁玲积极投身到革命斗争生活中，写出了许多反映革命斗争生活的好作品，直到后来写出了反映土改运动的长篇小说《太阳照在桑干河上》，赢得好评如潮，并荣获了苏联斯大林文艺奖金二等奖，最终成长为中国现代著名女作家。

“文艺工作者应该到前方去”

——毛泽东与何其芳等的交谈

1938年8月，何其芳、沙汀、卞之琳几位诗人由四川成都来到延安。毛泽东高兴地在延安凤凰山的窑洞里接见了他们。何其芳代表大家说:“我们来是要想写延安。”毛泽东微笑着说:“延安有什么可写的呢?延安只有三座山,西山、清凉山、宝塔山。”他接上又说,“不过也有一点可写的。”此后,何其芳、沙汀被分配到鲁艺文学系任教。11月,何其芳携带部分学员随同贺龙到晋西北进行战地采访。行前,毛泽东对何其芳说:“文艺工作者应该到前方去。不过,从大城市来的人上前方去,走路可能成为一个困难。但不要紧,很快就会习惯的。当初我在武汉的时候,也是每天出门坐车子。后来上了井冈山,没有车子坐,就只好用两只脚走路了,很快就学会了走路。”后来的实践证明,毛泽东的话是千真万确的,经过爬高山、蹚河水、野餐露宿,得到磨炼,培养出一批能吃大苦耐大劳的优秀知识分子。其中,柯仲平、周立波、曹葆华、严文井、姚时晓等同志,成了毛泽东的亲近的客人,经常与他们讨论文艺创作、思想爱好、学术问题,这种关系一直保持到新中国成立以后。

毛泽东与文艺工作者谈的话是多么朴实、实在!毛泽东以切身感受、现身说法,说明深入生活走路是艰苦的,坚持下去,“很快就会习惯的”。文艺工作者们听了毛泽东的话后,到前方去深入生活,受到了锻炼,增长了才干,做出了成绩。

“现在已经万不得已,人命要紧”

——毛泽东与朱医生的交谈

1948年5月,东渡黄河后的一天,毛泽东乘吉普车,由城南庄去西柏坡。

当行到平山县大路上的一个村头附近,大家发现离吉普车不远处路边草丛中好像有几个人。

渐渐接近了，原来是个八九岁的小女孩躺在路边茅草上，身边坐着一个 30 多岁的农村妇女，有一圈人正着急地围着她们。

当车子从她们身边驶过时，车上的人看清那女孩子身上盖着一件破衣裳，身下铺着茅草，双眼紧闭，脸色蜡黄，鼻子里不时地往外流血，已经奄奄一息，生命垂危。

孩子的娘坐在地上，抚摸着孩子的小脸，眼里噙满泪水，悲痛地呼唤着孩子。周围的人同情地看着这母女俩，但谁也想不出什么好办法。

"停车！"毛泽东突然叫道。

司机周西林把车刹住，毛泽东第一个跳下车，大步走到那女人和孩子身边，蹲下来摸摸孩子的手和额头，问："孩子怎么了？"

"病啦！"女人泪流满面。

"看来病得不轻，多长时间了？"

"三四天了，起头轻，越来越重。"孩子的娘擦了擦眼泪，声音颤抖地说。

"怎么到这村外来？"

"打算去找个先生，可是孩子快不行了。"说着孩子的娘又哭了起来。

是啊，在这穷乡僻壤，穷人有病，一无医，二无药，三无钱，多少人不都是这样眼睁睁地看着死去了。

这时，毛泽东猛地回头，朝车上看，大家看到他的眼圈泛红。

"我在这里。"朱医生在毛泽东身边说。

"快给这孩子看病。"

朱医生用听诊器听，又量体温，然后问孩子发病的过程……

"有救吗？"毛泽东声音颤抖，提着一颗心。

“有救。”

“好，一定要把她救活！”毛泽东顿时放开声音。

“可这药……”

“没药了？”毛泽东又显出紧张担心。

“有是有……只剩一支了。”

“什么药？”

“盘尼西林。”

“那就快用。”

“这是进口药，买不到，你病的时候我都没舍得用，不到万不得已……”

“现在已经万不得已，人命要紧，你马上给孩子注射！”

朱医生将那支珍藏很久没舍得用的盘尼西林用给了生病的孩子。接着，又注射了两支别的药，然后给孩子擦了擦脸，用纱布紧紧扎住耳朵上的动脉。

朱医生打过针，用水壶给那孩子喂水。那时候抗生素是很稀有的，所以很显特效。工夫不大，孩子忽然抬起眼皮，轻悠悠地叫了一声：“娘——”

那女人呆呆地睁大了眼，泪水哗哗地往下流。忽然扑通一声跪倒在地，哭叫着：“菩萨啊，救命的菩萨啊！”

毛泽东两眼泪花迷离，泪水在眼眶里打转，他忙转身吩咐朱医生：“你用后面那辆车送这母女回家吧。再观察一下，孩子没事了你再回来。”

后来，每当谈到那个孩子和流泪的母亲，毛泽东眼圈总要泛红：“也不知道那孩子现在怎么样了？把她带来治疗一段就好了……”他多次感慨，“农民缺医少药，闹个病跑几十里看不上医生，要想个法子让医生到农村去。吃了农民种的粮就该为农民治病么！”

“现在已经万不得已，人命要紧，你马上给孩子注射！”很朴实的一句话，道出了毛泽东关心普通人的生命安危比自己的还重要。在他眼里不管“大人物”“小人物”，还是普通百姓，生命同样宝贵，同样值得珍惜、爱护。正如《东方红》那支歌唱的那样：“东方红，太阳升，中国出了个毛泽东，他为人民谋幸福，呼儿嗨哟，他是人民的大救星……”

丹青意造本无法　画圣胸中常有诗

——毛泽东与国画大师齐白石的交谈

1949年1月31日，北平和平解放了。齐白石这个饱尝了亡国之苦和战乱灾难的画坛巨匠，迎来了他艺术上的春天。欢庆胜利的激动心情还没有平静，他收到了毛泽东写给他的亲笔信。毛泽东在信中向他问寒问暖，充满了真诚亲切、谦逊有礼、尊老崇文之情。白石老人感动得热泪盈眶。

为了表达对毛泽东的一片崇敬之情，齐白石精心选出了两方名贵的寿山石章料，操起刻石，精心镌刻了“毛泽东”朱、白两方印章，用宣纸包好，托诗人艾青呈献给毛泽东。

毛泽东是人民领袖，又是书法艺术的爱好者。他收到齐白石赠送的两方印章，如获至宝，看了又看，还发现包印章的是一幅画，让秘书保存起来，裱好。

为了答谢白石老人，毛泽东在中南海设宴，请郭沫若作陪。

毛泽东常以文会友，结交相知，一个伟大领袖、一个文坛巨匠、一个画坛宗师，酒席间，三人谈诗论画，不亦乐乎。毛泽东首先端起酒杯，向白石老人敬酒，感谢他赠送印章和国画。齐白石为之一怔，问毛泽东：“我什么时候为主席作过画？”毛泽东笑着对秘书说：“把画拿来，请画家亲自验证验证。”

这是一幅国画，上面画着一棵郁郁葱葱的李子树，树上有一群毛茸茸的小鸟，树下有一头憨厚的老牛侧着脑袋望着小鸟出神，颇有意境。齐白石见画后恍然大悟，这是他练笔的“废品”，没注意就用来给毛泽东包印章了。这确是包印章的那幅练笔画，毛泽东让人用全绫装裱起来，就成了一件珍品。

齐白石不好意思地说：“主席，都怪我疏忽大意，这废作说什么也不能给您，您若喜欢这种笔墨，我回去马上画。”

毛泽东看看白石老人，又看了看郭沫若，说：“我喜欢的就是这一幅嘛！大诗人，您对这件精品有何评价？”郭沫若看着画的上部那棵枝繁叶茂的李子树上站着五只毛茸茸的小鸟，入了神。毛泽东看着画下边那头侧着脑袋望着小鸟出神的老牛，评价说：“此画笔墨颇具气势。你看，从牛头到牛背到牛尾，一笔勾出，足见画家功力过人啊！”

齐白石听了毛泽东的夸奖，更感难受，站起身来，一甩长髯，说：“主席再不允许，我可要抢了！”

郭沫若见势忙走过来，用身体挡住画说：“白老这件墨宝是送给郭沫若的，要想带走，应当问我！”

“送给你的？”齐白石惊诧地问。

“这不，画上标着我的名字嘛！”郭沫若解释说。

齐白石看看画，画上没有一个字。他又看看郭沫若，摇摇头，猜不透其中的含意。

郭沫若看到齐白石那幅认真的样子，笑了起来，他指着画说：“这树上画了几只鸟？”

“五只。”

“树上五只鸟，这不是我的名字吗?”郭沫若把“上五”两个字的语气说得很重。

齐白石手捋长髯大笑起来:“好！郭老大号正是‘尚武’，您真是诗人的头脑哇！”

“快快与我松手，我看见画上标有本人的名字嘛！”毛泽东说。

“您的名字?”郭沫若和齐白石都愣了。

看着两个人发愣的样子，毛泽东哈哈大笑起来，怡然自得地说:“请问，白老画的是什么树?”

“李子树。”

“画得茂盛吗?”

“茂盛。”

“李树画得很茂盛——这不是敝人之名讳吗?”

“李得盛”与毛泽东转战陕北时的代号“李得胜”同音，所以毛泽东说此画是赠给他的。

齐白石乐了:“如此说来，拙画还有点意思。那么，劳驾两位在卷上赏赐几个字，如何?”

二人欣然应允，毛泽东挥笔题书“丹青意造本无法”，郭沫若接对“画圣胸中常有诗”。

齐白石得此墨宝，喜出望外:“两位这样夸奖白石，我可要把它带走啦。”

三人相视，哈哈大笑起来。

三人在亲切喜悦的气氛中畅饮着、交谈着。

毛泽东宴请国画大师齐白石老先生，出现了三人“争画”的热闹场面，很有意思。

首先是因为齐白石的画作得好，画中有诗意，含义无穷。所以，毛泽东、郭沫若才能凭自己的想象大发感慨，“高谈阔论”。

毛泽东从画中看出画的是“敝人之名讳”，尽管是逗趣玩笑的话，很幽默，仍可看出毛泽东对此画的高度评价和珍爱。

“你现在可以‘赤膊上阵’发表文章讲话”

——毛泽东与柳亚子的交谈

1949年“五一”节，在颐和园昆明湖畔，毛泽东与柳亚子热烈握手。寒暄了几句后，两人携手步入谐趣园游览观景，然后爬坡到了益寿堂的大院里。在爬这段山坡时，柳亚子将右手搭在毛泽东的左肩上，表现得非常亲切，两人如此亲近地慢慢地往上爬。爬了一会儿，毛泽东就停下来和柳亚子手拉着手，并肩前进。毛泽东知道柳亚子比自己还大几岁，身体不太好，爬山时很照顾他，爬一会儿就休息一下，喘喘气，说说话。

在益寿堂里休息喝茶时，两个人亲如一家，热情地交谈着。毛泽东说：“柳先生既有清醒的政治头脑，是一位政治家，也是一位大诗人。你写的诗，我爱读，有趣味，有意义。有千百万读者喜欢你的大作，我就是这千百万读者中的一个。”毛泽东还随口背诵了几句柳亚子写的诗。柳亚子谈到北平解放几十天来的变化以及共产党的政策时，连声称赞共产党伟大。谈到最近读到的毛泽东所作的诗词，柳亚子更是兴奋，称赞它们气魄宏大、寓意深长而且贴近生活。

随后，毛泽东与柳亚子又并肩同游长廊。睹物生情，柳亚子谈及清朝的腐败、慈禧太后的无耻，感愤不已。毛泽东说：“她用建设海军的钱，建了一个颐和园，这是一大罪状，但现在看来，就是建立了海军，也还是要送给帝国主义的。建个颐和园，帝国主义拿不走，今天人民也可以来享受，总比他们挥霍了要好呀。”柳亚子听后先是一愣，继而竖起大拇指，笑道："润之先生见识脱俗，老夫不及。"

不多时，又来到了慈禧太后买的那个小火轮前。毛泽东和柳亚子对这个小火轮似乎都很感兴趣，他们站在一起，仔细地看着。

柳亚子说："那时，中国相当落后，慈禧太后能买到这个小火轮，能看到这样的火轮，也算大开眼界了。"

毛泽东说："这艘小火轮，在当时算得上是先进的机器了，可现在看来，也成了古董了。事物总是向前发展的，社会总是要前进的。中国再也不能继续落后下去了，新中国建立后，一定要奋发图强，一定要改变落后的面貌。"

中午时分，毛泽东与柳亚子登上了一条游船，开始游览昆明湖。大家心情都非常愉快。此时天气非常晴朗，万里无云，昆明湖水一片碧绿，微风吹皱了水面，波浪轻轻拍打着船头，发出有节奏的声音。高大的万寿山历历在目，再看佛香阁，真是雄伟壮观，下边雪白的玉石栏杆和弯弯曲曲的秀丽长廊相互衬托，真是风景如画，景象绝妙……

船快到湖心的时候，两人又亲切地交谈起来。柳亚子向毛泽东问起解放军渡过长江、解放南京的事，并向毛泽东请教指挥打仗的谋略，用的是什么妙计。毛泽东摆了一下手说："我打仗没有什么妙计，只有一条，就是依靠人民的支持。你看他蒋介石守长江，有飞机、军舰，有美国人撑腰，但他没有人民。我们有人民，老百姓齐上阵，帮解放军造了几万条大船、木排。在漫长的江面上，同时行动，不到 24 小时，便如摧枯拉朽一般，突破了国民党经营了 100 天的长江防线。"柳亚子听罢鼓掌大笑。毛泽东即兴吟诵起他的新作《七律·人民解放军占领南京》：

钟山风雨起苍黄，百万雄师过大江。
虎踞龙盘今胜昔，天翻地覆慨而慷。
宜将剩勇追穷寇，不可沽名学霸王。
天若有情天亦老，人间正道是沧桑。

毛泽东接着说："现在，杭州解放了，上海很快也要解放了，你们没有想到这么快，我们也没有想到这么快。今天咱们可以说，如果蒋介石有一点头脑，实行在重庆达成的停战协议和政协决议，蒋介石现在还是咱们的委员长。共产党是尊重协议的，愿意进行国共合作，愿意实行和平建国的方针。蒋介石要打仗，我们没有办法，我们的愿望没能实现，只好和他打。蒋介石和李宗仁政府，现在已经相当被动了。他们除了接受和平解决的八项条件，别的没有出路。我们愿意按照和平谈判的八项条件，同任何地方政府和军队进行谈判，我们说话是算数的。先生可以根据这种精神去进行宣传。"

说到这里，毛泽东开玩笑地对柳亚子说："你现在可以赤膊上阵发表文章讲话，现在与蒋介石时代不一样了，你的人身安全是有保证的，你的意见会得到尊重的。"

"赤膊上阵"是他们两人之间的一个典故。重庆谈判时，柳亚子曾向毛泽东提了些比较激进的建议。毛泽东在回信中说道："赤膊上阵，有时可行，作为经常办法则有缺点，先生业已了如指掌。目前发表文章，谈话，仍嫌过早。"

旧话重提，柳亚子十分兴奋："我一定按照毛主席说的去做，我要尽力做一些对人民、对政府有利的工作。"

毛泽东、柳亚子从湖东侧弃舟登岸，许多游园的群众围了上来，朝着毛泽东热烈鼓掌、欢呼。毛泽东向群众微笑着频频挥手。

柳亚子对此感慨万千。他对毛泽东说："我平生第一次看到老百姓对领袖这么热情，这说明共产党深得民心啊！"毛泽东笑道："今天是咱们第一次游颐和园，也是第一次看到有这么多的群众游园。柳先生高兴，群众高兴，我也非常高兴。以后有机会，我们再一起来故地重游。"

毛泽东与柳亚子的谈话，一开始就表现出毛对柳的敬重。如说，你的诗写得好，有千百万读者，而"我就是这千百万读者中的一个"。毛泽东把自己摆在了普通读者的位置，没以领袖"大人物"自居，低看柳亚子。在谈论对慈禧太后建颐和园时，毛泽东的见解又脱俗新颖，在谈论慈禧太后的小火轮时，联想到事物的发展和新中国的建设不甘落后；又热情奔放地回忆革命斗争历史，高度评价人民群众的作用；又回到眼前看现实，共产党需要和平，对柳说"你现在可以赤膊上阵发表文章讲话，现在与蒋介石时代不一样了"，这句话既提到了柳的革命历史，又表现了他对柳的信任和支持，柳亚子听后怎会不兴奋和感激呢！

"没有他们，我毛泽东独龙能下雨吗？"

——毛泽东与李伯钊的交谈

50年代初期，红军老战士李伯钊创作的歌剧《长征》上演后，立即引起了强烈的反响。剧中多次出现毛泽东的场面，每当这时，剧场里掌声雷动，一片欢腾。中央许多领导同志看了这出戏，纷纷给予好评。

李伯钊是杨尚昆的夫人。杨尚昆当时任中共中央办公厅主任。他从延安时期就担任这个职务，因而与毛泽东接触多。除了工作关系之外，两人的私人感情也很好。李伯钊对毛泽东的了解是比较多的，因而她敢于涉足这样的领域进行创作。

既然是李伯钊的创作，又有毛泽东的艺术形象，邀请他本人观看指导就少不了了。

盛情难却。一天，毛泽东前去观看了这出戏。当场，他没发表评论。

事后，毛泽东让女儿向李伯钊转达了他的意见：歌剧《长征》“好当然好，写革命、写长征我都赞成，但不能拿我毛泽东当菩萨拜哟。党内有那么多好同志，许多人还牺牲了生命。就拿长征来说，有几个方面军哩，有那么多领导同志哩。应当写朱老总、恩来、弼时同志，写几个方面军的同志。没有他们，我毛泽东独龙能下雨吗？下不得的哟。光写我怎么行哩？”

“不能拿我毛泽东当菩萨拜”，毛泽东在这里表明了自己是人不是神，反对神化自己，反对过分夸大自己的作用；“我毛泽东独龙能下雨吗？”在这句话里，毛泽东把革命的胜利看作集体领导的结果，灵活应用“独龙不能下雨”这一俗话，形象地表达了他自己的意思。

“科学是我们认识世界的强大武器”

——毛泽东与杨振宁、李政道的交谈

1957年12月11日，两位年轻的海外华人科学家登上了瑞典斯德哥尔摩皇家科学院的诺贝尔领奖台。他们就是享誉世界的著名物理学家杨振宁和李政道。

1973年夏天，杨振宁来北京访问。毛泽东接见了他。

交谈中，当毛泽东问杨振宁在物理学方面正做什么时，杨振宁说：“我们正在研究基本粒子的结构问题。”

毛泽东一下子就被这个话题吸引住了，他就像找到知音一般高兴，说："噢，这个问题我很感兴趣啊！我在50年代就和钱三强同志讨论过这个问题，以后又在多种场合讲了我对这个问题的看法。总之，我认为物质是无限可分的，它不可能停留在一个阶段上，博士先生，你认为如何呢？"

杨振宁说："主席，想不到你对物理学这么有兴趣，关于基本粒子是否可分的问题，目前世界上正在进行激烈的辩论，但迄今为止还没有一个明确的结论。"

毛泽东答道："有争论就好嘛，真理是越辩越明。中国的古人了不起呢。春秋时期的《老子》《墨子》，西汉时期的《淮南子·天文训》和《淮南子·俶真训》等书就探讨了宇宙的起源问题。《庄子·天下篇》这篇古文，就记载了这样的话，'一尺之棰，日取其半，万世不竭'，说出了物质是无限可分的思想。东汉的那个张衡，是个大科学家呢，他不仅发明了浑天仪，而且他还有宇宙演化的学说，他把宇宙演化的第三个阶段称之为'太玄'。在他看来，宇宙不是一成不变的，它处于变化发展中，并说：'宇之表无极、宙之端无穷。'这是个什么意思呢？就是说宇宙的时空是无限的，这是个天才的创见啊！那么，我们今天讲的基本粒子是不是终极呢？我看也如同中国古代的哲学见解一样，照样是可分的。"

毛泽东从古代谈到今天，真是口若悬河，妙句迭出。杨振宁也对毛泽东的谈吐感到吃惊，他感叹一个80岁的老人还有那么好的记忆力，并且有着浓厚的兴趣和好奇心探讨哲学和科学的问题。

他后来说："我认为毛主席是20世纪的伟人之一，他给我最深刻的印象是，既是一位领导人，同时又是一位高级学者。"毛泽东会见杨振宁后不到一年的时间，他又会见了来访的李政道博士。

毛泽东一上来便切入正题："李博士，请你谈谈，为什么对称是重要的？”

李政道感到十分惊讶，没想到一个高龄的老人领袖还顾得过来研究物理学中的对称。李政道克制住自己的吃惊说：“根据《韦伯斯特词典》中的解释，对称的意思是‘平衡的比例’，或者说是‘产生于平衡的比例的形式美’，它和中文里的含义是一样的。从本质上说，这是个静止的概念。”

毛泽东没有立即答话，他沉吟了一下，谈了自己的看法：“对称这个词恐怕用在社会学上不那么合适。我以为社会进化的基础在变革、动荡中前进。如果讲静态形式美，不就成了停滞不前了。我不明白对称学在物理学中为什么会有那么重要的位置。”

李政道为了将对称学给毛泽东说得更清楚一些，他顺手把茶几上的铅笔拿起来放在笔记本上，又将笔尖对着毛泽东，然后再把笔尖转向自己。铅笔转过来又转过去，以此来说明运动过程中的对称性。

毛泽东笑道：“你这个演示很有意思，你们物理学家就是根据对称的原理来描述出普遍的规律吗？”

李政道说：“追溯远一点应该说是爱因斯坦的相对论给后人的启发，爱因斯坦曾讲过等价原理的对称。”

毛泽东说：“看来对称学对于认识自然界的规律是重要的。”他停了下，又接着道，“根据对称学说，那么粒子和反粒子也是一个过程了？”

“是的，这种过程便是产生和湮灭的动力学过程。”李政道说。

毛泽东大为感叹地说：“科学是我们认识世界的强大武器。看来神学是救不了世界的，只有科学和哲学才能帮助我们认识世界和改造世界。我很后悔自己一直没有多少时间来学习科学。记得我年轻时读过生物学家阿瑟·汤姆森的书，那是很受启发的，后来又读过关于火箭、人造卫星和宇宙飞行的书，我感到了科学奥秘的乐趣。”

李政道被毛泽东所讲的感动了，说：“主席，您年事已高，还这么潜心学问，实属不易啊！”

毛泽东笑道：“我过去打个比方，没有学问，就像在暗沟里走路，摸索不着，那是苦煞人的。哎，现在我老了，读的书不多，想起来尽是些遗憾啊！”

从毛泽东接见杨振宁、李政道的交谈中，我们可以看到毛泽东的谦虚好学、善于思索。其实，这正是毛泽东的许多见解独到、深刻、不同凡响之处的根源。

“三位都是我的老师”

——毛泽东与竺可桢、李四光、钱学森的交谈

1964年春节期间，毛泽东专门邀请了中国三大科学家到他家里去聊天。第一个是农业专家竺可桢，第二个是地质学家李四光，第三个是力学专家钱学森。

竺可桢第一个来到毛泽东在中南海的住处。他一走进毛泽东的卧室，感到最引人注目的便是毛泽东睡的那张大床了。床的半边堆满了书，屋内的桌椅上也摆满了书。大床前已摆好了三张椅子，这显然是给他们三位科学家预备的。

毛泽东见竺可桢来了，立即笑容满面地迎上去握住他的手说：“欢迎，欢迎，大过年的把你们请来，家人没意见吧？”

竺可桢说：“看主席说到哪儿去了，主席你这是高抬我们啊！”

落座后，竺可桢正要给毛泽东说拜年之类的话，想不到毛泽东一下就切入了正题：“你那个论气候和粮食作物的文章我拜读了，

写得很好嘛。在‘八字宪法’中再加上‘光’和‘气’两个字也是有道理的，不过就要改成‘十字宪法’，‘八字宪法’叫惯了不好改口呢。”毛泽东非常风趣而从容地随意说来。

竺可桢立即答道：“我的建议只作参考。‘八字宪法’是主席总结的，就叫‘八字宪法’好了。”

毛泽东笑道：“你的文章中谈到了植物的光合作用，能进一步给我解释一下好吗？”

竺可桢见毛泽东对自己所研究的课题这么感兴趣，便尽可能地用通俗易懂的语言向毛泽东讲解了太阳光是如何把水和二氧化碳合成碳水化合物的过程。

二人正在热烈地交谈时，李四光和钱学森也赶来了。

毛泽东热情地招呼他们入座，然后又让竺可桢接着讲。等竺可桢讲完了，毛泽东风趣地说：“只知道辛辛苦苦种田，不讲科学，不利用大自然的能源，那不是太可惜了吗？”

接着，毛泽东点燃一支烟，对李四光和钱学森说：“把你们三位请来，是想听听你们对所搞工作的意见。二位未到之前，可桢教授给我谈了许多气象问题，获益匪浅啊！你们二位大驾光临，谁先谈呀？”

钱学森说：“请李老谈吧。”

李四光先向毛泽东谈了自己手头的工作以后，又和毛泽东讨论了地球的形式、动植物的进化、煤和石油的形式等问题。

轮到钱学森汇报了，钱学森着实不知从哪儿谈起才好。想不到毛泽东先开口了。下面是两人的对话。

毛：我们搞原子弹也有成绩呀。

钱：我有所闻。

毛：怕不止于有所闻吧。

钱：原子弹实在只有新闻，我是搞运载工具的。

毛：是的，你们搞了一千多公里的，将来再搞两千多公里的，也就差不多了。

钱：美国在东南亚新月形包围圈上的有些基地有二千八百公里的距离。

毛：可以到夏威夷？

钱：××× 就更远了，不止四千公里。

毛：总是要搞防御的。搞山洞，钻进去，地下就不怕它了。

钱：我们正在遵照主席的指示，先组织一个小型的科学技术人员的小组，准备研究一下防弹道式导弹的方法、技术途径。看来第三个五年计划中由于技术条件不够，还不能开展设计工作。

毛：有矛必有盾，搞少数人，有饭吃，专门研究这个问题：五年不行，十年，十年不行，十五年，总要搞出来的。那天，毛泽东和三位大科学家一直谈到下午三点多钟，共历时约两个小时，才相互道别，毛泽东将三人送出门时又说："三位都是我的老师，你们有什么新的大作，可随时送我一份拜读。"

身为伟大领袖的毛泽东，对三位大科学家敬重有加，"把你们请来""大驾光临""都是我的老师"突出了对三位大科学家的尊敬和重视；在交谈中，有对意见的征询、交流，还有指示，既谦虚有礼，又不失领导的职责和领袖的风范。

从"一尺之棰"到"毛粒子"

——毛泽东与坂田昌一、周培源、于光远的交谈

1964 年 8 月 18 日，毛泽东在北戴河疗养，恰逢来了几个搞哲学研究的人。毛泽东与他们谈话时讲到了《自然辩证法研究通讯》

这本杂志，同时还讲到了这一杂志刊登的日本物理学家坂田昌一的文章《基本粒子的新概念》。毛泽东很喜欢这篇文章。毛泽东从这篇文章谈起，纵论科学的演进。

毛泽东说：“列宁讲过，凡事都可以分。举原子为例，不但原子可分，电子也可分。可是从前认为原子不可分。原子核分裂，这门科学还很年轻。近几十年来，科学家把原子核分解了。有质子、反质子，中子、反中子，介子、反介子，这是重的，还有轻的。至于电子同原子核可以分开，那早就发现了。电线传电，利用了铜、铝的外层电子的分离。电离层，在地球上空几百公里，那里电子同原子核也分离了。电子本身到现在还没有分裂，总有一天能分离的。‘一尺之棰，日取其半，万世不竭。’这是个真理。不信，就试试看。如果有竭，就没有科学了。世界是无限的。时间、空间是无限的。空间方面，宏观、微观，均是无限的。物质是无限可分的，所以科学家有工作可做，一百万年以后也有工作可做。听了些说法，看了些文章，我很欣赏《自然辩证法研究通讯》上坂田昌一的文章，他是个辩证唯物主义者，值得我们学习呢。”

说来也巧，毛泽东于8月18日在北戴河讲了这番精彩的话之后第五天，北京召开了国际科学讨论会。出席会议的各国代表有300多人。日本科学家代表团团长就是坂田昌一。毛泽东亲切地会见了坂田并还谈起了他那篇文章。坂田为之大感惊讶与喜悦。

毛泽东接见坂田之后，意犹未尽。他第二天就叫秘书打电话给周培源和于光远，请他们到中南海来一趟。

毛泽东一见二位科学家，就从坂田的那篇文章谈起，说：“什么叫哲学，哲学就是认识论，别的没有。”

接着，毛泽东谈兴甚浓，话锋一转，开始纵论科学。他说：“世界是无限的。世界在时间上、空间上都是无穷无尽的。在太阳系外有4000万万个恒星，它们组成了银河系。银河系外又有几千万万个银河系。宇宙从大的方面来看是无限的。宇宙从小的方面来看也是无限的。”

接下来，毛泽东又谈到了冰川问题，细胞产生之前究竟是什么等问题。毛泽东说：“承认外部世界的客观存在，一切从实际出发，这便是唯物主义认识论的基本前提。”

当毛泽东谈到望远镜和人造地球卫星时，于光远插话：“我们能不能把望远镜、人造地球卫星等等概括成‘认识工具’这个概念呢？”

毛泽东当即答道：“你说的这个认识工具的概念有点道理，但还不完全，比如镢头、机器等等也应该包括在‘认识工具’的里边。”

同时，毛泽东还强调了人应该把辩证法贯穿于整个认识过程之中。他说：“世界上的一切都在变，物理学也在变，牛顿力学也在变。世界上从原来没有牛顿力学到有牛顿力学，以后又从牛顿力学到相对论，这本身就是辩证法。如果我们的认识是有穷尽的，我们已经把一切都认识到了，还要我们这些人干什么？”

毛泽东才华横溢，口才滔滔，从太阳谈到地球，从水的合成谈到细胞的产生，举了许多事例来论述自然界的运动、变化和发展。谈到地动说时，毛泽东还背诵了宋朝辛弃疾的《木兰花慢·中秋饮酒》一词中的几行词句：“可怜今夕月，向何处，去悠悠？是别有人间，那边才见，光影东头？”接着，他又念出晋朝张华一首诗中的二句：“大仪斡运，天回地游。”然后，他笑着说：“这些诗句不要小看它呢，它不仅是古人的借景抒情，以情壮怀，它还包含着地圆学说的意思呢。”

周培源后来在回忆这次与毛泽东谈话时曾说道：“我们见到毛

主席时，他刚刚睡醒，还穿着睡衣。毛主席谈话时，或躺，或坐，或来回踱步，谈笑风生，引人入胜，完全是商量、探讨、研究的口气，使我们毫无拘束，就像在老朋友家里作客，这次一直谈了3个钟头。更让我吃惊的是，毛主席可真是博览群书啊！比如，我们谈到最后，毛主席说：'《光明日报》前两天有一篇文章，讲氢、氧合成水要经过几百万年。北大傅鹰教授说要几千万年。不知道《光明日报》那篇文章的作者同傅鹰讨论过没有？'事后我问傅鹰教授，这个问题在哪里讲的？他说是在讲义中提到的。可见，毛主席连北京大学化学系的讲义也看啊！"

毛泽东发表的世界是无限可分的观点，立即引起了整个中国学术界的重视。钱三强还为此组织了一批科学家开始了基本粒子的理论研究，并取得了成果。

后来，外国科学家也沿着中国的研究轨道往下走，并且一些科学家还获得了诺贝尔奖。之后，在世界物理学讨论会上，为了纪念毛泽东关于世界是无限可分的观点，外国科学家提出把假设存在的物质命名为"毛粒子"。

毛泽东与科学家谈科学，有自己独到的见解，以至产生"毛粒子"一说，这与毛泽东学识的渊博和勤于读书、善于思索有直接的关系。

"马克思主义也有它的发生、发展与灭亡"

——毛泽东与于光远等的交谈

1964年8月底，国际科学讨论会在北京召开。23日下午，毛泽东接见了各国代表团团长。24日下午，毛泽东召见周培源和于光远。

毛泽东与周培源、于光远不仅谈了自然科学方面的问题，也谈了社会科学方面的问题。

“我们能不能把望远镜、人造地球卫星等等概括成‘认识工具’这个概念?”

当于光远提出这个问题后，毛泽东回答说：你说的这个“认识工具”的概念有点道理。在“认识工具”这个概念当中还要包括镢头、机器等等。人的认识来源于实践。我们用镢头、机器等等改造世界，我们的认识就逐渐深入了。工具是人的器官的延长。镢头是手臂的延长，望远镜是眼睛的延长，身体、五官都可以延长。

毛泽东还现身说法地谈到自己的认识就是在中国革命的实践中，人民群众的革命斗争中发展的。他说：我搞政治也是一步一步来的。我读了6年孔夫子的书，上了7年学堂，以后当小学教员，又当中学教员。当时我根本不知道什么是马克思主义。马克思、恩格斯的名字，我就没有听说过，只知道拿破仑、华盛顿。我搞军事更是这样。我当过国民革命军政治部的宣传部部长，在农民讲习所也讲过打仗的重要，可是就是从来没有想到自己去搞军事，要去打仗。后来自己带人打起仗来，上了井冈山。在井冈山先打了个小胜仗，接着又打了两次大败仗。于是总结经验，总结了16个字的打游击的经验，这就是：敌进我退，敌驻我扰，敌疲我打，敌退我追。谢谢“蒋委员长”给我们上课。也要谢谢党内的一些人。他们说我一点儿马克思主义也没有，而他们是百分之百的布尔什维克，可是这些百分之百的布尔什维克却使白区损失百分之百，苏区损失百分之九十。

毛泽东十分强调在实践基础上的认识的发展，把辩证法贯彻于认识过程。他说：我们对世界的认识也是无穷尽的。要不然，物理学这门科学就不再发展了。世界上的一切都在变。物理学也在变，牛顿力学也在变。世界上从原来没有牛顿力学到有牛顿力学，以后又从牛顿力学到爱因斯坦相对论，这本身就是辩证法。如果我们的认识是有穷尽的，我们已经把一切都认识到了，还要我们这些人干什么？

毛泽东还说：一切个别的、特殊的东西都有它的产生、发展与死亡。每一个人都要死，因为他是产生出来的，人必有死。张三是人，张三必死。我们见不到两千年前的孔夫子，因为他一定要死。人类也是产生出来的，因此人类也会灭亡。地球是产生出来的，地球也会灭亡。不过我们说人类灭亡、地球灭亡，和基督教讲的世界末日不一样。我们说的人类灭亡、地球灭亡，是有比人类更进步的东西代替人类，是事物发展到更高的阶段。我说马克思主义也有它的发生、发展与灭亡。这好像是怪话，但既然马克思主义说一切发生的东西都有它的灭亡，难道这话对马克思主义本身就不灵？说它不会灭亡，是形而上学。当然，马克思主义的灭亡是有比马克思主义更高的东西来代替它。

在这里，毛泽东讲的是彻底的唯物主义辩证法。一种科学的理论不会害怕自己作出的结论；如果一种理论对自身是不适用的，那绝不是科学。

毛泽东的知识面是很广的，与科学家既谈自然科学，又谈社会科学，见解新颖、深刻。本来自然科学与社会科学就是互相渗透的，学习自然科学的懂些社会科学，学习社会科学的懂些自然科学，就能把科学搞得更好一些。

第5章

毛泽东与各界群众的交谈

当官不为民办事，“就该挨骂”

——毛泽东与一位农妇的交谈

延安时期。陕北清涧的一个农家妇女，丈夫因雷击死亡，家庭负担沉重，心情很不好，曾经大骂“世道不好”，共产党“黑暗”，毛泽东领导“官僚横行”等，于是被逮捕押送到延安，保卫部门的意见是要判刑。

“不能这么做嘛！”毛泽东知道后表示，“打骂之事，是民间常见的，大部分是因气盛所致。为什么生气？人家死了人，出了事嘛！迷信不可信，还是教育和认识问题。”

他吩咐把那个农妇带来。毛泽东对她遭遇的不幸表示同情。那位妇女深感内疚，跪倒在毛泽东面前，说：“毛主席，咱不好哩……咱不应骂政府哩……咱犯了大罪嘛……，您就枪……毙咱……”

毛泽东双手扶起她，说道：“妹子，你不用难过嘛！也不要这样哟，我们不会枪毙你的。我已经批评了清涧的地方干部，也批评了延安的执法部门。老百姓有具体困难，不予解决就该挨骂嘛！你骂了政府，被捉来了。我今天同你像亲姐妹兄弟一样谈谈，你不用害怕，要对我讲真心话：究竟有什么困难才骂政府呀？”

那位农妇一五一十地陈述了自己的困难，她还说道：“这两年，村的官，乡的官，县的官，都不管咱的死活嘛！要公粮，还骂咱男人，连老娘也骂哩！”

毛泽东听说基层干部不解决困难户的具体问题，逼索公粮，甚至辱骂村民，他们根本不到农民家里调查具体的经济情况，农民有事，要卖羊沽酒买肉才能把他们请来，不禁怒火中烧。他吩咐马上释放这位妇女，并且派人护送她回家，又吩咐：“记住，去清涧的人，带上公文，讲明这位同志没有什么罪过，这是个好人，是个敢于讲实话，为我们共产党和革命政府提了良好愿望和意见的好同志！要对当地政府讲明，对她家实行具体的特别照顾。”

毛泽东接着又说道：“同时，清涧的公粮问题，社会调查部和边区政府要做一次认真调查研究，该免的要免，该减的要减，不能搞国民党反动派那一套：搜刮民财，不管老百姓死活！还有，社会调查部要根据这次捕人甚至妄杀无辜，作出深刻反省。我们的组织、干部部门，也要对现实的村以上当权的官员，进行一次审检，把不胜任的，不是全心全意为人民服务的撤换下来。”

如何对待人民群众的怨言、批评，是区别共产党与国民党的一个标准。共产党的最高领导者毛泽东善于听取批评意见，从群众的怨言、批评声中，看到共产党干部中的缺点错误，看到人民群众的困难疾苦，汲取经验教训，指导工作，更好地为人民服务。共产党“对老百姓有具体困难，不予解决，就该挨骂嘛！”对提意见的人关心、爱护，“像亲姐妹兄弟一样”与之交谈，不能搞国民党反动派那一套！毛泽东、共产党，是真正代表广大人民群众，为广大人民群众谋幸福的。当今有些领导干部，腐化堕落，只顾谋求个人利益，不为老百姓办实事，又听不得老百姓的批评意见，对提批评意见的人，总是想方设法打击陷害，这还叫共产党的干部吗？共产党是决不能允许这种现象存在的！

“我就爱听土话嘛！”

——毛泽东与农业劳模郝光华的交谈

1941 年秋季。一天，毛泽东在延安南关仔细地参观陕甘宁边区政府举办的农业展览会。当他看到写有“吴家枣园郝光华”的展品时，经工作人员介绍，认识了也来参观的南川吴家枣园村长、劳动模范郝光华。毛泽东高兴地握着他的手说：“你劳动得很好，打了不少粮食，大家应该向你学习啊！”说着毛泽东领他来到林伯渠办公的地方，亲切交谈起来。

毛泽东说：“我给你算了算，今年你打的粮食自己吃一年，还可余四年。人人都像你这样，我们就有办法了……”毛泽东还说，“我想提个问题，向你这个劳动模范领教！谷子地不锄，碾出的小米是什么成色，每斗多少斤？锄了一遍的……锄了两遍三遍的又是什么样子？”郝光华为难地说：“我做是做过了，没有注意，也没有称过。”毛泽东和气地说：“不要紧，以后留心总结就行了。”毛泽东还把自己了解的这方面的情况向他介绍。分手前，毛泽东表示还要请他再来谈。

过了一个月，郝光华收到毛泽东约他交谈的亲笔信，欣喜地来到了杨家岭。毛泽东说：“听到你来了，我很高兴，早就希望你带来好消息。”郝光华直率地说：“我们农民有啥好消息，只有土话。”毛泽东拍着他的肩说：“我就爱听土话嘛！”毛泽东详细地询问了村里的劳力、家畜、肥料、生产情况后，深情地对郝光华村长说：“粮食是宝中之宝，生产粮食最光荣……没有粮食，机关、部队、学校吃不上，那我们还能打败日本帝国主义吗？我们依靠的就是老百姓和他们种的庄稼啊！”毛泽东向他提出了要求，“应该好好总结总结你的生产经验，带领更多的群众前进，为革命为人民生产更多的粮食！”

吃过饭，毛泽东送郝村长走出一里多路，边走边谈。郝村长走远了，当他回头望时，还见毛泽东站在那里向自己招手呢。

“我就爱听土话嘛！”简短的一句话，道出了毛泽东与农民的感情。对农民感情深厚的人，才爱听他们说土话。

“我是这里的一户居民……”

——毛泽东与枣园村乡亲们的交谈

1945 年大年初一的早晨，毛泽东和周恩来、任弼时等同志来到枣园乡政府。毛泽东和杨乡长亲切握手。毛泽东问：“杨乡长，你们辛辛苦苦一年了，年可过得好吗？”“好，好。主席和首长们好！”杨乡长又递烟、又沏茶。周恩来不让乡长忙乎，让乡长领着他们去给枣园村 20 多户乡亲拜年。乡长考虑到乡亲们居住太分散，毛泽东和中央首长工作太忙，提出“把各家的家长请到乡政府来”。毛泽东同意这个建议。

枣园村的乡亲们听说毛泽东来拜年，扶老携幼，兴高采烈地向乡政府赶来。毛泽东和其他中央首长一起迎接乡亲们，向大家祝贺新年好。毛泽东和恩来、弼时等领导拉着几位老年人的手，请他们坐下，递烟、让茶，还给小孩子们抓瓜子、花生、糖果……毛泽东问乡亲们生活上有什么困难，一位老人站起来回答：“托主席的福……户户都有粮食吃，从来没有这么好的日子。”毛泽东从多方面启发乡亲们提意见，乡亲们表示：感激还感激不过来，还能有什么意见。大家纷纷夸奖部队和干部为群众带来的好处……很快，两个小时过去了。离开乡亲们时，毛泽东说：“我是这里的一户居民，和大家接近得少了。今后，得和大家多接近，希望你们常到我那里去。”这朴实的话语，表达了毛泽东对人民群众的信任和关心。他深入到人民群众中间，把自己摆在人民群众中的一员的位置上，与人民群众保持着最亲密的联系。

“不生产人口可以，不劳动不行”

——毛泽东与白云寺老和尚的交谈

1947年9月，毛泽东率部转战陕北，利用国民党收缩形势暂变缓和的机会搞农村调查。一天，他与卫士李银桥等来到白云山下，决定第二天去看山上的白云寺。

第二天早晨，在县长陪同下，毛泽东一行来到白云寺，与老和尚亲切交谈起来。“你们现在生活怎么样啊？”毛泽东亲切地问。老和尚说：“好的哩！出家人不打诳语。”毛泽东笑了：“你们是超脱的，更要讲实话。”老和尚不认识毛泽东，看到他是由县长陪同来的，认定是位“大官”，很受感动，便如实相告：“不瞒施主，以前信神的多，出家人也多。布施的人多，收入也多，生活很好。后来信神的人少了，出家的人少了，布施的人也少了，生活一时有些困难。”“你能讲实话，这就好。有什么困难你都说说。”毛泽东连夸奖带启发。老和尚谈了“布施”少带来的困难后说：“后来人民政府叫我们自力更生，种点地，搞些农业生产，开头不习惯，现在手脚灵便了，倒也能劳动。”毛泽东说：“这不错呀，这是一大改变呵……现在生活到底怎么样呢？”对方继续汇报：“现在打的粮食，够吃，其他穿衣、治病、修理寺院，一概由政府包下来……托毛主席的福，安排得很周到，出家人也得随着社会进步呵！”毛泽东说：“讲得好！社会变了，人也要变。过去，和尚一不生产人口，二不生产粮食。现在要变。不生产人口可以，不劳动不行。边区是保护宗教信仰的，但是要劳动。参加劳动后，身体好了，也不剥削人了，这就对了。今天我在这里‘取经’了。”“不敢不敢。”老和尚高兴地说。

毛泽东与老和尚的这番交谈，既尊重对方的信仰，又给对方结合现实阐述了新的思想观念，既谦虚有礼，又以理服人。

“学校就要开课了，你们要好好学习呀！”

——毛泽东与孩子们的交谈

1947年9月。陕北葭县（今佳县）城里。

一天，毛泽东到这里来视察。当他走进一家院子时，一群孩子朝他围拢过来。这群孩子认出来人很像“毛主席”：身材魁梧、面貌慈祥。

一个小孩子仰起小脑袋，一面端详一面盘问：

“你姓什么？”

“我姓李。”

“你叫什么？”

“我叫李德胜。”（“李德胜”是毛泽东转战陕北时的化名）

“不对，他不叫李德胜，他是毛主席。”一个大眼睛的孩子，向别的孩子挤了挤眼睛，这样说。

“我是李德胜嘛。”

“没有错，他就是毛主席！我家有一张毛主席的相片，和他一个样。”大眼睛孩子对他的小伙伴们自信地说。

“你把相片拿来让我看看，我还没看见过毛主席哩！”毛泽东故意逗这个孩子说。

“不用拿，你准是毛主席！”孩子有点儿急了。

“毛主席不在延安打敌人，来这里干什么？”毛泽东反问道。

一个孩子学着大人的腔调说：“敌人数量多，不能硬拼。毛主席是用巧计打敌人的。”说得毛泽东哈哈笑了起来，随卫人员也笑个不止。

毛泽东见瞒他们不过，便转了话题，笑着用手抚摸着孩子的头，亲切地同他们交谈：

“你们上学没有？”

“现在没上。”

“以前上过吗？”

“以前上过。”

“现在为什么不上了？”

“敌人打来了，就上不成了，现在敌人刚走，学校还没有开学呢。”孩子们多么懂事、多么可爱啊！

毛泽东鼓励孩子们说：“最近我们打了大胜仗，消灭了很多敌人。剩下的敌人向南逃跑了，他们再不能到这来了。学校就要开课了，你们要好好学习呀！”

毛泽东要走了，向这些可爱的孩子们招手告别。孩子们恋恋不舍地望着毛泽东离去，直到他走远了，还呆呆地站在那里张望着。

毛泽东来到孩子们中间，与孩子们随便谈笑，与孩子们打成一片，从感情上与孩子们亲密无间，处得非常融洽，聪明活泼的孩子们当然更热爱领袖毛泽东了，毛泽东因势利导，勉励孩子们有了相对和平稳定的环境后要搞好学习。

“今后还要建设许多新公园，让劳动人民都能逛公园”

——毛泽东与颐和园主任柳林溪的交谈

1949年3月25日，毛泽东率党中央从河北平山县西柏坡村进入北平。晚上10点多钟，毛泽东和中央领导同志来到颐和园。

颐和园管理处主任柳林溪奉命在东大门迎接，并给毛泽东等中央领导同志带路进入景福阁休息。经亲切交谈，柳主任消除了紧张心情。他请毛泽东休息，自己离开了这里。

夜里12点多钟，柳主任接到毛泽东的电话，来到景福阁向毛泽东汇报工作。

毛泽东关切地问：“接管了多少旧职员、多少工人，有没有太监？他们的生活怎么样，有困难没有？”柳主任汇报：接收旧职员20多人、工人30多人，没有太监。接管的这部分人年龄较大，生活贫苦。当北平被包围时，职工已领不到工资。共产党入城后，管理处从市财政局借款给职工发两个月的工资，让大家过好年。毛泽东听到这里赞扬说：“那很好。”接着，毛泽东对职工生活和园林建设作了重要指示：“对原有职工的生活，我们要包下来，不要辞退，不要解雇，原薪是多少，还发多少。”他说，“过去我们在山沟里打游击有经验，进大城市搞公园就不行了。没有经验，要向老工人学习嘛，从没有经验到有经验，先把原有的公园管好……我们今后还要建设许多新公园，让劳动人民都能逛公园。在劳动之余，有时间在公园里休息娱乐，消除疲劳，再回到工作岗位上，为国家做更多的工作。”

毛泽东进北平第一夜，与柳林溪谈到很晚才休息。一个领导者，只有关心人民，才能更好地领导人民，才能把工作做好。建立新中国，毛泽东把劳动人民“逛公园”的问题都考虑到了，可见毛泽东对劳动人民是关怀备至的，毛泽东之所以赢得了人民的无限热爱，这与他热爱人民是分不开的。

“‘苟富贵，毋相忘’嘛！”

——毛泽东与“罗瞎子”的交谈

1950年9月25日，在北京中南海怀仁堂，毛泽东代表中共中央向全国工农兵劳动模范代表大会祝词。他号召全国人民向英雄模范学习，同时号召英雄模范继续向广大人民学习，为经济建设和国防建设做出新的贡献。

在毛泽东接见出席会议的代表时，一位代表双手握着毛泽东的手，重重地抖了抖，大声地说道：“老毛，您咯胖呀！”

毛泽东微微一愣。周围的人全都吃了一惊。

“‘罗瞎子’，是你呀！”毛泽东很快认出来了，他亲热地朝对方的肩头送去一拳，高兴地接上了话。

“老毛，您到底还记得我这个小萝卜头！”，“罗瞎子”激动得眼泪直往下掉。

毛泽东爽朗地笑了，他操着浓重的湖南口音回答：“咯还记不得！‘苟富贵，毋相忘’嘛！”

“罗瞎子”也嘿嘿地笑了，眼里还含着泪花。

毛泽东与这位“罗瞎子”最早的故事发生在大革命时期。

有一次，毛泽东到苏区的一个乡里搞调查，毛泽东问乡长的名字时，对方自报家门——“罗瞎子”。

毛泽东不禁失声笑道：“这个名字是绰号，你总得还有个真名呀！”

确实，“罗瞎子”是个绰号。只因他自幼家贫，没上过学，斗大的字也认不得一筐，是个名副其实的“睁眼瞎”，才落下了这个绰号。

“罗瞎子”连连摇头说：“不，就叫‘罗瞎子’，从小就这么叫了。如今在乡政府当主席，更不能叫官名。要不，人家会说我摆架子哩！再说，自家人这样称呼我，无拘无束，怪亲热的。”

“说得好，‘苟富贵，毋相忘’！就是日后革命成功了，我们也不能像陈胜那样忘了自己共过患难的父老兄弟。”毛泽东赞叹道。

“罗瞎子”听了后却似懂非懂的。

接着，毛泽东便很风趣地讲了《史记》中记载的陈胜的故事。说他称王以后，家乡的父老去找他，只因为在殿上直呼了他的小名，陈胜便恼羞成怒。

“罗瞎子”听了，哈哈大笑，摇着毛泽东的手说：“要是你以后当了皇帝，不，要是革命成功了，你管天下，我该怎么称呼呢？”

“那你照样喊我老毛就是！”

“我记着你的话了。”

新中国成立后，“罗瞎子”被选为出席全国劳模大会的代表，来到了北京。当毛泽东快走近他时，他抢前一步，说出了自己早就想好的那句话。

毛泽东真的做到了“苟富贵，毋相忘”。他不曾忘记“罗瞎子”，不曾忘记患难与共的父老乡亲和旧日师友。

“苟富贵，毋相忘”，这是陈胜在家种田时与伙伴们说的一句话，但他出尔反尔，违背了自己的诺言。毛泽东借用这句话，以史为鉴，来警醒自己。

“不用急，生活会一天天好起来的”

——毛泽东与农民张振的交谈

1953 年 6 月 28 日上午，毛泽东视察来到北京市郊区鱼池村口马路旁的菜园。

毛泽东笑着对正在菜园里拔草的农民张振说:“你好!”毛泽东示意他到菜园边的大槐树下歇凉。张振只说了“好啊”,激动得无话了。毛泽东坐在槐树下的马莲墩上抽烟、沉思。张振转身回村报喜讯后,乡亲们涌来了。乡亲们无比热情地说:“毛主席到村里坐坐吧。”“毛主席,上我家喝杯茶吧。”毛泽东答应了,对张振说:“好,就到你家看看去。”毛泽东来到张振院子外,看见张振那怀孕的妻子一手抱一个孩子出院迎接,便风趣地说:“嗬,你真行,一边一个,中间还有一个。”这句话把周围的人逗笑了。毛泽东在张振院子里看到一床晾着的破被套,伸手摸一摸、捏一捏问:“冬天盖这样的被子薄不薄?”走进屋里又问:“冬天烧炕吗?睡得暖不暖?”毛泽东边问,主人边答。毛泽东坐到炕沿上问:家里几口人?叫什么名字?多大年纪?小孩子上学没有上学?庄稼长得好不好?当问到粮食够吃不够吃时,张振如实回答:“过去吃野菜,现在有吃的啦,不过还不太好,荒月还要吃些白菜团子。”毛泽东说:“不用急,生活会一天天好起来的。”

接近中午了,毛泽东与张振全家话别的场面进入了镜头。毛泽东又走访了几个家庭,才离开鱼池村。乡亲们涌到村头相送。老人们说:“毛主席,您一定要再来啊!”孩子们喊:“毛主席,把照片给我们捎来呀!”毛泽东回头笑着对孩子们说:“一定给你们捎来。”

一周之后,全村人闻讯涌进张振家里,喜看毛泽东派人送来的照片。

毛泽东进入农家问寒问暖,谈吐幽默,活跃了气氛,很快和农家打成一片。

“你老人家还能骗我？你说多少就是多少！”

——毛泽东与一位老渔民的交谈

1954年夏天，毛泽东在北戴河住了一段时间。每天办公之余，他一定要到海里游一次泳。

有一天，毛泽东游得离海岸很远，快望不到岸了，跟随的人轮番上船休息，仍劝不住继续远游的毛泽东。幸好，遇上一条渔船，帮了随行人员的忙。随行人员招呼毛泽东上船，果然他上了船。不等擦干身体，便立即与那位全身晒得漆黑的老渔民喊话聊天。老渔民没认出毛泽东，他怎么也想不到会在两个挨边的船上看到只穿一件游泳裤头光着身子的毛泽东的形象。毛泽东和老渔民都很高兴，聊的话题也很宽：年龄、身体健康、吃喝穿戴、捕鱼情况、粮食收成、渔船年限、家庭人口、老婆孩子、国民党在这里时的情况、互助组的问题……又逗、又喊、开玩笑，毛泽东手舞足蹈，尽情享受社会生活的欢乐。老渔民时间宝贵，说着说着就要走。毛泽东追着喊：“多聊聊，多聊会儿我把你船上的螃蟹全买了。”老渔民有些不相信地说：“你别拿我开心了。”毛泽东一本正经地说：“老同志你别不相信人哪，你跟我一道走么，一手交钱一手交货。”老渔民高兴极了：“真的？我这可是活蟹。”毛泽东拍着大腿说：“活蟹死蟹我全包了。”老渔民说：“现在螃蟹可是不便宜。”毛泽东说：“你老人家还能骗我？你说多少就是多少。”老渔民这算吃了定心丸：“行，我跟你走。随你唠嗑什么都行。”毛泽东问：“我就要听听你那个互助组为啥不团结？”老渔民谈得真真切切、有声有色。上了岸，老渔民把螃蟹一下子全倒下了；拿到钱，毛泽东和他握手告别。老渔民边走边说：“今天交了好运。”但他始终不知让他交好运的竟是伟大领袖毛泽东。

以民众中一员的身份，深入民众之中，与民同乐，才能了解到民情。毛泽东与老渔民又逗、又喊、开玩笑，这样老渔民才愿意和毛泽东聊天。“你老人家还能骗我？你说多少就是多少。”这样又取得了老渔民的信任，毛泽东就能了解到自己想要了解的真实情况了。

“要教好学生，首先自己要善于学习”

——毛泽东与中学教师柳伦的交谈

1956年夏末。中南海春耦斋大厅。

一个星期六的下午，党中央机关正在这里举办舞会。

晚上9点多钟，毛泽东也来了。

毛泽东日理万机，每天工作十几个小时。医务人员担心毛泽东的身体累垮了，不得不“强制”他每周要参加舞会，以活动筋骨，松弛一下过度紧张疲劳的身心。

柳伦当时是中南海机关业余完全中学的教师，是第一次参加这样的晚会。当毛泽东走到她的面前，伸出右手，示意请她跳舞时，她惊喜激动得血涌脸热，赶紧站了起来，慌忙中道了声“毛主席好！”便兴奋地随着毛泽东的舞步，和毛泽东翩翩起舞。

毛泽东向她询问道：

“你是哪个单位的？”

“你叫什么名字？”

“现在做什么工作？”

“过去在哪儿上的学？”

“来中南海几年了？”

“安心自己的工作吗？”

柳伦一一做了回答，她还向毛泽东报告说她已上了北京师范大学，中文系函授班，在工作中越来越感到自己不提高业务水平，就当不了教员了。

这时，一支舞曲奏完了，毛泽东似乎还有话要问，毛泽东拉着柳伦的手，回到他的座位，让柳伦坐在他身旁的椅子上，接着问道：

“你在警卫局工作三年了，机关情况应该很熟了。警卫局工农干部多，文化水平低，教学任务重，你们在工作中有什么困难、有什么问题吗？”

柳伦回答说，我们机关学校的学员有七八百人，都是在职的，白天工作，早晚学文化，学习积极性普遍很高。每天早上六点上课，极少有人迟到，晚上下了课回去还要做作业，很少有人不交。因工作耽误了上课的学员，常能主动补课。教员的工作热情也很高，对学员抓得很紧。问题是多年来我们的学员大部是中南海内部单位的工勤人员，干部极少。机关里有些文化水平低的领导同志，对文化学习不够重视，学校也无权组织他们学习。柳伦对毛泽东说，我十分担心他们的知识水平将来会低于一般同志，不能适应革命工作的需要。希望机关领导能动员文化水平低的老同志，都参加文化学习。

毛泽东认真听取了柳伦的意见，连连点头说：“好嘛，你的意见很好嘛。领导同志应该比一般同志有更高的文化水平，才能学好理论、提高业务，做好领导工作。我赞同你的意见，应该要求文化低的老同志带头学好文化。”

毛泽东慈祥地进一步询问：

“你还有什么想法？”

柳伦马上勇敢地陈述当时的激情：“我今天太幸福了！我不是

英雄模范，可是今晚不仅见到了主席，而且还同主席说自己的心里话。我的幸福是主席给的。今后，我一定要努力学好马列主义毛泽东思想，学好专业，尽心尽力做好本职工作，做一个毛主席的好战士！”

柳伦没想到她的表态也受到了毛泽东的赞赏，毛泽东以缓慢的语调笑笑说：“你的这个想法也很好，文化教育工作很重要，做一个好老师，要教好学生，首先自己要善于学习。希望你成为文化教育战线的好战士！”

毛泽东善于深入群众搞社会调查，即使是在跳舞的时候，也没有忘记工作。他了解下情，关怀下属工作人员，对下属工作人员提的意见给予赞赏，并对下属工作人员给予教导、勉励。毛泽东先从寻常的话题和柳伦交谈，自然而然地切入了主题，谈起了工作方面的问题，有询问，有赞赏，有关怀，有勉励，体现了毛泽东高尚的人格魅力。

“大家平起平坐，随便谈心”

——毛泽东与农村姑娘晏桃香的交谈

1958年秋天的一个下午，毛泽东的专列停在湖北孝感站外。毛泽东邀请当地的干部和农民代表上车座谈。

农民代表晏桃香是个农村小姑娘，正闹感冒打喷嚏，大家怕她传染给毛泽东，不让她进来。毛泽东知道后立即说：“怕什么，少奇肝炎多年也没有传染给我。进来，小姑娘，请坐。”

晏桃香刚坐下，就打了一个大喷嚏，在座的人都紧张起来，小姑娘也面有惧色。毛泽东满面笑容地说：“不要紧，我是60多岁的老头子，不怕死，人家说身经百战，我也是身经百战不死，你的一个喷嚏能打死我吗？你比美帝国主义厉害吗？比日本侵略者厉害吗？比蒋委员长厉害吗？”毛泽东一席话，使气氛缓和了。

“你为什么感冒？”毛泽东问晏桃香。

“报告主席……”

“不要报告。大家平起平坐，随便谈心。”毛泽东打断小姑娘的话说。

晏桃香说：“昨晚我通宵开夜车锄棉梗，天亮才通知我开座谈会。一直打喷嚏，来这之前我先吃了药的。”

毛泽东又问：“你们开夜车点灯吗？”

晏桃香答：“300瓦电灯，20盏汽灯。”

“你赞成开夜车吗？”毛泽东问。

“说实话不赞成，但上面要我们开夜车，我是妇联主任，不能不开。我认为开夜车划不来，花钱很多，费力很大，第二天还打不起精神，大家都不愿意。”晏桃香回答说。

毛泽东又问：“你认为你所在的生产队粮食产量能达到指标么？”

“差十万八千里。”晏桃香回答得很大胆。

毛泽东又问：“那么你想如何办呢？”

晏桃香很恳切地说：“希望上面实事求是。”

晏桃香的话在参加座谈会的人中引起了共鸣，有人鼓掌。有人也汇报说，事实上老百姓有的已经开始饿饭了。

毛泽东听着听着眼泪禁不住地流了下来……

古今中外无数的领导者总会有失误的地方，毛泽东也不例外，“闻过则喜”是聪明的领导者的“座右铭”。毛泽东对晏桃香在自己跟前儿打喷嚏毫不在乎，又虚心听取了她的批评意见，这反映了毛泽东平易近人与谦虚纳言的优秀品质。

“大家平起平坐，随便谈心。”身为伟大领袖的毛泽东，来到人民群众中间，与人民群众打成一片，不打官腔，不摆官架子，不隔心，俨如一家人。因为只有一家人，才能“平起平坐，随便谈心”。

“几十年不见，你老了，我也老了啰”

——毛泽东与毛泽连、张玉莲夫妇等的交谈

1959年6月25日，毛泽东回到了阔别32年的故乡韶山。回到韶山的第二天，就邀请堂弟毛泽连、张玉莲夫妇去他下榻的松山寓所会面、吃晚饭。

在滴水洞附近，他们碰上毛泽东去韶山水库游泳。毛泽连见到堂兄，连忙喊了声：“主席三哥。”

毛泽东抬头见是毛泽连，便上前和他握手。

毛泽连指着妻子介绍道：“主席三哥，这是我的堂客，叫张玉莲。”

毛泽东又向张玉莲伸出手去，笑呵呵地对毛泽连说：“哦，这是你的爱人，我们还没见过面呢。”

新中国成立后，毛泽连多次独自上北京，每当他向三哥毛泽东介绍家庭的情况，谈到自己那位贤惠能干的妻子时，总不免流露出一种自豪感。毛泽东也为堂弟娶了一个会当家的媳妇而高兴。只是一直没有机会见到这位堂弟媳妇。没想到今日在韶山老家邂逅，他心里真高兴啊！

张玉莲握着毛泽东的手，十分激动，不知说什么好，只是喊了一声：“主席！”

“主席伯伯好，主席伯伯好！”儿子毛坚平跑到毛泽东跟前连声喊道。毛泽东见到一个挺机灵的孩子在喊他，非常高兴，却又有些诧异。

张玉莲见状，连忙介绍说："这是我的细崽。这小家伙好调皮，我本来不让他来打扰您，可他'恋'地打滚呀！"

毛泽东哈哈大笑，连声称赞道："好，好！他动了武的，胆子大，'恋'地打滚是他的'核武器'，会有出息！"

毛泽东要去韶山水库游泳，叫张玉莲和毛泽连在毛震公祠等着，等会儿他游泳回来再一起去松山吃晚饭。张玉莲与丈夫高兴地答应了。

太阳落山的时候，毛泽东从韶山水库游泳回来了。毛泽连夫妇乘坐着他的车子来到松山寓所。

他们在招待所门口下了车，走进毛泽东寓所，喝了茶。毛泽东开始向堂弟媳询问家庭生活情况。

"你们家里有盐、有油吗？"毛泽东问道。

"油盐还不大足。"张玉莲回答。

"粮食够吃吗？"

"不够。"

"看来，粮食要分到户才行。你们可以多种些玉米、山茹（即红茹），今后生活会好些。"毛泽东说。

说完，毛泽东又叫在座的乡亲们提意见。开始，大家都怕讲不好，担心扣帽子、挨批斗。经毛泽东再三动员，人们才大胆讲了。有人说："主席，你还不回来，人都要饿死了。"毛泽东听了，颇有感慨地说："我在中央不了解下面的情况，今天回来了，才了解到真实的情况，你们就要讲真话。"

晚上，毛泽东在松山设宴招待了毛泽连、张玉莲夫妇及其韶山的乡亲们，和他们一起共进晚餐，饭后又和他们一起合影留念。

6月27日，毛泽东邀请并接待了堂嫂谢素贞。

前天下午，她听说毛泽东回来了，连忙叫老头子去松山看望久别的亲人；昨天，宇居先生又被接去松山同毛泽东会晤，陪毛泽东畅游韶山水库，视察家乡的农业生产。

此时，毛泽东又派车来接她去会面去同她“打讲”……想到这些，谢素贞心里真有说不出的高兴！

谢素贞匆匆收拾了衣服，稍作打扮，又喊上小儿毛元初，跟着上了车。

车子开到松山，在毛泽东下榻的寓所前停了下来。毛元初搀着母亲匆匆走进客厅，只见毛泽东和老头子及几位乡亲在交谈，谢素贞走过去，喊了一声：“主席。”

毛泽东应声抬起头来，见是一位衣着整洁的农村妇女，他凝神片刻，问道：“你是——？”

“她是宇居先生的婆婆。”旁边有人立即介绍道。

“是，是。”毛宇居先生捋着花白的长胡须，朝毛泽东笑道。

“噢！你就是大嫂子。”毛泽东高兴地说。

谢素贞也喊了声：“毛主席润之！”

两个人亲切地握着手。毛泽东笑着说：“大嫂子，几十年不见，你老了，我也老了啰！”

在毛泽东的印象中，谢素贞当年是一位丰润的、有知识、有风度的女性。而今，经历了几十年的沧桑，谢素贞的脸上过早地爬上了皱纹，她消瘦了。真是“天若有情天亦老，人间正道是沧桑”。此时，毛泽东感慨万千！

“你家里还好吧，身体怎么样？”毛泽东关切地问道。

“还好！身体也过得去。”谢素贞答。

毛泽东点点头，嘱咐道：“年纪大了，好好休养吧，今后家务事少做一点。我昨天还跟宇居大哥说了，请你们好好保重身体，争取多活一些年。”

“谢谢主席。”谢素贞感激地说。

中午，毛泽东在松山设宴招待亲友们，同大家共进午餐。他先给大家敬了酒，然后又敬菜。他一只手拿着香烟一只手拿着筷子，一边吸烟，一边吃饭，吃一口饭又抽一口烟，有说有笑。

吃过午饭，毛泽东对谢素贞说：“大嫂子，等下我、你、宇居大哥，还有几位乡亲，一起合个影吧。”谢素贞兴奋地说了声“好！”

摄影师“咔嚓”一声，按下快门，给他们留下了永恒的记忆。

毛泽东对乡亲们非常关心，与乡亲们的交谈，总是从他们的切身利益谈起，言语朴实、亲切，既体现了领袖对人民的关怀，又亲身接触、了解了群众，更便于了解下情。

我们有些领导干部，总是喜欢高高在上、趾高气扬，到群众中间去，又总是喜欢打官腔、说官话，这样怎能联系人民群众、和人民群众打成一片，从而真实地了解到下情呢？

“要实事求是……要科学种田”

——毛泽东与韶山乡亲们的交谈

1959年6月25日，毛泽东回到故乡韶山冲。这是新中国成立后毛泽东第一次回故乡，第二天早晨，毛泽东踏着露水，视察了韶山冲全部稻田。在半山腰，毛泽东看到一个干活的短发妇女，便走过去。她一眼就认出了毛泽东，抱起孩子迎上去，大声喊：“毛主席来了！”接着，把毛泽东一行人带进净敞的堂屋里。毛泽东像到自己家里一样，坐在竹凳上，抽着烟，亲切地同乡亲拉家常。

毛泽东问：“这栋房子住几家？若住不下就搬到我家去住。”毛泽东又问起小时候的好朋友土地老官和四道士有没有后代？大队党支部书记指着房东介绍说:“她就是四道士的儿媳妇。”毛泽东问完她家的情况后,又问起农业生产情况:“今年每亩能收多少稻谷?”毛泽东问每亩单产,大家感到不好回答。因为当时“放卫星”的“高产风”已吹起来了。大家正在作难时,毛霞生答话了:“亩产800斤。”毛泽东摇摇头说:“能产800斤?依我看平均亩产500斤就谢天谢地了。要实事求是……要科学种田。”毛泽东还说:“韶山人多山多地少,要腾出田来种庄稼。”

大伙都赞成毛泽东讲的话,不由自主地说:“感谢毛主席……”毛泽东说:“不要感谢我,要感谢人民。人民团结起来力量大。”

“要实事求是……要科学种田”,有批评,有关怀,总之毛泽东希望乡亲们搞好农业生产。

“人民团结起来力量大”,对人民的重视,也是毛泽东对乡亲们的激励。

“要让农民吃饱饭”

——毛泽东与乡亲贺凤生的交谈

20年代,一同在韶山长大的表兄弟毛泽东、贺晓秋参加了韶山地区的农民运动。毛泽东后来回忆说,贺晓秋“是我的救命恩人呢,没有他们这些人舍身相救,毛泽东早就不在世了”。建国初期,毛泽东给贺晓秋寄过信,还两次寄过300元、100元的钱。贺晓秋于1960年10月去世。他的儿子贺凤生是生产队长。贺晓秋临终前安排儿子:要把这几年下面发生的一切告诉毛泽东,要让毛泽东了解基层的真实情况。

1960年年底,贺凤生凭着建国初期毛泽东写给他父亲的信,进入了新华门,住进了中央办公厅招待所。不久,他被请到毛泽东的客厅……毛泽东问及他父亲的情况及通信汇款情况等之后，贺凤生直截了当地说：“主席，你晓得乡里现在的情况吧？晓得下面刮‘五风’吗？”毛泽东兴奋地说：“好哇，我正需要听这方面的情况。”“你先回去好好回忆一下，下次专门找个时间听你谈一次，越具体越好，要真实情况，不要掺水，是一说一，是二说二，骂娘也告诉我，只有贺晓秋的儿子才有这么好的礼物给我。”毛泽东还对身边的机要秘书罗光禄说：“交给你一个任务，安排好贺凤生参观北京，调动他的积极性，好给我提意见。”第一次接见到此结束了。

不久，毛泽东安排专门时间，与贺凤生长时间交谈。贺凤生对毛泽东说：“主席，我想请你到我们那里去吃几餐钵子饭，吃食堂饿死人啦！食堂不散我不回去了。”

毛泽东诙谐地说：“好一个开头炮。讲下去，讲下去，我说过不管什么意见都可以提，骂娘也可以，讲给我听。”

贺凤生说：“‘大跃进’来了，要搞公社化。好不容易一家一户有了房子，一夜之间，全部都要拆了去居民点，土砖墙要捣碎了熬肥料，弄得到处鸡飞狗跳墙，哭的哭爹，骂的骂娘，一百户两百户连在一起，越大越是集体化，如果老天爷一把火，从东到西几百间茅棚全会烧成灰。小铁锅砸了炼钢铁，小灶拆了积土肥，筷子碗碟全部归公，只允许一个大队开一个食堂，大锅饭、钵子饭、双蒸饭，还没得饱饭吃，餐餐萝卜菜红烧，没得几个油花花，吃得男子大肚子水肿，路也走不动，女人没崽生，瘦得风都吹得起。”

毛泽东在认真地听着。

贺凤生觉得心里有话不吐不快，接着说：“现在的干部都兴放卫星，实际上是浮夸卫星。不实事求是，搞假场面的是英雄，还可以升官。红薯烂在田里犁掉。稻谷不想收放火烧掉。仓里没得几粒谷，还硬说亩产达到几千斤。为了迎接上级的检查，把好几块田里的稻谷移栽到一块田里，硬说是亩产达到几千斤，是‘大跃进’带来了大丰收，鬼都笑落牙齿。做假事说假话的是那些人，做官受表扬的也是那些人，吃好喝好的还是那些人。干部当老爷，严重脱离群众，老百姓饿得要死，只能在背后冲天骂娘。”

不知不觉地，3个小时过去了。秘书第三次来催毛泽东休息时，才结束了这场会见。

毛泽东第二次接见贺凤生后不久，贺凤生想家了，便对毛泽东提出：“我过了年就回去。”毛泽东笑着问：“你不是说食堂不散不回去吗？”毛泽东告诉他：你上次反映的情况，已经和刘少奇主席、周恩来总理交换了意见，党中央、国务院进行过研究，认为食堂要拆散，生产要恢复，浮夸风要制止。毛泽东鼓励贺凤生说：“感谢你为中央提供了最有价值的情况，那是少奇、恩来和我都捞不到的真实情况呀！”“社会上像你贺凤生这样敢讲真话的人太少了。”并说，“中央领导下去，下面净讲好听的，带着看好的，很难得到真实情况。他们怕说拐了场丢掉乌纱帽。农村有句俗话，叫‘三十吃年饭，尽赶好的搬’……要提倡各级干部都讲真话。”贺凤生问：“食堂散不散呢！”毛泽东说：“食堂是肯定要散的。我的意见是大锅改小锅，大碗改小碗。要让农民吃饱饭，不能风一阵，雨一阵，任何一级干部都不准搞假家伙。”毛泽东痛心地说：“你们华容县那个钱粮湖围垦，也有可能是个好工程，但下雪吃冰，落雨淋雨，使农民兄弟受苦就不太好了。对不起农民兄弟，请你代表我向他们道个歉。”

1966年国庆节刚过，贺凤生又乘火车北上，又准备找毛泽东告状。10月7日，毛泽东又接见了他。贺凤生这次是对着“文化大革命”及其带来的极“左”的东西来的。贺说：“过去是土豪劣绅戴高帽子，如今我这个叫花子出身的贫雇农也搞了顶高帽子戴在脑壳上了。”“如今硬是乱哒套，县委书记看芦苇，吊儿郎当的当司令，把您毛主席做菩萨敬，您晓得不？”“从社教以后，好多人学会了整人，好多人总是挨整，搞坏了作风，人与人之间关系很紧张，怎么大小带个长字的都成了走资派呢……我不肯戴（高帽子），造反派……白白打了我一顿。”贺凤生说：“隆庆大队有个老实巴交的农民，家里贴的毛主席像被大风刮破了，成了现行反革命分子，用麻绳捆着戴高帽子游街。”“要家家户户做宝书台，换上毛主席像，供上《毛泽东选集》，五保户、瞎子家里也要供宝书，人人都要活学活用。”“农民怕背语录，但是干什么都要先背语录……”“我是程咬金明人不做暗事，一没做宝书台，二没有买石膏像，宝书倒发了一套，没看过几回，好多字认不出来。这个为人民服务的语录牌我倒很喜欢，一直戴在身上。”贺凤生还告诉毛泽东，这几年破四旧，毁了好多值钱的东西，叫人心痛。谈了很久，毛泽东不断点头，表示同意。

最后，毛泽东告诉贺凤生：“‘文化大革命’，是中央会议通过的，原来只是想冲一下少数干部的官气，想不到影响这么大，中央是要采取措施的。任何政党、任何个人，都可能在工作中犯错误，中央也一样，也可能犯错误，党犯了错误也应该改正。你们那里动不动戴高帽子肯定是不妥的。”毛泽东感慨地说，“这些情况是十分重要的，哪怕是我和周总理下去，不碰上你贺凤生，怕也没人敢提供这么真实的情况了。”

贺凤生两次上访，找毛泽东告状，反映“大跃进”的情况和“文化大革命”的情况。毛泽东认真倾听，表扬了贺凤生。

毛泽东从贺凤生的反映中，看到了问题的严重性：下面说假话，上面得不到真实情况，老百姓遭殃。“社会上像你贺凤生这样敢讲真话的人太少了。”“不碰上你贺凤生，怕也没人敢提供这么真实的情况了。”这反映了毛泽东闻过则喜的心态，也反映了毛泽东对国家前途、命运的忧虑。

“你们应该到大江大海里去锻炼”

——毛泽东与北京体院师生们的交谈

1964年2月16日，春节刚过，北京的冬寒还没退去。然而，就在这个时节，毛泽东来到十三陵水库冒冷游泳。

毛泽东下水后，在水中的北京体育学院师生和解放军指战员向毛泽东游来。毛泽东向前挥臂，下令似的说：“游过去！”大家跟着他由西向南，又向东绕过了湖心的平台山。毛泽东侧泳、仰泳、翻转潜水，轻松自在。小山的东北面水温很低，陪游的同志问：“主席，还游吗？”毛泽东说：“还游。”大家簇拥着毛泽东前进，一直从平台山北边绕过去，他老人家才到小山上休息。

过了一小会儿，风更大了，湖面上波涛翻腾。毛泽东说：“游回去！”他和陪游的同志又都下水了。毛泽东双手叉在胸前，双腿搭在一起，安然地仰卧在水面上。毛泽东让大家试试，还说：“会休息，就会持久。”毛泽东问游在身边的体院的师生们：“在七级大风里你们游过吗？”师生们回答：是在游泳馆和游泳池里训练。毛泽东指示：“游泳是同大自然作斗争的一种运动，你们应该到大江大海里去锻炼。”毛泽东还对游在身边的七八位女同志说：“时代不同了，男女都一样。男同志能办到的事情，女同志也能办得到。”女同志受到了巨大的鼓舞。

毛泽东善于游泳。在游泳中谈游泳，语言简练，含意丰富。

“游泳是同大自然作斗争的一种运动，你们应该到大江大海里去锻炼。”

“时代不同了，男女都一样。男同志能办到的事情，女同志也能办得到。”

这样的警句名言，曾在人民群众中广为流传。

第6章

毛泽东与新闻记者的交谈

“继续睡觉，房子就会被敌人抢去”

——毛泽东与美国记者尼姆·韦尔斯的交谈

1937年5月15日，毛泽东就“抗日民主与北方青年”的问题同美国进步记者尼姆·韦尔斯进行了谈话。当问到中日战争的结局你怎样估计时，毛泽东说，战争结局有两种可能的前途，一是中国完全战胜日本；二是日本达到它的目的，把中国变为它独占的根据地，这种危险是存在的。毛泽东认为，这第二种可能的前途是“由于中国人民的分散，不团结，不抗战或不坚决不彻底的抗战，不联合世界上帮助它的友人等条件下才会发生此种危险。中国人民如果继续睡觉，房子就会被敌人抢去。共产党为争取第一个前途斗争。民族统一战线的提出，就是为了争取第一个前途”。

日本帝国主义侵略中国的目的，就是想把中国变成它独有的殖民地。但日本要实现这个目的，那就必然是由于中国人民的不觉悟、不团结，不抗战或不坚决不彻底的抗战，不主动取得国际的支持的条件下才可能的。讲了这层意思后，毛泽东设了一个比喻：“中国人民如果继续睡觉，房子就会被敌人抢去。”意思是中国人民如果还不觉醒，不起来开始行动，我们的家园、我们的国土，就会被敌人抢去，我们就要沦为亡国奴。然后紧接着说，共产党为了争取第一个前途，即完全战胜日本侵略者，创建民族统一战线，就是希望团结一切可以团结的力量，一起行动起来，为民族的生存、民族的解放、民族的独立而奋斗。这样，就把共产党“抗日救亡”的形象突出了起来，从而更加引起尼姆·韦尔斯的重视。

“向全世界如实报道出来，就是一本世界上最畅销的书”

——毛泽东与美国记者埃德加·斯诺的交谈（1）

1936年7月15日，在周恩来的安排下，毛泽东在陕北保安约见了斯诺，两人开始了交谈。这是在著名的遵义会议以后，中国共产党和中国红军的领导人第一次在陕北会见西方国家记者，而且这位记者来自美国。所以，这次会见，对斯诺和对毛泽东都具有非同寻常的意义。显然，他们都非常看重这次会见和谈话。毛泽东首先向斯诺谈了中华苏维埃政府现阶段的对外政策，指出中国人民当前最大的问题便是抵抗日本帝国主义的侵略。日本的侵略不仅威胁了中国的和平，而且威胁了世界的和平，尤其是威胁了太平洋地区的和平，所以，日本的侵略问题不仅是中国一国的问题，而且是一切在太平洋有利害关系的国家急待解决的问题。因此，中华苏维埃政府和中国人民希望联合所有国家、民族、各党各派以及民众组织，成立联合战线，共同打倒日本帝国主义。

毛泽东进一步指出，国民党政府曾受到美英等国家的援助，但这种援助未能运用于抗日，而是用于内战了，因此这种援助并没有真正援助中国人民，而是适得其反。此时主要的列强国均表态，决不能坐视日本的侵略扩张政策，因此，除了日本帝国主义以及一切援助日本帝国主义的国家以外，其他一切国家（反战的国家、殖民地、半殖民地以及社会主义苏联），可以组成一个反侵略、反战争以及反法西斯的世界同盟。

除了讨论中华苏维埃的对外政策，俩人还谈论了其他方面一个又一个问题，诸如不平等条约问题、教会问题、美国的总统选举问题。他们从吃过晚饭谈起，一直谈到深夜。

第二天晚上，斯诺又来拜会毛泽东。斯诺第一次进入了一位具有世界影响的政治人物的家庭，这个家庭所住的是两间极其普通的窑洞，里面四壁简陋，所有生活用品中，唯一的奢侈品是一顶蚊帐，生活极其普通。斯诺来到时，正好赶上毛泽东有急电要处理，斯诺只好等一会儿。毛泽东处理完公务后，又一次同斯诺展开了长谈。他们这次谈话的主题是“论反对日本帝国主义”。毛泽东首次向斯诺阐明了持久战的思想，指出中国的抗日战争必然要经过三个战略阶段，最终的胜利必然是属于中国人民。

毛泽东非常重视同斯诺的谈话，他时常搁下大堆报告和电报，取消一些会议，同斯诺彻夜长谈。因为他懂得，这绝不是一般的朋友式的交谈，他希望通过斯诺这个媒介，向全世界、全中国申明中国共产党的立场。

斯诺在保安的日子里，几乎每天都到毛泽东那里去坐坐。毛泽东也常邀请斯诺去吃饭，饭菜很简单，常常是一盘炒辣椒，一般炒青菜，偶尔有少许肉，主食是小米饭或馒头。有一次，毛泽东请斯诺吃饭，在饭桌上，他一边吃馒头、辣椒，一边风趣地对斯诺说：吃辣椒多少能反映一个人的斗争精神，革命者都爱吃辣椒……湖南就出了不少革命家，如黄兴、陈天华以及红军队伍中的彭德怀、罗荣桓、王震、贺龙等，而在世界上爱吃辛辣食物的国家，往往盛产革命者，如法国、西班牙、墨西哥、俄国……毛泽东很高兴，还唱了一支歌《红辣椒》。还有一次，毛泽东请斯诺吃饭，这顿吃饭除了有一碗白菜，还有一碗西红柿炒辣椒，斯诺感到惊奇："保安还有西红柿？"毛泽东告诉斯诺，东北军送给周恩来几个西红柿，"恩来没有舍得吃，又给我送来了。"说着把西红柿夹起放到斯诺碗里说："你应该多吃一些。""主席应该多吃一些，西红柿的营养是很丰富的，我在北平倒是不难吃到西红柿的。"斯诺谦让着。他们边吃边谈。毛泽东说："西红柿从欧洲传入我们中国才有几十年时间，在民间还没有开始大量栽种……"

"西红柿的老家在南美洲秘鲁的森林里，它是16世纪才被一个英国公爵从南美洲带到欧洲的。听说它原来有个很可怕的名字，叫'狼桃'。"斯诺说道。毛泽东说："西红柿未被人们发现能食用之前，就是叫'狼桃'。"接着，他讲起西红柿变为蔬菜的历史："由于西红柿的枝叶分泌出来的汁气味难闻，一直被人们视为有毒之果。直到18世纪末，法国的一名画家在为西红柿写生时，被西红柿艳丽的色泽、诱人的浆果所感悟，产生了品尝的欲念，决定品尝这个又可爱又可怕的'狼桃'。他品尝之前，穿好了入殓的衣服，接着就吃了一个。他觉得甜滋滋、酸溜溜的，十分清爽可口，并无难受之感。这可口的滋味，反而使他更加神经紧张。他便干脆躺在床上，等着死神的召唤。可是一个小时又一个小时过去了，他没有死，西红柿的食用之谜被揭开了，立即风靡世界，成为人们竞相食用的最佳蔬菜。这个名气不大的法国画家也因此成了传奇式的人物。"斯诺听了，对毛泽东丰富的知识和巧用寓意的才能十分敬佩。他风趣地对毛泽东说："我准备到红区来的时候，也是下了和那个品尝西红柿的法国画家一样的决心！"毛泽东诙谐地笑着说："你也是下了死的决心来我们红区，准备'品尝'我们共产党领导的中国革命喽。”

斯诺又介绍了白区流传的对红区的各种攻击。毛泽东风趣地说：“蒋介石老兄把我们说得比‘狼桃’还可怕呀！”“哈哈哈……”，话题又回到斯诺讲的“到中国来是为了‘撞大运’，想写一本畅销世界的书，成为一个作家”上来，毛泽东鼓励斯诺说：“你将我们红区的一切，我们党的抗日民族统一战线，向全世界如实报道出来，就是一本世界上最畅销的书，这不就是撞上大运了么。”

斯诺同毛泽东的谈话通常从晚上 9 点多钟开始，未谈正文之前，毛泽东常谈一两个短故事。谈到十一二点钟时，毛泽东招待他吃一顿便餐，对客人来说这是夜宵，对毛泽东来说，则是正常的晚饭。谈话时有正文，也插些故事、闲话，毛泽东的态度是那么平易近人，谈话又是那样生动活泼、妙趣横生，久久不倦。斯诺常说这是他生平经历过的最可宝贵的谈话。

在毛泽东的谈话中，看不出他搞什么“内外有别”，他从不把斯诺当外人看，他很洒脱，没有一点儿矫情。他在谈到牺牲的战友时眼睛是湿润的；谈到风趣的事时，他又会情不自禁地捧腹大笑。一次斯诺向毛泽东介绍卓别林主演的电影《摩登时代》的情节时，毛泽东听后笑得眼泪都流出来了。

斯诺向毛泽东提出了一大串关于他个人的问题，要求毛泽东介绍一下自己的经历，毛泽东答应了斯诺的要求，但是毛泽东的叙述本身始终与一个伟大的运动和事业联系在一起，个人反而显得不甚重要了。

毛泽东与斯诺的谈话，次数非常多，话题也非常多。毛泽东谈外交问题，谈反对日本帝国主义问题，谈内政问题，谈中共与第三国际和苏联的关系，谈联合战线，谈个人生平和红军长征史……

实际上，毛泽东通过与斯诺的谈话，向中国和全世界表明了中国共产党团结抗日的诚意，表明了中国抗日必胜的信念。斯诺通过与毛泽东的谈话也重新认识了毛泽东和中国。毛泽东的自信给斯诺留下了极其深刻的印象，他从毛泽东领导下的苏区看到了中国的希望。

一晃眼，斯诺在苏区逗留了4个月。时局的发展使毛泽东惦着斯诺的安危，他建议斯诺快些离开苏区。10月12日，斯诺怀着依依惜别的心情离开保安踏上了去西安的路程。

“祝你一路平安，早日抵达北平”

——毛泽东与美国记者埃德加·斯诺的交谈（2）

1936年10月12日，埃德加·斯诺在苏区逗留了4个月之后，离开了保安去西安。

临行前斯诺感到有必要去向毛泽东告别，因为此次一别，不知何日能重逢。

这日早饭后，斯诺兴致勃勃地走进毛泽东在保安的办公室，专门向毛泽东告别。

毛泽东正伏在办公桌上撰写《中国革命战争的战略问题》，看见斯诺笑容满面地走进门内，忙站起招呼客人就座。

斯诺看着毛泽东因连日写作而精神疲惫的状态说：“主席，又在忙着写什么？”

毛泽东笑着回答说：“一个抗日的高潮必将到来，我正在赶写《中国革命战争的战略问题》。”

一句话引起斯诺的兴趣，通过这几个月同毛泽东等中国共产党和红军领导人的接触、交谈，通过对红色区域的访问、考察，他已经了解了中国共产党和毛泽东本人的想法和主张，于是他问道：“你们共产党发表《八一宣言》后的反响如何？”

毛泽东高兴地回答：“共产党在宣言中呼吁中国各党派联合起来抵抗日本侵略者，全国人民热烈响应，甚至连国民党中的许多爱国人士现在也赞成同共产党联合。”

斯诺继续问：“为什么会得到各党派赞同呢？”

毛泽东说：“因为日本的侵略已经严重地威胁到中国一切力量都必须团结起来的程度。而且，中国共产党坚持抗日民族解放的基本原则，符合各党派的根本利益。”

斯诺对此颇有同感，他深有感触地说：“我这次在保安、吴旗、宁夏、甘肃等地看到红军战士在前线上主动后撤，避免和国民党军队交手，他们高喊：‘中国人不打中国人！’可见中国共产党真是说到做到啊！”

毛泽东肯定地说：“我们拥护议会形式的代议制政府，即实现孙逸仙的遗嘱，坚持他在大革命时期提出的三个基本原则，“联俄，联共，扶助农工”。如果国民党开展这一运动，我们准备同它合作，并且支持他们，组成反帝统一战线。这是拯救中华民族的唯一出路。”

斯诺亲耳聆听共产党最高领导人怀有诚意的谈话，深受感动，他从内心深处发出感慨说：“主席，我这次来陕北苏区，在红军中间待了将近4个月，和你们党40多位高级将领交流了思想和看法，使我真正看到了共产党坚定不移的抗日决心，言行一致的思想作风，艰苦奋斗的革命精神，党、政、军以拯救民族危亡为己任，团结合作有诚心，因此，你们的号召，无论对什么阶级都是有感召力的。”

斯诺停下来喝了一口茶，接着说：“我早就很想找机会突破为期已达9年的军事封锁，去亲眼看看中国共产党，你们的红军，你们的边区，很想揭开中国这个谜，看看共产党领导的红军究竟是些什么样的人，有些什么打算，中国的领导力量究竟在哪里。这次保安之行，解答了我关心的问题。我看到了共产党领导力量之所在，看到了红军的军情、精神、训练、纪律、装备，特别是高度的政治觉悟，真可谓是一支从政治上来说铁打的军队。”

毛泽东一边仔细地听着斯诺的诉说，一边猛吸了一口烟，说道：“你是第一个来苏区的外国记者，凡受过你采访的同志都赞扬你勤奋，尊重事实，善于探索、研究，而且公正。我们中国人爱说一句古话，‘不入虎穴，焉得虎子’，也就是说，你要知道梨子的滋味，就得亲口吃一吃，你要知道革命的理论和方法，就得参加革命。你深入苏区，进行深入细致的调查研究，对共产党领导的红军有了初步的认识，这是一个很大的收获，是你冒着生命危险进入不毛之地辛勤采访，寻找红军，追求真理的结果。”

斯诺接过毛泽东的话说道，“主席过奖了，我做得还不够。”他又接着说，“要说做了一点工作，也是经过千锤百炼，具备良好品质，勇于献身精神的年轻红军将士对我的感染，他们毫无杂念，极纯洁的思想令人敬佩。”

从斯诺的谈话中，毛泽东看到斯诺的认识和态度都发生了明显的变化，发现他对中国工农红军怀有极友好的思想感情，觉得他也是经历了一个由感性认识到理性认识的过程。由于增加了彼此之间的共同语言，毛泽东感到由衷的高兴，他站了起来，在地上踱了几步说：“哥伦布发现了美洲新大陆而成了世界名人。你发现了共产党的真谛，揭破了红军这个人们不解之谜，你的发现和哥伦布的发现，都是一个实实在在的客观存在，你们探索寻求的精神，将为世人共仰。”

斯诺来中国8年多来，还是第一次听到中共领导人对他的评价有如此之高，不由得高兴和激动。但他转念想起自己初来中国时，看到的全是“臃肿和腐败”，金钱充斥社会，到处是呻吟的苦力，“人吃人”的现象比比皆是，那时竟然幻想蒋介石来拯救中国社会，可是经过他在内蒙古的考察，结识鲁迅和宋庆龄，加上这次苏区之行，才真正看到了中国人民能够彻底改变他们自己的国家，并且能够迅速地提高他们的国家在世界上的地位，中国的领导力量深深地扎根在拥有广大人民群众的共产党人身上，这个领导集团就在陕北苏区。今天，他又一次看到了中共最高领导人抗日的决心和联合国民党的诚意，便兴奋地站起来说：“主席，我在中国生活的几年中，越来越明显地感觉到日本要鲸吞中国，并且要在亚洲扩张侵略，但是日本要控制中国必将引起震惊世界的抵抗，亚洲人民将奋起反击，东方只有在一场战争中才能产生深刻的变革。我的这些见解受到当时西方国家决策人的嘲笑。那些身居高位的人认为，中国人是“东亚病夫”，不会抵抗，日本很快征服中国以后，就会北上进攻苏联。我是一个‘密苏里人’，遇事总要找出是非曲直，弄清真相。我在苏区的所见所闻雄辩地证明中国有办法，有组织，有领导，有可行的纲领，中国有希望。”

毛泽东一直认真听着斯诺有见解的话语，认为他是一个诚实、正直、心地善良的友人，于是坦率地说：“我相信你会如实公正地报道你在苏区的所见所闻。”

“请主席相信，我会如实地报道苏区之行的，中国人民将看到一个红星照耀的中国。我明天就回北平。”斯诺满怀成功把握地说。

这时毛泽东的警卫员贺清华走进来，给斯诺和毛泽东递上香烟，倒满两杯开水。斯诺一看手表，时针已指向下午 3 点半。毛泽东吩咐贺清华说：“你给管灶的同志说让他们用保安当地特产备好下午饭，我们给斯诺先生饯行。”

贺清华走后，毛泽东拿着一份军用地图指着说：“你要启程回北平了，准备工作做得如何？你看张学良的东北军全从这些战线撤出，由南京的军队或其他嫡系的部队换防。现在，只有洛川还有东北军的一个师与红军毗邻，迟了，你要离开苏区回京就困难了，所以，你得赶紧离开苏区，我们已给你做好了一切安排。”

“感谢主席和苏区领导想得周到。”斯诺停了一下说，“说实在的，我还真不想离开保安红都呢，这里的领导好，群众朴实，山清水秀，一派和平景象，但是，我要很快把我在陕北苏区的采访真实地报道给国统区人民，报道给世界人民，因此我必须赶快离开苏区回北平。”

不知不觉又过了一个多小时，贺清华和大师傅送来了晚饭。

黄澄澄的小米饭，白花花的山药蛋，密腻腻的南瓜，香喷喷的炒辣椒……摆满饭桌。

毛泽东笑着请客人用餐，说道：“没有什么山珍海味，但这是保安的特产，营养丰富，耐人品味，不知先生是否喜欢吃？”

“喜欢吃，我们美国人还把南瓜与山药当作佳肴品尝呢！”

毛泽东看看斯诺稍有发胖的身体说：“保安的生活艰苦，这里条件差，你的身体却比来时健壮了。”

“是的，保安的小米、洋芋很有营养，这些山里长出来的东西，竟使我增加了体重。”

斯诺盛满一碗小米饭，拌上菜吃得津津有味，忽然他像想起了什么，笑着说：“初来保安时，我不习惯吃小米饭，极想咖啡、黄油、白粉、牛奶，竟然依照《字林西报》上介绍巧克力蛋糕烘制法试做蛋糕。伟大的试验失败后，我只得乖乖地吃小米，久而久之，才嚼出小米的甘甜味道来。今天，我是在保安吃最后一顿小米饭，要吃得饱饱的才能放碗。”

晚饭后，斯诺要回自己的住处休息了。他又对毛泽东说：“我很幸运，有机会到陕北苏区来，记录了这里正在开展的一页历史，我是一个记者，有责任把它公之于人民。主席，再见了！”

毛泽东和斯诺同时站起来，两双大手紧紧地握在一起，久久不愿放开。毛泽东怀着祝愿的口气说：“斯诺先生，祝你一路平安，早日抵达北平！”

1937 年 7 月，斯诺完成了他一生的杰作《红星照耀中国》（又译《西行漫记》），此书一问世便风靡全球。《红星照耀中国》一书为全世界揭开了一个帘幕，使人们第一次看到了未来的中国，也给全世界人民带来了反法西斯斗争的信心和力量。可以说，斯诺在中国的抗日战争全面爆发之前，大胆预言红星将照耀中国，使全世界人民都充满信心和斗志。

斯诺在苏区访问的表现，得到了毛泽东的热情称赞、高度评价：“哥伦布发现了美洲新大陆而成了世界名人。你发现了共产党的真谛，揭破了红军这个人们不解之谜。你的发现和哥伦布的发现，都是一个实实在在的客观存在。你们探索寻求的精神，将为世人共仰。”哥伦布是著名的意大利航海家，在世人的心目中是个非常了不起的人物。毛泽东将斯诺与哥伦布相提并论，斯诺怎会不高兴和激动呢！

“人不犯我，我不犯人，人若犯我，我必犯人”

——毛泽东与国民党中央社、《新民报》《扫荡报》等社记者的交谈

1939 年 8 月，毛泽东在延安军民举行的追悼平江惨案死难烈士大会上作了《必须制裁反动派》的著名演讲后不久，国民党中央

社记者刘尊棋、《新民报》记者张西洛和《扫荡报》记者耿坚白来到延安采访。毛泽东作为一名伟大的政治家和敏感的口才家，立即觉得有必要利用这个机会，把中国共产党的政治主张通过他们宣传出去，扩大中国共产党的影响。

三位记者在延安访问期间，毛泽东多次接见他们。

9月16日，毛泽东在陕甘宁边区招待处再次接见他们，并接受他们的采访。窑洞里面，一张长桌，十几个凳子，桌上摆着几杯清茶，还放着一点儿南瓜子。等大家坐定后，毛泽东以诙谐的口吻对三位记者说，国民党封锁我们边区，没有什么好的东西招待你们，我们延安不像你们重庆。毛泽东接着又十分轻松而不乏热情地说，延安人还是非常好客的，延安的瓜子也蛮不错，我们就一面吃瓜子，一面座谈，你们有什么问题就尽管提吧。三位记者同毛泽东已经接触过几次，算得上是熟人了，因此也就没有什么顾虑。座谈是在轻松的气氛中进行的。

毛泽东诙谐幽默的回答不时引起在座的人发出阵阵笑声，三位记者也为毛泽东敏捷的思维以及妙语连珠的口才所折服。

然而，当谈到国民党制造摩擦、闹分裂，企图消灭中国共产党时，毛泽东立即变得严肃起来。他站起身来，有力地挥动着手臂，声音陡地提高了许多。

他义正词严地说，国民党搞的那个所谓“限制异党活动”，是各种破坏抗日民族统一战线反对共产党和进步势力的反动行为的根源。他一针见血地提出，共同抗日的军队叫作友军，不是“异军”，那么，共同抗日的党派是友党，不是“异党”，抗战中间有许多党派，党派的力量有大小，但是大家共同抗战，完全应该互相团结，而决不应该互相“限制”。

毛泽东谈吐鲜明、层层推进，说道，什么是“异党”？日本走狗汪精卫的汉奸党是异党，因为它和抗日党派在政治上没有丝毫共同之点，这样的党，不仅要限制，而且要打倒。

毛泽东特别指出，我们的口号一定要同汪精卫的口号对立起来，分清敌我，而决不能和他相混同。在此基础上，毛泽东第一次提出了“凡是敌人反对的，我们就要拥护；凡是敌人拥护的，我们就要反对”和“人不犯我，我不犯人；人若犯我，我必犯人”的著名主张。毛泽东以他气壮山河的具有魅力的语言在此亮出了他极为著名的政治原则。事后，在国内外引起了强烈的震动，进步人士无不为毛泽东拍手称快！

“凡是敌人反对的，我们就要拥护；凡是敌人拥护的，我们就要反对。”

“人不犯我，我不犯人，人若犯我，我必犯人。”毛泽东的这些警句名言，很有气势，朗朗上口，它们都运用了排比、对偶的修辞手法，后者还运用了顶真的修辞手法，更增强了其语言的艺术魅力和表达效果。

“一切反动派都是纸老虎”

——毛泽东与美国记者安娜·路易斯·斯特朗的交谈（1）

1946年8月6日。延安。

毛泽东接受了美国女记者安娜·路易斯·斯特朗的采访。当时延安的形势十分严峻。

在这之前的6月下旬，国民党反动派以围攻鄂豫皖、中原解放区为起点，相继在晋南、苏北、鲁西南、胶东、冀东等地，向我各解放区展开了全面进攻。蒋介石疯狂地叫嚣“打到延安去，活捉毛泽东！”“三个月消灭共军”，“不消灭共匪，死不瞑目”。面对蒋介石的猖狂进攻，许多人都着急起来，忧心忡忡，延安保得住吗？共产党会被“剿灭”吗？要知道当时蒋介石有武装到牙齿的400多万正规军，我们一方仅有几十万游击队，这还统统被蒋介石分割在几十个根据地。在延安，我们只有2万多人，面临着强敌进攻的危险。

毛泽东接见斯特朗那天穿了一件普通的深蓝色棉衣，他身材魁梧，衣服宽大；和蔼可亲的圆脸上满含着自信，一点儿也看不出急躁的情绪；他满头黑发下面有着宽大的前额和一双智慧的眼睛，体现了他那灵敏的头脑和洞察力，一笑起来则显出勃勃的兴致。

毛泽东和斯特朗坐在窑洞前一棵苹果树下的石桌前，他们一边饮茶一边交谈。他们首先谈到了蒋介石能否打内战的问题，尔后又谈到了共产党对打内战的态度。当斯特朗问毛泽东对美国可能发动反苏战争有何估价时，毛泽东为了说明他的论点，笑着把茶杯和小白酒杯摆在桌上隔开，说美国人民与美帝国主义是有区别的，美国人民是反对战争的。接着又说，美国和苏联之间还隔着极其辽阔的地带，这个地带的国家没有一个愿意卷入战争。谈到这里毛泽东拿起桌上的火柴盒和香烟等东西，作形象比喻说哪一样东西代表哪一个国家，这些国家联合起来就会阻止新的世界战争。

这时，斯特朗向毛泽东提了一个尖锐的问题：“如果美国使用原子炸弹呢？如果美国从冰岛、冲绳以及中国的基地轰炸苏联呢？”

毛泽东答道：“原子弹是美国反动派用来吓人的一只纸老虎。”他用了“纸老虎”这个词，看来很满意。他停下来看看斯特朗是不是领会了它的确切含义。当时担任毛泽东翻译的是陆定一，他开始将“纸老虎”一词译成英文（即中文中的“稻草人”）。毛泽东叫他停下来，要斯特朗讲这个英文是什么意思。然后他说不要用这个词，应该把它译成是纸糊的野兽，看起来像可怕的老虎，是用来吓唬孩子的，一受潮就会变软，一场大雨就把它冲掉了。作了这番解释后，毛泽东继续说：纸老虎看样子可怕，实际上并不可怕。当然，原子弹是一种大规模的屠杀武器，但是决定战争胜败的是人民，而不是一两件新式武器。

毛泽东在谈到沙皇是纸老虎，希特勒、墨索里尼和日本帝国主义都是“纸老虎”时（“纸老虎”三个字都是用英语说的），对自己的发明感到很高兴。

“蒋介石也是纸老虎。”毛泽东兴致未尽，他这句话也是用英语说的。

“请等一等”，斯特朗打断了他的话，说，“我是个记者，我是不是可以报道说，毛泽东说蒋介石是纸老虎？”

“不要只是这么说”，毛泽东笑着回答。然后，他斟酌着补充说：“你可以说，如果蒋介石维护人民的利益，那么他就是铁老虎，如果他背弃人民，发动反人民的战争，就像他现在做的那样，那么他就是纸老虎，就会被雨水冲掉。”

毛泽东自小就有勇于挑战、藐视一切的个性，有天不怕、地不怕的精神。他曾说：“死都不怕，还有什么敌人可怕呢？所以，我们看见敌人的时候，不论他是什么，要当他是可以充饥的面包，马上就可将他吞下去。”“蒋先生总以为‘天无二日，民无二王’。我就不信邪，偏要出两个太阳给他看看！”如此气吞山河的气势，如此惊心动魄的勇气，使毛泽东在举世惊恐的原子弹和数倍于自己的敌人面前，也能够泰然自若，谈笑风生，从而讲出了“一切反动派都是纸老虎”这句著名的话语。将强大的敌人比喻成纸老虎，真是别出心裁而又生动贴切。这一普通而非凡的比喻，看似直白却意味无穷，它包含了一点风趣和无穷的真知灼见，它揭露了强大敌人的弱点，道出了事物的本质。蒋介石拥兵400万，其势可谓盛矣，貌似强大，最终不堪一击，后来事实证明真是千真万确。原子弹一出，令全世界惊恐，但毛泽东预言，原子弹仍是纸老虎，因为真正的力量不是炸弹，不是油田，更不是原子弹，而是掌握着这些东西的人。最后，原子弹不会消灭人民，人民却会消灭原子弹。世界历史的发展证明了毛泽东说的没有错。现在全世界都在提倡销毁核武器，正应验了毛泽东那时的断言。因此“一切反动派都是纸老虎”，“原子弹也是纸老虎”的论断，包含了一个伟大政治家、军事家的远见卓识，是一句精道而妙趣横生的话语。

毛泽东的这次谈话，是在世界刚刚进入“核时代”的背景下进行的。中国共产党的领袖向外界发表自己对帝国主义、战争与和平等重大问题的根本观点，是独树一帜的，令全世界耳目一新。“一切反动派都是纸老虎”，是毛泽东的带根本性的战略思想。对于帝国主义和一切反动派，即使有原子弹，都是“纸老虎”的论点，不管如何理解，人们都不能漠视它，而只能正视它，在此后相当长的时间一直影响着人们的观念和认识。斯特朗是幸福的，这个具有巨大新闻价值的论点是首次同她谈的。斯特朗认为，此次谈话是她一生中遇到的最为动人的谈话。她说她从未见过任何人的比喻像毛泽东那样尖锐，那样富有诗意。这次具有轰动效应的谈话也成了毛泽东与斯特朗交往的序幕。

漫谈“一分为二”和世界局势

——毛泽东与美国记者安娜·路易斯·斯特朗的交谈（2）

1964 年 1 月 17 日，斯特朗第三次见到毛泽东，在她的眼里，毛泽东是正在自我改造同时也在改变世界的 1/4 人口的领袖。

这天下午 4 点，毛泽东在中南海会见了来访的斯特朗。此时的毛泽东已经71岁了，他肤色黝黑，身体强健，神态轻松。在同斯特朗的交谈中，语气缓慢，这使斯特朗想起了延安时期那种随便的同志式的谈话氛围。毛泽东用随便的谈话方式，从一个问题转向另一个问题，从一个人物转到另一个人物。毛泽东特地解释了当年在延安时为什么不同意斯特朗随部队撤离延安，因为这太困难、太危险；实际上，战役并没有像想象的那样艰苦和危险，因为人民是支持我们的，是站在我们一边的。毛泽东接着说道，我们的一些中国朋友和外国朋友，在我们失掉延安后，都为我们担心，实际上，不管反动派的力量有多大，都没有必要害怕。他们终究要灭亡。如果他们把全部部队放到前线，他们也赢不了战争，而且当他们分散兵力时，又给我们提供了集中优势兵力，各个歼灭他们的机会。当时胡宗南从西安出来，张牙舞爪地直扑陕北。当我们看到其中的爪进入我们的有利位置时，就将其咬掉。咬掉一个手指，也能震动全身。我们这样做了多次，因此，在大约半年的时间内，我们当地的部队又重新占领了延安。我们再也没有回过那里，我们逐渐走向了全国的胜利。

毛泽东举了一个幽默的例子：一个人10个手指想捉10个跳蚤，一个手指捉一个跳蚤，但是一试我们就会发现，用此种方法一个跳蚤都捉拿不着。捉跳蚤的办法应该是用10个手指捉一个跳蚤。一次捉一个，连续不停地捉。战争也是一样，必须集中优势兵力，各个歼灭敌人。

随后毛泽东又对斯特朗谈了他对“一分为二”这一唯物辩证法的核心问题的认识。比如一个原子，通常被认为是一个最小的物质单位，然而人们发现，原子还可分为许多核子和电子，并且学会了如何释放电子和利用核能。后来，人们发现核子又可分为能够释放更大的能量核能的许多更小的单位，但是电子还是能够再分的。

毛泽东谈锋接着又一转，回到了革命战争和中国的历史上来。革命者是怎样成长的？他们怎样从失败中学习去赢得胜利？一个革命党应当怎样发展它的队伍，纠正错误和壮大自己的力量？毛泽东根据自己的切身经历，逐一回答了这些问题。

毛泽东对斯特朗说，革命者并不是一开始就是革命者的，他们是被反动者逼迫革命的。我自己是湖南省的一个小学教师。我根本不懂马克思主义，也从未听说过共产党，更没有想到我会成为战士，并组织一个部队去战斗。我是被迫这样做的。反动派杀人太多。后来我们组织了自己的政党，组织了革命队伍。我们队伍中大部分是没有受过良好教育的人，但我们打败了蒋介石的黄埔之花。当然我们的革命队伍中也有一些小知识分子，至于受到高等教育的人加入革命队伍是1937年以后的事情。毛泽东告诉斯特朗，在战争中，人们学会了许多东西，最根本的一条就是要有正确的路线来指引。整风运动使我们牢固确立了正确的政治路线、思想路线和组织路线，引导革命取得了胜利。

毛泽东又向斯特朗讲述了他对国内形势和时局的看法。他说不要认为今天中国没人反对我们。有许多当初没有接受社会主义的人，现在接受了，但有一些人至今还不接受，有些人口头上接受但内心不接受，也有一些人内心向往社会主义，但他们对社会主义的想法是不现实的或不科学的。毛泽东接着说，你们以为当我们到了共产主义的高级阶段时，经济体制将会永远不变？我不相信。当然，我们现在还没有提出这样的问题，因为，它对我们今天来说不是实际的问题。我不相信在共产主义社会没有任何形式的反对意见、政治斗争和社会革命。人总是有先进的、中间的和落后的区别，先进的成分总是会发现进行政治工作的必要。在任何社会，都有一分为二。

毛泽东把话题引向了世界形势方面，他说，有人认为美国把苏联当作它的主要军事目标，有人则认为是中国，但没有什么迹象证明美国要发动一场对社会主义国家的大规模战争，倒是有可能发动局部的战争来占领较小的、不发达的国家来接收那里的财富，并利用它们作为将来更大战争的基地。帝国主义在哲学上是实用主义者，他们把眼前的敌人看得比将来的变化的预测更为严重。现在帝国主义正把人民逼上梁山，人民是绝不会屈服于帝国主义的，虽然还没到春天，但它却表明大的风暴就要到来。最后毛泽东对斯特朗谈了他对“现代修正主义”的看法，他说，中国现在正全力以赴地进行反对现代修正主义的斗争，在此过程中也要防止帝国主义挑起的战争威胁。

会谈后，毛泽东宴请了斯特朗，并亲自送她回去。

这里，毛泽东同斯特朗的交谈，采用的方式是自然随便的，用通俗易懂的语言、浅显的例子阐述深刻的道理，如对如何赢得战争胜利的解释，用捉跳蚤的例子；解释一分为二，用原子弹可分的例子，又用自身的实例，等等，非常吸引人。

“那样的一天必定会到来”

——毛泽东与美国记者埃德加·斯诺的交谈（3）

1965年1月9日晚上，斯诺出席了毛泽东举行的宴会，拜会了毛泽东。地点在人民大会堂北京厅。他们交谈了4个小时左右。

谈话是无主题的，海阔天空，天南海北，气氛相当轻松活泼，范围既远且广，而且有些方面是很独特的。从上帝和神灵到赫鲁晓夫和个人崇拜，从原子弹到裁减军备，从联合国到中美关系及第三世界，从中国有多少人到中国的目前和未来，无所不谈。因为斯诺是中国人民的老朋友，而且他发表的与毛泽东的谈话不带偏见。

谈话开始了，应斯诺的请求，这次谈话采取了电视访问的形式，进行了现场摄像。斯诺因此而对毛泽东说："多年前，我要求你给我讲述你的生活经历。最初你反对这样做，于是我说，让国外和中国人晓得你是什么样的人，晓得什么推动着你工作，是有好处的。我想你将同意，发表你的传记是好事，不是坏事。现在，又有谣言说你病得很厉害。那么，在电视屏幕上向全世界证明那些谣言是大大的夸大，难道不好吗？"

毛泽东带着苦笑回答斯诺说，关于这个，可能是有些怀疑的。他不久就要去见上帝了。

在晚餐时，毛泽东向斯诺提起了他的两个弟弟被杀害，他的第一个妻子也在革命时期被害，他的儿子也在朝鲜战争中牺牲。毛泽东说到这里，带着迷惑不解的神情，奇怪为什么死神总放过他。他好几次准备了要死，但死亡看来就是不要他。他有什么办法呢？有几次看来他要死了。他的一个警卫员紧挨着他站着时被打死了，有一次他全身溅满了另一个战士的鲜血，可是炸弹没有碰到他。

斯诺问毛泽东，这些传奇故事是不是发生在延安，毛泽东告诉他，在延安也是这样，有好几次他死里逃生。

面对毛泽东的传奇人生，斯诺不由得感慨万千地说："放过你的性命的这些意外命运，成全了也许是中国历史上最杰出的事业。在中国全部悠久的历史中，我不记得有任何人曾像你这样崛起于默默无闻的农村，不但领导一场社会革命获得成功，而且写下了这个革命的历史，制定出获得军事胜利的战略，阐明了一种改变中国传统思想的意识形态学说，然后在一种新的文化中实践了自己的哲学，这种新文化对全世界产生了广泛的影响。”

斯诺的一席话使毛泽东陷入了沉思。毛泽东想了一会儿，对斯诺说，他的生涯是从做小学教员开始的。当时他没有想到打仗，也没有想到成为共产党人。他当时只是一个民主人士。后来，他感到有必要而且立志建立中国共产党。不管怎样，事情的发展是不以个人的意志为转移的。重要的是，中国受到了帝国主义、封建主义和官僚资本主义的压迫，事实就是这样。

毛泽东在年轻时叱咤风云的经历也使斯诺产生了这样一个疑问，当今中国的年轻人从来没有打过仗，从来没有见过帝国主义，也从来不知道当权的资本主义。他们对旧社会没有一点直接知识，没有亲身的经历。于是斯诺对毛泽东说：“人类创造自己的历史，但他是按照自己的环境来创造的。你已经从根本上改变了中国的环境。很多人产生疑问，在比较安逸的条件下成长起来的年轻一代将做出些什么来。你对这个问题是怎么想的？”

斯诺的问题确实也是毛泽东常常思考的问题。但他还是告诉斯诺，他不可能知道年轻一代将会做出些什么来。他不相信有谁能够确有把握地知道。他接着说，有两种可能。一种可能是革命继续向着共产主义发展；另一种可能是青年人否定革命而干坏事。当然他不希望发生反革命，但将来的事情要由将来的后代去决定，而且按照我们不能预见的条件去决定。从长远看，将来的后代应当比我们更有知识；他们的判断将起决定作用。今天的青年和未来的青年将按照他们自己的价值标准来评价革命的工作。

说到这儿，毛泽东的声音低了下去，他半合上眼睛，思绪万千。他最后对斯诺说，人类在这个地球上的处境变化得越来越快了。他说，从现在起 1000 年后，所有我们这些人，甚至马克思、恩格斯和列宁都在内，大概会显得相当可笑吧。

毛泽东与斯诺就中美关系问题进行了一次重要的、“海阔天空”式的谈话。斯诺很有感慨地说：“在过去的15年中，历史的强制力分割和隔离了美国人民和中国人民全部的联络，对此我个人自然感到遗憾。今天，悬隔似乎比以往任何时候都大，但是，我自己并不认为这将演成战争和历史上的大悲剧之一。”

“是啊！历史的力量也终于一定再次把两国人民联结在一起，那样的一天必定会到来。”毛泽东非常自信地告诉斯诺。

在中美关系的问题上，斯诺始终持乐观的态度，他进一步提问：“在现在的情况下，你认为中美关系真有改善的希望吗？”

“是的，有希望。但这需要时间。”毛泽东的回答是相当肯定而又留有余地的。

“我从来没有会见过约翰逊总统，但是我料想，如果你有任何特别信息给他，我也许能够转交给他。你有愿意对他说的话吗？”斯诺问道。

毛泽东没有立即答复，略为沉思了一会儿，对斯诺说：“没有。”在毛泽东看来，还没有迹象表明，美国试图从越南的泥潭中拔出腿来，相反越想拔出腿来越陷得更深，因此没有必要采取积极的姿态。从另外一个角度来看，新闻媒介本身就能达到这个目的，而且弹性较大。

在告别之前，毛泽东要斯诺转达他向美国人民的致意，祝美国人民进步，对那些没有真正获得解放和要求解放的人致以最良好的祝愿。

随后，毛泽东把斯诺送到门口，目送斯诺上车，在零度以下的北京冬夜，毛泽东没穿大衣，一个人在那里站了一会儿，以文化古国的传统方式，向斯诺挥手告别，直到斯诺的车子开动后，毛泽东才转身徐步回去。

老朋友相见，是无话不谈的，而且是越谈越投机，在毛泽东这里不时有智慧的火花闪射出真知灼见。

“从长远看，将来的后代应当比我们更有知识；他们的判断将起决定作用。今天的青年和未来的青年将按照他们自己的价值标准来评价革命的工作。”

“从现在起1000年后，所有我们这些人，甚至马克思、恩格斯和列宁都在内，大概会显得相当可笑吧。”

“历史的力量也终于一定再次把两国人民联结在一起，那样的一天必定会到来。”

毛泽东的这些见解，充满了远见卓识，无疑是闪耀着高明的非凡的大智慧的光辉。

“我愿跟他谈，谈得成也行，谈不成也行……”

——毛泽东与美国记者埃德加·斯诺的交谈（4）

1970年12月18日，毛泽东又一次在中南海会见了斯诺。在长达5个小时的谈话中，毛泽东谈到了他对个人崇拜的看法，谈到了他对中美关系的看法。

毛泽东告诉斯诺，对“个人崇拜”这种令人讨厌的做法必须改变，他赞成让能代表美国广泛的政界和新闻舆论界的右、中、左三方面的一些人访问中国。他赞成同美国最高级官员（包括尼克松先生）进行会谈。他说他寄希望于美国人民，认为美国人民将是一支有益于世界的潜在力量。

在谈到个人崇拜时，毛泽东说，所谓“四个伟大”——伟大的导师、伟大的领袖、伟大的统帅、伟大的舵手令人讨嫌。总有一天要统统去掉，只剩下导师，“TEACHER”，这个词，就是教师、教员。我历来是当教员的，现在还是当教员。在我成为一个共产党员之前，我就是长沙的一个小学教员，其他的称号一概辞去。

毛泽东告诉斯诺，早在进城之初，由他本人提议，中央委员会通过了一个决议，禁止用任何人的名字来命名街道、城市或地方。虽然我们避免了这种做法，但是其他崇拜形式出现了，有那么多的标语、画像和石膏像。在过去的几年中，有必要搞点个人崇拜，现在没有这种必要了，应当降温了。

毛泽东接着说，难道美国人就没有自己的个人崇拜吗？各个州的州长、各届总统和内阁各个成员没有一些人去崇拜他，他怎么能干下去呢？总是有人希望受人崇拜，也总是有人愿意崇拜别人，总要有点个人崇拜嘛。

斯诺想起5年前毛泽东谈过关于上帝和神的问题，便问毛泽东，伏尔泰曾经说过，如果没有上帝，人类也必须造一个。毛泽东告诉斯诺，人类在一些事情上已经改变了上帝的观点，在中国最具有代表意义的问题就是计划生育。在这个问题上，中国现在同5年或者10年前比较起来有了很大的变化。在乡下，妇女总想要男孩。如果第一个和第二个孩子都是女孩，她还想再生一个。如果生了第三个还是女孩，这位母亲还想再生，很快就生了9个。这位母亲已经45岁左右了，她最后只好决定就这样算了。这种重男轻女的态度必须改变，但是需要时间，要男女完全平等，现在不可能。

话题又回到中美关系上，毛泽东告诉斯诺，在中国人和美国人之间无须有偏见，可以相互尊重，和平共处。他寄很大希望于两国人民。

毛泽东告诉斯诺，外交部正在研究让美国人左、中、右各派都来访问中国。是否应当让代表垄断资本家的尼克松这样的右派来呢？应当欢迎他来，目前中美两国之间的问题要跟尼克松解决，我将高兴同他晤谈。比起社会民主党人和修正主义者来说，毛泽东说他更喜欢像尼克松这样的人。因为那些人说的是一回事，当权后做的又是另一回事。毛泽东继续说，他当作旅行者也行，当作总统也行。我愿跟他谈，谈得成也行，谈不成也行，吵架也行，不吵架也行。

毛泽东不无幽默地对斯诺说，如果尼克松想到北京来，你就捎个信，叫他悄悄地，不要公开，坐上一架飞机就可以来嘛。我看我们不会吵架，但批评是要批评他的。毛泽东还笑着对斯诺说："遗憾的是，你代表不了美国，你不是一个垄断资本家。你能够解决台湾问题吗？……但是台湾关尼克松什么事？这个问题是杜鲁门和艾奇逊搞出来的嘛！毛泽东还向斯诺透露一个信息说，尼克松的使者可能即将来华。"

毛泽东与斯诺的谈话未能立即公开发表，直到1971年4月，美国《生活》杂志刊发了谈话的内容。美国政府对此做出了积极而热烈的反应，美国政府公开表示希望同中国改善关系，尼克松也希望同毛泽东会谈。尽管斯诺为建立和维护中美人民的伟大友谊做出了不可磨灭的贡献，但历史的悲喜剧使斯诺未能亲眼看到中美领导人会见的那一辉煌的时刻。他在尼克松飞赴中国的前3天不幸病逝于瑞士。

毛泽东与斯诺谈他对个人崇拜的看法，谈他对中美关系的看法，都是真诚无私，实事求是的。既有否定，也有肯定，既有批评，也有称赞，态度明朗，表达幽默。

第7章

毛泽东与外国领导人、友人的交谈

“我们志同道合嘛”

——毛泽东与白求恩大夫的交谈

1938年3月的一天晚上10点多钟，毛泽东站在延安凤凰山的窑洞前，迎接刚来延安的白求恩。

白求恩一见毛泽东，便立正敬礼。毛泽东笑着说：“欢迎，欢迎，一路辛苦了。”说着，走进窑洞，二人面对面坐着，亲切地交谈起来。白求恩说：“毛主席，我是加拿大共产党员，这是我的党证。”说完，将党证双手交给毛泽东。毛泽东高兴地说：“我们志同道合嘛。”当谈及晋察冀前线八路军伤员救护问题时，毛泽东问，“你认为什么样的方式才能最有效地救治前线伤员呢？”白求恩恳切地回答：“组织战地医疗队，到前线去抢救伤员。”还说，“我带来了一批医疗器械，足够供给一个战地医疗队的。”毛泽东立即批准了白求恩的计划。

两个小时的亲切交谈结束了。白求恩离开毛泽东住处时，毛泽东握着他的手，风趣地说：“你长得很像列宁。”白求恩也不失风趣地回答：“因为我是列宁主义的实践者。”翻译和在场的同志都高兴地笑了。

“欢迎，欢迎，一路辛苦了”“我们志同道合嘛”“你长得很像列宁”。这些话语简短含义深，表明了毛泽东对白求恩的亲近、敬重。

后来，白求恩逝世后，毛泽东在《纪念白求恩》一文中，给白求恩以高度的评价，借此用来表述这些话的含义也很恰当。

毛泽东在《纪念白求恩》一文中写道：“一个外国人，毫无利己的动机，把中国人民的解放事业当作他自己的事业，这是什么精神？这是国际主义的精神，这是共产主义的精神，每一个中国共产党员都要学习这种精神。列宁主义认为：资本主义国家的无产阶级要拥护殖民地半殖民地人民的解放斗争，殖民地半殖民地的无产阶级要拥护资本主义国家的无产阶级的解放斗争，世界革命才能胜利。白求恩同志是实践了这一条列宁主义路线的。我们中国共产党员也要实践这一条路线。”

“下次你们再来，就是在北平见面了”

——毛泽东与苏共中央政治局委员米高扬的交谈

1949年1月31日。西柏坡。

米高扬一行于午后1时许抵达。他是苏联共产党中央政治局委员、苏联部长会议副主席，此行是受斯大林的委派到中国与毛泽东进行会晤的。一见客人来了，毛泽东热情地迎了上去，握着客人们的手高兴地说：“欢迎！欢迎！”

接着，毛泽东就请客人们到了他的住院里，周恩来请客人脱下大衣，警卫员们立即端水递茶，并请他们洗脸，稍事休息。

毛泽东对客人们说：“从石家庄到西柏坡的路程虽说不算远，

可是很难走。早就提出要修这条路，因为打仗，一直没有人力、财力修这条路。只能先打仗，再建设了。”

这时，刘少奇、朱德和任弼时都来了，周恩来向米高扬等介绍了每位首长，接着大家亲切地交谈起来。

米高扬首先转达了斯大林及苏共中央对毛泽东等领导人的问候和祝愿，接着呈上斯大林赠送毛泽东的礼品——一块毛料。然后说：“斯大林同志讲，毛泽东同志和其他中共中央的领导同志，在艰难的岁月里，在残酷的战争中，亲临前线指挥作战，在短短的两三年内，打了这么多的大胜仗，解放了大半个中国，真是为你们的胜利高兴。”

毛泽东说：“谢谢斯大林同志的关心。谢谢斯大林同志派你们来和我们一起研究我们的意见，当面谈是很好的。非常欢迎你们来。”原来，早在 1948 年 4 月，从陕北刚到华北的时候，毛泽东就准备到苏联去和斯大林就中国革命的问题面谈，交换意见。可到了 5 月份，斯大林致电毛泽东说，准备派一位有威望的苏共中央政治局委员前来听取我方的意见，毛泽东这才取消了苏联之行的计划。

米高扬对此事做了解释：“斯大林很关心中国革命形势的发展，经过研究，认为中国解放战争正处在关键时刻，毛泽东不能离开指挥作战的岗位。同时，在中国境内，路程遥远，交通不便，还要通过敌人的封锁线，也考虑到安全的问题，从中国境内到苏联往返的时间太长，这不仅对中国革命形势的发展不利，也怕影响毛泽东同志的身体健康。因此，斯大林不主张毛泽东到苏联去，决定派我们来，听取毛泽东同志及中共中央的意见。”

毛泽东说：“很好，我们很想同苏联同志谈谈，使你们更好地了解我们的情况，同时也想听听你们的宝贵意见，这样一定会有好处。”

米高扬说:“斯大林十分关心中国革命形势的发展。你们所讲的话我回国后向斯大林汇报。我们只是带着两个耳朵来听的，不参加讨论决定性的意见，希望大家谅解。”

然后，双方开始各自介绍本国的一般情况和世界各大洲的局势，并对国际形势的发展变化进行分析和估计，彼此交换了看法。

毛泽东重点谈了关于召开新的政治协商会议，成立中华人民共和国临时中央人民政府的问题。说这个政府，包括各民主党派、各人民团体、无党派民主人士、各少数民族和华侨等代表。既有广泛性，也有代表性。这是根据中国革命长期实行民族统一战线的这个特点，自然形成的。中国革命在最困难的时候，各方面的人士为革命都作出了巨大的贡献。如今，中国革命取得的胜利，是与统一战线分不开的。

交谈了一阵子，周恩来说道:“你们远道而来，路途也不好走，疲劳了。现在吃饭，晚上早些休息，明天下午再谈怎么样?”

晚饭很丰盛。有滹沱河里的鲤鱼、河北的烧鸡块，还有杏花村的汾酒、宣化的红葡萄酒。西餐有猪排、牛排、肘子肉、煎鸡蛋、沙拉等，还有黄油和面包。

大家入座之后，毛泽东首先举杯向米高扬等客人敬酒。

毛泽东说:“对你们远道而来表示欢迎，同时也表示感谢。”

刘少奇、周恩来也起身向客人敬酒。

大家边吃边叙，气氛很热烈。

毛泽东见米高扬兴致很高，就招呼说:“吃呀，吃呀，尝尝我们滹沱河里的鱼。”

米高扬夸赞地说:“谁都说中国的饭菜好吃，我们就是不会做。将来中国革命胜利了，我们要派人来学习中国的菜肴，增加西餐的花样。”

毛泽东很高兴，笑着说："我相信，一个中药，一个中国菜，这将是中国对世界的两大贡献。"

第二天，双方举行正式会谈。毛泽东一连谈了三个整天，涉及许多问题。

毛泽东说，到目前为止，中国革命发展较为迅速，军事进展也较快，可能用不了太多的时间，就能过长江，并向南推进。我们军队的斗志是坚强的，士气是旺盛的，我们取得完全胜利是有把握的。我们的口号、政策都是符合广大人民群众利益和要求的，颇得人民的拥戴。我们对待蒋介石的办法是，针锋相对，寸土必争。

毛泽东还谈到面临的一些问题，即胜利后建立新政权的问题，取得胜利后的恢复生产和经济建设问题、军队问题、国际关系问题和中国对外政策的总方针问题，等等。

会谈中，毛泽东反复重点地解释了中国革命的特点，强调中国有自己的国情，一切要从中国的实际出发。毛泽东一再请米高扬转告斯大林，关于这一点希望兄弟党的同志们了解和支持，不必有什么疑虑。

米高扬委婉地表示，把没收来的地主和富农的土地又分给农民太可惜了，照马列主义观点，集中起来搞集体农庄才好。毛泽东解释了中国的实际情况，强调了中国的农业经济是落后分散的自然经济，农民分到土地才会感到是真正翻身得到了解放，才会踊跃参军参战。中国人民的解放战争，就是因为有两百万农民参军，几百万农民支援前线，战争才取得今天的胜利，才有可能夺取最后的彻底胜利。

毛泽东说："现在，你们来到了这个不引人注目的小山村，下次你们再来，就是在北平见面了。"

毛泽东说到这里，任弼时指着桌子上的香烟对客人们说："请吸烟吧，这是美国三炮台的洋货，这烟很好，不是我们花钱买来的，是他们送来的战胜品。”

任弼时说完，大家都笑了起来。

苏联方面流露出“停止内战”，以长江为界与国民党南北分治的意向，担心再打下去美国会卷入。

毛泽东不容置疑地断然表示，一定要把革命进行到底。敌人不投降，就要命令人民解放军奋勇前进，坚决、彻底、干净、全部地歼灭中国境内一切敢于顽抗的国民党反动派。一定要解放全中国，保卫中国领土主权的完整。

对于帝国主义武装力量的干涉，毛泽东说：“我们不理睬他们那一套，他们要在中国领土上找我们，我们就坚决地消灭他们。我们攻打山东济南的时候，已经进入中国沿海青岛等地的美国第七舰队就没有敢动。我们在平津战役中，驻在塘沽的美国舰队没有等我们打，就带上国民党反动派的军队逃跑了。他们如果和我们作战，我们会毫不客气地消灭他们。”

毛泽东对中国革命形势的分析，高瞻远瞩并充满胜利的信心。米高扬感叹不已，他认为毛泽东有远大的眼光、高明的策略，是一位很了不起的领袖人物。

毛泽东与米高扬倾心交谈，谈了中国目前的形势和任务，以及面临的一些问题，还以谦虚、尊重对方的友好态度谈了马列主义与中国的实际相结合解决中国的现实问题的想法，并以坚定的信心表示一定要把中国革命进行到底、解放全中国，不怕美帝的干涉，还高瞻远瞩地作了历史性的分析，充满了胜利在望的豪情。这些令米高扬很佩服。这是毛泽东第一次以中共主要领导人的身份同苏共代表米高扬面谈。米高扬对担任翻译的师哲说：“毛主席有远大的眼光，高明的策略，是很了不起的领袖人物。”

这个东西“必须是既好看，又好吃”

——毛泽东与斯大林的交谈

1949 年 10 月 1 日，新中国刚成立不久，就进入冬天。12 月 21 日是斯大林 70 岁寿辰。毛泽东亲率中共中央和中华人民共和国政府代表团前往祝寿，并就两党之间的关系交换意见，商谈和签订有关条约、协定等。

这是毛泽东生平第一次出国，也是他第一次在国际上展露外交口才的时机。

12 月 16 日，毛泽东一行乘坐的火车正点开进莫斯科北站。毛泽东接着就乘车前往下榻之处——莫斯科郊外斯大林战时的住所。

苏联部长会议副主席莫洛托夫招呼毛泽东好好休息，并告诉他下午 6 时斯大林将在克里姆林宫会见他。

会见时，斯大林双手紧握毛泽东的手，注视端详了一阵，说：“你还很年轻嘛！很健康嘛！”回过头来，又把莫洛托夫等一一介绍给毛泽东。大家在大厅站成一圈，相互问好、祝愿。斯大林非常激动，对毛泽东赞不绝口，说：“伟大，真伟大！你对中国人民的贡献很大，你是中国人民的好儿子！我们祝愿你健康！”毛泽东回答说：“我是长期受打击排挤的人，有话无处说……”毛泽东言犹未尽，斯大林却把话接了过去：“胜利者是不受谴责的。不能谴责胜利者，这是一般的公理。”

然后开始了会谈。一边是苏联人，坐了一长串；一边是毛泽东和师哲（毛泽东的俄文翻译）。斯大林坐在中间。斯大林还是关心并询问毛泽东的健康，希望毛泽东多加注意。他说：“中国革命的胜利，将会改变世界的天平，国际革命中加重了砝码，我们全心全意祝贺你们的胜利！希望你们进一步取得更多更大的胜利！”接着，斯大林问，“我们这次应该做些什么？你有什么想法或愿望？”毛泽东是这样表达他的意思的：“这次来是要完成某项事情的，应该搞出个什么东西的，它必须是既好看，又好吃。”如果直接译出，苏联同志肯定不会明白，所以师哲翻译时作了解释：“好看就是形式好看，冠冕堂皇；好吃就是内容有味，实实在在。”然而苏联同志仍然不能理解那是何物，全都目瞪口呆。贝利亚竟笑出声来。斯大林沉着冷静，仍婉转地继续询问。毛泽东说他打算邀周恩来来莫斯科一趟。斯大林还是不能明白毛泽东的意思，反问道：“如果我们不能确定要完成个什么事情，请周恩来来干什么？”毛泽东没有再回答。

从上面这段谈话中，我们可以看出毛泽东语言的含蓄性、艺术性和准确性。毛泽东的实际想法表达得十分清楚，这就是应该签订某项协议，但这个协议“必须既好看，又好吃”。这一形象的说法非常富有诗意及哲理，同时闪烁着一个东方哲人的深邃智慧。这一智慧令苏联同志与斯大林一下子没回过神来，还须细细体会琢磨。

在签约期间，斯大林对谁来签约，仍不知毛泽东的想法，所以又来一次试探，毛泽东的回答是：“我没有意见，有意见都在周恩来那里，周恩来不是正在克里姆林宫谈吗？！”

从这里，我们也仍然能充分感受到毛泽东极为娴熟的外交辞令，同时也能欣赏到他语言的婉转与迂回。而这些特点都是一个一流外交家所必备的，毛泽东的外交口才再一次证明了他是一个卓越的外交家，在外交场合说话真是滴水不漏、稳稳当当。

在签约的同时，还要签订一份贸易协定。可是这时却出了差错，苏联方面还没有把中文文本准备好。斯大林让师哲把这话译给毛泽东。毛泽东一听，说道：“总而言之，一切错误都在中国人身上！”斯大林感觉到了什么，再三追问师哲毛泽东说的什么。师哲却说：“这是我们私下的话。”斯大林这才不好再问了。

一句简单的话，透出了毛泽东口才中的豪气。他的外交口才有理有节，但有时也会有一点儿脾气。

趣谈“否定之否定”

——毛泽东与苏联大使尤金的交谈

1957年11月1日，毛泽东乘坐苏联派来的“图104”客机向莫斯科飞去，去参加苏联十月革命40周年的庆典。在飞机上，毛泽东用玩笑的口吻对苏联的尤金大使说：“你是位哲学家，又是老朋友。”

“是的，我是研究哲学的，也够得上是老相识了。”

“那么，我给你出个题目怎么样？”

尤金有些不解，但仍说：“那好吧，争取及格。”

毛泽东说：“方才我们在机场，现在上了天，再过一会儿又要落地，这在哲学上该怎样解释？”

尤金说：“哎呀，这我可没研究过。”

“怎么样，考住了吧！我来答答试试看，请你鉴定鉴定。

“飞机停在机场是个肯定，飞上天空是个否定，再降落是个否定之否定。”

毛泽东话音一落，大家都笑了起来，纷纷称道“妙！妙！”

毛泽东历来提倡“多思”。

毛泽东在闲聊中、在玩笑中也不忘思考问题。在这里，飞机上与尤金的一番笑谈，深入浅出地解释了哲学问题——“否定之否定”的规律。

“今天请朋友们当老师，给我上一课”

——毛泽东与非洲朋友的交谈

1960 年 5 月 7 日。河南省委招待所。

毛泽东在这里会见了来自非洲 12 个国家的 12 位朋友。

当毛泽东和最后一位外宾握完手后，便健步走进大厅，在外宾热烈的掌声和欢呼声中走上讲台。毛泽东向外宾鼓掌，外宾报以更加热烈而响亮的掌声和欢呼声，不少人激动得流下了眼泪。毛泽东频频挥手，外宾仍然站着鼓掌欢呼。毛泽东开始讲话了，外宾这才坐下来，掏出笔记本准备记录。

毛泽东用欣喜的目光看着全场的外宾，高兴地说：欢迎朋友们。我没有去过非洲。今天请朋友们当老师，给我上一课，讲讲非洲的主要情况，讲讲非洲人民最关心的问题。

外宾们都愣住了，他们被毛泽东的真诚和谦虚所感动，但很快就有几十位外宾不约而同地举起手，请求发言。

毛泽东说：“很好，这么多朋友愿意给我上课，我很高兴。”

12 位外宾代表各自的国家和地区发言。毛泽东认真地听着，并在拍纸簿上记下要点。外宾们说：“我们绝不是作为教师给主席上课，而是作为学生向主席汇报非洲人民同帝国主义、殖民主义斗争的情况。”

毛泽东又请没有发言的外宾讲。一位外宾说：“现在已经用了一个多钟头，不应该再侵占主席的时间，我们有这样宝贵的机会见到伟大领袖毛主席，感到非常荣幸。我们请求毛主席给我们上课，教导我们如何战胜帝国主义、殖民主义。”

毛泽东站起来，亲切地说：我们是朋友。我们和你们站在一条战线上，共同反对帝国主义、殖民主义。接着，他深入浅出地介绍了中国革命的经验，高度评价了非洲人民反殖民主义斗争的世界意义和古巴人民的抗美斗争。

当外宾问到对 5 月 16 日在巴黎召开的美、苏、英、法四国首脑会议的看法时，毛泽东说，世界大战我们是反对的，我相信朋友们都赞成不要打世界大战，避免打世界大战，按照我们中国的说法，要两条腿走路。四国首脑会议，或者大国协商，是跟他们在桌子上谈，这是一条腿；亚洲、非洲、拉丁美洲人民反殖民主义、反帝国主义的斗争，又是一条腿，两条腿走路，世界大战就打不起来了。我们支持四国首脑会议或大国协商，同时我们更支持受帝国主义压迫的各国人民有权利反对他们的压迫。

接着，毛泽东又谈了要破除对帝国主义的迷信和同帝国主义斗争的策略。

谈话结束了，毛泽东举起茶杯说：祝贺我们的团结，我们一定会胜利，让我们团结起来取得胜利。外宾全体起立，热烈鼓掌。

毛泽东会见非洲朋友，一再强调“朋友”：“欢迎朋友们”“今天请朋友们当老师”“这么多朋友愿意给我上课”“我们是朋友”“我相信朋友们都赞成不要打世界大战”。这表现了毛泽东的谦虚和对非洲朋友的敬重，与那种盛气凌人的大国沙文主义者形成鲜明的对比，毛泽东与非洲朋友平等交流，谈经验，谈看法，增强其克敌制胜的信心，鼓舞其克敌制胜的斗志。

毛泽东，中国人民的伟大领袖，不仅中国人民敬仰他爱戴他，世界人民也敬仰他爱戴他。

“谢谢胡志明同志，为团结奔走万里”

——毛泽东与越南劳动党主席胡志明的交谈（1）

1960年8月初，越南劳动党主席胡志明带着调解中苏关系这个目的来到中国，来到了中国的北戴河，并下榻在中共中央在这里的别墅中，因为毛泽东及其他一些领导也在这里。

那时，中苏关系已经出现了破裂，甚至走向了决裂。由于苏联单方面撕毁了中苏签订的有关合同，撤走在华工作的全部专家，带走图纸，使中国40多个部门的250多个建设项目被迫中断，在经济上给中国造成巨大损失。曾在6月间，苏共又在布加勒斯特会议上，以突然袭击的方式，攻击中国共产党，从而使中苏分歧公开化并逐步扩大。对此，胡志明非常焦虑，他希望中苏两党两国尽快对话，消除隔阂，恢复团结。

北戴河，以其优美的自然环境和适宜的气候而闻名中外，也是中国领导人夏天避暑的地方，决定中国命运的许多重大决策在这里诞生，因而它有时也成为令世界瞩目的政治中心。

8月10日，胡志明起得很早，昨晚没睡好，总是想着中苏关系问题，他很想和毛泽东谈谈。他见毛泽东房间静悄悄的，为了不影响毛泽东的休息，便独自一人去海滨散步。

毛泽东也整整一夜没怎么睡。早起后，想去看看胡志明，同他聊聊，听工作人员说胡志明去海滨散步了，便也来到海边。

当翻译和其他工作人员赶到时，两位老友已就中苏关系问题聊了起来。

“苏联是老大哥，中国是老大姐，你们吵起来我们怎么办？”胡志明望着毛泽东，忧虑地问道。

“哦，我看你现在已经知道了怎么办，中苏关系的改善可离不开你呀！”毛泽东笑着说道。

“请主席放心，我会尽力的。”胡志明很理解毛泽东的意思。

“苏联不喜欢中国在经济建设中搞完整的全套。”毛泽东沉默了片刻说，“但什么都靠别人，有时靠不住。外国援助，帮助是可以的，但不能干涉内政。经济建设上不能强迫人单听哪方面指挥，政治上更不能强加于人。”

毛泽东显得有点儿激动。接着他列举了苏联在布加勒斯特会议上的做法，批评这种做法是父子关系。同时，也表示用“团结—批评—团结”的方式对待苏联。他说：“我们的道理是光明正大的，我们不怕，天是不会掉下来的。”

毛泽东对胡志明为中苏两国劝和给予充分肯定，称赞他是和平的使者。

胡志明原则上同意毛泽东的意见，但认为“中国同志有时采取的方法，似乎不太了解西方同志的性格，所以效果不怎么好”。

“说得好，我们也要注意批评方式。”毛泽东说。

胡志明为了进一步阐明自己的观点，随手拿起一盒烟，举在眼前说：“以请人抽烟为例，把烟递过去请人家抽，人家乐意接受；如果往桌子上一扔，说：‘抽烟吧！’有人就不乐意了。”边说边把烟丢在桌子上。

胡志明接着说：“其实还不是一样么，但个人的习惯不同。西方人对后一种方式总会不乐意。批评的原则是知无不言、言无不尽，但是，讲话的方式使人不乐意，效果不好。”

毛泽东点了点头，赞同胡志明的说法：“要用科学的语言，像马克思、恩格斯、列宁那样批评。不粗暴，批评要具有准确性、鲜明性、生动性。”

“加上同志性！”胡志明补充说。

交谈中，两位领导人还就即将于11月召开各国共产党、工人党会议和中苏两党会谈的时间、方法及苏联对“东风压倒西风”的误解等交换了意见。

这时，太阳已跳出了地平线，把浩瀚的大海照得璀璨夺目、万点金星。毛泽东、胡志明脱去外衣，并肩走下海，挥臂劈水，畅游在万顷波海之中。

毛泽东、胡志明上岸后，与前来海滨看望的刘少奇、周恩来、邓小平、杨尚昆等一同进餐，话题也轻松了许多。

胡志明热情邀请中国共产党派代表团去越南参加越南国庆纪念活动和党的代表大会，并风趣地对毛泽东说：“明年春天刘少奇同志一定要去，他欠的债明年春天还。毛泽东同志也一定要去，这笔债也要还。时间你自己定。”

“你们那里冬天怎么样，最低气温几度？”毛泽东问。

“12度。”阮春水在旁回答道。

“不冷。可以偷偷地去，游一下红河。”毛泽东幽默地说。

“不公开，不秘密，用你曾说过的方式，非正式访问。”胡志明笑着说，“至于红河么，水可能太混浊，不好游呀！这要到时再说。”

与毛泽东见面后，胡志明从北京直飞莫斯科，带去了毛泽东改善中苏两党两国关系的愿望。之后，又匆匆从莫斯科飞到北京。

8月19日，毛泽东在中南海勤政殿会见从苏联返京的胡志明，听取了胡志明与赫鲁晓夫等苏联领导人会谈的情况介绍。胡志明情真意切地希望中苏两党尽快举行会谈，以消除隔阂，加强团结，挽救面临危机的国际共产主义运动。毛泽东被胡志明这种精神所感动，紧紧拉着他的手，激动地说：“谢谢胡志明同志，为团结奔走万里。感谢你！”

在关于中苏关系的交谈中，对于胡志明的批评建议，毛泽东总是虚心地接受，对苏不是得理自傲不让人，也是希望消除隔阂，恢复友好的，希望胡志明为中苏关系的改善作出贡献，从毛与胡的对话，我们可以看出，毛泽东是在坚持原则的条件下，去争取与苏团结的，而不是那种无原则的团结，毛严格要求检点自己这一方，希望中苏关系在胡的调解下恢复正常。

谈完中苏关系后，毛泽东又对胡志明讲，准备去越南游红河，表现了毛泽东对越南人民的信任和不怕困难险阻的大无畏的革命精神和乐观主义精神。

"谢谢胡志明同志，为团结奔走万里。感谢你！"不仅表现了毛泽东对胡志明为调解中苏关系所做出的努力的称赞和谢意，而且还表现了毛泽东希望中苏恢复正常、友好关系的热切诚恳。尽管后来中苏两党关系未能如愿得以恢复正常，反而出现了大破裂，这是由于苏联顽固坚持霸权主义的态度所致。胡志明为调解中苏关系所做出的努力是令人敬仰的；为团结、和平奔走万里的精神是不可磨灭的。毛泽东对改善中苏关系的愿望是真诚的，历史是不会忘记的。

"我们就像孙悟空大闹天宫"

——毛泽东与苏联人的交谈

60年代初，中苏两国在意识形态上的分歧公开化，打开了笔墨官司。其时，正是国内的"多事之秋"，国家经济处于极端困难中，苏联又单方面召回了在华的全部专家和工程技术人员，废除了两国经济技术合作的各项协议，并逼中国还债。这时，毛泽东的态度是：你越压我们，我们就越要顶。他轻松地说："从那时起，我们就像孙悟空大闹天宫。”“我们抛弃了天条！切记对天条不要太认真，必须走自己的革命道路。”

他还幽默地告诉来华的苏联人：“别着急，笔墨之战是死不了人的，起码有四件事我可以保证，不管你们怎么批评我们，天照样下雨，女人照样生孩子，草木照样生长，鱼照样在河里游。”这也就是说，任你有千条妙计，我有一定之规，坚定不移地走自己的革命道路，像大自然固有的规律一样不容改变，表现了毛泽东坚定不屈的乐观向上的革命斗争精神和崇高的民族气节。

“不行，我有很多事情要去跟马克思讨论……”

——毛泽东与英国蒙哥马利元帅的交谈

1961年9月24日。武昌东湖宾馆。

毛泽东再次会见了前来中国访问的英国陆军元帅、英国政府政策意图的执行人蒙哥马利。

寒暄几句后，毛泽东说：“元帅是特别人物，相信能活到100岁再去见上帝。我不能，我现在只有一个五年计划，到73岁去见上帝。我们的上帝是马克思，他也许要找我。”

蒙哥马利说：“主席先生，你的共和国成立了12年，从战争的废墟上建立起了新的国家，你显然还有很多事情要做。你的人民需要你，你必须有健康的身体和充沛的精力来领导这个国家。”

毛泽东点燃了一支烟，慢悠悠地吸着，说：“中国有句俗话：‘七十三、八十四，阎王不叫自己去。’”

毛泽东说他只能活到73岁，未免太悲观了，蒙哥马利有点儿激动地说：“经过这一段时间的访问，我感到中国人民需要你，你不能离他们而去，你至少应该活到87岁。”

毛泽东将手在空中有力地一挥，爽快地说："不行，我有很多事情要跟马克思讨论，在这里再呆4年已经足够了。"

蒙哥马利幽默地说："要是我知道马克思在哪里，我要告诉他，中国人民需要你，你不能到他那里去，我要同他谈谈这个问题！"

元帅的话逗得毛泽东哈哈大笑，在座的人也都笑了。

蒙哥马利终于借机提出了接班人的问题："主席，我认识世界许多国家领导人，我注意到他们很不愿意说明他们的继承人是谁，比如麦克米伦、戴高乐，等等。主席现在是否已经明确，你的继承人是谁？"

"很清楚，是刘少奇，他是我们党的第一副主席。我死后，就是他。"

"刘少奇之后呢？是周恩来吗？"

"刘少奇之后的事我就不管了……"

蒙哥马利说："中国现在还有许多事情要做，很需要你这位主席。你现在不能离开这艘船放下不管呀！"

毛泽东说："暂时不离，将来学丘吉尔的办法。"稍停顿一下，他又接着说，"我随时准备死亡。我这人有5种死法：被敌人开枪打死；坐飞机摔死；坐火车翻车翻死；游泳时淹死；生病被细菌杀死。"他还说，"这5条，我都已准备了。人死后最好用火葬，然后把骨灰丢到海里喂鱼去……"

毛泽东的话使蒙哥马利很震惊。

谈话一直持续到下午5点钟才结束。

"死"，这个字眼在一般人的话语中是最忌讳说的，即使非说不可的时候，大多就用其他字来替代，很婉转地表示出来。而毛泽东却勇敢地正视这个问题，理直气壮地谈这个问题，"我们的上帝是马克思，他也许要找我。""我有很多事情要跟马克思讨论"。

要知道，毛泽东与蒙哥马利说这话的年代正是1961年。60年代前后，苏联撤走专家，撕毁合同，加重了我国经济建设事业的困难，国内又遭受严重的自然灾害，党的工作在指导方针上发生严重失误，给党和人民的事业，造成许多不应有的损失，真是天灾人祸一起涌来。毛泽东是人不是神，内心不会没有苦恼和困惑的。然而，毛泽东曾经讲过："中国人死都不怕，还怕困难么？"毛泽东正视"死"，也正表明了他要以勇敢不怕死的精神，带领人民克服重重艰难险阻，把中国的社会主义革命和建设事业搞好。

"我还是用我的讨饭棍好"

——毛泽东与越南劳动党主席胡志明的交谈（2）

1965年5月，毛泽东在长沙会见来华度假的胡志明。

胡志明对毛泽东说："我这次到中国来，有三个目的：第一是问候你和中共中央其他同志的健康；第二是代表越南劳动党、越南人民向中国共产党和中国人民表示感谢，感谢你们给予我们抗美斗争的各项援助；第三是祝贺中国第二颗原子弹爆炸成功。"

毛泽东听后说："第一点、第三点我接受，第二点不接受，全世界人民都感谢你们。感谢越南，不是你们感谢我们。"胡志明坚持说："我们要感谢你们，不只是我个人这样看，全体越南人民都这样看。"接着，胡志明向毛泽东介绍，有两个中国同志，不署名寄捐款给胡志明，一个寄一百元，一个寄几十元，并说明是他们节省下来的薪金，捐给越南，打美帝国主义。

"我们两国的关系真正是唇齿相依，我们两党和两国之间存在着真正的兄弟情谊。"他还介绍道，"美军要增加到10万，要继续升级，要炸越南工厂，要炸海防，甚至河内。我们已下定决心，即使敌人炸坏河堤，淹没许多地方，我们全党、我国政府和人民仍然坚持打下去。越南人民知道，不打败美国是抬不起头来的。我们准备打5年、10年、20年。”

“美国打不了20年。美国打不赢你们，他们怕你们，你们将打赢美国。美国人少，你们人多。他们顶多来个十把万人。”毛泽东分析说。

胡志明对毛泽东的分析表示赞同。他说：“美国来十把万人，我们不担心。我们可以打败美国的陆军。我们不只有正规军、有游击队、有人民，而且气候、蚂蟥、蜂子、蚂蚁、沼泽都是我们的同盟军。我们还有坚固的后方，这就是中国。”

两位领导人还就越南战场的形势和具体战略战术等问题进行了交谈。他们高瞻远瞩，胸怀开阔，对眼前的困难充满了革命乐观主义精神和必胜的信心。

在吃饭时，毛泽东突然萌生了一个奇特的想法，对胡志明说：“我想到你们那里去，秘密去。”

“欢迎你去，但现在局势是这样的，敌机常轰炸。”胡志明担心毛泽东的安全。

“我就是要去看轰炸，要去轰炸的地方。好几年没看到轰炸了。”毛泽东仍固执地说。

胡志明知道，在这个问题上不能让步，婉转地说：“等形势好一点请你去。”

毛泽东对胡志明的心意是非常理解的，但还是说：“形势好转我又不去了。我就是想现在去。以前，日本、美国的飞机轰炸了几十次、几百次，就是没炸到我。现在，我想到你们那里看看，即使到靠近的地方也好。可以秘密去。”

胡志明还是坚持己见：“你目标太大，越南的孩子都认得出你来。”

“可以化装成一个中国专家就行了。”

“怎么化装都认得出来。等适当的时候，我会请你去的。”

“我就想现在去。”

“等到下半年，看情况如何再定。”

毛泽东仍不灰心，胡志明坚持原则毫不动摇，可谁曾想到，越南抗美战争还未结束，胡志明还没来得及在越南土地上接待这位恳切要求访问越南的老朋友，便离开了战斗的土地，离开了心爱的祖国和人民。

也许，这是两位伟人一生交往中的一件憾事。

这次长沙相会，毛泽东还特地请胡志明吃饭，请他观看湖南木偶戏。胡志明非常感动，分别时，胡志明要用自己漂亮的拐杖与毛泽东的竹拐杖交换，作为这次相会的纪念。

毛泽东看了看自己的拐杖，脸上流露出恋恋不舍的表情。

是啊，他爱这根拐杖，因为它已经伴随毛泽东十多年了。那是在50年代初，毛泽东到杭州，他在工作之余建议去爬山。身边工作人员知道，毛泽东一生喜爱爬山，青年时代他曾在雷雨交加的黑夜爬上长沙岳麓山，说是体会“纳于大麓，烈风雷雨弗迷”的情趣。新中国成立以后每次外巡，只要条件允许，毛泽东也都要登山，攀险峰，眺望无限风光。所以，工作人员一听说毛泽东要爬山，都非常高兴，他们考虑到毛泽东年近古稀，行走不便，决定为他备根拐杖。他们就地取材，从住地附近砍了根竹子，在底部绑上一块胶皮，以避碰撞声，且可防止打滑，再把竹节刨了刨，以免戳伤手。就这样做成了拐杖，把它送到毛泽东手中。毛泽东很高兴，就拄着这根拐杖上山了。从此，这根拐杖就没有离开过毛泽东，被摸得又光又亮。

毛泽东望着胡志明，风趣地说：“不换。你的太漂亮了，我还是用我的讨饭棍好。”

胡志明笑了。

难道是毛泽东不喜欢漂亮的拐杖吗？不是，在他看来，用自己不好的东西去换别人好的东西，是一种自私的行为。

确实，毛泽东的心胸是无私的，在越南人处于艰难困苦的时候，他代表中国人民表现出了无私的胸怀，因而，对于中国人民的无私援助，胡志明和越南人民表示由衷的感谢。

毛泽东代表中国人民对越南人民的支持、援助是真诚的、无私的，是施恩不图报的。在越南遭到美帝国主义的侵略时，胡志明主席向毛泽东发出了援助的请求，并派黎笋来华具体商谈。毛泽东认真分析了越南战场形势和当时的国际局势，经过认真考虑，决定“无条件地满足越南的要求”。同时，通过刘少奇与黎笋的会谈，就有关援越事宜达成了一致意见。中国人民对越南人民在财力、物力、人力方面都提供了大量的援助，因此，越南人民在反侵略斗争中不断取得胜利。当胡志明向毛泽东表示感谢时，毛泽东却说：“不接受，全世界人民都感谢你们。感谢越南，不是你们感谢我们。”这是多么真诚无私的心胸啊，多么伟大高尚的共产主义国际主义精神啊！

在越南抗美战争时期，毛泽东却要亲临现场去看，不仅表现了毛泽东大无畏的革命精神和乐观主义精神，而且也表现了毛泽东把越南人民当作一家人那样信任的真挚感情。

不用自己的竹拐杖换漂亮拐杖，这一小事，这一细节，表现了毛泽东伟大、美好的心灵：为人处世交朋友不捡便宜，不让人吃亏，真诚待人。

“我们共同的老朋友蒋委员长可不喜欢这个”

——毛泽东与美国总统尼克松的交谈

1972年2月21日，毛泽东在他的住处中南海丰泽园与美国总统尼克松会晤。

当时毛泽东大病初愈，他由护士搀扶着顽强地站起来，微笑着朝尼克松伸出右手，尼克松快步走上前，也伸出了右手，两个巨人的手终于握在了一起。这是历史性的握手。它标志着中美两国之间一个充满敌意的时代的结束，一个新的友好的时代的开始。毛泽东与尼克松握手的时间约一分钟，两人互致问候，寒暄了一会儿。基辛格谈话提到，他在哈佛大学教书时曾经指定他班上的学生研讨毛泽东的著作。毛泽东谦虚地说：“我写的这些东西算不了什么，没有什么可学的。”

尼克松说：“主席的著作推动了一个民族，改变了整个世界。”毛泽东却回答说：“我没有能够改变世界，只是改变了北京郊区的几个地方。”毛泽东虽然说话有些困难，但思维像闪电一样敏捷。他挥动了一下手，同时说：“我们的老朋友蒋委员长可不喜欢这个。”他的手势可能指这次的会谈，也可能包括整个中国。他接着说：“他（指蒋）叫我们‘共匪’。最近他有一个讲话，你看过没有？”

尼克松说：“蒋介石称主席为匪，不知道你叫他什么？”毛泽东笑了。周恩来接过来说：“一般地说，我们叫他们‘蒋帮’，有时在报上我们叫他匪，他反过来也叫我们匪。总之，我们互相对骂。”

毛泽东说：“其实，我们同他的交情比你们同他的交情长得多。”

当毛泽东谈到基辛格巧妙地严守第一次北京之行秘密的事时向

尼克松说:“他不像一个特工人员，但只有他能够在行动不自由的情况下去巴黎十二次，去北京一次，而没有人知道——除了可能有两三个漂亮的姑娘。”

“她们不知道，”基辛格插嘴说，“我是利用她们作掩护的。”

“在巴黎吗?”毛泽东装作不相信的样子问道。

“凡是能用漂亮的姑娘作掩护的，一定是有史以来最伟大的外交家。”尼克松说。

“这么说，你们常常利用你们的姑娘啰。”毛泽东问道。

“他的姑娘，不是我的。”尼克松回答说，“如果我用姑娘作掩护，麻烦可就大了。”

“特别是在大选的时候。”周恩来说。毛泽东与尼克松一起哈哈大笑。毛泽东谈到美国总统选举时，告诉尼克松如果民主党人获胜，中国人就不会同他们打交道。“这个我们懂得。”尼克松说，“我们希望我们不会使你们遇到这个问题。”

“上次选举时，我投了你一票。”毛泽东爽朗地笑着说。

尼克松回答:“你是在两害之中取其轻的。”

“我喜欢右派，”毛泽东显然开心地接口说，“人家说你们共和党是右派，说希思首相也是右派。”

“还有戴高乐，”尼克松补充了一句。毛泽东又说:“戴高乐另当别论。”接着说，“人家还说西德的基督教民主党是右派。这些右派当权，我比较高兴。”

尼克松说:“我认为最重要的是要看到，美国的左派只能夸夸其谈的事，右派却能做到，至少目前是如此。”

在谈到这次会谈的历史背景时，毛泽东告诉尼克松说:“是巴基斯坦前总统把尼克松总统介绍给我们的。当时，我们驻巴基斯坦的大使不同意我们同你接触。”“我们不大喜欢从杜鲁门到约翰逊你们这几位前总统。中间有8年是共和党任总统。不过在那段时间，你们大概也没有把问题想通。”

“主席先生，”尼克松说，“我知道，多年来我对人民共和国的态度是主席和总理全然不能同意的。把我们带到一起来的，是认识到世界上出现了新的形势；在我们这方面还认识到，事关紧要的不是一个国家内部的政治哲学，重要的是它对世界其他部分和对我们的政策。”

毛泽东很活跃，他紧紧抓住谈话中的每一个细微含义，但他显得很疲劳了。周恩来屡次看手表在提醒尼克松结束这次会谈。

“主席先生，在结束的时候，我想说明我们知道你和总理邀请我们来这里是冒了很大风险的。这对我们来说也是很不容易作出的决定。但是，我读过你的一些言论，知道你善于掌握时机，懂得‘只争朝夕’。”

毛泽东听译员译出他诗词中的话，露出了笑容。

尼克松接着说：“我还想说明一点，就个人来讲——总理先生我这对你说的——你们不了解我。既然不了解我，你们就不信任我。你们会发现，我绝不说我做不到的事。我做的总要比我说的多。我要在这个基础上同主席，当然也要同总理，进行坦率的会谈。”

毛泽东用手指着基辛格说道：“‘只争朝夕’。我觉得，总的说来，我这种人说话像放空炮！”周恩来哈哈大笑。

毛泽东探身向前，对尼克松微笑着说：“你，作为个人，也许不在被打倒之列。”接着，他指着基辛格说，“他们说，他这个人也不属于被打倒之列。如果你们都被打倒了，我们就没有朋友了。”

“主席先生，”尼克松说，“我们大家都熟悉你的生平。你出生于一个很穷的家庭，结果登上了世界上人口最多的国家、一个伟大的国家的最高地位。我的背景没有那么出名。我也出生于一个很穷的家庭，登上了一个很伟大的国家的最高地位。历史把我们带到一起来了。我们具有不同的哲学然而都脚踏实地来自人民，问题是我们能不能实现一个突破，这个突破将不仅有利于中国和美国，而且有利于今后多年的全世界。我们就是为了这个而来的。”

在告辞的时候，毛泽东说：“你那本《六次危机》写得不错。”

尼克松笑着摇摇头，对周恩来说：“他读的书太多了。”

毛泽东陪着尼克松走到门口，拖着脚步慢慢地走动，并告诉尼克松，自己的身体一直不好。

“不过你气色很好。”尼克松回答。

毛泽东微微耸了耸肩说：“表面现象是骗人的。”

这次最高级会晤，由原定的 15 分钟延长到一个小时。毛泽东与尼克松、基辛格的会谈，是两位大国的最高层之间初次见面的秘密会谈，这些特定情况与背景，再加上两方都有诚意这种心理因素，所以谈话就有一种特有的风味。毛泽东使用多种手段，尽可能地多了解对方，再把所获得的种种细微信息分析探究，由小到大，由微见著，作为交谈的基础。如，当尼克松说了“你们会发现，我绝不说我做不到的事。我做的总要比我说的多。我要在这个基础上同主席，当然也要同总理，进行坦率的会谈”之后，毛泽东微笑着，并且探着身子说：“你，作为个人，也许不在被打倒之列。”当尼克松说“不过你气色很好”时，毛泽东说：“表面现象是骗人的。”这是一种含义复杂的双关语。

在会见中，毛泽东还善于运用与对方有共性的语言。如：“我们共同的老朋友蒋委员长可不喜欢这个”，“其实，我们同他的交情比你们同他的交情长得多”。等等。

“吵架对你们有好处”

——毛泽东与日本首相田中角荣的交谈

1972年9月27日。北京中南海。

当周恩来把田中角荣从休息室带到毛泽东的扶手椅边时，毛泽东向他们两人示以欢迎的微笑。

“你们的争吵该结束了吧？”不等田中回答，毛泽东又说，“不吵不行啊。吵架对你们有好处。”

“我们进行了亲切友好的谈话。”田中壮着胆子说，而对一场中日战争究竟是使中国遭受了“灾难”（中方的用词），还是仅仅带来了“麻烦”（日方的提议）的争论避而不谈。在这里说明一下，在毛泽东接见田中角荣后的当晚，大平外相和姬鹏飞外长又接着继续会谈。会谈进展顺利。对田中首相在宴会祝酒词中关于侵略战争给中国人民“添了很大麻烦”这一说法，双方展开了争论。问题如何表述？最后采用了大平外相的提法，即“痛感日本过去由于战争给中国人民造成的重大损害的责任，表示深刻的反省”。

毛泽东高瞻远瞩地说：“我们中国有句话，叫作‘不打不成交’嘛！”

毛泽东请田中角荣喝点儿茅台酒。田中回答道：“听说茅台有65度，不过我很喜欢喝。”

“不是65度，而是70度。”毛泽东纠正道，“谁给你传播了这个错误的信息？”

接着，毛泽东又说：“顺便说一句，中国古代的东西太多了，让旧事物束缚了你并不好。”

当田中谈到日本竞选的艰苦时，毛泽东不解地摇摇头，喃喃道：“如果你必须走上街头作竞选演讲，事情远非简单。”毛泽东把手放在这位年轻政治家的肩头，“在街头讲话可是一件费力的工作。”因为毛泽东50年前在长沙宣传群众、发动群众时也曾做过许多街头演讲的工作，所以他很有体会地说，“保重身体。”

整个会见涉及许多问题。毛泽东还问到日本的议会制运行情况等，田中都一一作了回答。很显然毛泽东的谈话，有意识地回避了历史，跨越了中日战争，本着向前看的精神处理中日关系。

会见中，毛泽东谈吐随便、言简意赅，以安详而平和的语调，阐述自己的观点；幽默的语言中，蕴含着极为深刻的哲理。毛泽东的话，不装腔作势，亲切自然，充满魅力，引人入胜。田中等人和毛泽东谈得那么和谐亲切，就像老朋友话家常似的，谈古说今，无拘无束，兴趣所至，不时发出阵阵朗朗笑声。田中首相见毛泽东侃侃而谈，精神旺健，由衷地说：“看来，毛主席身体很健康，今天能见到毛主席很荣幸。”

“不行了，我这个人要见上帝了。”毛泽东诙谐地笑着说。

“他每天读很多文件，你看有这么多书。”周恩来关切地说，并用手指了靠墙的书架。

田中首相随着周恩来的手扫视了摆满各种书籍的书架，无限感慨地说：“今天使我感到不能借口忙而不读书了，要好好读书才好。”

一提到书，毛泽东就特别兴奋地说：“我是中了书毒了，离不了书。”又指了周围书架和桌上的书说，“你看，这是《稼轩》，那是《楚辞》。”随手拿起桌上的《楚辞集注》（共6册）递给田中首相说：“没有什么礼物，把这个送给你”。

田中首相惊喜不已，连忙站起来接过毛泽东递过来的书，向毛泽东深深地鞠了一躬，动情地说：“非常感谢，谢谢毛主席。我们三个人一定好好学习。祝毛主席身体健康。”

毛泽东起身和客人一一握手，并把客人送至门外。

处理中日关系是一个十分复杂而棘手的问题。如战争性质问题、钓鱼岛的领土问题等。中日总理会谈是非常重大的外交活动，可是毛泽东接见时的谈话，初听起来近乎说笑话。本来是谈判，却说成是“争吵”“吵架”。针对田中误把70度当作65度，毛泽东又借题发挥一语双关地说“谁给你传播了这个错误的信息？”说错了酒的度数是无关紧要的小事一桩，毛泽东却故作正经地说成是错误信息，令人感到好笑。中日会谈尽管争论很激烈，并且也不是看法完全一致，但毕竟取得了成果，这可以说是值得肯定的政治外交进展。中日会谈是很严肃的，何况中日之间相隔数十年没有外交来往，更是不容儿戏的事，可毛泽东偏偏说：“不打不成交嘛！”用了一句开玩笑性质的中国俗语。当然仔细掂量一下，这些话“貌似戏谑却深沉”，它出自一位处于决策地位的大国领导人之口，不仅反映了其诙谐、坦诚、平易的风度情趣，更重要的是揭示了一位大国领导人心胸之宽广、气魄之雄伟、眼光之远大，清楚地表明毛泽东从大处着眼，为中日邦交正常化最后达成协议开了“绿灯”，起到了积极的促进作用。

第二篇

毛泽东批评的语言魅力

“群众的每一粒米来得都不容易”

——毛泽东对警卫员陈昌奉的批评

红军时期。在江西时，毛泽东吃饭使用的是一个小缸子。那时，差不多天天打仗，流动性强，警卫员陈昌奉常常用那个小缸子准备“三层饭”（中间一点菜，底层和上层都是米饭）。毛泽东工作起来，顾不上吃饭。到吃饭时，饭凉了，小陈把饭热一下，毛泽东再吃。

有时，一缸子饭一顿吃不了，毛泽东就让小陈留起来。有一次，小陈看到只剩下一点饭，就倒掉了。第二天，毛泽东问：“陈昌奉，昨天剩下来的饭呢？”小陈说：“倒掉了。”毛泽东批评起来：“群众的每一粒米来得都不容易，下次剩的不准倒掉，留着下一顿吃。”

1931年11月，毛泽东当选为中央工农民主政府主席后，吃饭还是用那个小缸子，还是经常吃剩饭。

倒掉剩饭，看似小事一桩，不值得大惊小怪，毛泽东却把它“小题大作”，不仅反映了毛泽东艰苦朴素的作风、艰苦奋斗的精神，还反映了毛泽东心里时刻装有人民群众的高尚情怀。批评教育警卫人员，自己又身体力行，这样言传身教相结合，会收到很好的教育效果。

像鲁迅讲的那样，至少要看三遍

——毛泽东教莫文骅写作

延安时期。一天，莫文骅起草了一篇文章交给毛泽东看。毛泽东看后专门将莫文骅叫去。莫文骅一进门，毛泽东就幽默地批评说:“你真比斯大林还行。”莫文骅愣住了，问:“报告主席，是怎么一回事？”毛泽东说:“关于对德宣战，斯大林用不到一千字的文章，你的文章三千字，不是高明么？但是，他讲清楚了，你没讲清楚。”毛泽东在这里提到的斯大林的文章，指的是1941年6月22日苏德战争爆发后，斯大林于7月3日所发表的一篇演说。莫文骅明白后，很不好意思，说:“我写不好，所以请主席改。”毛泽东耐心地对莫文骅讲了怎样写文章，怎样抓住中心，怎样做到简练生动，并告诫文章写成后，要像鲁迅讲的那样，至少要看三遍，反复修改。毛泽东那简洁幽默的话语，平易近人的态度，使莫文骅获益匪浅，既获得了写作知识的丰富，又获得了思想文化的教育和启迪。

批评人，要讲究方式方法，话语要得体、适度，让人乐于接受，并从中受益。毛泽东对莫文骅的批评，就体现了这一点。莫文骅写的东西长而空，而斯大林写的文章却是短小精悍，很能说明问题，毛泽东让莫文骅向斯大林学习！在幽默的话语中，表达了自己的这个意思，既批评了人，又帮助了人。现在，有个别的领导干部，批评人就会正言厉色，让批评对象难以接受，使干群关系紧张化。俗话说:“良言一句三冬暖。”学会说话，特别是学会说批评的话语，对个人、对事业都是很重要的。

“终有一天，你们撑不住蒋介石！”

——毛泽东对美国驻华武官包尔德的谴责批评

1940年来华以后，包尔德，这位美国驻华大使馆驻北平武官处上校武官，一贯奉行美国政府“扶蒋反共”的反动政策。1945年11月，他以美军观察组组长的身份来到延安，在与毛泽东的交谈中，受到了应得的严厉痛斥，因此对中共领导人充满切齿仇恨。

包尔德劝毛泽东说："你们交出了自己的军队，就有合法的地位，你们可以派几个人到国民党政府去做官，好好听蒋先生的话，这样不就可以解决矛盾了么？"毛泽东回答道："要我们无原则地交出自己的军队，这是不可能的！再说，我们不会去做那样的官！我们要放开手脚去干，要直接平等的对话，这也就是在民主的基础上成立联合政府……""如此就很不好哇！"包尔德扬起高调。毛泽东怒火填胸："有什么不好！"包尔德傲慢地说："当然大为不好啦！第一个么，美国政府不赞成什么联合政府，有了国民党政府就行了；第二个么，美国政府会坚决支持蒋先生的，你们坚持不下去的。"毛泽东正气凛然地说："你们去撑蒋介石的腰吧！不过，请你们记着，中国绝不是一小撮独裁者的，而是属于全中国人民的！终有一天，你们撑不住蒋介石！"包尔德无言以对，灰溜溜地离开了延安。

毛泽东站在广大中国人民的立场上，坚持民主、自由、平等，义正词严地谴责批评了包尔德，告诫他们，你们为之撑腰的蒋介石总有一天要垮台的，不要再执迷不悟了。

"万万不能沾染官僚习气"

——毛泽东对邓力群等的批评

1947年一天的上午，延安马列学院领导安排教育处长邓力群等四人，去距学院十里路的杨家岭，接毛泽东来学院作报告。因学校条件差，他们只好步行。刚来到途中的延水河，迎面走来了毛泽东。

毛泽东问他们四人干什么去？邓力群回答："学校领导派我们来接主席。"毛泽东亲切地笑起来，笑得那么自然。毛泽东边走边对他们四人说："接我？嗯，我晓得，是怕我忘了今天有报告会。你们放心好了，学校派给我的任务，那是忘不了的。""这样做有点不好，一个人作报告要4个人来接，要不得！要不得！"说到这里，毛泽东环视四周，反而更认真了："哦，4个人，轿子呢？你们不是抬轿子来接我呀？下回啊，跟你们领导说，再加4个人，来个八抬大轿，又体面，又威风。要是还有人，再来几个鸣锣开道的，派几个摇旗呐喊的，你们说好不好？"大家都被毛泽东说得笑起来。但他更认真了："……我们是共产党人，是讲革命的……要和旧制度决裂，就万万不能沾染官僚习气……不要接接送送。我们要养成一种新的作风——延安作风。"

寓批评于风趣的谈笑之中，有破有立，教人爱憎分明，批判了旧制度的作风，宣扬了新制度、新作风，同时表现了毛泽东身居高位、甘当公仆的精神。

"这首先是文化，中华民族的文化遗产"

——毛泽东对陕北一位县长的批评

1947年秋。陕北葭县（今佳县）。一天，毛泽东和警卫战士一起去住地附近的白云山庙，游览参观，县长也赶来陪同他们一同去。

上山后，毛泽东问这位县长："你是父母官，你说说这座庙为什么叫白云山庙？"

县长回答说："既然山叫白云山，庙就叫白云庙了。"

毛泽东说："我听说，这山顶常有白云缭绕，依山建了五十多座殿宇，亭阁楼台，重叠连云，远望似飘浮于白云之中，所以叫白云山庙。"

县长说:"还是毛主席调查仔细。"

毛泽东又问:"这庙是什么时候建的啊?"

"好像有年头了,说不准。"县长答。

毛泽东告诉他:"这庙创建于明,增修于清。"并批评县长道,"你这个父母官,治下只有两处名胜,这里一个,香炉峰一个,你还搞不清?"

县长不以为然:"都是一些迷信东西。"

"哈哈,我猜你也这么想。片面了,同志。这首先是文化,中华民族的文化遗产,你是守着元宝当石头啊!"

进庙后,毛泽东观看了多种不同形式的建筑,特别注意到,墙上的一千五百多幅壁画,向带领他们参观的老和尚询问壁画所描绘的佛教经传故事,并感慨地对老和尚说:"这些东西都是历史文化遗产,要好好保存,不要毁坏。"

毛泽东很早就重视古建筑、古文物,认为它们是"中华民族文化的遗产"。

重视古代庙宇,不是搞"迷信"活动。古代庙宇,是"元宝","是文化,中华民族的文化遗产"。其不同形式的建筑、不同内容的壁画,凝结着古代劳动人民和科学家、艺术家的聪明智慧,给后人发展科技文化事业以许多启发。从这个意义上来说,如果认为庙宇是"一些迷信的东西",就大错特错了,只是"守着元宝当石头"了。这样,就纠正了县长的错误思想观点。所以毛泽东一开始就批评了那位县长,对自己所辖地区的历史文化名胜古迹不了解是不应该的。

在谈笑声中,就县长暴露出的"思想错误",毛泽东及时地给予批评,认真、简明,发人深省,很值得后人学习。

“不能和国民党一样，随便打人骂人”

——毛泽东同解放区乡干部的交谈

1948年3月，毛泽东离开陕北杨家沟，前往河北平山县西柏坡村。

当杨家沟的全体区乡干部听说中央机关很快要转移了，都来看望毛泽东。

毛泽东高兴地从窑洞里迎了出来，大家赶忙走上前去，毛泽东站在门口台阶上，热情地同大家一一地握了手。区乡干部同声问候：“主席，你好！”

毛泽东亲切地向大家打招呼，微笑着让大家进窑洞里坐。毛泽东的会客室非常俭朴，除去一张较大的桌子和十多把凳子外，什么东西都不放。大家初到这里，有些拘束，谁也不好意思坐下，毛泽东看出了大家的心情，便一个挨一个询问姓名、职务。问到区委书记时，区委书记回答说：“我姓高。”

毛泽东又风趣地问：“高山的高吗？”一句话说得大家都笑了。刚才那拘束劲儿一下子消失了。他见大家不拘束了，便再次请大家坐下，并说：“立客难待嘛！”于是，大家围着毛泽东坐下来。

这时，卫士端来开水和香烟，毛泽东亲切地招呼大家喝水、抽烟。毛泽东先问了全区的土改、生产等方面的情况，然后说：“我从延安动身，一路来到杨家沟，听一些群众反映，我们有些干部民主作风不好，动不动就打人骂人。这种作风可不好呀！”说到这，毛泽东特意打个手势说，“这叫自打嘴巴。我们是共产党的干部，是人民的勤务员，不能和国民党一样，随便打人骂人。对群众，要说服教育，这样，群众才会真心拥护我们，我们的事情才好办。”说完，毛泽东点燃了一支烟，问，“你们打过人没有？”

老高回答说："过去，我们区上有些干部打过人，自主席来了纠正以后，再没发生打人骂人的事。"

"好嘛。有错误改了就好。"毛泽东满意地点了点头说，"世界上只有两种人不犯错误，一种是死了的人，一种是没有生下的人。除了这两种人谁也难免犯错误。但是，犯了错误，一定要改，改得越快越好，这才是好同志。"

对前来看望自己的这些"小干部"，毛泽东没有一点儿大领导的架子。平易近人，亲切交谈，交流工作，对工作中的缺点错误，进行了幽默的批评，既不冲谈这种友好、热烈的氛围，又对工作给予了指导。如果我们的领导干部，在下属的一片赞美、奉承声中，仍不忘对工作中的缺点错误进行批评而给予正确的指导，那么，上、下级的关系，就会在原则的基础上更加融洽、协调，事业就会越办越好。

"麻雀也是有生命的么！"

——毛泽东对几名警卫干部的批评

1949年，刚进北平，毛泽东住在香山双清别墅。当时一起在山上住的还有不少中央领导人，其中有不少是行伍出身。这些将军都是子弹堆儿里钻出来的人，听惯了枪炮声，都是几天不打枪手痒心痒全身痒，现在一下子没仗打了，耳边只剩下莺歌燕舞，自然很不习惯，也很不适应了。

不久，他们终于找到了解痒的法子。香山有的是麻雀，打吧！不知是谁挑头开了第一枪，于是大家都可尽情地一试身手了。

那时还没有什么野生动物保护法，世界上也没有什么绿色和平组织，世界大战结束不久，中国的解放战争还在南方激烈进行，死几千人都不算什么，何况打几只鸟？于是砰砰叭叭的枪声便打破了香山的宁静。

一天，毛泽东开会回来，刚下车，正有几名警卫干部打了麻雀回来，他们枪法好，打了很多，拴成一串，兴高采烈地走过来。

毛泽东听到喧笑声，朝那边望了一眼，只是随便望了一眼，突然停住了脚步。

那几名警卫干部见到毛泽东，礼貌地停止喧哗，放慢脚步。

毛泽东眉梢抖动一下，渐渐皱拢，习惯地吮吮下唇，问："你们拿的什么呀？"

"打了几只家雀。"一个同志将那串麻雀举向毛泽东，这样可以清清楚楚看到鸟羽上沾满的鲜血，甚至有一滴血被甩了出来，滴落到毛泽东脚下。

毛泽东面孔一抽搐，显出大不忍的悲戚神色，退了半步，突然以手遮脸，喊起来："拿开，拿开！我不要看。"

那同志吓得赶紧将滴血的麻雀藏到身后。

"谁叫你们打的？"毛泽东皱紧眉头责问道，"它们也是生命么，麻雀也是有生命的么！它们活得高高兴兴，你们就忍心把它们都打死了？招你们了惹你们了？"

几名同志无言以对。

"以后不许打，任何人不许打！"

"是首长们先打的。"毛泽东身边的卫士悄悄解释，"后来大家才跟着打……"

"今后任何人不许打，什么首长不首长，告诉他们，我说的，任何人不许打！"

此后，那些疲于奔命的麻雀，又有了安定宁静的生活环境，得以自由歌唱翱翔，热热闹闹地繁衍子孙……

“麻雀也是有生命的么！它们活得高兴，你们就忍心把它们都打死了？招你们了惹你们了？”“今后任何人不许打！”毛泽东在这里，批评这些打麻雀玩的警卫干部，意思是告诫他们要热爱生命，要有慈悲心肠，虽然我们革命战士不是佛教徒。麻雀没有危害我们，我们就不要触犯它，甚至还要保护它。这说明毛泽东有着一颗慈悲善良的心肠，非常热爱生命。有人会说，毛泽东身经百战，指挥战役大大小小何止千百次？战场上哪次不是尸积如山、血流成河？因为这是为了推翻给劳动人民带来深重灾难的旧社会，拯救劳苦大众，建立新中国的一场革命。“革命是暴动，是一个阶级推翻一个阶级的暴烈行动。”除此之外，别无他法。

话题再回到“不许打麻雀”上来。尽管1958年，因麻雀糟蹋粮食被列入“四害”的范围，变成人人得以诛之的倒霉家伙，可是后来还是给它“平反昭雪”了，不许打了，因为麻雀也吃毛毛虫，功过各半，对保护大自然中的生态平衡还是有利的。

“哨兵要写检讨，我也要作检查”

——毛泽东对卫兵罚站作自我批评

1949年3月25日，毛泽东进北平之后，住在香山。那时，毛泽东一边指挥大军南下，解放全国；一边筹备政协会议，准备建国，整天处于高度紧张状态。

有一次，毛泽东连续三四天没睡觉，经李银桥多次劝说，才连服两次安眠药，得以入睡。李银桥轻步走出他的卧室，告诉哨兵：“注意啊，主席已经睡了。”恰好这时有几个工人在卫生间里安装洗澡盆。哨兵忙过去说：“不要干了，首长休息了。”那几个城里的工人根本没当回事儿，更不知首长休息的重要性，嘴里说着：“马上就完了。”手里照样干得欢。突然，铁管子砸在澡盆上，院子里发出一声怪响。哨兵、卫士大惊失色，工人们却没事儿一样。毛泽东推开门，带着疲惫、烦躁的样子盯住哨兵。哨兵立正站直，一动不动。毛泽东竭力压抑失眠的烦躁和愤怒，放低声音说：“三大纪律八项注意，我不打你不骂你，罚你立正。你晒晒太阳还好。”哨兵立正站在阳光下，一句话没说。“好吧，你就在这里站着吧，等我起床以后你才能走。”毛泽东带着余怒回到屋里。

毛泽东回到卧室，未能入睡。过了一会儿，他朝门外看看，大声说：“你不要站着，你回去吧。要写检讨，为什么知道我睡觉了，还弄出这么大的声音？”

事后，毛泽东对银桥说：“有时是你们不对，有时是我不对。哨兵要写检讨，我也要作检查……让我休息了，我也就没意见了。我不该发脾气。但我是人，你们也是人，你们忙四天不睡觉，躺下就把你们弄起来，不叫你睡，你看看你发不发脾气？所以跟大家解释一下，不要记在心里，不要影响工作……”

“我也要作检查”，“我不该发脾气”，“跟大家解释一下，不要记在心里，不要影响工作”。——毛泽东的自我批评，反映出他严于律己、关心他人的高尚情操。

“无论办什么事情都要勤俭节约”

——毛泽东对卫士安科兴的批评

50年代。北京，中南海丰泽园。

春暖花开时节，警卫班为了调节、美化一下毛泽东住处的环境，在菊香书屋的院子里，摆放了一些花盆，还专门在毛泽东办公室门前的台阶上放了四个大鱼缸，把这个小小的庭院布置得稍微雅致美观了一些。

警卫人员本来的愿望是把这个庭院装饰得好看点，让毛泽东来到院子里，可以呼吸到新鲜的空气，换个好环境，也可以使他赏心悦目，调节一下自己的精神，这样或许可以减轻他的疲劳。

警卫人员摆放这些花盆鱼缸，是在头一天的傍晚之后，毛泽东没在院子里的时候。第二天上午，这通常是毛泽东该去休息的时间，不知怎么，他躺了一会儿就起床了。当他刚走出房间门，正好卫士安科兴在他门外台阶上喂金鱼。

毛泽东走到鱼缸跟前看了一眼，问安科兴：

"警卫，你干什么？"

"我喂鱼哩。"安科兴只顾喂鱼，头也不抬地回答说。

"喂的是什么？"

"喂的是鱼食。"安科兴仍然低着头，边喂鱼边回答。

这时，毛泽东的声音有点不对味了，他仍然问安科兴："这鱼食是从哪里来的？"

"从中山公园买来的。"安科兴仍满不在意地回答着。

说完，安科兴仿佛也察觉出了什么事似的，猛一抬头，毛泽东那严肃的目光和他的视线碰在了一起，这时，他才悄然立正站好，好像自己做错了什么事似的。

毛泽东面带愠色地站在台阶上，但这次他并没有发脾气，而是克制着自己，耐心地对安科兴说："养那么多的鱼叫我一个人看，这得花多少钱？这不是浪费吗？我常给你们讲，咱们打了20多年的仗，现在，国民党给咱们留下这么个烂摊子，人民需要休养生息，恢复元气，国家要争取财政经济早日恢复，这就需要我们每一个国家工作人员，无论办什么事情都要勤俭节约，不要铺张浪费，减少行政开支，不应该花的钱，一分也不能花。你想到没有，国家的困难多着哩，全国上千万的灾民需要救济，我们要积极创造条件发动灾区人民生产自救；还有几百万城市工人，因为有的工厂被破坏了，有的工厂虽然没有被破坏，可是因为没有原材料，也开不了工，那些工人都没有工作，他们也得要吃饭穿衣。我们是共产党，我们不能对他们不管，在他们没有恢复工作以前，我们也把他们的生活包下来。另外，还有国民党原有的几百万旧军政人员，我们把他们包下来养活起来，我们的包袱很重，所以说，要想提高改善生活条件，先得恢复生产，发展生产才能做到改善生活条件。”

毛泽东说着走下了台阶，来到院子里。这时候，他才发现一夜之间院子里变了模样，发现摆放了这么多花盆，这使他很不高兴。他在院子里边踱步边继续对安科兴说：“栽这些花，养这些鱼，并非不可，而是现在的经济条件不允许，等生产发展了，人民的生活水平逐步提高了，大家都可以种花养鱼，改善生活，美化环境。现在，你去叫叶子龙来，把这些花和金鱼给我拿走，我这里不要这些玩意。”

“……这得花多少钱？这不是浪费吗？”先给以深刻的批评，接着言辞恳切地讲明道理，让人不得不心悦诚服地接受，这不仅反映了毛泽东生活上对自己的严格要求，更反映了毛泽东“先天下之忧而忧，后天下之乐而乐”的不凡气度和伟大风范。大家知道毛泽东不赞成养鱼摆花盆后，当天下午就又都给搬走了。从这以后，直到1966年毛泽东搬离了菊香书屋，这个庭院里再也没有放过鱼缸和花草之类的东西。

“你有点小错，我的错比你大”

——毛泽东在卫士李连成面前作自我批评

毛泽东发脾气的时候不多，就怕连续工作几天几夜，刚一入睡，谁要惊醒他，那就非发脾气不可。但事后，也总是安慰挨批评的同志。

50年代的一个夏天，在北戴河。有一次，是毛泽东连续写文章两天三夜后的早晨，他终于躺在床上休息。值班卫士李连成为他按摩两腿，先后服侍他吃下三次安眠药，才开始入睡。一会儿，鼾声如雷。李连成小心翼翼下床，慢慢向外移动。忽然，连成发现百叶窗没关，担心过不了一小时，炎热的阳光就会照射到毛泽东身上。连成小心地去弄木质百叶窗，谁知百叶窗“咔嚓”一声滚落下来，把他吓了一跳。毛泽东被惊醒了：“哪个？怎么回事？”毛泽东坐起来，布满红丝的眼睛盯着连成：“说啊，怎么回事？”“我，我关窗……”“你蠢！早干什么去了？出去！你不要在这里值班了，你给我站着去！”连成走到院子里立正站好。毛泽东一旦被惊醒，就睡不着了。几分钟之后，开门出来，带着气对连成说：“你去吧，你不要在这里了，你去把李银桥叫来！”连成哭着来到值班室向银桥作了汇报。银桥知道再让毛泽东上床休息也不顶用了，便开始为毛泽东梳头，平息心火。过了好大一会子，毛泽东不生气了，才做个手势说：“好了，你去吧。叫小李来。”

连成回到毛泽东卧室，只见老人家斜靠床栏，一边抽烟，一边看文稿。“主席，我错了……”连成低着头说。毛泽东嗓音发沙：“唉，你难，我也难。你有点小错，我的错比你大。我不该发那么大脾气。”连成哭着说：“主席，是我不对……”毛泽东说：“莫怪我了，你这样说就是怪我呢。我工作事多，脑子里想事多，睡不容易，烦躁，情绪就不好控制。”连成感动得哭出了声：“主席，真是我不好……”毛泽东继续带着歉意说：“委屈你了，莫怪我了，我已经认了错。我也忙么，我也是人么，有点脾气的人。我们要互相体谅。”

李连成当时为自己工作不慎，又为毛泽东坦诚哭得厉害，但他不会说，表达不明白，毛泽东还认为他太委屈。在那个星期内，毛泽东曾三次向李连成道歉、解释。

“你难，我也难。你有点小错，我的错比你大。我不该发那么大脾气。”“委屈你了，莫怪我了，我已经认了错。我也忙么，我也是人么，有点脾气的人。我们要互相体谅。”毛泽东说的这些话，实质是在作自我批评。毛泽东坦诚无私，没有一点“大官”的架子，理解他人，宽容他人，平等待人，严于律己。

“没有下水怎么知道不能游……”

——毛泽东对警卫员韩庆余的批评

1956年5月，毛泽东在广州视察工作。一天，天气闷热，他突然对李银桥说：“银桥，我们走吧，去武汉游长江。”

他的这一想法遭到了随行人员和保健医生的坚决反对，大家都以危险等种种理由极力劝阻，然而，毛泽东的个性是非常坚定的，决定下来的事情是从来不会轻易改变的，而且越是困难的事他越要去干。在大家强烈的反对下，他采取了迂回的策略。他派警卫员韩庆余先去“试试水性”。韩庆余到武汉后，听到一片反对声，即返回广州向毛泽东报告：“主席，沿江询问一些人，都说不能游。”

“你下水了没有？”毛泽东问。

韩庆余脸唰地红了：“没有。”

毛泽东恼了："没有下水怎么知道不能游，你到底干什么去了！"

毛泽东又派副卫士长孙勇去武汉。孙勇等人试游后，认为可以游。毛泽东获得了实证，高兴地说，"谁说长江不能游？孙勇不是游了么！不调查就没有发言权，不吃梨子怎么能知道梨子的滋味？"众人便也不好再说什么了。大家分头去安排毛泽东游长江的具体事宜，找游泳选手护泳，并且探水性、选地点。

实践出真知。没有亲身实践怎能获得真知呢？毛泽东的批评就强调了这一点。

"我今年六十五，但不耳顺……"

——毛泽东与李达争执后作自我批评

1958年，当时武汉大学校长李达看到"人有多大胆，地有多高产"这条标语，认为这是唯心主义，在一次与毛泽东的交谈中，对这个口号进行了讨论。

毛泽东对李达说："这个口号同一切事物一样也有两重性……"

李达打断毛泽东的话说："你说这口号有两重性，实际是肯定这口号，是不是？"

毛泽东立即反问道："肯定怎样？否定又怎样？"

李达气冲冲地说："润之，现在不是胆子太小……你脑子发热，达到39℃高烧，下面又烧到40℃、41℃、42℃……这样中国人民就要遭大灾难，你承认不承认？"

毛泽东听了这话就坐不住了，他也十分生气地说："你说我发烧39℃，看你也有华氏百把度了……"

事后，毛泽东对陪同他的秘书梅白说道："小梅，今天我们两个老家伙很不冷静，这在你们青年面前示范作用不好。……我现在认识论上发生了问题，离开客观走向唯心主义。我和李达的争论，我是错误的……孔子说过，六十而耳顺，我今年六十五，但不耳顺，听了鹤鸣（李达）兄的话很逆耳。这是我的过错，过去我写文章提倡洗刷唯心精神，可是我这次自己就没有洗刷唯心精神。”毛泽东叫梅白通知李达再进行交谈，转告李达“六十而耳顺”，感谢他的帮助。李达得知这些情况后，感慨地说道：“这是润之的气量大。”

毛泽东的自我批评，坦诚无私，认真而深刻。毛泽东从认识论上严格解剖自己，“离开客观走向唯心主义”；又从“年龄段”上严剖自己，“我今年六十五，但不耳顺”；再就从“以身作则”方面严格解剖自己：“过去我写文章提倡洗刷唯心精神，可是我这次就没有洗刷唯心精神。”

“你没种过地，你就会放大炮。我种过地……骗不了我”

——毛泽东视察时对一位领导干部的批评

1958年，毛泽东去天津新立村参观水稻。随行的一位领导和当地干部说，一亩地产10万斤。毛泽东摇着头说：“吹牛。”那位领导说，他们用灯光照，用吹风机往稻田里吹风，让小孩子往上站。毛泽东说：“靠不住，站得高，跌得狠。”他批评那位首长“你没种过地，你就会放大炮。我种过地，10万斤不可能么，堆也堆不起来，你骗不了我”。

毛泽东是农民的儿子，他对农村、农民、农业是非常熟悉的，是非常关心的。毛泽东幼年时生活在农村，帮着父亲干农活；1927年1月4日至2月5日，毛泽东在湖南省实地考察了湘潭、湘乡、衡山、醴陵、长沙五县的农民运动，历时32天，于1927年

3月写出了《湖南农民运动考察报告》；井冈山时期，毛泽东经常深入农村调查研究，宣传政策，发动群众；在延安和转战陕北时期，毛泽东随心所欲地到群众中去，田间地头随便坐，扶犁挥镰干农活，有时手提粪肥与老农聊天；进城后，毛泽东“微服私访”，到丁家花园看了一个姓丁的老人养的菊花；50年代，北京郊区的农村、菜园和山东、河南、河北、湖南、湖北、天津等许多地方的农村里、田野里、山坡上、江河边，都留下了毛泽东的足迹……所以，毛泽东掌握着真理，批评就理由充分，简单的几句话，一针见血，击中要害。

谆谆教诲、以史为鉴

——毛泽东对一位县委书记的委婉批评

1958年秋。郑州。毛泽东接见来自南阳的一位县委书记。

这天上午，风和日丽。毛泽东很热情，握着他的手向他问好。对方也激动不已。

大家落座。书记便开始按事先准备的材料，从头至尾汇报一遍，说完之后，他等着毛泽东向他提一些问题。

毛泽东不慌不忙点燃一支烟，吸一口，笑笑开口说：“你们南阳，旧称宛城，是个古老的市镇，藏龙卧虎的地方哩！南阳有个卧龙岗，据说诸葛亮在那儿隐居过。诸葛亮，能人啊！俗话说，三个臭皮匠，合成一个诸葛亮。诸葛亮是哪里人呀？你知道吗？”

这位书记想，这是毛泽东向我提的第一个问题吗？自己并不了解这些，材料包里也没有讲到诸葛亮是哪里人，该怎么回答呢？他语塞了。毛泽东等了片刻，不见回答，便自己说出答案：“诸葛亮是山东琅琊阳都人。阳都，就是现在的沂水县。”接着又问，“还有一句俗话，叫作‘二十八宿走南阳’。西汉末年，刘秀就是在你们南阳访贤求将，寻来二十八宿后，才兴兵讨伐王莽的新朝。你说说这二十八宿到底谁为首呀？”

这是毛泽东提的第二个问题吗？这位书记又想，自己的材料包里也没有答案，这个问题怎么答？从前听戏也听说过马武、岑彭是二十八宿里的人，但谁是头？还有谁？他朝毛泽东摇摇头，感到手心出汗，脸发烧，有些坐卧不宁。毛泽东又笑笑，自己又答道："二十八宿又叫云台二十八将，邓禹为首。他是南阳新野人，刘秀手下的大将、谋士，很有本事。我再问你，现在南阳农村的社员，每人一个月吃几两香油啊？"

书记使劲想了想，仍回答不上来，材料包里也没有这一条。他关心粮棉的丰收，关心超额上交公粮，也注意到了农民的吃饭问题，但农民吃不吃香油，吃多少香油，他没在意过，也没有问过。那时市民每人每月供应三两香油，而农民吃油，则要靠地里收的芝麻完成上交任务后，余多分多，余少分少。每年或三五公斤，或五六公斤，各地不同。这个问题不再是论古，而是一个实实在在的农民生活的问题，自己无法与毛泽东论古，但这么一个简单的现实生活中的小问题自己也答不上来，他感到实在有些坐不住了，费力地说："主席，我真不应该……不知道。"

毛泽东并没有责怪他什么，临分手的时候，握着他的手，微笑着说："我给你留下两句临别赠言：第一，学一点历史知识；第二，要关心人民生活。"毛泽东对这位县委书记，给予了委婉、含蓄的批评，因为针对的是在交谈中发现的问题，面对的又是一位很有工作能力、有水平的县级干部，所以批评就不能太直接。这样，这位县委书记会认真思考，铭记在心，把工作干得更好。

“谁叫她是毛泽东的女儿”

——毛泽东对卫士长的批评

1959年，李讷进北大历史系读书。她和普通学生一样，住校是六七人睡一间屋，上下铺，星期六回家，不用小车接送。

有一次，卫士长瞒了毛泽东，用小车接过一次李讷。事后，毛泽东发现了，对卫士长进行了严厉的批评。卫士长争辩说：“天太黑了，一个女孩子走夜路不安全。”

毛泽东说：“别人的孩子就不是孩子了？别人的孩子可以独自回家，我的孩子为什么就不行？谁叫她是毛泽东的孩子呢？”卫士长说：“别人的孩子敌人不感兴趣，毛泽东的孩子，国民党特务可是很感兴趣呢！”

毛泽东表扬了卫士长的敌情观念，但不同意用小车接送孩子，他说：“不许接，说过要照办，让她们自己骑车回来。”又说，“我很担心我们的干部子弟，他们没有生活经验和社会经验，可是架子很大，有很大的优越感，要教育他们，不要靠父母，不要靠先烈，要完全靠自己。”

1960年冬，李讷住校几个星期没回家了，卫士长派了卫士尹荆山去看望。见李讷脸色很不好。李讷忸怩了半天才说：“尹叔叔，我确实很饿……”卫士长得知后，便弄来一包饼干给她送去，李讷偷偷地把饼干吃了，生怕被人看见，后来还是被毛泽东知道了。

毛泽东把卫士长叫进屋里，声色俱厉地批评：“三令五申，为什么还要搞特殊化？”

卫士长争辩说：“别的家长也有给孩子送东西的……”

毛泽东厉声说：“别人可以送，我的孩子一块饼干也不许送！”

他拍着桌子说，“谁叫她是毛泽东的女儿?”

在当时那种生活困难时期，毛泽东带头教育子女不搞特殊化，卫士长稍给丁点儿特殊待遇，也要受到批评，从这批评的话语里可以看出毛泽东以身作则、艰苦奋斗的精神，可以看出毛泽东高瞻远瞩的长远眼光，不谋个人私利，而为大多数人谋幸福的伟大胸怀。

软中有硬，坚持原则

——毛泽东对斯大林来电的回敬

中苏两党关系源远流长。在处理中苏两党关系上，毛泽东向来以民族利益和国家利益为重，从不拿原则作交易，即使在中苏关系的“蜜月”时期，毛泽东也绝对不允许苏联共产党凌驾在中国共产党的头上。他一直看不惯并坚决抵制苏联共产党以“老子党”自居、随意发号施令的行为。因此，斯大林对毛泽东是不满意的，他给毛泽东加了一个头衔，称毛泽东是“麦淇淋式的马克思主义者”。

有一天，斯大林突然喜欢起菠萝罐头来了。他立即指示马林科夫这位始终跟随在身边的秘书说：“给中国人发个电报，说我希望他们拿出一块地方来让我们建立一个菠萝罐头厂。”在一旁的赫鲁晓夫斗胆地对斯大林说：“斯大林同志，共产党刚在中国取得政权，那里已经有好多外国工厂了。如果现在苏联，一个社会主义伙伴国家，也要在中国去建立自己的工厂，那肯定会伤害毛泽东的。”

对赫鲁晓夫的意见，斯大林不屑一顾，电报照样拍了出去。一两天后，斯大林收到了中国方面的回电。毛泽东在电报中说：“我们接受你们的提议。假如你们对菠萝罐头有兴趣，可以给我们一笔贷款，由我们自己来建一个罐头厂。我们用这个厂生产的罐头来偿还你们的贷款。”

话说得很高明，表面上接受，实际上拒绝，毛泽东“软中有硬”这一手，是对苏联共产党“指手画脚”、不顾别国尊严的回敬和“柔中寓刚”式的批评。

“我算公鸡！他赫鲁晓夫是草（母）鸡！”

——毛泽东批评苏联要搞“联合舰队”

60年代，在谈到中苏论战时，毛泽东带着轻蔑和气愤的口气说:“赫鲁晓夫这个人是很蠢的。中苏论战开始以后，我曾向他打过招呼，叫他退居二线，作幕后指挥，不要亲自赤膊上阵与我们对着骂，以后也好有个转弯的余地，他不听！”他接着说，“赫鲁晓夫曾经提出，要在中国开辟一块地方，由他们办水果园。我对他们说，你们想吃水果可以花钱来买嘛！通过国家的贸易渠道来解决。中国水果有的是，卖给你们就是了。”

后来，中苏论战升级，我们与赫鲁晓夫的争论，也越来越激烈了。在一次会议的报告中，毛泽东气愤地说:“苏联曾要求我们搞联合舰队，还不是搞殖民主义！过去日本帝国主义与袁世凯搞不平等条约时，还弄了个什么51%是袁世凯的，49%是日本的，在表面上以示区别谁是主权国。可是苏联要求在中国领海与中国共同搞联合舰队，各占50%，这不是比日本帝国主义还帝国主义吗？还要与我们共同搞什么长波电台，还不是搞我们的情报！”“他赫鲁晓夫在去美国戴维营之前，为了讨好美国，骂我毛泽东是好斗的公鸡！那好吧！我算公鸡！他赫鲁晓夫是草（母）鸡！”

对于苏联“老大哥”，尽管对中国社会主义建设给予了大量援助，但苏联想控制、指挥、侵占别国利益的大国沙文主义情绪始终存在，毛泽东对此保持着高度警惕。在攸关国家的主权独立与领土完整问题上，他对苏联的无理要求严词拒绝、寸步不让，表明了他既是一位伟大的国际主义者，同时也是一位伟大的爱国主义者。

第三篇

毛泽东辩论、说服的语言魅力

“舍小家为大家舍自己为人民才好！”

——毛泽东对弟弟毛泽民的说服教育

1921年春节期间，毛泽东回到韶山，对家人进行革命教育。毛泽东深情地对弟弟毛泽民说：“这些年，我不在家，泽覃也在长沙读书，家中里外，全靠你和淑兰操持，辛苦你们了。”

毛泽民叹息说：“这几年，家里天灾人祸不断：民国五年房子起火，民国六年遭败兵抢劫，民国八年母亲病逝，去年父亲辞世。修砌房子，躲兵防灾，安葬父母，泽覃订婚，好事坏事，全凑在一起。乡下人过日子，难啦。”

毛泽东理解弟弟的心情，同情弟弟的处境。他对弟弟说：“你讲的都是实情。但是败兵抢东西，日子不好过，绝不是我们一家一户的事。国乱民不安嘛……在这国难当头、民族危亡的关头，我们要想到大多数人民的痛苦，舍小家为大家舍自己为人民才好！”他恳切地说，“泽民，你把家里的事处理好，也跟我到长沙读书去，行不行？”

毛泽民遵照哥哥的教导，毅然决定离开故乡到长沙去投身于革命洪流中。

毛泽东把“家”与“国”联系起来看问题，认为没有国就没有家，“国乱民不安”，只有从根本上改变“国乱”，进行革命，不惜牺牲个人的利益为大家，为人民谋幸福，“敢教日月换新天”，才能有好日子过。毛泽民听了哥哥毛泽东的话，提高了革命觉悟，走上了革命的道路。

“大鹏鸟也有折翅的时候，只要它养好了伤，会飞得更高、更远！”

——毛泽东对弟弟毛泽民、毛泽覃的教育

1927年7月15日，汪精卫在武汉公开发动了反革命政变，在其“宁可枉杀千人，不可使一人漏网”的口号下，武汉地区的工会、农会和其他群众团体被查封，大批共产党员和革命群众被杀害。

汪精卫集团的叛变，标志着国共合作的最后决裂和国民革命的最终失败。

轰轰烈烈的大革命虽然失败了，但它已沉重地打击了帝国主义和封建主义的反动统治，唤醒了全国人民，在广大人民中间留下了不可磨灭的革命影响，播下了革命火种，特别是教育和锻炼了幼年的中国共产党，使共产党在以后的更加残酷的斗争中能够经得起更加严峻的考验，继续领导中国革命走上复兴的道路。

下一步的具体行动该怎么办？

毛泽东虽然热血冲动但却心境苍凉，他叫来毛泽民夫妇和毛泽覃夫妇，在武昌都府堤41号自己的住处，兄弟三人和妯娌三人一起，彻夜分析局势并商量各自的打算。

毛泽东首先征求三弟的去路，毛泽覃表示想打仗，愿意去军队，“拿起枪，带上万把人打他狗日的反动派！”毛泽东当场支持了三弟的选择。

毛泽东再征求二弟的想法，毛泽民说他想同妻子一起设法返回上海，继续从事党的地下出版发行工作。对于二弟夫妇的选择，毛泽东没有表示异议。

毛泽民和毛泽覃反问大哥想怎么办？毛泽东说他想回湖南韶

山去，那里是他的出生地，又是他发起革命最早的地方，群众基础好，他要在家乡组织起农民自卫军，上山下乡大干一番！

毛泽东对两个弟弟说："困难和挫折算得了什么事？我们还没有死么！大鹏鸟也有折翅的时候，只要它养好了伤，会飞得更高、更远！"又说，"没有国，何以有家？我们都是热血男儿，一定要为革命事业奋斗到底！"

听大哥这样一说，毛泽民又表示要留下来和大哥一起干，毛泽东想了一下同意了。

兄弟三人合计好以后，毛泽东让二弟先护送刚生下了第三个儿子毛岸龙的杨开慧和即将临产的周文楠回长沙，安顿好她们母子以后，暂时留在长沙或在湘潭找个地方住下来等候消息；毛泽民痛快地答应下来，并抓紧时间护送嫂嫂、弟媳和三个侄儿离开了武汉。

很快，毛泽东通过叶剑英的关系，介绍三弟泽覃去了张发奎任军长的国民革命军第四军政治部工作。

这样，兄弟三人相聚时间不长，又一次分手了。

面对国民党反动派对革命的血腥镇压和大革命的惨败，毛泽东没有气馁，对两个弟弟说的那番话，铿然有力，掷地有声。毛泽东的意思是说，只要活着，我们就能有所作为、大有作为。失败是暂时的，只要抱着积极的态度，从中认真吸取教训，就能使革命复兴，鹏程万里。我们应该以国家利益为重，不惜牺牲个人的一切，革命到底，表现了毛泽东一个伟大革命家的胆识和魄力。毛泽东这种勇敢无畏的精神和坚定的革命信念，给两个弟弟以深刻的教育和巨大的鼓舞。

“在中国打仗，还得靠我们的老祖宗《孙子兵法》”

——毛泽东与王稼祥的交谈

长征开始时，毛泽东患疟疾初愈，身体还未完全恢复过来，只能坐担架行军。军委副主席、红军总政治部主任王稼祥因在第四次反“围剿”中负了重伤，也只好坐担架行军，然而有意思的是毛泽东把担架变成了他施展谋略与口才的政治舞台。他开始以他那具有魔力的演讲术争取王稼祥，为挽救红军以及自己重掌帅印铺平了道路。二人一边行军，一边在担架上谈着……

毛泽东首先与王稼祥讨论了江西发生的事情，以及长征途中的情况。毛泽东尤其谈到博古、李德在战术上所犯下的错误，特别是导致广昌惨败的错误。经过毛泽东一番颇有说服力的谈话，王稼祥对错误的军事指挥也已愈来愈有深刻的认识。他开始意识到，要挽救党和革命、挽救红军，必须改变中央领导。

下面让我们来看一下二人十分精彩的对话。

“对第五次反‘围剿’的失败，我们应该有一个全面的探讨，否则，全党全军的认识难于统一，我们现在艰难进行的大转移也难于找到出路。”王稼祥说道。

接触这个话题，毛泽东十分谨慎，他没有立即接话，从口袋里摸出一支香烟，点燃后大口地吸着，在吞云吐雾中斟酌词句，沉思良久后，才言不由衷地说道：“政治路线是正确的……”

这句话的潜台词恰好相反，毛泽东早已看出中央六届四中全会后的政治路线是不正确的，第五次反“围剿”失败是这条“左”倾路线结出的最大一个苦果，但是他现在不愿、不能也不敢触及路线问题，目前挑起路线纷争不仅会使党和红军大分裂，也会使自己更孤立，在路线问题上他现在仍然曲高和寡、缺少知音，何况，毛泽东当时也不能不顾忌到，稍微涉及中共六届四中全会后的路线，就必然会捅到这条路线的根子——共产国际这个马蜂窝，那不但会使目前红军的处境更危险，还会断送他自己的政治生命，但以毛泽东这样的大政治家和大口才家，当然知道怎样回避以及如何说话的了。

王稼祥也感受到了毛泽东关于政治路线正确的话语是搪塞之词，何况他列举的成就也多是政府工作和苏区群众的劳动，而没有涉及最糟糕的军事问题。

他把话题引到战争上来："那么军事方面呢？我们毕竟没有在苏区站住脚，而是跑出来了，说什么创造了彻底粉碎第五次'围剿'的有利条件，为什么又没有粉碎第五次'围剿'呢？"

这时，毛泽东开始大展其口才，纵论军事问题了。他毫不含糊地说道："军事指挥上是失败的，这是问题的关键。当前我们应把注意力集中到纠正军事路线上来，战略战术的错误是导致失败的根本原因。我们那位可爱的洋顾问（指李德）实在是瞎指挥，他根本不懂中国国情，把苏联红军打巷战、阵地战那一套硬搬到中国来。他不懂得中国红军的特点，更不懂得中国的农村和农民。他把在外国行之有效的一套搬到中国国土上来，就碰到麻烦了。在中国打仗，还得靠我们的老祖宗《孙子兵法》。"

王稼祥对毛泽东这番精辟的见解十分佩服，当场表示，一定要把博古、李德"轰"下台，毛泽东当即表示赞同和支持，并要他活动活动。

王稼祥先找了张闻天，向他谈了自己的看法和毛泽东的意见。张闻天此时也正在考虑这个问题。他对博古、李德的独断专行很有意见。他当时感觉到他已处于无权的地位，心里很不满。出发长征前一天，毛泽东同他闲谈，他就把这些不满完全向毛坦白了。

从此，他同毛泽东接近起来。

这样，毛泽东、王稼祥、张闻天就站在一起了。

而这时，李德也注意到了毛泽东活跃的身影。他看到毛泽东一会儿待在这个军团，一会儿待在那个军团，他认为毛的目的无非是劝诱军团和师的指挥员和政委接受他（毛）的思想。毛泽东继续施展他具有惊人的说服力的口才，公开提出仗不能再这样打下去了，要讨论失败的原因。

这时，周恩来、朱德、聂荣臻等人都站在了毛泽东这边。他们共同感到还是毛泽东有办法，红军离不开他。

当时聂荣臻也坐担架，他躺在担架上冥思苦想，为什么不能让毛泽东出来领导？他认为，这不只是他个人思考的问题，也是广大红军指战员思考的问题。这些问题已经提到中国革命的议事日程了！

很快，红军在占领通道的当天，中央军委召开了一次著名的会议，史称“通道会议”。毛泽东又开始有发言权了，他侃侃而谈，提出具有天才眼光的“通道转兵”，即放弃北出湘西的进军路线，改道贵州。

这一正确主张终于被接受了。这是中央红军长征以来，毛泽东与博古、李德斗争的第一个胜利。同时也是长征转败为胜的起点。然而在这场惊心动魄的斗争中，毛泽东的口才无疑起到了最关键的作用。他用非凡的口才准确地表达出他超人的军事战略，终于让众人折服。

“我们不但不主张杀他（蒋介石），还主张放掉他呢！”

——毛泽东与警卫员贺清华等的交谈

1936 年 12 月 12 日凌晨，张学良、杨虎城将军在西安采取联合行动，活捉了蒋介石，并解除了蒋系警察、特务的武装，逮捕了陈诚、蒋鼎文等二十余名蒋介石的高级军政人员。这就是震惊中外的“西安事变”。事变发生后，张、杨当天给保安打电报，请求中共中央和毛泽东派代表团赴西安，共商抗日救国大计。

灯光下，毛泽东看着电报，思考着解决办法。这时，值班警卫员贺清华走进他办公室送开水。毛泽东对贺清华说：“告诉你一个消息，张学良和杨虎城在西安把蒋介石扣住了。”“你赶快去请周副主席、朱总司令、博古同志到这里来开会。”

一排排的窑洞里灯亮了，兴奋的指战员们议论着“西安事变”。

在毛泽东的办公室里，围绕着对“西安事变”如何解决，各自发表意见。当时，张国焘极力反对毛泽东的抗日民族统一战线政策，提出“杀掉蒋介石”“打出潼关去”。毛泽东从民族的根本利益出发，全面分析了当时国际、国内的复杂形势，批驳了张国焘的错误主张，提出了“和平解决‘西安事变’”的正确方针。会议根据毛泽东的英明决策，研究确定：派周恩来、叶剑英、博古等同志组成代表团去西安。

毛泽东身边的贺清华等人对和平解决“西安事变”的方针不理解。毛泽东说：“只要蒋介石能够停止内战，一致抗日，我们不但不主张杀他，还主张放掉他呢！”他耐心地向身边的人讲解对蒋介石不能关窑洞、不能杀的道理：亲日派何应钦企图推波助澜，利用“西安事变”，杀蒋介石，挑起新的内战，这只对日本帝国主义有利。

为了统一大家对党中央和平解决“西安事变”方针的认识，毛泽东还专门到红军大学作报告。在报告中，他用了赶“毛驴”上山的比喻阐明深刻的道理：陕北毛驴很多，让毛驴上山有三个办法：一拉，二推，三打。蒋介石是不愿意抗战的，我们就采取对付毛驴一样的办法，拉他、推他，再不干就打他……国共合作是大势所趋，但是驴子会踢人的，我们又要提防着它，这就要又联合又斗争。毛泽东深入浅出的报告，提高了大家的认识。

12 月 16 日，周恩来率领的中共代表团到达西安，做了大量卓有成效的工作，迫使蒋介石放弃内战政策，承认了人民的要求，接受了联共抗日的条件。正如毛泽东所说："西安事变"的和平解决成了时局转换的枢纽，在新形势下的国共合作形成了，全国的抗日战争发动了。

毛泽东结合国内外的现实情况，阐明了和平解决"西安事变"的道理，还运用喻证法加以阐述，道理深刻，发人深省；语言幽默，形象生动。

"他不是叛变投降，他就是小么！"

——毛泽东对一名警卫干部的说服教育

陕北时期，是革命斗争生活最艰苦的年代，有名警卫战士受不了苦逃跑了。警卫战士逃跑不同于一般作战部队的逃兵，那是知道不少秘密的呀，泄露出去还得了？

警卫部队立即调动人马追捕，终于将那名逃兵捉住，捆了回来。战士们本来就憎恨逃跑行为，何况为了追逃兵大家受了不少劳累，担了不少的心，一肚子的火正等着要发呢。

"揍那个龟儿子！"

"毙了狗日的！"

愤怒的吵叫惊动了毛泽东，他走出窑洞，看到了押过来的逃兵。那逃兵年纪不大，长了一张娃娃脸，脸色煞白，鼻涕眼泪涂得满脸都是。身上脏兮兮的，本来就吓得抖个不停，当一听到说要枪毙，一下子哇哇地哭叫起来："饶命，饶命，饶命呀！我不是投敌呀，我实在是想家啊，求求你们饶我一命吧！"

毛泽东本来是很痛恨叛变、憎恶逃跑的。可是，目睹这个不是投敌的小逃兵被抓回来的惨样，他竟悲怜地皱起眉头，眼圈都有些湿了。他扬起一只手喊："放了放了，快放了他！"

"他是逃兵！"

"这小子坏着呢……"

"哪个坏？"毛泽东依然皱着眉头，"他还是个娃娃么。快放了，别把娃娃吓坏了。"

一名干部不服气："这么严重的问题，不判不关还放了？不执行纪律就带不了兵。"

"只有你会带兵？"毛泽东换上温和说服的语气，"孩子小，刚参加革命，没吃过苦，受不了罪，想家。你再关他他不是更想家了？他又不是叛变投降，他就是小么！快放了，多做点好吃的就少想点家，听见没有？"

于是，这名逃兵被放了，不但没受任何处罚，反而连吃几天小灶，当然，这名警卫战士再也不曾逃跑。

"他还是个娃娃么""他又不是叛变投降，他就是小么……多做点好吃的就少想点家。"这就是"逃兵"问题的实质，毛泽东抓住这一问题实质，对要处罚这名"逃兵"的警卫干部进行批评、说服教育。毛泽东讲的合情合理。他不仅是一位充满斗争性的伟大革命家，而且也是胸怀博大、富有感情的人，出乎其类，拔乎其萃。

"'挥泪斩马谡'，为国为民，决不宽待！"

——毛泽东谈"黄克功案件"，给予雷经天说服教育

1937 年 10 月 6 日，毛泽东致电周恩来等，要他们转告国民党军事当局，集重兵坚守娘子关一线，以利太原以北对日作战的

胜利。

这时，一件轰动延安城的令人意想不到的事情发生了——“抗大”第6队队长黄克功，因对陕北公学女学生刘茜逼婚未遂，竟开枪把她打死在了延河岸边……

一时间，延安军民舆论哗然。毛泽东得到消息十分震怒，他对谢觉哉和陕甘宁边区高等法院院长雷经天等人说：“牛不喝水强按头，世界上哪有这样的道理？我们是共产党领导的队伍，是保护人民的，是有着铁的纪律的；对于黄克功必须依法办事，严肃处理！”

雷经天试探着问：“主席，黄队长是长征干部，是立过大功的人……”

“屁话！”毛泽东陡然之间翻了脸，“长征干部就可以随便杀人了？我们共产党里还没有这样的规矩！他就是天王老子也不行！封建社会里还有个‘王子犯法，与庶民同罪’的说法，难道我们还比不得封建社会里的帝王将相？‘挥泪斩马谡’，为国为民，决不宽待！”

谢觉哉说：“一定按照主席的指示办，按我们党的法律办！”

雷经天也说：“我立刻组织人员立案调查，然后向主席汇报……”

毛泽东缓了一口气，吸了口烟说：“不是向我毛泽东汇报，是我们要向人民汇报，我们要对人民负责。”

在毛泽东的直接责令下，陕甘宁边区高等法院对黄克功的杀人案件开始了立案调查，并表示一定严肃查办、依法惩处。

结果，黄克功被处以死刑。

毛泽东从最简单的道理说起——“牛不喝水强按头”是无理的，又从共产党的性质说起我们“是保护人民的，是有着铁的纪律的”，说明了黄克功之罪不容恕；毛泽东又引用“王子犯法与庶民同罪”和“挥泪斩马谡”两个典故，说明了尽管黄克功是“有功之臣”，在法律面前也不能搞特殊，从大局出发，为国为民，不得不予以严惩不贷。“我们要向人民汇报，我们要对人民负责”，反映了毛泽东与人民心心相印，高度重视人民利益，把人民利益看得高于一切的伟大情怀和廉政勤政、严惩腐败的坚定的原则立场。

“朋友之间，无话不谈嘛”

——毛泽东对梁漱溟的说服、辩论

1938年1月，对蒋介石抗战失去信心的梁漱溟，来到延安，见到了毛泽东。

毛泽东开口的第一句话就是：“梁先生，我们早就见过面了，您还记不记得？民国七年在北京大学，那时您是大学讲师，我是小小图书管理员。你常来豆腐池胡同杨怀中先生家串门，总是我开大门。后来杨怀中先生病故，我也成了杨家的女婿。”

毛泽东的话一下使梁漱溟回想起了20年前的往事。当年梁漱溟每晚到杨怀中家中来，总有一个高个子青年来开大门。杨怀中告诉他，这位青年是他湖南第一师范的学生，有才有为，到北京来拜老师的。后来杨先生去世，家境不好，蔡元培发起出资办丧，梁是出资者之一。他还记得这位湖南青年，是具体承办丧事的人。丧事一完，他也就离开了北大。梁漱溟连连向毛泽东点头：“是的，好记性，有这事，有这事。”这可以说是梁与毛的第一次正式见面。接着，梁漱溟就从他在南京和武汉的沿途所见惨景，谈起“中国的前途如何？中华民族会亡吗？”等问题，表现出了他对抗战前途十分忧虑。毛泽东听完梁漱溟的叙述，不急不躁地说：“梁先生，你所听到看到的若干情况，大都是事实。但我的看法，中国的前途大可不必悲观，应该非常乐观！中华民族是不会亡的，最终中国必胜，日本必败，只能是这个结局，别的可能没有！”接着，毛泽东从国际国内、敌我友三方的力量对比，详细说明这些论断的依据。梁漱溟听得渐渐入神，毛泽东那肯定的语气，甚至那必胜信念的情绪，都深深地感染着梁漱溟。毛泽东的话音一落，梁漱溟即说：“毛先生，可以这样说，几年来对于抗战必胜，以致如何抗日，怎么发展，还没有人对我作过这样使我信服的谈话，也没有看到过这样的文章。您今天的谈话，使我豁然开朗，精神振奋！”

“过奖了，过奖了，梁先生！”毛泽东与梁漱溟的谈话一直进行到后半夜，毛泽东很客气地说，“梁先生，你旅途劳累了，你我今天不必熬通宵了，明天晚上再谈吧。”

梁漱溟起身：“我送你一本书，请你先翻翻，明天的谈话就从我这本书开始，好不好？”

“随便，随便，朋友之间，无话不谈嘛。”毛泽东接过一本厚厚的书，即梁漱溟新出版的《乡村建设理论》。

第二天谈话一开始，毛泽东拿出梁漱溟昨日送的那本书，说：“大作拜读了，但看的不细，主要之点都看了。我还从中摘出一些结论性的话。概括地说，你的著作对中国社会历史的分析有独到的见解，不少认识是对的，但你的主张总的说是改良主义的路，不是革命的路。而我认为，改良主义解决不了中国的问题，中国需要彻底的革命。”在这一点上，梁漱溟与毛泽东不能苟同，他认为中国社会贫富贵贱不鲜明、不强烈、不固定，只要人人尽责，做好本行，社会就能稳定发展。两个人谁都无法同意对方的观点，从下午6点开始，一直到天亮，整整一个通宵，虽然争论很激烈，且谁也说服不了谁，但两人态度友好，也很随便。毛泽东穿着一件皮袍，有时踱步，有时坐下，有时则干脆在床上躺一会儿，不拘礼节。梁漱溟也常被毛泽东幽默的话语逗笑。毛泽东送客出门时，东方已白。他对梁漱溟说："梁先生是有心之人，我们今天的争论可不必先作结论，姑且存留听下回分解吧。"

事隔多年之后，已是93岁高龄的梁漱溟回忆此次争论时，还不无感慨："这种虚怀若谷的气度，如果能保留到建国以后，特别是在他的晚年，那该多好呢！"

对梁漱溟这位当时有一定社会影响的学者，毛泽东出之以满腔热情、平易近人的话语，从而拉近了俩人之间的距离，从而使说服、争论在两人友好、平等的氛围中进行。毛泽东举止豪放自如，谈吐认真直爽，以理、以事实做论据说服人，产生争论、辩论，也属于正常；对待争论，一时难以达成一致，不做结论，留待下回分解，这种做法和态度，体现了毛泽东大度包容的胸怀，自尊他尊的气质。毛泽东的这种辩论、说服的语言艺术，直至今天，仍是值得学习的。有些领导干部，动辄以官气压人，这种官僚主义作风，必须坚决克服掉。

"我们的动作慢了就会吃亏"

——毛泽东对抗大师生的说服教育

1938年春，有的青年刚来延安，吃不了苦，生活一段时间后，思想问题就反映出来了，甚至发牢骚讲怪话。学校领导把学员的思想动态向毛泽东作了汇报，他决定召集一次全校师生大会，亲自做思想工作。

会场设在凤凰山脚下的一个沟岔里。

毛泽东这天讲了十多个思想问题。

有一个比较有代表性的问题是"爬山主义"。

那时，抗大很重视爬山运动，经常出早操，都有爬山科目。凤凰山、清凉山、宝塔山，以及其他不知名的山，都被抗大学员爬了不知多少遍。有些学员身体弱，爬山常掉队，觉得脸上无光，想请假，又怕别人笑话思想落后，心里不高兴，便发牢骚："我们来延安，为的是学习马列主义，懂得怎样闹革命，你们为什么老搞爬山主义呢？可不可以把马列主义增加点，把爬山主义减少点？"

毛泽东从作战的需要讲起。他说："我军在华北的作战方针是'独立自主的山地游击战'，山地是我们的依托，指战员都应该成为爬山的能手，做到动作迅速、敏捷。你们知道侵占华北的日军情况吗？他们穿着大皮鞋，爬山相当快，就是平时练出来的。我们的动作慢了就会吃亏。经常练习爬山，可以增强体质，提高战斗力，这是打仗的需要，不能看作是无关紧要的小事。"

毛泽东接下来结合红军长征的历史谈这个问题："红军长征时，依靠爬山速度快，打了许多胜仗，甩掉了前堵后追的数十万敌人，胜利到达陕北。爬山是我军的拿手好戏，今天仍然应该重视，可不能把老传统丢了。至于身体弱的同学，要量力而行，循序渐进，开始时掉队，不算丢面子。慢慢来，追上来，需要一段艰苦锻炼的过程。山还是要爬，不要说成是什么主义。"

另一个很典型的问题是"劳动大学"。

当时延安的物质条件很差，生活十分艰苦。抗大的学生入校，并没有预备的房子住，要靠自己打窑洞，才有宿舍。口粮也是小米饭、山药蛋，每人每天五分钱的菜金，包括吃的油、盐、菜，以及烧的柴、炭。装粮食没有麻袋，公家也没有运输工具，全靠学员自己将床单、毯子，甚至自己的长裤扎成米袋，去很远的地方背。这样一来，公差勤务很多，星期天、课余时间也难得休息，有的学员便说："什么军政大学，干脆叫劳动大学，更加名副其实。”

毛泽东没有直接批评“劳动大学”这句话本身，而是批评了学员说这句话所要宣泄的那种情绪。他从劳动创造了人类，劳动创造了世界上的物质文明和精神文明这些马克思、恩格斯的基本理论讲起，归纳到抗日战争条件下的陕甘宁边区的实际情况上来。他说：“抗大不断扩大，学员数量成倍增加，经费缺乏，我们有什么办法呢？只有一个法宝，叫作‘艰苦奋斗’。红军改编为八路军后，开赴前线作战，打了许多胜仗，开辟了广大的抗日根据地，得到人民群众的热烈拥护，原来的红军战士，都当了指挥员，后方机关、学校的马夫、伙夫、勤务兵、号兵一到前方就提为干部。抗大的学生数千人，编了几十个队，每个队已配备了一些必要的勤杂人员，不够用也不能再多配。你们吃的、穿的、住的、烧的、用的东西很多，大量的服务性工作由谁承担呢？可不可以调一些战斗部队回延安，代替抗大的学生担负这些日常的劳动？如果那样做，是增加抗战的力量呢，还是减少抗战力量？办抗大是为了抗战。减少抗战力量的事情，咱们能办不能办？”

其他的思想问题，比如“与工农兵相结合”等，毛泽东也一一作了生动的论述。

毛泽东针对学员中存在的具体问题，谈情况，摆道理．一一予以解决。谈情况，总是与现实斗争生活紧密联系；摆道理，也总是从这事实出发把道理提出来。毛泽东的讲话，抓住问题的实质讲，中肯实在，入情入理，没有多余的废话，空洞的说教，没有教训人的“官”话，令人信服，深得人心。

“先要吃饱饭，解决‘肚先生’的问题”

——毛泽东对“抗大”学员做思想工作

1938年8月下旬的一天，毛泽东利用到“抗大”来讲课的机会，在未进入正式授课前，毛泽东微笑着针对某个具体问题对大家讲了一段“开场白”。

“同学们，上课之前，我先给大家讲一件‘小事……”说着，毛泽东从他灰色上装的衣袋中取出几张纸条，看一眼便放在了他面前的白木桌子上，并用桌子上的搪瓷缸压住，接着说，“最近几天，有不少同学给中央和我写信，递条子，说我们是历尽千辛万苦才到延安来的，来到党中央身边，为什么不几天就要叫我们离开呢？我说，对呀，中央的许多同志也很同情这些同志的想法。但是，就有那么一个人不同意，整天叽里咕噜地在那里发牢骚。可这个人是哪一个呢？姓什名谁？”

毛泽东故意话到嘴边留半句，听课的人们被说得面面相觑，猜不出毛泽东在讲谁。稍停片刻，毛泽东才风趣地对大家说：“这个人就是‘肚先生’，也就是大家的肚子！”

一句话，说得大家都笑起来。笑声中，毛继续说：“大家不要笑嘛，不相信可以试一试，你们哪一个敢同这位‘肚先生’较量较量？”

听讲的人们中没有一个表示要“较量”，毛又说：“中国古代有句古话叫‘民以食为天’，我说是‘吃饭第一！’”

湖南人习惯把“吃”字说成“掐”，好在大家都习惯了，都能听得懂——毛泽东见大家听得入了神，便把讲话引上了正题：“我要讲的‘小事’，就是动员大家去洛川‘就食’，先要吃饱饭，解决‘肚先生’问题。所谓‘就食’呢，就是古人所说的‘就粮’，也就是把人带到产粮、积粮多的地方去找饭吃。《后汉书》上说，‘吾且休兵北道，就粮养士，以观其弊！’今日，我们党中央也学点古人的做法，动员你们去洛川‘就食’，其目的只有一个，就是让大家吃饱肚子，学习好、训练好、做好抗日的准备！大家说，该去不该去呀？”听讲的“抗大”学员们纷纷说：“该去！该去！我们都去！一定去！”

毛泽东的这一番话，很幽默，引经据典，把道理讲得透彻明了，引人入胜，使学员恍然大悟、顿开茅塞。在谈笑声中，把人说服了，把存在的问题解决了，把思想工作做了，这叫寓教于乐，由此可见毛泽东语言艺术之高超。

“决不要惋惜或看不起他们”

——毛泽东与一些领导人的交谈

1939年1月，一对青年夫妇向有关负责人提出，从延安重回国统区重庆。对此，许多人深感惋惜，纷纷劝留。因为延安太需要人才了，况且他们二人都刚从法国留学回来，一位是肺结核病专家，一位是文学博士，从重庆带着儿子来延安才一年多。经了解，刚来时工作热情很高，但由于工作中和同事们有分歧，再加上生活上不太适应，这便是他们要回去的原因。

毛泽东得知这一情况后，同意他们的意见，并委托有关领导对他们说，若愿意再来，我们仍然欢迎。毛泽东说：“他们回去以后，会以亲身经历做比较，如果他们经过对比，又觉得我们解放区好，又要回来，我们再欢迎他们也不迟。决不要惋惜或看不起他们。因为经过再一次反复，他们与我们合作的信心会更足，决心会更大，也会在这里工作得更好！”果然如毛泽东估计的一样，一年多之后，他们夫妇又回到了延安。

“决不要惋惜或看不起他们。因为经过再一次反复，他们与我们合作的信心会更足，决心会更大，也会在这里工作得更好！”不仅反映了毛泽东宽容大度的胸怀，还反映了毛泽东对人才的重视，你看他等待人才觉悟的信心、耐心多么地坚定。

不能搞特殊，否则，“是蒋介石，是皇帝”

——毛泽东与萧劲光的交谈

1939年冬天，延安地区寒气逼人。

一天下午，毛泽东还没有起床，下身盖着棉被，躺坐在窑洞里炕上，正在聚精会神地批阅文件。此时，萧劲光走进来，连忙问毛泽东是否病了。毛泽东往那边指了一下，一条湿棉裤正在火墙旁烘烤着。毛泽东说：“江青她爱干净，把我唯一的一条棉裤洗了，我哪里起得了床哟！起来我会光屁股。”

萧劲光看到毛泽东只有一条棉裤和暂时无法起床的情况，感到领袖对自己要求太严了。于是，这位留守兵团负责人立即安排警卫员到留守兵团领一床棉被和一套新棉衣，交给毛泽东。对于萧将军的关照，毛泽东断然拒绝了，并严肃地说：“我现在若是搞特殊，人家群众就会不相信你，他们就会说你不是真革命者，是蒋介石，是皇帝。”

毛泽东具有远见卓识，总是把自己的一言一行都与自己所从事的伟大革命事业联系起来，对自己以高标准来从严要求，谨防“搞特殊”，不当假革命者，不当蒋介石，不当皇帝。一个真正的革命者，只有这样，才能获得人民群众的信任、拥护，才能更好地为人民服务。

“老百姓有意见，要来找我，我看这是天大的好事！”（1）

——毛泽东对陕甘宁边区留守兵团负责人的说服教育

1940年11月上旬的一天，毛泽东得到当地群众批评陕甘宁边区留守兵团的人违反了八路军的“三大纪律八项注意”，还扬言要找毛泽东“告御状”的消息很吃惊，立即召集了留守兵团的十几位负责人谈话，了解情况；留守兵团的一些人想不通，埋怨地方党组织对群众教育不够，也要求向毛泽东汇报实际情况。

在杨家岭的窑洞里，毛泽东热情地招呼留守兵团的人坐下来，并拿出了“单刀牌”香烟招待大家。当同志们都坐下以后，毛泽东也坐下来说：“大家心里有些怨气，可以面对面地谈谈么！一吐为快，不要憋在心里，有什么意见都讲出来吧！”

大家见毛泽东对他们很热情，便你一言、我一语地谈了不少意见，最后还有人说：“老百姓对我们有意见，可以直接找我们谈；可他们一不找、二不谈，动不动就说要找毛主席去，真让人接受不了！”

毛泽东听了大家的意见，意味深长地说：“老百姓有意见，要来找我，我看这是天大的好事！”

在座的人都被毛泽东说愣了。毛泽东吸着烟，以深沉的语气对大家说：“开天辟地以来，中国有几千年的历史了，都是老百姓受官府的气，受当兵的欺侮，他们敢怒不敢言；现在他们敢向我们提意见，敢批评军队，这是多么了不起的变化啊！你们想想看，从古到今，哪有老百姓批评军队的？哪有民管军这样好的事啊？这说明我们边区的民主已深入到群众中去了。老百姓敢直接找军队的顶头上司，说明老百姓是信任我们的啊！”

听了毛泽东这一番话，大家的心里豁然开朗，纷纷沉痛地说：“我们思想上有不健康的东西，对部队教育不够，怪不得老百姓……”

毛泽东高兴了，招呼大家吸着烟，又说：“我看咱们边区政府民主建设工作做得很有成绩。我们的军队有广大群众当老师，你们搞军队工作的就不会犯大错误了！”

毛泽东的话，说得大家心悦诚服，纷纷表示严格要求自己、严格管理部队；毛泽东大手一挥说：“好么！你们今日的态度很好，我看留守兵团大有希望！边区大有希望！”

毛泽东是人民的领袖，他代表广大人民群众的根本利益，为人民谋幸福，所以他倾听人民群众的呼声，欢迎人民群众的批评意见。对待人民群众的批评意见，站在革命的立场上，用马克思主义——历史唯物主义和辩证唯物主义的观点予以分析，说明了我们所搞的革命是不同于历史上的任何革命，是崭新的伟大的革命。老百姓敢批评我们，说明我们是代表他们利益的，他们是信任我们的。我们应当甘当人民群众的小学生，按照人民群众的合理要求，把革命工作搞好。

“老百姓有意见，要来找我，我看这是天大的好事！”（2）

——毛泽东对某军分区司令员的说服教育

延安时期。

有一位军分区司令员，不小心踩了农民的菜地。菜地的主人怒气难平，在延安整风的时候为这件事向这位司令员提了意见。

这位司令员听了很不入耳。他不仅不自责，还埋怨地方党政负责人没有教育好那些农民。他说：“老百姓对我们有意见，动不动就说‘找毛主席评理去’，今后的事怎么办呢？”他的怨言传到了毛泽东那里。毛泽东听了大笑起来，他说服了这位司令员，还多次在公开场合对这件事发表评论：“在我们陕甘宁边区，有一家老百姓，给当地的一个分区司令员提了批评意见，你们听说没有？这是好事还是坏事？我看是天大的好事。它说明这个老百姓很有觉悟嘛！”

毛泽东又接着说道：“中国有几千年的历史，但都是老百姓受官府的气，受当兵的气，他们只有忍受，从来敢怒不敢言，如今，陕甘宁边区上上下下都讲民主，这位老百姓有意见才敢向司令员提，才敢批评这位‘长官’，你们看这有多好啊！”

毛泽东坚持唯物主义，总是辩证地看待问题。认为老百姓敢给司令员提意见，“是天大的好事！”“说明这个老百姓很有觉悟”，说明“陕甘宁边区上上下下都讲民主”。毛泽东又历史地、现实地分析了这个问题。毛泽东所讲的道理，对于一个革命者来说，能不服气吗？！如果我们上上下下的干部，都坚持这种观点办事，我们的事业就会得到更大的发展，我们的人民就会得到更大的幸福。

蒋介石的“脑筋深受刺激”

——毛泽东在重庆谈判时与蒋介石的论辩

1945年8月29日。重庆。

清晨，毛泽东在齐吉树的陪同下漫步于林中楼旁的甬道上，正好不期遇到了也已早起的蒋介石。俩人从林荫深处沿着长满青苔的石级，拾级而上，然后就座于林荫道边的一个圆石桌旁。

“润之先生，你怎么起得这样早哇？听说你有晚上办公的习惯，怎么，来这里不习惯？”蒋介石用兄长般的语气，显得十分关心地对毛泽东说。

毛泽东面含微笑道：

“岁月如逝水，有道是前30年睡不醒，后30年睡不着嘛！蒋委员长不知有没有这个体会？”

蒋介石一下子就感到了毛泽东话锋的锐利，忙岔开话题：

“嗯，嗯，润之来到这天府之国的雾都，感觉如何？”未等毛泽东回答，蒋介石接着说，

“四川的土地肥沃得很哩！林森老先生生前对我说：在这里的任何一块土地上，就是插上一根龙头拐杖，来年也会生根发芽、开花结果的。林老先生十分钟情于这块土地，所以，死后就长眠于此间山水中。前年年底政府为林老先生举行了奉安典礼后，才将先生的梓棺由官邸大礼堂移入墓中的。润之如有兴趣余可陪你去那里看看……”

毛泽东明白这是蒋介石有意绕开正题，即答道：

“小弟不敢有劳委员长大驾陪同，改日，余定要拜谒林主席之墓。林老先生在担任国民政府主席期间，对日态度强硬，力主抗战，深受国人爱戴。林主席去世时，我们曾发来了‘领导抗战，功在国家，溘闻逝世，痛悼同深！’的唁电，以示对林主席的崇敬。”

上午，毛泽东与周恩来、王若飞在桂园同张治中商谈谈判的内容和程序问题。下午，双方开始正式会谈。蒋介石摆出一副大家的风度，对毛泽东和周恩来说：

“政府方面尚未提出具体方案，是为了表明政府对谈判并无一点成见，愿意听取中共方面的一切意见。希望中共本着精诚坦白之精神，提出自己的意见。”

听蒋介石如是说，毛泽东十分诚恳地表示自己的意见：

“我们到这儿来，一句话，是为了和平。中共希望通过这次谈判，使内战真正结束，实现永久的和平。”

蒋介石不等毛泽东说完，就接上道：

“中国没有内战。”

很明显，蒋介石意欲另辟话题，以虚避实。

毛泽东穷追不舍，毫不客气地批驳道：

“要说中国没有内战，蒋主席恐怕是自欺欺人吧！”

接着，毛泽东历数十年内战及抗战以来的大量事实，证明内战不但在中国存在，而且从未停止过。毛泽东说：

“从‘九·一八’事变以后，就产生了和平团结的需要。我们表示了，但是没有实现。到‘西安事变’以后，‘七七’抗战以前，才实现了。抗战八年，我们一再表示愿意谈判解决各种摩擦。”

毛泽东对蒋介石“中国无内战”的论调严词批驳后，蒋介石在他当天的日记中十分沮丧地写道：“脑筋深受刺激”。

10月里，在重庆的最后三天，毛泽东为使和谈获得进一步的成果，又和蒋介石数次会面，9日和10日还两次长谈。谈话的中心问题仍然是军队和解放区问题。

在会谈中，蒋介石仍然以居高临下的口气说：

“谈判快要结束了，我有几句肺腑之言，很想对毛先生再说一遍，真可谓不吐不快呀！”

毛泽东淡淡地一笑：

“请蒋先生直言，我当洗耳恭听。”

蒋介石摆出一副语重心长的架势说：

“共产党最好不要搞军队，如果你们专在政治上竞争，那你们可以被接受。”

说到这里，他又煞有介事地说：

“国共两党缺一不可，党都有缺点，都有专长，我们可以互相取长补短。只要我们二人能合作，中国的问题就好办，十年之内，总要搞出个名堂，否则，对不起人民。”

毛泽东认真地听着，然后诚恳地说：

“对解放区的努力应当承认和帮助，我赞成军队国家化，军队只要为国防服务，党则全力办政治。”

蒋介石提共产党不要搞军队，毛泽东就说赞成军队国家化，这当然也包括国民党军队，蒋介石当然不会干。可是，他又转换话题，谈到整个重庆谈判，略显悲观地说：

“这次没谈好。”

毛泽东则满面春风，十分爽朗地说：

“我看还是很有收获，主要是方针，确定了和平建国的路线，我们完全拥护。”

10月10日晚，在国府举行的“双十”节招待宴会上，毛泽东、蒋介石举杯互敬，共同庆祝抗日战争的伟大胜利。席间，毛、蒋双方都大谈“和为贵”。

晚宴结束后，应蒋介石之邀请，毛泽东偕周恩来、王若飞驱车到山洞林园蒋介石官邸，向蒋介石辞行。

毛泽东等在侍卫人员的引导下，健步步入客厅，蒋介石忙上前寒暄握手。宾主落座后，毛泽东抓住时机，就召开政治会议和国民大会问题同蒋介石再次交换意见。

毛泽东提出延缓召开全国政治协商会议，于明年召开国民大会。

蒋介石执意拒绝。他讨价还价地说：

“如政治会议能在今年11月份召开，国大问题可以考虑。”

由于蒋介石仍以大党地位自居，固执己见，毛、蒋会谈持续两个小时未果。在走下楼前石级的时候，蒋介石握着毛泽东的手，像突然想起了什么：“润之，明天我另有要事，恕不能到机场亲自相送了，我的军政部长陈诚将军将为我代劳。”

11日清晨，早餐后，毛泽东抓紧点滴时间和机会，与蒋介石又进行了一次会谈。在解放区问题上，蒋介石仍顽固地表示：

“政府决不会再做出任何让步。”

看到蒋介石态度如此强硬，毛泽东知道再说也是白费口舌。为力求国共两党问题的政治解决、实现国内和平的毛泽东告诉蒋介石：“在我返回延安以后，周恩来、王若飞，将继续留在重庆，同贵党代表举行商谈，以使《纪要》未予解决之问题，能在召开政治会议之前得到解决。”

蒋介石点头表示首肯。

上午9时，毛泽东、蒋介石再次握手，也是最后一次握手，这是中国共产党第一代领导人与国民党最高统帅最后的一次直接接触。

从以上我们可以看到，毛泽东与蒋介石的交谈、论辩，不卑不亢，不温不火，大度从容，坚持“以根本的原则结合实际情况去解决问题”，表现了一个伟大的无产阶级革命家、一个伟大的马克思列宁主义者的非凡胆略和高超的斗争艺术。

“打鱼不在急滩上，后退一步自然宽”

——毛泽东在重庆谈判时与身边工作人员的交谈

在重庆谈判中，面对蒋介石的傲慢无理和国共存在的巨大分歧，中共谈判代表在毛泽东的指示下，据理力争，不卑不亢。在经过了几番艰苦卓绝的交锋后，毛泽东决定让出8个分布在广东、浙江、苏南、皖南、皖中、湖南、湖北、河南等省区内人民军队在抗日战争时期所建立的革命根据地。

为了使谈判能够获得进展，先后做过多次让步：在承认解放区人民政权合法地位的前提下，解放区各级民选政府，可重新举行人民普选，选出的各级政府由国民政府加委，或者各解放区暂时维持现状不变，规定临时办法，以保证和平秩序的恢复；在公平合理地整编全国军队的原则下，中共愿将所领导的人民军队按照与国民党政府军队 1 ∶ 6 的比例，缩编为 24 个师或至少 20 个师，并且可以把广东、浙江、苏南、皖南、皖中、湖南、湖北、河南（豫北不在内）8 个解放区的部队撤退到苏北、皖北及陇海路以北地区。这对于一向坚持“针锋相对，寸土必争”的毛泽东来讲，无疑已是作出了很大的让步。

“让出 8 个解放区？”毛泽东身边的工作人员听了都搞不通，因为这是共产党领导八路军、新四军和根据地的人民打日本打出来的呀。

毛泽东耐心地对他们解释说：

“让出 8 个解放区非常可惜，因为这是人民用血汗创造出来的，所以在让出的地方我们必须和当地的人民解释清楚，要做妥善的处置。但这些都是为了谈判的需要。你们想想，重庆是蒋介石的陪都，人家的家在南京，现在抗战胜利了，人家要搬回老家，南方的一些解放区，在他的床旁边，或者在他的过道上，我们在那里，人家就是不能安心睡觉嘛！所以无论如何他是拼命要来争的。在这一点上我们主动采取让步，就有利于击破国民党说我们争地盘的诺言，戳穿他们想打内战的阴谋，取得国内外广大中间分子的同情。再者，既然是谈判，就得有退有进，打鱼不在急滩上，后退一步自然宽。谁人不知，两个拳师放对，聪明的拳师往往退让一步，而蠢人则其势汹汹，劈头就使出全副看家本领，结果，却往往被退让者打倒。《水浒传》上的洪教头，在柴进家中要打林冲，连唤几个来、来、来，结果，被退让中的林冲看出破绽，一脚踢翻了去，所以说有时退是为了更好地进嘛！”

毛泽东身边的工作人员，听了毛泽东的这一番讲解说服，心里顿觉豁然开朗了起来。

毛泽东在这里运用马克思主义唯物辩证法的观点，结合现实情况，分析说明退与进的关系，然后又用民谚和典故作例证，对退与进的关系进一步予以分析说明，从而增强了语言的说服感染力。

“我们走了，延安这个包袱就送给你背上吧”

——毛泽东对延安一些领导干部的说服

1947年3月，国民党军队胡宗南等部25万人向当时中共中央和解放军总部所在地延安发动了凶猛的攻势。当时，人民解放军在西北战场上的部队总共只有2万来人。毛泽东审时度势，作出了主动撤离延安的战略决策。

一天，毛泽东在自己办公的窑洞里接见了保卫延安的新四旅、教导旅的领导干部。

毛泽东与大家一一握手后，亲切地请大家坐下，然后拿出两包香烟，笑吟吟地说：“请大家抽烟，两种烟随便抽，这一种是咱们自己生产的，那一种是日本人送给咱们的！”

由于毛泽东说话和气，平易近人，士兵与领袖之间的关系一下子拉近了距离，气氛很快变得热烈、活跃起来。

毛泽东抽了一口“丰收”牌香烟，环视一下在座的各级干部：“我们要暂时撤离延安，战士们都有什么意见呀？”

程悦长说：“大家都拥护中央的决定，但是，只要您下命令，我们敢保证不让敌人打到延安来。”

毛泽东又问：“战士都有些什么想法？”

新四旅十六团团长袁学凯说：“不在这里好好打上一杖，就把延安白白地让给敌人，真有些不甘心呢。”

毛泽东听了后哈哈大笑："现在我们的部队在前面打得很激烈，阻止敌人一天进不了几里地。敌人来了，你完全可以在这里放几枪，表示'欢迎'胡宗南嘛！告诉他：我们走了，延安这个包袱就送给你背上吧。"

窑洞里哄然大笑，笑声像一阵龙卷风盘旋上升，冲出门窗，在黄土高原上荡漾。

等大家乐过之后，毛泽东意味深长地说："延安是党中央的所在地，我们要主动放弃它，战士们肯定会有些反应，当然敌人更会有反应。我们的中央搬了家，他们就会叫嚷：共产党垮台了。一切反动派都喜欢造谣，喜欢无事生非。他们要是进占了延安，更该胡乱吹牛了。蒋介石还会开一个庆祝会，庆祝他们的'胜利'。"

说到这里，毛泽东爽朗地笑了起来。其他人受到毛泽东的感染，也都跟着大笑起来。

毛泽东接着说下去："当然，这只是暂时的。将来人们会看到，蒋介石占领延安，绝不是他们的胜利，而是搬起石头砸自己的脚，他们吃亏倒霉的时候就要到了。"

毛泽东给大家详细分析了各个解放区的形势，扳着指头历数过去的8个月中，蒋介石损兵折将的数目，指出国民党能用于进攻解放区的兵力越来越少，因此被迫放弃全面进攻，转向山东和陕北，实行所谓的"重点进攻"。毛泽东还谈了国民党在政治上、经济上的失败和危机，断言中国人民的胜利为期不远了。

毛泽东的分析精辟、透彻、深刻，说得又浅显明了，时而插入一些幽默风趣的话语，使大家听得入了神，浑身增添了无穷的力量。

最后，毛泽东问大家："你们看是不是应该撤离延安呀？"

大家一致表示："主席分析得对！我们这样做既是撤退又是进攻，我们是进攻中的转移！"

毛泽东赞许地说："大家说得好！蒋介石阿Q精神十足，他不是拼着老命想要咱们的延安吗？那就给他们好了！延安不就是几孔窑洞吗？他也搬不走。如果他破坏了，那也好，将来我们再盖新的，盖上高楼大厦。"

毛泽东又点燃一支烟，接着说："我们不仅要把延安让出去，东北、华北，还有别的解放区，必要时我们也会让一点给他们，让他们多背上几个包袱。他们背不动了，还是得给我们放下。只要我们好好打几个大胜仗，不仅延安要回到我们手里，西安、武汉、南京、上海、北平也会回到我们手里。全国都是人民的，都要回到人民手里。"

一席话说得大家心悦诚服地不住点头，原来纠缠在他们头脑里的许多问题，因撤离延安而引起的种种不快情绪一扫而光了。

要说服人，必须摆事实、讲道理。毛泽东在这里声情并茂地做干部们的思想工作，有理有据地阐明党中央的决策，令干部们信服，信心坚定，斗志昂扬。毛泽东的谈话，体现了唯物论的"两点论"与马克思主义斗争哲学的特点和灵活机动的战略战术精神。

"还是要留在陕北"

——毛泽东与新四旅将士们的交谈

1947年3月13日，胡宗南的部队由延安南的宜川、洛川一线进犯延安，还有50多架飞机配合。中共在延安的外围部队利用有利地形奋勇抗击。

在王家坪的解放军总部里，毛泽东和朱德、刘少奇、周恩来、任弼时五大书记仍在指挥作战。

情势急迫，敌机不断寻找目标轰炸。突然，一颗炸弹在毛泽东住处不远的地方爆炸了，弹片把一棵大树的树皮都炸掉了。警卫员拿着拣回的弹片让毛泽东看，劝他赶快撤离延安。毛泽东接过弹片，微笑着说："嗬，是块好钢呀，正好打两把菜刀使用。"

面对敌机不断地轰炸，大家劝说毛泽东向石洞内转移。他说："他扔他的炸弹，我办我的公。"3月16日中午，两颗重磅炸弹在王家坪毛泽东的窑洞口前爆炸，但洞内异常平静，毛泽东边看地图边问："客人走了么？"警卫参谋贺清华不知哪来的客人，便问："谁来了？"他用笔指上方："飞机呀！"大家都会心地笑了。这天傍晚，新四旅的程副旅长等向毛泽东汇报完阻击敌人的情况后，听取了他关于实施蘑菇战术、寻机歼敌、一年内改变力量对比的分析，个个心悦诚服。为了确保毛泽东安全，他们请求他"尽快转移到黄河东边去"。毛泽东面露喜色地说："感谢大家的关心，不过……还是要留在陕北。""这里面有两个原因。第一，我们在延安住了十来年，一直过着和平的生活，现在，一旦有了战事，我们就离开陕北，这怎能对得住老百姓呢？因此，我决定和陕北人民一道打败胡宗南，什么时候打败胡宗南，什么时候再过黄河！第二，我之所以暂不离开陕北，还因为胡宗南有20多万人马，而我们仅2万人马，敌我力量对比这么悬殊，比其他战场要危险得多，我作为军事负责人，怎能不留在陕北呢？现在，几个解放区刚夺得主动权，我留在陕北，蒋介石就会在这里多下些'本钱'，我也能拖住他的'西北王'，其他战场就可以轻松一点……"新四旅的将士们深受感动，表示坚决执行毛泽东的指示。

3月18日晚，毛泽东率领中央机关、野司和电台人员最后撤离了延安。临行前他充满信心地说："延安，我们一定要回来的。"

毛泽东从大局出发，全面考虑问题，把老百姓的利益，把广大指战员的利益看得高于一切，而将个人安危置之度外，运筹帷幄，指挥着战争并对战争的胜利充满了信心，表现了毛泽东作为一个伟大的无产阶级军事家的胆略和气魄。

吃红烧肉与不吃红烧肉

——毛泽东与卫士李银桥的交谈

解放战争时期，打沙家店，毛泽东三天两夜不出屋，不上床。就是人们常说的"运筹帷幄，决胜千里"。沙家店战役，歼灭钟松的36师，俘敌6000余人。战斗结束后，毛泽东对李银桥说："银桥，你想想办法，帮我搞碗红烧肉来好不好？要肥点的。"

"打了这么大的胜仗，吃碗红烧肉还不应该？我马上去。"李银桥说。

毛泽东疲倦地摇摇头："我不是那个意思。这段时间用脑子太多，你给我吃点肥肉对我脑子有好处。"

李银桥搞来一碗红烧肉，毛泽东先用鼻子深深吸吮香气，赞叹道："真香哪！"他抓起筷子，三下五除二，吃个碗底朝天。

当毛泽东放下碗，见李银桥目瞪口呆站立在一边，忽然孩子气地笑了："有点馋了。吃点肥肉对我有好处，补补脑子……打赢了，我的要求不过分吧？"

"不过分。主席要求的太少了，太低了。"李银桥眼圈一下子红了。俘敌6000余人，他只要求一碗红烧肉！

"不低了。战士们冲锋陷阵也没吃上红烧肉，只能杀马杀骡子吃呢。"

自此，李银桥等卫士们知道毛泽东爱吃红烧肉，吃红烧肉是为了补脑子。每逢大战或者他连续写作几昼夜，卫士们便千方百计替他搞一碗红烧肉。

1947年底，当时延安大食堂断了粮，战士们天天吃煮黑豆，吃得人人胀肚，没完没了放屁。毛泽东生活也很苦，困难环境中，他仍然写了《中国人民解放军宣言》等大量文章。看着他常以手加额用力揉搓，工作人员们心里很急。粮食都吃不到还去哪里搞红烧肉啊？

幸亏贺老总托人从河东捎来一块肥肉，李银桥忙叫炊事员炒了一小碟给毛泽东补脑子。

腊肉端上桌，毛泽东问明来历后，便叫李银桥撤下去，说："你们想叫我吃下去，可是我怎么能吃得下去呢？"

李银桥争辩说："这是为了补脑子，为了工作，可不是为了享受。"

"脑子是要补，可是也要讲条件，条件不同，补脑子的方法也不同。银桥啊，你给我梳梳头吧。"毛泽东接着又给李银桥讲黑豆有营养，什么蛋白质足够脑子用，什么梳头可以促进血液循环，把有限的营养首先补充给脑子。

吃红烧肉，或不吃红烧肉，毛泽东都因条件不同而做出不同的决定。"……条件不同，补脑子的方法也不同。银桥啊，你给我梳梳头吧。"不仅表现了毛泽东与战士们同甘共苦的伟大风范，而且也表现了毛泽东积极进取乐观向上的人生态度。毛泽东面对困难，总有相应的办法来对付，又能不无幽默地"自圆其说"，这种革命英雄主义和革命乐观主义的精神，给人以说服教育，给人以信心力量。

"如今进城了，还要陪着婆婆妈妈上街赶集，划不来"

——毛泽东不同意在人民币上印自己的肖像

1948年，中国人民银行领导小组成立。小组由董必武、南汉宸、何松亭、石雷组成，董必武任组长。在银行筹建过程中，大家对许多急待办理的关键性事宜认识一致，但对在票面上是否印毛泽东肖像出现了分歧。董必武认为事关重大，便安排工作人员向党中央发电报请示。

电报送到毛泽东手中。他看了，十分慎重，在办公室里踱来踱去，思考着如何回复的问题，正如不准以伟人名字给街道、工厂、学校等命名一样，毛泽东这次也不同意在票面上印自己的肖像，于是，他自言自语起来："我南征北战、风风雨雨几十年，如今进城了，还要陪着婆婆妈妈上街赶集，划不来，划不来。"毛泽东的这句幽默话把在场的人都逗笑了。

后来，任弼时将毛泽东的意见转告了筹建中国人民银行的领导。这就是原来的人民币上没印伟人像的原因。

"我南征北战、风风雨雨几十年，如今进城了，还要陪着婆婆妈妈上街赶集，划不来，划不来。"表面意思是说：我历经风雨于大业，如今成功了，"陪着婆婆妈妈上街赶集"此类"小事"就不要让我做了，我做也不合算，还是要让我做好大事吧。毛泽东的这番话，很幽默，表示了自己不同意在票面上印自己肖像的意见，同时也表现了毛泽东严格要求自己，大公无私、谦虚务实的工作作风和做人做事的伟大风范。

"千里之堤，溃于蚁穴"

——毛泽东对身边工作人员的说服教育（1）

随着解放战争的顺利进行，越来越多的地方回到人民怀抱，尤其是毛泽东的家乡湖南解放后，许多毛泽东的亲戚、故旧、朋友纷纷来信，有的表示祝贺，有的寻求帮助，有的则提出要到北京来。

接到这些信，毛泽东很为难，他说："我现在当大官了，如果翻脸不认人，人家就会说毛泽东无情无义，何况有些人过去还帮过我，帮过我们党呢。如果有求必应，那就成了国民党的样子了，一人得道，鸡犬升天，久而久之，就会脱离群众，就会垮台。"

经过再三考虑，毛泽东叫来秘书，对他们说："以后一般的来信，都由你们处理，过一段时间写个简报给我过目就行了。实在不好解决的，再交给我。天天看信、天天回信，别的事我就不用干了。"秘书问这类信怎么处理时，毛泽东答："凡是要来北京看我的，一律谢绝；如果不听，偏要来，路费由他自己出；来了我也不见，公家也不接待。凡是要求我找工作的，我这里是'四不主义'：不介绍、不推荐、不写信、不说话。凡是反映地方部门工作情况的，可以作为材料收集起来，当作参考；但不往下传，不直接处理，免得下面无法工作。"

毛泽东对自己要求很严，对其他人面临的类似情况，则持比较宽容的态度。一次，他身边工作人员告诉毛泽东，现在不少人都有亲戚、朋友来探望，如果按毛泽东的原则办，大家觉得很为难。毛泽东听了，叹了一口气，说："我这么做，也是不得已啊。其他同志家有客人来，当然应该招待，只要合格，也可以参加机关工作，但我毛泽东不能这么干。我一干，就可能成为一种不正常的现象，形成一股不好的作风，危害就大了。千里之堤，溃于蚁穴啊。"解放后，毛泽东的家乡很少再有人来，偶尔因事来信，毛泽东都按自己立下的规矩办，从未违背过原则。

毛泽东是很重视感情的人，但对任人唯亲的腐朽作风特反感。

毛泽东知道自己身居高位，一举一动都备受关注，在小事上如不注意就会影响大事，所以他责己从严，责人从宽。

上行后下效，正人先正己

——毛泽东对身边工作人员的说服教育（2）

1949年5月，毛泽东由香山的双清别墅搬进了中南海丰泽园的菊香书屋。

住进中南海后，毛泽东一再告诫身边的工作人员要保持艰苦朴素的作风。

勤政殿是中南海里最高的建筑，过去是皇帝休息和办公的场所，因而装饰得比较豪华。殿内正厅面积较大，可供上百人开会。当时新政协的筹备会议，便选定在此处召开。有一天，毛泽东散步走到殿前，停下了脚步，对工作人员说："过几天就要在这里开会了，咱们先进去看看。"

进了大门，通过院子，便来到过厅。过厅很大，宽10米，长50米，两旁摆放着名贵的花瓶、古物和工艺作品。毛泽东走上前去一一观看后，摇摇头，长长叹了一口气，说："过去的皇帝，只管自己的排场，可苦了老百姓啊！"当检修工作的负责人员问毛泽东有什么指示时，毛泽东说："检修工作，总而言之就是一条，少花钱，多办事。"

还是毛泽东临时到中南海办公的时候，在他工作、开会和休息的东屋里，花匠师傅精心布置了一番，摆了许多盆花。当时正值春暖花开的季节，菊香书屋院里，变成了一个百花争艳的小花园。一天，毛泽东对身边的工作人员说："过去，这里是公共场所，由他们随便布置，我不干涉，可现在我住在这里，就不要摆这么多的花了，少摆几盆，再摆一点松柏树就可以了。你们知道，到我这里来的人很多，如果我这里摆了那么多漂亮的花，那他们也会上行下效，向我看齐，养成这种风气就不好了。"后来，工作人员按照他的嘱咐，搬走了花盆，摆了两盆棕树，两盆无花果，凉台上放了两盆绿草。这样才觉得满意。

毛泽东在这里所讲的："你们知道，到我这里来的人很多，如果我这里摆了那么多漂亮的花，那他们也会上行下效，向我看齐，养成这种风气就不好了。"这些话的意思，就是说"上梁不正下梁歪"，我毛泽东要预防这种现象的出现，所以毛泽东以身作则，严格要求自己，一心为公，勤政廉洁，在全党全国人民中树立了一面榜样的旗帜。

"人家诸葛亮擒孟获，就敢七擒七纵；我们擒了个程莲珍，为什么就不敢来个八擒八纵？"

——毛泽东与李达的交谈

建国后，为非作歹的贵州县布依族女匪首程莲珍仍逍遥法外。她狡诈多变，行动敏捷，枪法甚精。"通缉令"要求，对该匪"捕捉时务必提高警惕"。

1953 年，程莲珍落入法网。按规定，她应被立即枪决。因当时西南军区李达参谋长赴朝鲜参观，此案被暂时挂起来。

1953 年 8 月下旬，李达从朝鲜回国，在京受到毛泽东接见。李参谋长向毛泽东汇报西南地区剿匪情况时，专门谈到了程匪一案。李达说："主席，这个女匪首，下面要求杀！"毛泽东说："不能杀！""好不容易出了一个女匪首，又是少数民族，杀了岂不可惜。""人家诸葛亮擒孟获，就敢七擒七纵，我们擒了个程莲珍，为什么就不敢来个八擒八纵？连两擒两纵也不行？总之，不能一擒就杀……"

毛泽东为什么不让杀这位当代"女孟获"？李达反复地思索

着。他在贵州省军区主要负责人会议上传达毛泽东指示后，谈了自己的体会："毛主席高瞻远瞩，使人深受启发。我们是共产党人，比起诸葛亮，应该有更广阔的胸怀。贵州的剿匪斗争虽已是尾声，但是工作更加复杂，这就更要注意政策，这才有利于尽快消除隐患，争取一切可以争取的人。"

毛泽东决定不杀女匪首程莲珍，从现实情况出发，又结合历史事例，给人以说服。对毛泽东所讲的话，李达的体会是有深度的，理解得很透彻。

"（曹操）这个案我们要翻过来"

——毛泽东与卫士徐涛等的交谈

1954年夏天。北戴河。

有一天，保健医生徐涛和卫士们跟着毛泽东在海滩上散步。毛泽东吟道："东临碣石，以观沧海。水何澹澹，山岛竦峙。树木丛生，百草丰茂。秋风萧瑟，洪波涌起。日月之行，若出其中；星汉灿烂，若出其里。幸甚至哉，歌以咏志。"徐涛问："主席，你念的是谁的诗啊？"他反问："你听着怎么样？"徐答："很有气魄，很美。"毛泽东说："这是曹操的诗，《步出夏门行》中的第一章，《观沧海》。""曹操还会作诗？他不是白脸奸臣吗？"徐涛带着传统的评价提出了问题。

借着徐医生提出的问题，在这时——1954年，曹操被亿万人唾骂的时候，毛泽东第一个站出来，对曹操作出了正确的评价："曹操是个了不起的大政治家、大军事家，也是一位了不起的诗人。"听了毛泽东对曹操的这一句评价，卫士和医生都目瞪口呆了。毛泽东接着说："曹操统一中国北方，创立魏国。那时黄河流域是全国的中心地区。他改革了东汉的许多恶政，抑制豪强，发展生产，实行屯田制。还督促开荒，推行法制，提倡节俭，使遭受大破坏的社会开始稳定、恢复、发展。这些难道还不是了不起？说曹操是白脸奸臣，书上这么写，剧里这么演，老百姓也这么说，那是封建正统观念制造的冤案。笔杆子杀人哪！那些反动文人垄断了文化，写出东西又愚弄毒害了老百姓，这个案我们要翻过来！”

郭沫若后来写了替曹操翻案的文章，也引发了争论，但大多数人接受了为曹操翻案的观点。毛泽东替曹操翻案，是建立在实事求是的科学分析的基础之上的，是从他对推动历史的发展、进步所起的作用这一主要方面来予以肯定的，不是无稽之谈，不是为了新奇而故作的惊人之语。

“不信是对的，根本就没有鬼”

——毛泽东与卫士王笃恭的交谈

1955年6月里的一天，毛泽东和江青在王笃恭的陪同下一起散步。在和王笃恭的聊天中，毛泽东知道王笃恭是上党沁县人。

毛泽东对王笃恭说：“沁县过去叫沁州，位于上党脚盆的北面，沁州历史上曾出过一位宰相。”

王笃恭说：“那位宰相叫吴阁老，听说那坟墓修得可威风啦，离我们家只有10多里路。”

毛泽东问他：“那你一定去过啦？”

王笃恭回答说：“没去过。”

毛泽东又问他：“那么近为什么不去看看？”

王笃恭认真地说：“一是年纪小，二是听长辈老人们说，那里经常闹鬼，不要说小孩子，就连大人们都不敢去，生怕鬼跟上了倒运。”

毛泽东笑了，说："哪里有什么鬼呀！"

王笃恭肯定地说："有，我们村里有一个人就被鬼跟上了。"

毛泽东饶有兴趣地说："那好吗，你说给我听听。"

王笃恭一本正经地说："那人叫王东明，30多岁，晚上去八里路的外村看夜戏。散戏后往回走，路边一片坟地，就遇见鬼了。王东明说：'那鬼打着个蓝灯笼，左摇右晃，开始离我不远，我想绕过他，就加快脚步走，谁知他从前面跑到了我身后，离我很近，我快走，他也快，我走慢，他也慢，我想拼命地快跑甩掉他，结果是我跑多快，他也跑多快，一直跟到家里才不见了。'王东明回到家里一头栽倒在炕上，病了一个多月，病好后他见人就说，逢人就讲，说他看夜戏回来被鬼跟上了，以后再也不去看夜戏了。他这一说不要紧，闹得村里的人，晚上不敢出门，天还没黑就点灯，生怕碰上鬼。"

毛泽东目视着王笃恭问："你信吗？"

王笃恭回答说："当时我信，后来我不信了。"

毛泽东告诉王笃恭："不信是对的，根本就没有鬼，他听说的也不是鬼，那是什么呢？是磷火。磷火是怎么回事？人死后埋在地下，人体腐烂后，产生出一种气体，比空气要轻，称为磷火，白天看不见，只有在夜间能见到，蓝光点随着空气的活动在晃游，在一定的条件下就自然而然地消失了，有人把此说成是鬼，其实不是鬼，也根本没有鬼，我国没有，就全世界而言也没有鬼，你明白了吗？"

毛泽东在这里讲的是民间传说的鬼。毛泽东根本不相信有鬼，更谈不上怕鬼。毛泽东相信科学，对"鬼"予以科学的解说，"鬼"在人们的脑海里，也就自然消亡了，不复存在了。

“世界上的事情就是不能有这种惟我独能的思想”

——毛泽东第一次游长江后与保健医生的交谈

1956年5月31日，毛泽东畅游长江。

这日下午2时许，毛泽东乘坐的轮船行近武昌桥头的8号桥墩。毛泽东换好泳裤，从容地向舱外走去。一阵江风掠过，穿夹衣的人们也不禁一阵哆嗦，气温只有20℃！当他看到围绕过来的小木船时，连连挥手说：“走开，都走开，不许靠近。”原来这些小木船是负责救护工作的人员乘坐的，听到毛泽东的命令，他们只好将船划开，只剩下保健医生乘坐的一条船，不远不近地悄悄尾随着。

毛泽东在船上做了一些简单的准备活动后，就从船上沿着扶梯慢慢地下水。下到江面后，他先埋头于水中三四次，让水浸漫全身，然后两手撒向后方，双脚一蹬，以仰游的姿式泰然自若地畅游在宽阔的江面上。毛泽东游开之后，前来护泳的同志也纷纷下水。

毛泽东舒适地躺在江面上漂流。时处浪峰，时落波谷。浑黄的波涛梳洗着他那乌黑的头发。此时，晴空万里，风和日丽，初夏的微风吹拂着江面，多日不见的太阳，这时把江面映出朵朵金色浪花，令人心旷神怡；几片浮动的白云，把天空装扮得更加湛蓝，激起人们无限美好的遐想。63岁高龄的毛泽东，在长江中破浪，精神焕发，悠然自得，游得十分轻松。他，时而侧泳，如蛟龙出水，搏击风浪；时而仰泳，头枕波峰，极目楚天；时而脚踩江水，缓缓前行，信步于万顷波涛之中，欣赏着大江南北的绚丽景色；时而又躺在湍急的江面上，任飞溅的浪花洒在身上，他让江水尽情冲刷着疲惫，显得十分惬意。

忽然，一股冷流袭来，大家不约而同盯着毛泽东，只见他若无其事，像坐在水面般两脚互搓着。

毛泽东一边游泳，一边同身边的群众谈笑着，问他们现在游到哪里了？离汉口还有多远？正说着，一个浪头打来，他吐出一口黄水，说：“长江的水好甜哟。”随后，他挥臂击水向前，领着游泳队伍继续向前游去。正游着，毛泽东突然一个猛子扎入水中，护游人员发出一阵惊呼声，人们知道，长江水浑浪急，江底又有漩涡，人扎入水中非常危险。正当人们惊讶担心之际，毛泽东却从水底露了出来，护泳人员顿时松了一口气，打心底里佩服毛泽东的潜水本领。游了约一个小时，过了粤汉码头，大家都劝他休息一会儿。他看了看表，对护泳的人说：“没关系，还早着呢！”他一边与周围的人们谈笑，一边信手划着水。有的时候，他上身露出水面，竟像坐在板凳上“翘二郎腿”一样，仰望空阔的蓝天——“极目楚天舒”。

毛泽东一直游到汉口谌家矶，在工作人员的一再要求下才上船，共游了两小时零三分，游程达 26 华里。上船后，毛泽东精神爽朗，脸色红润，显得十分尽兴。在回住处的路上，毛泽东风趣地对身边的保健医生说，我这次在江中游的时间太长了，已经感到全身疲乏，可自己还要逞能，继续游，要不是秘书叫我上船，我只怕淹死了，看来人不可逞能啊！保健医生连声说不相信会发生这种事。毛泽东笑着说：“你不相信，群众也不相信，所以我就越游越起劲，这下子就坏事了，世界上的事情就是不能有这种惟我独能的思想。这次好险，幸亏有人下命令，也亏得我服从了命令。”说完，毛泽东哈哈大笑起来，这无疑给毛泽东第一次畅游长江平添了一份传奇色彩。

勇于实践，实事求是地总结，才能总结出真理——毛泽东正是这样，从自己游泳的经历中，总结出深刻的道理。

“要有‘五不怕’的精神准备……”

——毛泽东与吴冷西的交谈

1957年6月1日下午，毛泽东在中南海菊香书屋接见了新华社社长吴冷西，并与他商谈了想调他到《人民日报》工作一事。

当吴冷西走进菊香书屋的时候，毛泽东正坐在沙发上看报。他招呼吴冷西在椅子上坐下，说：“你看过今天的报纸没有？现在报纸很吸引人，很多高谈阔论，说要帮助共产党整风。”寒暄了几句后，毛泽东就直截了当地对吴说：“今天找你来是商量一件事，就是想调你到《人民日报》工作，不知道你愿不愿意去？”

这个突如其来的调动意图，使吴冷西感到很意外，因为事先一点风声都没有。他一时也不好表明态度，只含糊地答了一句：“我毫无思想准备。”

毛泽东对他说：“《人民日报》的任务很繁重，很需要增加领导力量。经中央再三研究，才决定让你去。”

吴冷西听后说：“我虽然在延安马列学院学习和研究了两年，又在抗大和陕北公学讲过马列主义课，但最近十多年来一直搞新闻工作，没有搞理论，对学术问题、文艺问题懂得更少，不适宜到《人民日报》去。”

毛泽东听了后，又讲了一段关于党内许多负责党员怕教授的话，指出这很不妥当。

“这样吧，”毛泽东扶着沙发扶手站起来，说：“中央想调你去《人民日报》，可以同时兼着新华社社长。给你10天时间考虑，最多不能超过半个月。时间很紧，工作很需要。10天以后再谈。”

从毛泽东住处回来，吴冷西一直在权衡主客观条件，掂量来掂量去，总觉得他去《人民日报》不适宜。

10天很快就过去了，吴冷西以为中央也可能改变主意了。可是，6月13日下午，毛泽东又找吴冷西了。从6月1日那天毛泽东与吴冷西谈话算起，到此时的13日，恰好在10天到半个月之间。

当吴冷西赶到毛泽东那里时，看到胡乔木也在那儿。毛泽东一见他，开门见山就问："已经过去10天了，你考虑得怎么样？"

吴冷西向毛泽东陈述了他不适宜去《人民日报》工作的种种理由，但他最后说：

"我是个党员，服从党的决定。中央如果确定要我去，我就去。但我希望中央在作出决定前，能考虑一下我个人的意见。"

毛泽东回答得很干脆。他说："没有那么多好考虑的了，中央已决定你去《人民日报》工作，而且今天就要去。今天你先以胡乔木同志助手的身份去，帮他看大样，你看了他再看，由他签发付印。这样工作一段时间后，中央将正式宣布任命你当总编辑，同时还继续兼任新华社社长，把两个单位的宣传统一起来。"

接着，毛泽东严肃地告诫他说："你到《人民日报》工作，要有充分的思想准备，要准备遇到最坏的情况，要有'五不怕'的精神准备。这'五不怕'就是：一不怕撤职，二不怕开除党籍，三不怕老婆离婚，四不怕坐牢，五不怕杀头。有了这'五不怕'的准备，就敢于实事求是，敢于坚持真理了。"

毛泽东接着说，撤职和开除党籍并不罕见，要准备着。杀头在正确路线领导下大概不至于，现在的中央不同于王明"左"倾路线领导，也不同于张国焘时期，但坐牢得有精神准备，共产党内一时受冤屈的事还是有的，不过在正确路线领导下终究会平反纠正的。一个共产党员要经得起受到错误处分的考验，可能这样对自己反而有益处。屈原被放逐而后有《离骚》，司马迁受腐刑乃发愤著《史记》。毛泽东还说他自己也有这样的切身体会。接着，毛泽东就谈到了在江西苏区时，王明“左”倾领导讥讽说他打游击战的十六字诀来自过时的《孙子兵法》，而反“围剿”打的却是现代战争。他回忆说，也正是在那个时候，自己才找到《孙子兵法》来看。列宁的《国家与革命》也是那时看的。说起他那时被解除了指挥中央红军的职务，反而可以多读点书的往事……

毛泽东又笑着问吴冷西怕不怕老婆离婚？

吴冷西回答：“不怕。我想不至于，如果我是受冤屈的话。”

“不怕老婆离婚是对男人说的，对女同志就应该说是不怕丈夫离婚。总之，这‘五不怕’总得准备着。”毛泽东说。

这次谈话后，吴冷西就去《人民日报》上班了。半个月后，“反右”斗争就开始了。此后，吴冷西就时常用毛泽东讲的“五不怕”精神来要求自己，经常提醒自己，是否真正做到了实事求是，是否敢于坚持真理。

关键时刻，毛泽东委吴冷西以重任，并教他要有“五不怕”的精神准备，敢于实事求是，坚持真理，同时又告诉他，要以积极的态度面对可能遇到的困难和危险，并对困难和危险，用马克思主义唯物辩证法的观点，结合历史上的事例和自身的经历予以分析说明，令人信服。

“安贫者能成事，嚼得菜根百事可做”（1）

——毛泽东与卫士李银桥的交谈

1949年6月里的一天，毛泽东得知张澜已经到京，打算次日马上去会见，觉得应该穿件像样的衣服以示尊重。因为毛泽东素来生活很俭朴，加之长期处于战争年代，生活用品很紧张，当时身上还穿着补丁衣服。于是，他吩咐卫士长李银桥说：“张澜先生为中国人民的解放事业做了不少贡献，在民主人士当中享有很高的威望，我们要尊重老先生，你帮我找件好些的衣服换换。”

李银桥在毛泽东所有的“存货”里翻了又翻，选了又选，竟挑不出一件不破或者没有补丁的衣服。这就是毛泽东进城时的全部家当——没有一件像样的新衣服。因为他说过进京赶考的话，所以李银桥只好向毛泽东报告：“主席，咱们真是穷秀才进京赶考了，一件好衣服都没有。”

毛泽东听了后说：“历来纨绔子弟考不出好成绩。安贫者能成事，嚼得菜根百事可做。我们会考出好成绩。”

“现做衣服也来不及了，要不去借一件？”

“不要借了，补丁不要紧，整齐干净就行。张老先生是贤达之士，不会怪我们的。”就这样，毛泽东不无歉意地穿着补丁衣服来到北京饭店看望张澜。

“历来纨绔子弟考不出好成绩”：历览古今，贪图享受者是成不了大气候的。毛泽东通晓历史，并以李自成为鉴，告诫全党不要重蹈覆辙，并以身作则，严于律己，艰苦奋斗。“安贫者能成事，嚼得草根百事可做”：不追求个人享受，艰苦朴素，始终不渝，就能做成大事业；经受过艰难困苦的锻炼，什么事情都能办好。这是中国传统文化中提倡的一种人文精神，毛泽东从中汲取精神养料和智慧，用以指导现实生活和工作。毛泽东对中国历史很有研究，并善于学以致用。

在这里，毛泽东引古人名言，用反面材料做例证，阐发能吃苦才能成大事的道理。

毛泽东是人民的伟大领袖，他代表广大人民群众的根本利益，他为人民谋求幸福。他学识渊溥，思想深刻。他对李银桥说的这番话，确是“金玉良言”，很有道理，很值得玩味。

“安贫者能成事，嚼得菜根百事可做”（2）

——毛泽东与卫士田云玉的交谈

1957年夏季里的一天上午，天气闷热。毛泽东准备休息，卫士田云玉在那张补丁摞补丁的枕席上放上了看过的旧报纸，给毛泽东服过第一次安眠药，毛泽东才躺下了。小田开始替他按摩两腿。毛泽东挥一下手：“天太热，不要搞了，跟我聊会话吧。”这次聊天，与小田没得到提升两级工资有关系。中南海机关贴的大字报上有给小田贴的一张。大标题：一登龙门身价十倍。小标题：田云玉哭哭啼啼要两级。毛泽东看完大字报，看着小田说了一句：“男儿有泪不轻弹，只是未到提级时啊！”当时小田提一级以后的工资是43元。聊天从这事入题。

毛泽东说：“小田哪，43元是少了些。不过，比我过去强多了，以前我在北京工作的时候，薪水只有8元钱。我到街上吃过一次包子，那包子好吃极了……你们现在经常吃包子吃饺子了吧？”小田点点头。毛泽东继续回忆说：“有一次我借了人家的钱坐火车去上海，结果在车上打了瞌睡，一双鞋子丢了。”小田问：“鞋子穿在脚上还能丢？”毛泽东笑着解释：“不是脱了鞋子，光脚丫子缩到椅子上坐么。”小田又问：“后来呢？”毛泽东回忆：“到浦口下车，我才知道鞋子丢了。赤脚进上海是不合适的，城市不比乡村。幸好碰上熟人，又借来钱，买了鞋子买了票，就这样才到了上海。”

小田帮毛泽东服下第二次安眠药之后，毛泽东意味深长地说：“安贫者能成事，嚼得菜根百事可做……”毛泽东说：“我的孩子李敏、李讷，将来肯定不如你们，她们不如你们吃苦多。”

这次闲聊，使小田深受启发。他感到：能为党的事业艰苦奋斗的人，才有光明前途。

毛泽东在这里，引古人名言警句，用自己个人经历做例证，现身说法，阐发能吃苦才能成大事的道理，很是发人深省。

“不要被原子弹吓破了胆……”

——毛泽东舌战赫鲁晓夫

1957年11月，毛泽东率领中国代表团访问苏联，参加苏联十月革命40周年的庆典，这是我国外交史上一次意义重大的活动。

在苏联期间，毛泽东与赫鲁晓夫曾就某些政治问题发生过唇枪舌剑的争论。

一次，毛和赫争论了一阵之后，毛泽东说：“赫鲁晓夫同志，我给伏罗希洛夫讲过，我在报纸上看到你们的国防部长朱可夫讲话，说是哪个社会主义国家遭受帝国主义进攻，你们都将迅速回击，我认为这个说法不对。国家都是独立的，没有邀请你们怎么能出兵？”

毛直言不讳，对苏联的大国霸气给予了狠狠的一击，赫鲁晓夫马上回敬道：“朱可夫不是代表他个人谈话，他是代表我们中央委员会集体说话，我自己也这样讲过。我们不是社会主义阵营吗？”

毛泽东毫不示弱：“谁决定也不对。我们是社会主义阵营，但又是独立的国家。”

赫鲁晓夫反驳说：“既然是阵营，那么两阵交锋，敌人打你的左翼、中军或右翼，不该迅速行动吗？”

毛泽东说：“不能完全这样比喻。我想，起码对中国不能这样，你们照顾好自己就行了。”

赫鲁晓夫又问：“可是，你们想过军事力量的对比吗？”

毛泽东语气强硬地说：“我们曾经遇到过外国帝国主义的武装力量威胁，我们不吃那一套。我们攻打济南时，进入青岛等地的美国第七舰队就没敢动。我们要打北平天津，驻在塘沽的美国舰队没有等到我们的部队来，就带上国民党军队逃跑了。他们如果在中国土地上打我们，我们就会毫不客气地将他们消灭。”

赫鲁晓夫认为毛泽东谈的都是过去的事，而现在的美国人和过去是大不相同了，他们有了令全世界犯怵的原子弹，于是他颇为激动地说：“亲爱的毛泽东同志，现在是什么形势？现在有了原子弹。”

赫鲁晓夫自以为他这几句话会将毛泽东问住，他正在得意地看毛泽东如何回答时，毛泽东说了一句古怪的话：“不麻斯内耶！及格哪！”毛泽东在激烈的唇枪舌剑中从不忘使用幽默的武器，“不麻斯内耶”是俄语纸老虎的意思，毛泽东在这里用湖南话来说它，当然显得有点不伦不类，从而让气势汹汹的赫鲁晓夫丈二和尚摸不着头脑，傻愣在那里。

当翻译将这句话用标准的俄语讲给赫鲁晓夫听了后，赫鲁晓夫不禁大惊失色，高声道：“纸老虎？克利姆·米高扬，你听见了吗？他说原子弹是纸老虎！亲爱的毛泽东同志，你这样的观点使我吃惊。在原子弹面前，双方军队数目对力量的对比和战争的结果已经没有任何意义，谁的军队愈多，它的炮灰也就愈多！在原子弹的袭击下，是没有军队的，只有一堆肉，一堆灰！”

面对原子弹的强大威力，赫鲁晓夫已经手脚无措，丧失勇气了，然而毛泽东却以压倒一切的气势藐视原子弹，他说道：“赫鲁晓夫同志，我劝你不要被原子弹吓破了胆，没什么了不起。这样吧，你不是怕原子弹毁灭军队吗？你们不妨挑动美国人动武就行了，你们需要用多少个师来打垮他们，我们就支援你们多少个师——100个，200个，1000个，都行。”

毛泽东这些石破天惊之言是他内在英雄之气的外射，赫鲁晓夫是很难真正理解的。赫鲁晓夫没好气地说：“毛泽东同志，我告诉你，只用一两枚导弹就能把中国的全部师都炸成粉末，你有多少师有什么用？”

毛泽东不屈服地说：“那么战争还有没有正义和非正义的区分？如果出了战争狂人，你就只有投降了？赫鲁晓夫同志，怕是解决不了问题的，无非是乱扔原子弹，就算是死了一半人，剩下的一半还可以在废墟上重建我们的家园……”

在毛泽东和赫鲁晓夫的这场争论中，赫鲁晓夫的话也不是没有道理，然而毛泽东有非凡的勇气和超常的自信，这一切使他能在这场争论中最终驳倒对方，立于不败之地。原子弹是凶猛可怕的，核战争的威胁也是令人恐惧的，但是我们面对强大的敌人，不想束手就擒，不能举旗投降，而应该鼓起勇气，继续战斗，毛泽东的这一论点无疑是极为正确的，面对核战争的威胁，每一个有理性的国家都应该采取这样的态度。真理的光辉无法掩盖，毛泽东的真知灼见使赫鲁晓夫最终望尘莫及，处于下风。

毛泽东与赫鲁晓夫争论后，总觉得意犹未尽。毛泽东对身边的同志说：“说到底，他们是‘怕’字当头，而我们却是‘敢’字当头；没有一个‘敢’字，我们能打出一个新中国吗？”

毛泽东坦荡直率的言谈，一针见血，毫不留情地点出了赫鲁晓夫的弱点。

“吃过了狗肉，才知道狗肉香”

——毛泽东对赵超构的说服教育

1958年9月17日，毛泽东在上海又一次接见了赵超构。在这之前，1957年，主持上海《新民晚报》的赵超构因提出“软些”的办报方针问题受到过毛泽东的批评帮助。这次一见面，毛泽东就诙谐地对在座人员说：宋高宗的哥哥来了（宋高宗名赵构）。一句话消除了赵超构的拘谨。

毛泽东问赵超构，你写了两篇检查，我看过了，写检查的心情怎样？

赵超构坦率地回答道：很紧张，两个星期没睡好觉。

毛泽东笑着说，紧张一下好，睡不好觉是好事。没有吃过狗肉的人，都怕吃狗肉，吃过了狗肉，才知道狗肉香。不习惯自我批评的人，总觉得自我批评可怕。习惯了，就会感到自我批评的好处了，应当养成自我批评的习惯啊！毛泽东希望赵超构到群众中去呼吸新鲜空气，更好地改造自己，为人民服务。并用自己亲身体会告诉赵超构：我一到下面去跟群众接触，就感到有了生命。

毛泽东不因赵超构有错误而撤换他《新民晚报》总编辑的职务，而保留其职务，使其有职有权，并苦口婆心地教育和帮助他，终于使赵超构转变了思想，改正了错误。他回到家乡温州地区参观访问，写了《吾自家乡来》，在《新民晚报》上连载，影响很大。

“吃过了狗肉，才知道狗肉的香。”对自我批评习惯了，“就会感到自我批评的好处”。毛泽东用贴切的比喻，通俗的语言，阐明了自我批评的好处。毛泽东开始用幽默的语言，使赵超构解除了紧张拘谨，最后又用现身说法，使赵超构受到了教育，终于使他转变了思想，改正了错误。

“你知道，中国有自己的法律”

——毛泽东对赫鲁晓夫的辩驳

1958年，苏联领导人赫鲁晓夫来北京，试探性地要求在中国建立联合舰队，理所当然地遭到毛泽东的拒绝。对此，赫鲁晓夫并不甘心，继续向毛泽东施加压力。毛泽东冷冰冰地回答他说：

“你最好全部接管中国海洋。”赫鲁晓夫不解毛泽东的意思，探问毛泽东：如果真是这样，你怎么办？毛泽东不动声色地说他将重新上山打游击。赫鲁晓夫不知好歹，反唇相讥：“游击战在现代世界里已经没有市场了。”毛泽东柔中寓刚地回敬他说：“如果你一定要捏住中国人的鼻子，除此之外还有什么办法？”这时，赫鲁晓夫才真正明白了毛泽东刚才那番话的意思。

1959年，赫鲁晓夫结束在戴维营与艾森豪威尔总统的会谈后，来到了北京，他要求中国释放8名在朝鲜战争期间及之后在东北俘获的美国空降特务。毛泽东明确告诉他：“这很难做到，你知道，中国有自己的法律。”赫鲁晓夫当场红了脸，坚持说这几个人一定要释放，因为戴维营会谈中，他已经答应了美国总统艾森豪威尔。对赫鲁晓夫的无理要求，毛泽东坚决不退让，始终没有答应他。

赫鲁晓夫碰了钉子，还不知趣，又接着为印度的尼赫鲁当说客，要中国答应给尼赫鲁一片领土，并说：“那不过是一块荒无人烟的不毛之地。”毛泽东义正词严地回答他说：根本的问题是印度武装有预谋地入侵中国领土，我以及驻西藏的边防军的领导也都没有察觉，直至边民与巡逻兵多次报告之后，中国政府才不得不发出正式抗议，采取了自卫反击步骤。

面对苏联大国沙文主义的压力，毛泽东始终坚持原则，坚持正义，不卑不亢，理直气壮地维护了国家的领土完整及主权独立的尊严。

“世上没有先识先觉，没有什么前知五百年后知五百年的刘伯温”

——毛泽东与周小舟等人的交谈

1959年7月的一天晚上，毛泽东在庐山与四位年轻的“秀才”

周小舟、李锐、田家英、周惠谈天。

毛泽东说："世上没有先识先觉，没有什么前知五百年、后知五百年的刘伯温。无非是多谋善断，留有余地。《三国志》里郭嘉传值得一谈。郭嘉这个人足智多谋，初在袁绍麾下不得施展。他说袁绍'多端寡要，好谋无决，欲与共济天下大难'。就跑到曹操那里。曹操说他'每有大议，临敌制变。臣策未决，嘉辄成之。平定天下，谋功为高'。可惜中年夭折。曹操大哭。大跃进出点乱子，不要埋怨，否则就是'曹营之事不好办'，或者叫你'欲与共济天下大难'！"

毛泽东还说："不要有压力。我在上海会议上说了，不敢讲话无非是六怕；怕警告，怕降级，怕没有面子，怕开除党籍，怕杀头，怕离婚。岳飞就是杀头才出名的嘛。王熙凤说，舍得一身剐，敢把皇帝拉下马。言者无罪嘛。转告大家，也不要那么沉重。"

毛泽东以史为鉴，谈论纠正错误、解放思想、开创工作新局面的问题，所讲的深刻的道理，在引经据典、结合现实问题的议论中阐明，引人深思，使人获益多多。

"我们中国人是有志气的，谁也休想让我们低头弯腰"

——毛泽东与卫士的交谈

1959年，中国遭受了严重的"天灾人祸"——自然灾害和赫鲁晓夫的逼债。

为了战胜困难，挫败赫鲁晓夫的阴谋，毛泽东亲自下去调查研究、摸清情况，运筹对策。

10月31日，毛泽东巡视来到了杭州，下榻在西子湖东南侧、夕阳山下的刘庄。

毛泽东一到刘庄，全国各地的文件、电报接踵而来，在办公桌上堆得厚厚的。毛泽东精神凝重地批阅着各地报来的材料。当毛泽东了解到山东、安徽、河南等省遭灾严重，老百姓处在艰难困苦之中，生活无着，很苦，很惨，毛泽东流泪了。工作人员也偷偷地擦眼泪。毛泽东看看大家，声音哽咽地说："全国不少地方遭了灾，许多老百姓在挨饿，我们是不是不吃肉，不喝茶了？我们带个头好吗？"说完，他用期盼的目光看看大家。

卫士们你看看我，我看看你，不知如何回答。他们跟随毛泽东多年，太熟悉毛泽东的生活习惯了。毛泽东没吃过任何滋补品，如果说吃过，那就是红烧肉，他喜欢吃红烧肉，尤其喜欢吃五花肥肉。毛泽东茶瘾也很大，对西湖龙井更是情有独钟。他喜欢喝浓茶，还时常津津有味地把茶叶也吃掉。毛泽东的工作量大得惊人，睡眠也没有规律，再把一周两次红烧肉和喝茶的习惯改变了，那怎么能行。

毛泽东见大家面有难色，又进一步地解释说："人家逼债，我们少吃一点肉，争取三年内把债还清。"卫士收住眼泪，目光不约而同地集中在毛泽东的脸上，他们从这张脸上看到了信心和力量。接着，毛泽东又严肃地说："我们中国人是有志气的，谁也休想让我们低头弯腰。"这种面临挑战不屈不挠充分表现出来的英雄本色，是在艰苦复杂的斗争中锻炼而成的。

建国以来，毛泽东曾多次到杭州，这次在杭州住的时间较长。几天过后，毛泽东明显地瘦了。卫士和服务人员看在眼里，疼在心上。他们想出了一个主意，把自己饲养的一头猪杀了，做了一锅红烧肉。开饭时，毛泽东还没走进餐厅就闻到了香喷喷的红烧肉味，嘴里不停地念叨着："好香哟！好香哟！"

毛泽东看到餐桌上放着一碗红烧肉，劈头就问："这肉是哪里来的？"卫士们互相交换了一个眼神，没有回答。毛泽东严厉的目光在每个人的脸上移动着，气氛一下子紧张起来。

“主席，这是我们警卫班的同志们自己的猪肉，你吃点吧。”卫士恳切地说。

毛泽东心里热乎乎的，态度缓和下来：“可不能破了我们定的规矩嘛。拿回去吧。”

“就这么一小碗，你就吃了吧！”卫士眼眶里闪着泪花，再次请求说。

“不吃，拿回去。”毛泽东态度很坚决。

“主席，这猪可是咱们自己饲养的，不是买来的，就做了这么一小碗肉，尝尝吧。”

毛泽东和卫士你来我往地争执着。毛泽东望着这些真诚可爱的小战士，慈祥地笑了，他意味深长地说：“到全国人民都吃上猪肉的时候，再吃吧。”

回到北京以后，毛泽东讲：我们的出路有两条，即自力更生和艰苦奋斗。当时，全国城市人口每天的粮、油等食品都是按严格控制的标准供应的，几乎人人都吃不饱。毛泽东对身边的工作人员说：“全国人民都在定量，我也应该定量。是不是肉不吃了？你们愿意不愿意和我一起带这个头啊？”

毛泽东历来是交代了的事情就要照办。在经历了杭州不吃肉、不喝茶的事情之后，大家都明白了，爽快地回答：“愿意！”

毛泽东听后高兴地宣布：“那好。我们就实行三个：不吃肉，不吃蛋，吃粮不超定量！”

面对中国人民遭遇到的艰难困苦，毛泽东深入实际，调查研究，与人民共患难，急人民之所急，想人民之所想，“先天下之忧而忧，后天下之乐而乐”，日理万机，运筹帷幄，表现出了人民领袖的高风亮节伟大风范。

“突出人民，决不要突出个人”

——毛泽东与熊向晖的交谈

1960年5月8日下午2点半，毛泽东会见拉丁美洲朋友。

熊向晖将这一新闻写好后，交给毛泽东，毛泽东亲笔修改了3处。

对毛泽东把“称赞中国人民在毛泽东主席领导下所取得的伟大成就”改成“称赞中国人民在自己的工作中所取得的成就”，熊向晖表示不理解。

毛泽东问他，有什么不理解的？

熊向晖说：“昨天写了非洲朋友表达了他们‘对中国人民伟大领袖毛泽东主席的敬爱’，这是他们的原话，您把‘中国人民伟大领袖’这几个字删掉了，说是‘要不得’。今天写了拉丁美洲朋友‘称赞中国人民在毛泽东主席领导下所取得的伟大成就’，这也是他们的原话，也完全符合事实。我不理解主席为什么那样改。”

毛泽东说，人家那样讲，我们不能那样写。我们搞了这些年的建设，不能说没有成就，说“伟大成就”就不符合事实。“一穷二白”的面貌还没有改变，有什么“伟大”呀！

熊向晖说，成就是“中国人民在毛泽东主席领导下所取得的”，这符合事实吧？

毛泽东说，为什么一定要说毛泽东的领导呀，没有毛泽东，中国人民就取不得成就了？这是唯心史观，不是唯物史观。我们把唯物史观概括成一句话，叫作“人民，只有人民，才是创造世界历史的真正动力”。实践证明，过去打仗，靠的是人民；现在建设，靠的还是人民；一切成就都来自人民自己的努力。你不赞成？

熊向晖说，唯物史观并不否认杰出的领导人的作用。

毛泽东说，这是半截子唯物史观。领导人和人民不能分开，也不能等量齐观。我讲了，今天你也写了，“人民是决定的因素”，领导人不应站在人民之上，不应站在人民之外，必须站在人民之中，是人民的一部分，所以，“中国人民在自己的工作中所取得的成就”，其中包括了你们，也包括了我。如果脱离人民，做官当老爷，那就不能包括。总而言之，必须突出“决定的因素”，突出人民，决不要突出个人。

毛泽东运用马克思主义历史唯物论的观点，谈论了领袖和人民群众在创造历史中的关系和作用，高度重视人民群众的作用，落实到自己的工作中，反对过分夸大自己在社会主义革命和建设中的作用，而强调人民群众的作用，表现了毛泽东谦虚务实的作风。

餐桌上谈古论今说真理

——毛泽东67岁寿辰时与身边工作人员的交谈

1960年12月26日，这天是毛泽东67岁寿辰。毛泽东请身边的工作人员吃了一顿饭。这可不是为了祝寿，而是因为身边的几位工作人员将要下放到农村锻炼，为毛泽东做些基层情况的调查。

当时工作人员刚搞完整风，大家都经历了检查、批评与自我批评，又面临下到基层锻炼。为了使工作人员心情愉快地投入新的工作，投入到艰苦的环境中去锻炼，毛泽东在吃饭时给他们讲了一个故事。

毛泽东说：从前，有张仪和苏秦两个人，都是春秋战国时鬼谷先生的学生。鬼谷是个地方，出了一个先生，所以叫鬼谷先生（即鬼谷子）。后来苏秦在赵国当了宰相，地方就在邯郸。张仪在楚国只做了个小官。

楚相丢了一块宝玉，怀疑是张仪偷的，把他狠狠打了一顿，满嘴的牙齿都被打掉了。那个时候，大概还不会安假牙吧！张仪回到家里，叫老婆看看他嘴里的舌头还在不在。他老婆说，舌头还在。他说，那就不要紧了。

他跑到邯郸找苏秦，一去就住“招待所”，大概是现在北京饭店之类的住所，好几天没有见到苏秦的面。

后来，苏秦请他吃饭。张仪到了苏秦的衙门，看到摆了酒席，排场大得很。苏秦坐在当中高处，请了各国大使，也有契尔沃年科。席面当然比我们今天吃的丰盛得多，但是却把张仪安排坐在下面角上，盛了点仆人吃的饭食给他吃。这下子张仪的气可就大了，无非是破口大骂苏秦你这个王八蛋，等等。张仪回到“北京饭店”，满肚子的气。“北京饭店”的“经理”看他这个样子，就问他：张先生脸色不痛快，有什么气事吧？他说：当然有气！就把当年和苏秦是同学，今天苏秦如此这般对待他说了一番，并且骂苏秦此人简直是无情无义，是王八蛋。

这位“经理”说：这样看来，你在赵国是待不住了。张仪说：当然待不下去了，马上走。“经理”问他：你到哪里去呢？他说：这倒还没有想好，不管它，走了再说。“经理”说：看来只有到秦国去。张仪一想也对。就此动身。

“经理”陪他走到秦国，一路花费大概相当于现在的三四十万人民币吧！到了秦国，他们为了见秦王，就走走门路，行些贿赂和送些衣服，一共又花了四五十万人民币。

以后，张仪当上了秦国的宰相，“北京饭店”的“经理”就向他告辞回国了，并问他今后怎么打算。张仪一提起苏秦还是咬牙切齿，并说过了两年一定要出兵攻打赵国。

“经理”见他这样说，就告诉他，赵国宰相苏秦是个好人。当时苏秦所以要气他，是故意的，怕他在赵国安居下来，不想上进，做不了大事。苏秦知道张仪是个人才，能做大事。如果在赵国依靠苏秦，他也只是当个“科长”什么的就算到顶了。策划张仪到秦国来，和给他的一切花销，都是苏秦主使的。

张仪一听，这才恍然大悟。“经理”又说：苏秦只希望张仪当了秦国宰相，15 年内不要出兵打赵国。张仪听后表示：只要苏秦活着，我就决不出兵打赵国。

这个故事毛泽东讲得妙趣横生，大家都听入神了。讲完故事后，毛泽东说：你们看，苏秦对张仪是好意还是恶意？我们之间，进行批评帮助都是好意。他还说：人没有压力是不会进步的。现在下去苦得很啊，一天只有很少几两粮食吃。你们受得了吗？不怕就去。下去以后，一个礼拜来个报告，直接写给我。三个月回来汇报一次工作。如果到你们真正活不下去了，不行了，快要死了，打一个电话来，我们来把你们接回来。好，就这样决定吧！

后来几名工作人员按照毛泽东的指示，经受了艰苦的锻炼，并反馈回许多第一手调查信息，为毛泽东正确决策提供了帮助。

毛泽东对历史故事加以演义，进行故事新编，来说明有压力就有动力，肯接受艰苦生活的锻炼才能成大事的道理。语言幽默生动，妙趣横生，令人信服。

毛泽东所讲的这则鬼谷子弟子的故事，是毛泽东借题发挥、演义铺陈即兴而就的，既生动有趣，又寓意深刻，通俗地说，就是既好听又很值得玩味，其所产生的积极的思想教育意义是很大的。毛泽东所讲的这则故事，也应该是“古为今用”的典范。

“有人骂是正常的，没人骂是不正常的”

——毛泽东与专列列车员姚淑贤的交谈

60年代初，毛泽东乘专列在湖南视察。其间，他的女儿李敏代他为亲人扫了墓。

有一天，在列车启动后，毛泽东与工作人员一起聊天。李敏说，给祖父、祖母扫墓时，看到好多算卦的。还说，扫墓时还听到有人骂毛泽东。恰巧，这时列车服务员姚淑贤走了进来。毛泽东坦然地笑着说：“小姚，我女儿去扫墓，说还有人骂我呢。”小姚严肃地说：“肯定是阶级敌人！”毛泽东仍在笑：“不对，不能说得这么绝对。有人骂是正常的，没人骂是不正常的。骂我的人有坏人，也有好人。好人有时也会骂人的。因为我也不是一贯正确嘛。”专列内，气氛平静。停了一会儿，毛泽东继续说：“我也是个人，毛泽东也是个人。人总是要死的，我也是要死的。什么高瞻远瞩，不是那么回事。我死后，我搞的这些东西也会有人骂，有些会被实践证明不对。我是人，是人就有错误。但我有信念，我还是要革命，别人骂什么我也还是要革命……”

毛泽东运用马克思主义辩证唯物论的观点，对“骂我”的现象进行分析；又以自知之明的认真态度，严格解剖自己，并毫不含糊地批判了那种过分吹捧他的言论。这些，表现了毛泽东谦虚务实、实事求是的思想作风、工作作风和伟大的人格风范，很值得我们认真学习。

“可是人活着不光为吃饭……”

——毛泽东与厨师于存的交谈

给毛泽东当厨师的于存，在川菜烹饪技艺上很有造诣，但在给毛泽东服务的1962年至1976年的14年间，其专长却一直没有派上用场。

这是因为毛泽东的食谱向来就很简单。正常情况下，毛泽东一餐中有四菜一汤，量也不多，但也常有煮一缸麦片或烤几块红薯就算一餐的。主食喜吃粗米杂粮，常吃大米小米合做的二米饭，有时还加点百合、红薯、芋头之类。

毛泽东的四菜一汤，除了红烧肉和酱猪肘子是经常调换的肉食之外，其余的一般都是蔬菜，马齿苋是毛泽东餐桌上的常见菜，红辣椒是毛泽东从湖南韶山吃到北京中南海的必备菜；汤，不是芹菜叶汤，就是香菜叶汤。

于存曾多次想改变毛泽东的菜谱，江青从毛泽东的健康考虑也提出过这方面的意见，可都被毛泽东婉言回绝了。

有一次毛泽东和于存聊天时，谈到食谱的问题，毛泽东开玩笑似的说：“一个人要是不吃饭就好了，那该节省多少时间啊！”

于存觉得毛泽东的话不可思议，笑着说：“人不吃饭，还有什么欲望，成天睡觉不就行了，活在世界上还有什么意思！”

毛泽东用手拍了拍于存的肩膀，“嗯，你说得也有道理，这就是辩证法嘛！可是人活着不光为吃饭……”停顿了一下，又问于存：“你看是不是可以这样说，人吃饭是为了活着，而活着就是要工作，要为人民服务。”

毛泽东话题一转，谈起自己的吃饭问题。他说：“咱们每天吃的饭菜已经很好了，你看我的身体不是很健康么！如果全中国的老百姓都是这样的生活，我这个当主席的心里就好过多了。”

毛泽东受母亲的教诲和影响，从小就养成了勤俭节省的良好习惯，就是当了国家主席也是如此。有一次，毛泽东吃饭不慎饭粒掉在桌上，他用筷子夹，没有夹起来，就用手沾上唾液把饭粒沾起来放进嘴里。于存看得真切，顺口说了句:“这不太卫生。”毛泽东认真起来了:“民以食为天哪！浪费一粒粮食都是可耻的，天理难容。”

毛泽东的心里，时刻想着全中国的老百姓，他对自己的“吃”从不讲究，工作起来废寝忘餐，连吃饭都觉得浪费时间，对自己简单的“吃”很知足，对全国老百姓的“吃”不如自己，心里不好过；节约用粮，热爱劳动人民。于存可能“遗憾”自己的专业没有派上用场，但内心更加敬佩公而忘私、大公无私的伟大领袖毛泽东。

“你们这一代要靠自己，不要靠父亲的遗产”

——毛泽东与英语教师章含之的交谈

1964年年初的一天，还是寒冬季节，冷风飕飕。毛泽东学习完英语后，毫无倦意，要章含之陪他到室外去散步。年过70岁的毛泽东身体十分健壮，他不围围巾，不戴帽子，精神饱满，兴致颇高。章含之包装得严严实实，“全副武装”地跟着毛泽东散步。他们边走边聊。

突然，毛泽东问章含之:“行老有没有告诉过你，我还欠了他一笔债没有还呢?”章含之以为毛泽东在和她开玩笑，也笑着说:“父亲没有讲过，要是主席真欠了父亲的债，父亲是必定不会催债的。”不料，毛泽东却认真起来，说:“也许行老忘了。这笔债我见到你，想起来了，早该还了！”

于是，毛泽东向章含之讲了他1920年到上海向章士钊借款的事。

章士钊，字行严，湖南长沙人，是毛泽东的岳父杨怀中的至交。1919年，经杨怀中介绍毛泽东认识了章士钊，从此开始了他们之间数十年的交往和友谊。

1920年，毛泽东为筹备中国共产党的成立、资助湖南的革命运动和帮助一批青年赴欧洲勤工俭学，急需一笔数量很大的银款。毛泽东去上海找到乐于帮助青年人的章士钊，请求帮助。章士钊立即答应，亲自出马发动社会各界名流捐款。由于章士钊的影响和努力，很快筹集了两万银圆，全部交给了毛泽东。

说完，毛泽东笑起来，风趣地对章含之说："行老哪里晓得他募捐来的这笔钱帮了共产党的大忙。当时，一部分钱确实供一批同志们去欧洲，另一部分我们回湖南用来造反闹革命了！"毛泽东沉默了一会儿，认真地说："你回去告诉行老，我从现在开始要还他这笔欠了近50年的债，一年还2000元，10年还完20000元。"

章含之回家以后，就把毛泽东讲述的事情告诉了父亲。章士钊听后笑了笑，说："确有其事，主席竟还记得！"章士钊父女都没有把这事放在心上，说过也就完了。

可是，没过几天，毛泽东果真派徐秘书送来2000元，并说今后每年春节都要送来2000元。

毛泽东还债，使章士钊很不安。他让女儿转告毛泽东：他不能收此厚赠，当时他自己也拿不出这笔巨款，银圆是募集来的，是用来资助有志青年赴欧洲求学的，怎么能让主席还呢！

毛泽东知道章士钊是一个赠必固辞、求无不应的人。他听了章士钊女儿带来的话，微笑着说："你也不懂，我这是用我的稿费给行老一点生活补助啊！他给我们共产党的帮助哪里是我能用人民币偿还的呢？你们那位老人家我知道，一生无钱，又爱管闲事，散钱去帮助那许多人。他写给我的信多半是替别人解决问题。有的事政府解决不了，他自己掏腰包帮助了。我要是明说给他补助，他这位老先生的脾气我知道，是不会收的。所以我说还债。你就告诉他，我毛泽东说的，欠的账是无论如何要还的。这个钱是从我的稿费中付的。”

从 1964 年开始，每年春节初二这天，毛泽东都派秘书给章士钊送去 2000 元，到 1972 年满 10 年，累计 20000 元。

1973 年春节过后，毛泽东从章含之那里得知今年的 2000 元没有送。问起原因，章含之说：“主席忘了，当初说定 10 年分期偿还，还足 20000 元。去年已是最后一笔，主席当年借的 20000 元已还清了。”毛泽东笑了，赶紧解释说：“怪我没说清，这个钱是给你们那位老人家的补助，哪里能真的 10 年就停！我告诉他们马上补送。”章含之说，父亲是不会收的，当初说好只收 10 年。毛泽东想了想，又找到了新的理由，说：“你回去告诉行老，从今年开始还利息。50 年的利息，我也算不清应该多少，就这样还下去，行老只要健在，这个利息是要还下去的。”毛泽东稍停了停，又认真而严肃地对章含之说：“这个钱一直送到行老不在为止。他去世了，就停了。你们这一代要靠自己，不要靠父亲的遗产。”对于那些为革命出过力的民主人士、党外人士，在革命成功后，毛泽东没有忘记他们。毛泽东与章含之的谈论，对章士钊给予了很高的评价，对他昔日为革命筹集银款，念念不忘，知其为人慷慨大度不求回报的性格特点，便机智而巧妙地以“还债”和“付息”的方式给以生活上一些补助，同时又对其女儿严格要求。在这里，既有对长辈的关爱，又有对晚辈的希望。毛泽东想得真周到，不愧为全心全意为人民服务的中国人民的伟大领袖。

“这就叫‘兵不厌诈’呀！”

——毛泽东与周恩来的交谈

60年代末，国际形势紧张，对中国构成严重威胁。在中国的北面，中苏边境，苏联陈兵百万，自1969年3月起，苏军先后侵入中国黑龙江珍宝岛地区、八岔岛地区和新疆铁列克提地区，6月苏联领导人又发出对中国实施核打击的威胁。在中国的南面，越南战场战事犹酣，美帝国主义气焰嚣张。

面对两个超级大国的核威胁和日趋恶化的国际形势，为了中国的安全，毛泽东在深沉地思考着，他正在酝酿着一个重大决定：可否把即将实施的地下核试验提前一点，以核制核，触动一下勃列日涅夫的神经，让他清醒清醒。想到这里，毛泽东精神为之一振，脸上泛起淡淡的笑容。

就在这时，周恩来为国庆20周年搞不搞群众集会，毛泽东等党和国家领导人要不要登天安门检阅之事，受陈毅、徐向前、聂荣臻、叶剑英四位老帅之托来和毛泽东商量。

毛泽东不问周恩来的来意，仍按自己的思路，兴奋地对周恩来说：“恩来，你读过《明史》没有？我看朱升是个有贡献的人。他为明太祖成就帝业立了头功。对了，他有九字国策定江山：‘高筑墙，广积粮，缓称王’。我也有九字能不能对付核大战？这九字是‘深挖洞，广积粮，不称霸’。这有没有剽窃之嫌啊！”

周恩来虽然没有完全理解毛泽东的意思，但显然被毛泽东的情绪所感染，他兴奋地说：“不称霸，好！这下美国就该放心了。”因为这等于宣布中国无意在亚洲与美国争霸，也无意填补美国撤出越南后的空白，给美国吃了一颗定心丸，让美国不要与中国为敌，改变中国南北两面受敌的局面，全力以赴对付苏联。

毛泽东摇摇头，说：“只是放心不够，人家是老大，哪能袖手旁观，我想让他们下河蹚蹚浑水哩！”

“真把美国拖进来，这场戏就有热闹看了！”周恩来笑着说，但他仍然不放心。

“主席，四老帅认为今年国庆节苏联偷袭的可能性很大。我看，这次国庆节的群众集会怎么搞法，是不是再研究一下？”

显然，为了毛泽东的安全，周恩来不主张党和中央领导人上天安门检阅游行队伍，因为这样风险太大了。

毛泽东不以为然，主张还是好好庆祝一番。他并没有把苏联的百万大军和核讹诈放在眼里，他要用他的胆识和智慧向它们挑战。毛泽东风趣地说：“不搞集会，我看不太好吧！这是不是告诉人家，我们有点怕？集会还是要搞的，我还要上天安门。我倒想开开眼，看看原子弹的威力究竟有多大？”

周恩来还是不放心，万一发生意外，天安门城楼上党和国家领导人怎么隐蔽？广场的几十万群众如何疏散？没有万全之策，他是不会轻易下决心的。

毛泽东非常理解周恩来的心情，他见周恩来很为难，便抛出了锦囊妙计：“如果实在不放心，可不可以放两颗原子弹吓唬吓唬他们呀？让他们也紧张两天，等明白过来，我们的节也过完了。”

心有灵犀一点通。周恩来会意地笑了，说：“放完后，我们再来个秘而不宣。”

“对嘛！这就叫‘兵不厌诈’呀！”毛泽东高兴地说。

“主席，您看安排在什么时候比较好？”周恩来问。

进行核试验的时间安排在什么时候好，在毛泽东的脑子里已酝酿了很长时间，考虑到建国20周年的庆祝活动，他作出了最后决定：“我看不能早，也不能晚，28日、29日两天就可以。”停了一会儿，又补充说:“这事还要和聂荣臻、张爱萍同志商量一下。”

1969年9月28日和29日，中国成功地进行了一次地下核试验和一次高爆核试验。美国地震监测站和苏联地震监测中心，几乎同时收到了能量巨大的震动信号。他们判断：中国成功地进行了地下核试验和高爆核试验。

果然不出毛泽东所料，美苏两国都在焦急地等待中国公布核试验的消息和有关资料。然而，时间一天天过去了，中国所有的新闻媒介连一条简短的消息都没有发布，这同前几次核试验连篇累牍、热烈庆贺的情形大相径庭。这使美苏两国领导人丈二和尚摸不着头脑。就在他们惶惶猜测的时候，在中国的首都北京却是那样的平静，一切都在照常进行。

10月1日，天安门广场披上了节日的盛装，各界群众欢歌笑语潮涌般地从四面八方汇集而来。毛泽东等党和国家领导人在庄严的《东方红》乐曲声中，健步登上天安门城楼检阅游行队伍。毛泽东神采奕奕，笑容满面，亲切地向来自全国各地的工农兵代表招手、鼓掌，同来自世界五大洲的同志们、朋友们握手、交谈，向游行队伍挥手致意。此时此刻，毛泽东心潮澎湃，思绪万千，最使他振奋的是中国人民解放军陆、海、空三军的队伍，他们高喊着“一不怕苦，二不怕死”的口号，扛着“提高警惕，保卫祖国”“随时准备歼灭入侵之敌”“一定要解放台湾”等大字标语，威武雄壮，气势夺人。毛泽东坚信，有中国人民的精诚团结和世界人民的支持，任何帝国主义的侵略都一定能粉碎。

面对复杂、紧张的国际形势，毛泽东汲取历史的智慧运用于现实之中，谈了对策还谈了策略，表现了毛泽东的大智大勇，令周恩来信服，钦佩。

第四篇

毛泽东演讲、报告的语言魅力

到陕北去，那里有刘志丹的红军

——毛泽东在哈达铺红军干部会上的演讲

1935年9月22日。哈达铺。

毛泽东在一座关帝庙里，召集红军一、三军团和中央军委纵队团以上干部开会。当毛泽东和其他中央领导走进会场，顿时响起热烈的掌声。

毛泽东挥挥手让大家坐下。毛泽东笑着对在座的红军指挥员发表演说：同志们，今天是9月22日，再过几天就是阳历10月。自从去年我们离开瑞金，过了于都河，至今快一年了。一年来，我们走了两万多里路，打破了敌人无数次的追、堵、围、剿。尽管天上还有飞机，蒋介石连做梦也想消灭我们，但是我们过来了，过了江西、湖南、广西、贵州、云南、四川，过了金沙江、大渡河、雪山、草地，过了腊子口，现在坐在哈达铺的关帝庙内，安安逸逸地开会了。这本身是个伟大的胜利！

毛泽东这一个开场白，一下使会场活跃起来，大家欢天喜地地报以热烈的掌声。

稍稍停顿了一下，毛泽东话锋一转，谈到目前的政治形势。毛泽东特别指出，蒋介石的态度仍很顽固，他不顾当前的民族危机，一直不肯接受我党1933年1月17日提出的中国工农红军愿在三个条件下与国民党军队共同抗日的主张，仍醉心于打内战，妄图再次用他的优势兵力，消灭他们认为“经过长途跋涉疲惫不堪”的红军。

毛泽东在分析形势时还谈到四方面军和张国焘。他提高声音说道，张国焘看不起我们。他对抗中央，还倒打一耙，骂我们是机会主义。我们要北上，他要南下；我们要抗日，他要躲开矛盾，究竟哪个是退却，哪个是机会主义？我们不怕骂，我们要抗日，首先要到陕北去，那里有刘志丹的红军。

毛泽东说到这里，又略略停了一下，然后诙谐地说，感谢国民党的报纸，为我们提供了陕北红军比较详细的消息：那里不但有刘志丹的红军，还有徐海东的红军，还有根据地！

接着，毛泽东满怀深情地怀念起多年共同奋战的老战友。他以抒情的口吻说，我们和同志们都惦念着还在四方面军的朱总司令、刘伯承参谋长。我们也惦念着四方面军的同志和五、九军团的同志们，相信他们是赞成北上抗日这一正确方针的，总有一天他们会沿着我们北上的道路，穿过草地，北上陕北，出腊子口，与我们会合，站在抗日最前线的，也许在明年这个时候。

毛泽东接着又说：同志们，我们目前只有八千多人，人是少了一点，但小有小的好处，目标小点，作战灵活性大。人少，更不用悲观，我们现在比 1929 年初红四军下井冈山的人数还多哩！胜利一定属于我们的！

毛泽东讲话真可谓面面俱到，这时，他举起一个指头，笑着说：现在要提醒大家一点，就是在松潘地区，我们是没收反动土司的粮食、牛羊和购买藏民的粮食，现在我们应该坚持以打土豪、筹粮款为主，不能侵占工农的利益。这是人民军队的一条重要纪律。

毛泽东号召大家：经过两万多里的长征，久经战斗，不畏艰苦的红军指战员一定能够以自己的英勇、顽强、灵活的战术、战斗经验，来战胜北上抗日途中的一切困难！

毛泽东鼓励大家，你不要看我们现在人少，我们经过锻炼的，不论在政治上，体力上，经验上，个个都是经过了考验的，是很强的，我们一个可以当十个，十个可以当百个。

毛泽东挥舞着拳头，大声宣告道：“同志们，胜利前进吧，到陕北只有七八百里了，那里就是我们的目的地，就是我们的抗日前进阵地！”

毛泽东以他的清晰与激情结束了鼓舞人心的精彩讲演。

我们纪念鲁迅，就要学习鲁迅的精神

——毛泽东在陕北公学的演讲

1937年10月19日，毛泽东在延安陕北公学纪念鲁迅逝世周年大会上作了《论鲁迅》的演讲。

毛泽东讲话全文如下：

同志们：

今天我们陕北公学主要的任务是培养抗日先锋队的任务。当着这伟大的民族自卫战争迅速地向前发展的时候，我们需要大批的积极分子来领导，需要大批的精干的先锋队来开辟道路。这种先锋分子是胸怀坦白的，忠诚的，积极的与正直的；他们是不谋私利的，惟一的为着民族与社会的解放；他们不怕困难，在困难面前总是坚定的，勇往直前；他们不是狂妄分子，不是风头主义者，而是脚踏实地富于实际精神的人们。他们在革命的道路上起着向导的作用。目前的战局只是单纯政府与军队的抗战，没有广大的人民参加，这是绝对没有最后胜利的保障的。我们现在需要造就一大批为民族解放而斗争到底的先锋队，要他们去领导群众，组织群众，来完成这历史的任务。首先全国的广大的先锋队要赶紧组织起来。我们共产党是无产阶级的先锋队，同时又是最彻底的民族解放的先锋队。我们要为完成这一任务而苦战到底。

我们今天纪念鲁迅先生，首先要认识鲁迅先生，要懂得他在中国革命史中所占的地位。我们纪念他，不仅因为他的文章写得好，是一个伟大的文学家，而且因为他是一个民族解放的急先锋，给革命以很大的助力。他并不是共产党组织中的一人，然而他的思想、行动、著作，都是马克思主义的。尤其在他的晚年，表现了更年轻的力量。他一贯地不屈不挠地与封建势力和帝国主义作坚决的斗争，在敌人压迫他、摧残他的恶劣的环境里，他忍受着，反抗着，正如陕北公学的同志们能够在这样坏的物质生活里勤谨地学习革命理论一样，是充满了艰苦斗争的精神的。陕北公学的一切物资设备都不好，但这里有真理，讲自由，是造就革命先锋分子的场所。

鲁迅是从正在溃败的封建社会中出来的，但他会杀回马枪，朝着他所经历过来的腐败的社会进攻，朝着帝国主义的恶势力进攻。他用他那一支又泼辣、又幽默、又有力的笔，画出了黑暗势力的鬼脸，画出了丑恶的帝国主义的鬼脸，他简直是一个高等的画家。他近年来站在无产阶级与民族解放的立场，为真理与自由而斗争。鲁迅先生的第一个特点，是他的政治的远见，他用望远镜和显微镜观察社会，所以看得远，看得真。他在1936年就大胆地指出托派匪徒的危险倾向，现在的事实完全证明了他的见解是那样的准确，那样的清楚。

鲁迅在中国的价值，据我看要算是中国的第一等圣人，孔夫子是封建社会的圣人，鲁迅则是现代中国的圣人。我们为了永久纪念他，在延安成立了鲁迅图书馆，在延长开办了鲁迅师范学校，使后来的人们可以想见他的伟大。

鲁迅的第二个特点，就是他的斗争精神。刚才已经提到，他在黑暗与暴力的进袭中，是一株独立支持的大树，不是向两旁偏倒的小草，他看清了政治的方向，就向着一个目标奋勇地斗争下去，决不中途投降妥协。有些不彻底的革命者起初是参加斗争的，后来就“开小差”了。比如德国的考茨基，俄国的普列汉诺夫就是明显的例子，在中国这等人也不少，正如鲁迅先生所说，最初大家都是左的，革命的，及到压迫来了，马上有人变节，并把同志拿出去献给敌人作为见面礼。鲁迅痛恨这种人，同这种人做斗争，随时教育着训练着他所领导下的文学青年，叫他们坚决斗争，打先锋，开辟自己的路。

鲁迅的第三个特点是他的牺牲精神。他一点也不畏惧敌人对于他的威胁、利诱与残害，他一点不避锋芒地把钢刀一样的笔刺向他所憎恨的一切。他往往是站在战士的血痕中，坚韧地反抗着，呼啸着前进。鲁迅是一个彻底的现实主义者，他丝毫不妥协，他具备坚决的心。他在一篇文章里，主张打落水狗。他说，若果不打落水狗，它一旦跳起来，就要咬你，最低限度也要溅你一身的污泥，所以他主张打到底。他一点没有假慈悲的伪君子的色彩。现在日本帝国主义这条疯狗，还没有被我们打下水，我们要一直打到它不能翻身，退出中国国境为止。我们要学习鲁迅的这种精神，把它运用到全中国去。

综合上述这几个特点，形成了一种伟大的“鲁迅精神”。鲁迅的一生就贯穿了这种精神。所以他在文艺上成了一个了不起的作家，在革命队伍中是一个很优秀的很老练的先锋分子。我们纪念鲁迅，就要学习鲁迅的精神，把它带到全国各地的抗战队伍中去，为中华民族的解放而奋斗！

毛泽东在这篇《论鲁迅》的演讲中，高度评价了鲁迅的政治远见、斗争精神、牺牲精神，并号召人们都来学习这种伟大的鲁迅精神。

毛泽东对鲁迅的评价达到了一个前所未有的高度，他称："鲁迅在中国的价值，据我看要算是中国的第一等圣人，孔夫子是封建社会的圣人，鲁迅则是现代中国的圣人。"

一篇不长的演讲，却把一个全面的活脱脱的鲁迅为我们展示出来了：伟大的文学家、民族解放的急先锋、革命队伍里的坚强战士，现代中国的圣人！

毛泽东这篇《论鲁迅》的演讲虽然不长，但内容十分丰富，立意也很高。他不仅以独到的历史眼光总体而全面地评价了鲁迅，充分肯定了鲁迅作为无产阶级革命家、思想家、文学家在民族解放斗争中作出的巨大贡献，同时还结合现实对"鲁迅精神"进行了具体的论说（即毛泽东在文中指出的鲁迅的三个特点）。

毛泽东运用形象、生动的比喻修辞法说鲁迅是一个高等的画家。毛泽东指出："他用他那一支又泼辣，又幽默，又有力的笔，画出了黑暗势力的鬼脸，画出了丑恶的帝国主义的鬼脸，他简直是一个高等的画家。"

"他简直是一个高等的画家"，用的是暗喻手法，"简直"加强了这种肯定判断语气。接着，毛泽东使用形象生动的比喻描绘了鲁迅的三个特点。

鲁迅先生的第一个特点，是他的政治远见。这是因为“他用望远镜和显微镜观察社会，所以看得远，看得真”。“望远镜和显微镜”就是马克思主义的辩证唯物主义和历史唯物主义，用的是借喻手法。鲁迅成为马克思主义者以后，自觉地运用马克思主义的观点和方法观察社会，解剖人生，对敌人的揭露和批判就更犀利，对人民的鼓舞和鞭策也就更巨大、更有力。

鲁迅先生的第二个特点，是他的斗争精神。毛泽东说：“他在黑暗与暴力的进袭中，是一株独立支持的大树，不是向两旁偏倒的小草。”这里先用一个表肯定判断的暗喻，再用一个表否定判断的反喻。本体和喻体被肯定的相似点是坚持不屈毫不动摇，被否定的相似点是没有主心骨，风吹两边倒。这样肯定与否定相结合，就构成了一种表选择的比喻形式，有的书上也把它叫做正反并用式的反喻。这样的比喻，内部肯定与否定的内容形成鲜明的对照，在对照中更加强调了被肯定的喻体。鲁迅处在黑暗的现实中，用自己“又泼辣、又幽默，又有力”的笔，写出一篇篇似匕首、如投枪的文章，揭露批判反动势力镇压人民、镇压革命的罪行，引起了敌人极大的恐慌，反动派通缉他，派特务跟踪、监视他，企图伺机对他进行迫害。鲁迅在这样恶劣的环境里，毫不畏惧。仍然继续战斗，直至积劳成疾，献出自己宝贵的生命。这种同敌人斗争至死不回头的精神，就是暴风雨中一棵大树的风采，也是他作为无产阶级革命战士的突出的性格特征。

鲁迅先生的第三个特点，是他的牺牲精神。毛泽东说：“他一点也不畏惧敌人对于他的威胁、利诱与残害，他一点不避锋芒地把钢刀一样的笔刺向他所憎恨的一切。他往往是站在战士的血痕中，坚韧地反抗着、呼啸着前进。”“钢刀一样”是等喻形式。它形容鲁迅的文章立场坚定，爱憎分明，特别是对于反动势力的批判，对于社会龌龊现象的揭露毫不留情，使敌人看了胆战心惊。因此反动派非常痛恨他，多次企图迫害他。但是，他即使站在战士的血痕中，也毫不恐惧和退缩，烈士的鲜血更激起他向反动势力发动更强烈的猛攻的勇气和斗争到底的决心。他看透了反动派的本质，因此主张对他们穷追不舍，直到把他们彻底消灭，这就是著名的痛打“落水狗”精神。

通过以上的描绘，毛泽东便将一个顶天立地、不屈不挠的鲁迅形象生动地再现了出来，让我们如见其人，如闻其声。

毛泽东在演讲中号召陕北公学的革命青年学习鲁迅先生的政治远见、斗争精神和牺牲精神，特别是学习鲁迅先生痛打落水狗的精神，尤其是对“日本帝国主义这条疯狗”，我们更不能有半点怜悯之心，更何况当时它还正是猖狂的时候，还没有被打下水哩。

上面的“日本帝国主义这条疯狗”，是同位喻手法。本体和喻体直接组合到一起，构成复指短语，结构紧凑，语言凝练，本体喻体之间对比鲜明，倾注了作者强烈的憎恶之情。

毛泽东曾说过“鲁迅的骨头最硬”，同时还说过：“我的心和鲁迅的心是相通的。”

他们两人都写诗，都写文章，而且都是高手，二人只是工作不同。一个是中国人民的伟大领袖，一个是中国的大文豪，但他们的本质是相同的，他们都是革命家。

毛泽东在许多场合、文章、诗中提到过鲁迅，他十分爱读鲁迅的作品，对鲁迅的思想有非常深的感受和理解。

鲁迅精神，不但过去要学，在改革开放、搞活经济、建设有中国特色的社会主义的今天，仍然需要学习。都说“商场如战场”，结合现实生活来看，也确实如此。你不学习，没有一颗清醒的头脑，没有一点斗争精神和牺牲精神，在光怪陆离的“花花世界”

中，你就会被诱惑而迷失方向，甚至走上犯罪的道路。学习鲁迅精神，很有必要。

对陕北公学毕业同学的临别赠言

——毛泽东在毕业会上的演讲

1938年3月3日，毛泽东参加了陕北公学第六、七、八、九、十队的同学毕业典礼，会上他作了《对陕北公学毕业同学的临别赠言》的演说。

毛泽东首先称赞陕北公学是进步的中国的缩影，是统一战线的缩影，有了陕北公学，中国就不会亡。

接着，毛泽东又把陕公与早年黄埔进行比较，并点明陕公的宗旨——打倒日本帝国主义，建立新中国，这一宗旨就像当年黄埔要打倒军阀和帝国主义一样。

接下来，毛泽东以生动形象的语言谈了统一战线和持久战的问题，同时他殷切希望同学们毕业出去后，犹如洪波涌动，最终能战胜潮水，而不是被潮水卷走。"潮水"在这里被赋予了象征意义。

毛泽东在论述持久战时，同样是妙语横生，他所说的我们"应该写好这中间的一段文章"，就是指应该搞好持久战这个意思。接着他还将西班牙战争与中国抗日战争予以比较分析，表现出一代大战略家的深刻眼光。

"日本一定吞不下中国的。哪一年的'天狗'把月亮吞下去了？"毛泽东化用"天狗吞不下月亮"这句俗语来形容日本的侵略行为终将失败，可谓极其生动。

接着毛泽东谈了如何作"文章"（毛泽东把打仗比喻成作文章）。"豆腐块"在此就是最好的"文章"。这一形象说法给人印象深刻，同时也含着毛泽东一贯的军事思想。我们知道，毛泽东一贯讲究根据地的重要性。一块一块的豆腐块就是一块一块的根据地。总有一天这些小豆腐块会连成一片，这犹如星星之火可以燎原，豆腐块最终要做成大文章。

顺着“豆腐块”这么一个思路讲下来，毛泽东最后呼吁毕业的同学们，“都要努力去创造大大小小的抗日根据地，从建立山西的五台山，到建立全中国的五台山，争取最后的胜利。”而五台山正是当时聂荣臻建立的抗日根据地即按毛泽东的形象说法“豆腐块”。

毛泽东号召同学们走“豆腐块”的道路，其实就是号召他们走“农村包围城市的道路”，走上山下乡的道路。

在此，我们深感毛泽东是深懂中国的具体情况的。正是由于他的这一正确思想，即把马列主义同中国革命的具体实践相结合的思想，中国革命才取得了最后的胜利。

陕北公学，成立于1937年8月，在延安它是一所很有名的学校，招收从全国各地前来延安的青年，通过短期革命教育培养为抗日干部。

毛泽东对陕北公学相当重视，多次去那里作演讲。而这次所作的演讲，由于讲道理深入浅出，用语妙喻迭出，在学员们心中留下了难忘的印象。

下面把这篇演讲的语言的主要艺术特点具体讲一讲。

学校和社会，是两个天地，学生从学校毕业走上社会，就等于是把自己投入到社会的潮流中去，最终的结局也自然会不一样。陕北公学第六、七、八、九、十队同学毕业之际，正是抗日战争向高潮发展的时期，毛泽东来发表演说，亲自为他们送行，就是希望他们做好充分的思想准备，迎接艰苦斗争的考验，为争取民族独立和解放作出自己的贡献。他说:“同学们毕业出去，好像撒入河水里去一样，可能有若干人会被潮水卷去，不过大多数人能够战胜潮水，朝着总的方向，达到预定的目的。走这个方向便须有坚定的意志和在艰难困苦的奋斗中不怕牺牲一切的精神。”

这里的“潮水”，是比喻主流之外的逆流，指抗日主流之外的种种反动势力掀起的恶浪。“好像撒入河水里去一样”，是比喻手法，就是为了提醒大家要有思想准备，要敢于接受实际斗争的考验，要有坚定的意志和在艰苦的条件下不怕牺牲一切的精神，勉励大家在社会的“河水”里，随主流一道前进。

在概括地讲了当前世界反法西斯统一战线的情况之后，毛泽东谈到了中国的情况。他介绍，武汉来的一个同志说:“现在外面对于我们抗战有一个公式，就是‘卢变以来，中国一定会得到最后胜利的’。”毛泽东说:“这句话是对的，但是中间还差一段文章，这文章就是怎么样取得胜利的问题。这问题是非常要紧的，我们应该答复，应该写好这中间一段的文章。”

这段议论由“武汉来的一个同志”的话引起。“卢变”即“七七”卢沟桥事变。自从卢沟桥事变中国军队打响了抗日的第一枪，最终的胜利也就一定是我们中国的。但是，从开始到最后胜利的到来，这中间该是段多么惊心动魄的路程啊，毛泽东把这中间的路程比喻成“一段文章”。要写好这“一段文章”，每一个字，每一个句子，甚至每一个标点符号都将渗透抗日志士的鲜血，但是我们必须付出这个代价，才能赶走日寇，才能使中华民族获得生存的权利。毛泽东的话当中的“一段文章”，“写好这中间的一段文章”都是借喻手法，用喻体直接来代替本体，使这一层“非常要紧”的问题得到特别的强调。用“文章”做喻体说明抗日的道理，一是承“武汉来的”同志的话中“一个公式”而来，二是针对陕北公学毕业生讲话，写文章的事对他们来说也是十分熟悉的了。因而，这个比喻同语境实情都是配合得很密切的。

毛泽东在演讲中谈到，中国人民的抗日斗争是一定会得到世界一切爱好和平的人民的支持的，更有我们自己艰苦卓绝地努力，"这些都使我们相信，日本一定吞不下中国的。哪一年的'天狗'把月亮吞下去了？""天狗吃月"是民间俗语，过去人们不懂科学，认为日食和月食的发生是太阳或月亮被天狗吃了。因此，有"天狗吃不了日头""天狗吞不下月亮"等说法。毛泽东用天狗吞不下月亮来比喻日本一定吞不下中国。本体和喻体的相似点就是，月食现象是短暂的，日寇的猖狂也是短暂的。为了强调这个意思，在说出本体之后，喻体则以诘问形式出之，构成诘喻格，使语言的表达更加含蓄有力。这样充满着民族自信心的比喻，能使听众受到强烈的感染，从而也增强了他们投入艰苦斗争的勇气和斗争必胜的信心。

下面在讲到用什么办法同敌人进行斗争的时候，毛泽东说："我们陕北公学同学出去一定有办法，办法就是画'豆腐块'，在大路附近画'豆腐块'。"他还举出聂荣臻的例子说："也许有人怕去画'豆腐块'，我们举出聂荣臻的例子，就会不怕了。聂荣臻在五台山创造了一支二万五千人的大队伍（不脱离生产的还不算）。"

这里多次提到的"画'豆腐块"'，都是用喻体直接代替本体的借喻手法。比喻由抗日先锋分子在日寇势力薄弱的地区，主要是农村，创建大小不等的抗日根据地。这个比喻既形象，又很生动。先创建许多小块根据地，然后逐步扩大，连成一片。这种办法可不可行呢？可行的，有聂荣臻的事实为例。这里既有办法，又有样板，这就使这些即将走上前线的抗战干部心中踏实多了。

这篇演讲当中的比喻，有的讲形势，有的树信心，有的谈办法，能够使陕北公学的毕业生看清形势，认准方向，明确任务，掌握方法，可说是做到了随手拈来，各臻其妙。

“孙中山先生……就是当时政府的叛徒”

——毛泽东作《青年运动的方向》的演讲

1939年毛泽东在延安青年群众举行的五四运动20周年纪念大会上作了《青年运动的方向》的演讲。这篇演讲从把五月四日定为青年节讲起，讲到孙中山领导的辛亥革命的成败，讲到革命的对象、革命的目的、革命的性质、革命的主体、根本力量、骨干，讲到过去中国革命的经验教训，又回过来讲青年在革命中的先锋作用、辨别一个青年是不是革命的标准，以及延安青年的模范作用，等等。毛泽东在这篇演讲中发展了关于中国革命问题的思想。

这篇演讲设问迭出，环环相扣，一气呵成，是语言上成功地使用设问的典型范例。其设问的形式丰富多彩，主要有以下几种。

承接问。毛泽东说：今年（指1939年）五月四日在全国定为青年节，它表示我们中国反对帝国主义和封建主义的人民民主革命，“快要进到一个转变点了”。演讲接着问：“那末，现在已经转变了没有呢？没有。这一个转变，现在还没有到来，现在我们还没有胜利。”

毛泽东还讲到：孙中山先生远在五四运动以前，就是当时政府的叛徒，“他反对了清朝政府，并且推翻了清朝政府。”接着问：“他做的对不对呢？我以为是对的。”并且进一步说明自己这样看的理由：“因为他所反对的不是反抗帝国主义的政府，而是勾结帝国主义的政府，不是革命的政府，而是压迫革命的政府。”

衔接问。毛泽东在讲到延安的青年运动时，他说：“延安的青年运动是全国青年运动的模范。延安的青年运动的方向，就是全国的青年运动的方向。为什么？因为延安的青年运动的方向是正确的。”在这里，“为什么”既有承上的作用，又有启下的作用，它像一座桥梁将上下文衔接起来。

以上这两种设问，都有力地加强了文章的内在联系，加强了演讲的逻辑性。

反复问。或叫重叠问。如：“中国的革命，它反对的是什么东西？革命的对象是什么呢？大家知道，一个是帝国主义，一个是封建主义。”“革命是什么人去干呢？革命的主体是什么呢？就是中国的老百姓。”“中国革命的性质是什么？我们现在干的是什么革命呢？我们现在干的是资产阶级性的民主主义的革命，我们所做的一切，不超过资产阶级民主革命的范围。”“中国革命干了几十年，为什么至今尚未达到目的呢？原因在什么地方呢？我以为原因在两个地方：第一是敌人的力量太强；第二是自己的力量太弱。一个强了，一个弱了，所以革命没有胜利。”“看一个青年是不是革命的，拿什么做标准呢？拿什么去辨别他呢？只有一个标准，这就是看他愿意不愿意、并且实行不实行和广大的工农群众结合在一块。”以上这些都属于反复问，即两个设问句问的是同一个问题，所以只有一个答案。那么去掉一问不行吗？可以，但力量却减弱了。所以这种反复问，意在加强问的力量，突出问题的重点。

迭问。这种设问的特点是连锁发问，又边问边答。如：“你们看，希特勒不是也讲‘信仰社会主义’吗？墨索里尼在二十年前也还是一个‘社会主义者’呢！他们的‘社会主义’到底是什么东西呢？原来就是法西斯主义！陈独秀不是也‘信仰’过马克思主义吗？他后来干了些什么呢？他跑到反革命那里去了。张国焘不是也‘信仰’过马克思主义吗？他现在到哪里去了呢？他一小差就开到泥坑里去了。有些人自己对自己加封为‘三民主义信徒’，而且是老牌的三民主义者，可是他们做了些什么呢？原来他们的民族主义，就是勾结帝国主义；他们的民权主义，就是压迫老百姓；他们的民生主义呢，那就是拿老百姓身上的血来喝得越多越好。这是口是心非的三民主义者。”这些连锁设问像连珠炮似的，不由得听众不信，因而它具有夺人的气势，折服人的力量，使文章产生一种一发而不可收的锐利气势。

正反问。这种设问的特点是用肯定与否定的连用形式发问，又用否定与肯定相连的方式作答。如：“这样的政府要不要反对呢？假使不要反对的话，那末，五四运动就是错的。这是很明白的，这样的政府一定要反对，卖国政府应该打倒。”

先答后问。或叫颠倒问。其特点是回答在前，设问在后，初看很像反问。如：“你们看辛亥革命把皇帝赶跑，这不是胜利了吗？”这一句中，“辛亥革命把皇帝赶跑”了，就是对辛亥革命是不是胜利或胜利在哪里这一设问的回答。

双向问。这种设问的特点是设问前有回答，设问后又有回答，设问被夹在两层回答的中间。如：“延安的青年们是团结的，是统一的。延安的知识青年、学生青年、工人青年、农民青年，大家都是团结的。全国各地，远至海外的华侨中间，大批的革命青年都来延安求学。今天到会的人，大多数来自千万里之外，不论姓张姓李，是男是女，做工务农，大家都是一条心。这还不算全国的模范吗？延安的青年们不但本身团结，而且和工农群众相结合，这一点更加是全国的模范。”设问句前面回答了延安的青年运动是全国青年运动的模范的一方面理由，在设问句后接着又回答了另一方面的理由。

总之，《青年运动的方向》这篇演讲的最大特点是设问的成功运用，几乎在每个段落，每讲一个问题，都用设问，以吸引听众，有时用一组设问构成一个表现力很强的句群，使整个演讲设问迭出，环环相扣，一气呵成，大大加强了演讲的逻辑性、鼓动性和说服力。

毛泽东演讲说："我们看人的时候，看他是一个假三民主义者还是一个真三民主义者，是一个假马克思主义者还是一个真马克思主义者，只要看他和广大的工农群众的关系如何，就完全清楚了。"这一主要观点，至今仍闪耀着光辉。

那些吸取民脂民膏的腐败分子，总是高傲狂妄，看不起广大的人民群众，与广大的人民群众为敌；而那些两袖清风、廉洁奉公的好党员、好干部总是处处关心广大的人民群众，全心全意地为广大的人民群众服务。中国共产党之所以伟大，就在于其全心全意地为广大的人民群众服务，永远也不脱离广大的人民群众，永远依靠人民大众，把为人民大众服务的各项事业搞好。

"我们为人民而死，就是死得其所"

——毛泽东的著名演说《纪念白求恩》《为人民服务》《愚公移山》

毛泽东的演说，有三篇非常著名。一是作于1939年的《纪念白求恩》，二是作于1944年的《为人民服务》，三是作于1945年的《愚公移山》。

《纪念白求恩》讲的是国际共产主义革命援助这个大主题。然而，毛泽东却用最质朴有力的语言告诉我们："一个人的能力有大小，但只要有这点精神，就是一个高尚的人，一个纯粹的人，一个有道德的人，一个脱离了低级趣味的人，一个有益于人民的人。"

毛泽东的这几句话，从对白求恩大夫的纪念的意义上，升华到了一个新的思想境界，精神升华了，立意更高了，主题也更扩大了。毛泽东通过纪念白求恩的讲话，在告诫我们怎样去做一个真正的人，怎样去度过自己有用的一生。

毛泽东的这篇演讲读起来铿锵有力，气韵十分充沛，最后几句话亦是典型的毛泽东语言。

我们知道，毛泽东作文、讲话都十分讲究气韵以及语流的贯通，而且，为使他讲话的节律畅达恢宏，他最爱一口气连说好几个排比句，此种句式如阵阵波涛，一浪掠着一浪。如此句式，毛泽东驾轻就熟，一说出来就特别能吸引听众，并达到完美的演说效果。

《为人民服务》如今不仅在中国，甚至在外国都达到相当普及的程度。为人民服务的思想是从一个平凡的革命战士张思德之死升华出来的。继张思德之后，毛泽东还提出过“学雷锋”，其中心思想仍是为人民服务、争当革命螺丝钉、大公无私等。

毛泽东用深入浅出同时感人至深的语言，从张思德之死，谈到了“生与死”这一人生的重大主题。他首先以司马迁在《报任少卿书》中的一段话“人固有一死，或重于泰山，或轻于鸿毛”引出张思德之死，并高度赞誉张思德之死，说他的死比泰山还重。

毛泽东这一段生死论超越了莎士比亚在《哈姆雷特》中的一句名言：“生或者死这是一个问题。”莎翁在此只提出了问题；而毛泽东却从生死观中，引申出为人民服务这个伟大思想。

接着，毛泽东话锋一转，通过纪念张思德开始谈大题目了，即“为人民服务”。他号召我们要团结起来去奋斗、去拯救受苦受难的中国人民，但也不能搞无谓的牺牲，要尽量避免牺牲，但牺牲来了也不怕，因为“我们为人民而死，就是死得其所”。

同时，毛泽东还说道：革命队伍里的人来自五湖四海，应该亲如兄弟，不分尊卑，一视同仁。大家不仅要相互关心、爱护、帮助，而且任何一个人死了，哪怕是炊事员死了，也要开追悼会。

毛泽东运用他具有说服力的语言，谈到了追悼会的重要性。他认为，追悼会要成为一种制度，到处推广，让老百姓也行动起来，村里人死了也搞追悼会这种形式。因为它有两大好处：一是可以寄托哀思，二是可以增进团结。

在毛泽东的倡导下，这个制度从此开始普及了。厂里一个工人死了，乡里一个农夫死了，都开集体追悼会，大家共同来纪念这个死去的人，同时也增进了大家为人人、人人为大家的集体主义思想，即为人民服务的思想。

《愚公移山》是毛泽东在中共“七大”上作的一篇闭幕词。

毛泽东这篇讲话非常富有激情，同时也非常具有语言技巧。像愚公立志要搬掉太行山和王屋山一样，毛泽东也要领导中国人民搬掉压在他们身上的两座大山：帝国主义和封建主义。毛泽东学问渊博、想象力丰富，在谈论打倒帝国主义和封建主义这一政治问题时，很注意语言的生动性、丰富性，而不是干巴巴的几条筋式的政治说教。因此他借助了一个中国的寓言故事《愚公移山》来谈这一重大题目。

我们应该像愚公挖土一样继续革命，这正是毛泽东谈话的要点。

其中，“下定决心，不怕牺牲，排除万难，去争取胜利”不仅闪烁着毛泽东语言的光辉魅力，而且早已成为中华民族自我奋斗的座右铭。

有的放矢，实事求是

——毛泽东作《改造我们的学习》的演讲

1941年5月，中共中央召集120多位高级干部，在延安举行整风学习会议。5月19日，毛泽东在会上作了《改造我们的学习》的重要报告。毛泽东大展口才，开宗明义，首先提出要将学习方法和学习制度改造一下。

为什么要改造呢？

因为有些同志缺乏客观性，正如毛泽东生动形象地指出的那样“闭着眼睛捉麻雀”、“瞎子摸鱼”，粗枝大叶，夸夸其谈，理论与实际分离；对自己的祖国的历史一窍不通，零星地捡了一些希腊和外国故事，言必称希腊，却不以为耻，反以为荣，这样一搞势必出主观主义。

接着，毛泽东侃侃而谈，把主观主义和马列主义这两种学风进行了详尽对比。

对于那些华而不实的主观主义者，毛泽东为他们画了一幅十分惟妙惟肖的肖像。他援引了明人解缙一联：

墙上芦苇，头重脚轻根底浅；

山间竹笋，嘴尖皮厚腹中空。

从这副对联的引用上，我们可见毛泽东的口才的确了得，仅两行就把这种一天到晚不学无术，专搞哗众取宠之事的人的嘴脸刻画出来了。毛泽东对这种人的行径看得分明。他还说：“科学是老老实实的学问，任何一点调皮都是不行的。”

如何改正主观主义那副丑态呢？那就是有的放矢、实事求是，这样才能使这种人改变“头重脚轻、嘴尖皮厚”的丑恶嘴脸。

毛泽东说:“有的放矢，‘的’是中国革命，‘矢’就是马克思列宁主义。我们中国共产党人所以要找这根矢，就是为了要射中国革命和东方革命这个‘的’的。这种态度，就是实事求是的态度。‘实事’就是客观存在的一切事物，‘是’就是客观事物的内部联系，即规律性，‘求’就是我们去研究。我们要从国内外、省内外、县内外、区内外的实际情况出发，从其中引出其固有的而不是臆造的规律性，即找出周围事变的内部联系，作为我们行动的向导。”在这里，毛泽东对“有的放矢”“实事求是”这样的成语，用得很新鲜、贴切。

对这些成语的解释，既符合概念的内涵，又能密切联系眼前的现实情况，这样，既能帮助理解成语的意思，又能借此指导革命实践。从引用古人对联，到运用成语，可见毛泽东具有高超的语言驾驭能力。

毛泽东的这一报告深刻论述了把马克思列宁主义原理同中国革命具体实践相结合的原则，从思想上、理论上总结了过去党内的路线分歧，批判了主观主义作风，号召全党注重调查研究，树立理论和实践相统一的马克思主义作风。

毛泽东最后为治病救人，还开了一个极好的“处方”：

“（一）向全党提出系统地周密地研究周围环境的任务。依据马克思列宁主义的理论和方法，对敌友我三方的经济、财政、政治、军事、文化、党务各方面的动态进行详细的调查和研究的工作，然后引出应有的和必要的结论。为此目的，就要引导同志们的眼光向着这种实际事务的调查和研究。就要使同志们懂得，共产党领导机关的基本任务，就在于了解情况和掌握政策两件大事，前一件事就是所谓认识世界，后一件事就是所谓改造世界。就要使同志们懂得，没有调查就没有发言权，夸夸其谈地乱说一顿，和一二三四的现象罗列，都是无用的。例如关于宣传工作，如果不了解敌友我三方的宣传状况，我们就无法正确地决定我们的宣传政策。任何一个部门的工作，都必须先有情况的了解，然后才会有好的处理。在全党推行调查研究的计划，是转变党的作风的基础一环。

“（二）对于近百年的中国史，应聚集人才，分工合作地去做，克服无组织的状态。应先作经济史、政治史、军事史、文化史几个部门的分析的研究，然后才有可能作综合的研究。

“（三）对于在职干部的教育和干部学校的教育，应确立以研究中国革命实际问题为中心，以马克思列宁主义基本原则为指导的方针，废除静止地孤立地研究马克思列宁主义的方法。研究马克思列宁主义，又应以《苏联共产党（布）历史简要读本》为中心的材料。《苏联共产党（布）历史简要读本》是一百年来全世界共产主义运动的最高的综合和总结，是理论和实际结合的典型，在全世界还只有这一个完全的典型。我们看列宁、斯大林他们是如何把马克思主义的普遍真理和苏联革命的具体实践互相结合又从而发展马克思主义的，就可以知道我们在中国是应该如何地工作了。”

从为何要改造学习到怎样改造学习，毛泽东十分准确、幽默、生动地为我们款款道来。

毛泽东的谈话不仅在当时，即使在今天对我们也有指导意义，也绝不可能过时。

现在也有一些同志犯主观主义的错误。他们仍然以懂得祖国为耻，反以“称希腊”为荣；不学习继承、发扬祖国优秀的传统文化遗产，而将西方文化不分精华与糟粕地全盘接受下来，这一坏倾向一天不改正，我们就一天也不应该停止“改造我们的学习”的运动。我们就要天天给他画像，画毛泽东曾给这种人画过的像：“墙上芦苇，头重脚轻根底浅；山间竹笋，嘴尖皮厚腹中空。”

“以毒攻毒，就叫做八大罪状吧”

——毛泽东在延安干部会上作的演讲

1942年2月8日，毛泽东在出席中央宣传部和中央出版发行局联合召开的宣传工作会议上作了《反对党八股》的演讲。

毛泽东说党八股中还夹一点土气。他非要把它揭穿、打倒不可。在这一点上他的心又与鲁迅相通了。鲁迅在《伪自由书》的《透彻》一文中说过：“八股原是蠢笨的产物。”而且无独有偶，鲁迅也注意到了五四以后还出现了一种洋八股。鲁迅面对这种坏东西说道：“八股无论新旧，都在扫荡之列。”

现在又出了党八股，毛泽东更是“金猴奋起千钧棒”，要给予扫荡，整顿文风，使我国的文学艺术有一个好的文风。毛泽东先从总体对老八股、旧八股、洋八股、党八股进行了批判后，转而说道：“现在来分析一下党八股的坏处在什么地方。我们也仿照八股文章的笔法来一个‘八股’，以毒攻毒，就叫做八大罪状吧。”

接着，毛泽东展开了对党八股的八番猛攻，连数党八股八条罪状。首先是空话连篇，言之无物，恰似“懒婆娘的裹脚，又长又臭”。对这种令人作呕的裹脚，我们应该把它“赶快扔到垃圾桶里去”。第二是装腔作势，借以吓人。靠吓人讨饭吃，而不是靠科学吃饭。第三是无的放矢，不看对象。第四是语言无味，像个瘪三。说话几条筋，像瘪三一样瘦得难看。在此，毛泽东又谈出一条警句：“语言这东西，不是随便可以学好的，非下苦功不可。”毛泽东深懂真正掌握语言并非易事。瓦雷里（法国诗人）也说过类似的话，他认为音乐家、画家的工作都要比诗人、作家的工作容易一些，因为前者有一套专门的语言，专门为他们的工作所设计出来的，而后者所用的语言，是大家都在说、都在用的语言，相比之下，后者无疑难度要大得多，要在人人都在说的语言里淘出金子的确是难于上青天的事，是大手笔做的事。毛泽东说出的这句话，其本质就含有这层意思。可见他是最懂语言，也最会驾驭语言的人。第五条罪状是甲乙丙丁，开中药铺。专说写文章搞形式主义那一套，简直是幼稚、低级、庸俗。第六条是不负责任、到处害人。毛泽东在此还作了一个洗脸、照镜的比喻，说这种人不洗脸、不照镜，没有责任心，拿着一张黑脸、烂脸（指文章）到处示人，其结果当然是害死人了呀。第七条是流毒全党，妨害革命。第八条是传播出去，祸国殃民。“如果只写给自己看，那倒不要紧。”毛泽东在此文开篇就先申明了。

接着毛泽东还批判了文章之外的党八股，即“开会党八股”，非常死板，“一开会，二报告，三讨论，四结论，五散会”。

最后，毛泽东开出四副“药方”治疗党八股。列宁一篇，季米特洛夫一篇，鲁迅一篇，中共六届六中全会宣传民族化的文章一篇。

整篇演讲嬉笑怒骂、机智灵动、生气勃勃、酣畅淋漓、妙语如珠，而且非常富有独创性，开了一代新文风。

单就语言运用方面讲，《反对党八股》这篇演讲是颇讲究的，它具有生动多变，新鲜活泼，简洁准确，尖锐泼辣，妙用比喻、比拟、俗语、成语等特点。

文章一开始，就把主观主义和宗派主义比作人，说：“如果不连党八股也给以清算，那它们就还有一个藏身的地方，它们还可以躲起来。”而“如果我们连党八股也打倒了，那就算对于主观主义和宗派主义最后地‘将一军’，弄得这两个怪物原形毕露，‘老鼠过街，人人喊打’，这两个怪物也就容易消灭了。”短短几句话，就采用了俗话、成语，还运用了比拟、借用，把主观主义、宗派主义与党八股的关系说得非常生动形象。

接着又用层递和排比说明反对党八股的必要性：“一个人写党八股，如果只给自己看，那倒还不要紧。如果送给第二个人看，人数多了一倍，已属害人不浅。如果还要贴在墙上，或付油印，或登上报纸，或印成一本书，那问题可就大了，它就可以影响许多的人。”三个“如果”形成排比，但同时又是双重层递：一层是由“自己”到“第二个人”又到“许多的人”；一层是从“还不要紧”到“害人不浅”又到“问题可就大了”。三个“或”也形成排比，同时也含有层递的意思：“付油印”——“登报纸”——“印成书”。于是便得出结论：“这就非加以揭穿，把它打倒不可。”用了一个双重否定句，斩钉截铁，毫不含糊。

文中还运用了讽刺：“党八股也就是一种洋八股。”“我们为什么叫它做党八股呢？这是因为它除了洋气之外，还有一点土气。也算一个创作吧！谁说我们的人一点创作也没有呢？这就是一个！”在谈到党八股的第六条罪状——不负责任，到处害人时，又作了讽刺：“拿洗脸作比方，我们每天都要洗脸，许多人并且不止一次，洗完之后还要拿镜子照一照，要调查研究一番，生怕有什么不妥当的地方。你们看，这是何等地有责任心呀！我们写文章，做演说，只要像洗脸这样负责，就差不多了。”而党八股则不然，这种人不洗脸，不照镜子，没有责任心，拿着一张有黑点的脸到处示人，其结果当然是害死人呀。

新鲜活泼、尖锐泼辣，也是《反对党八股》的一大语言特色。如：“说理的首先一个办法，就是重复地给患病者一个刺激，向他们大喝一声，说：‘你有病呀！’使患者为之一惊，出一身汗，然后好好地叫他们治疗。”在这里，把肃清主观主义、宗派主义和党八股比作看病，而治疗的方法却是绘影绘声，活灵活现，这种说理的方法确实新鲜活泼。再如批评某些提倡大众化的人的表现时，说：“现在许多人在提倡民族化、科学化、大众化了，这很好。但是‘化’者，彻头彻尾彻里彻外之谓也；有些人则连‘少许’还没有实行，却在那里提倡‘化’呢！所以我劝这些同志先办‘少许’，再去办‘化’，不然，仍旧脱离不了教条主义和党八股，这叫做眼高手低，志大才疏，没有结果的。例如那些口讲大众化而实是小众化的人，就很要当心，如果有一天大众中间有一个什么人在路上碰到他，对他说：‘先生，请你化一下给我看。’就会将起军的。如果是不但口头上提倡提倡而且自己真想实行大众化的人，那就要切实地跟老百姓去学，否则仍然‘化’不了的。有些天天喊大众化的人，连三句老百姓的话都讲不来，可见他就没有下过决心跟老百姓学，实在说他的意思仍是小众化。”在这里，有如同前面用的向病患者大喝一声“你有病呀！”这样的假说——“先生，请你化一下给我看。”把本来未发生的事，说得仿佛真的一样。这里，还用了仿拟，如由“彻头彻尾”而仿拟出“彻里彻外”，由“大众化”仿拟出“小众化”。另外还活用词语，如“将军”本是一个述宾词组，前面曾拆为“将一军”，这里又拆为“将起军”。“化”本是一个“词缀”，这里却活用为动词，如“化一下给我看”，“仍然‘化’不了的”。此外还用了文言句式：“……者，……之谓也。”

他在揭露党八股的罪状时，用语尖锐。如在揭露党八股空话连篇、言之无物的罪状时则说：“主要的和首先的任务，是把那些又长又臭的懒婆娘的裹脚，赶快扔到垃圾桶里去。”在讨伐第二条罪状时，则说：“空话连篇，言之无物，还可以说是幼稚；装腔作势，借以吓人，则不但是幼稚，简直是无赖。”在痛斥党八股第六条罪状时，又说：“文章写好之后，也不多看几遍，像洗脸之后再照照镜子一样，就马马虎虎地发表出去。其结果，往往是‘下笔千言，离题万里’，仿佛像个才子，实则到处害人。”你看，把党八股比作“又长又臭的懒婆娘的裹脚”，指出了党八股是什么货色，“简直是无赖”，又揭露了写党八股的人的恶劣态度，“到处害人”，则把其卑劣做法和严重后果一语道破。

活用俗语、成语也是该文的一个语言特点。用“老鼠过街，人人喊打”，说明打倒了党八股后主观主义和宗派主义的狼狈处境。用“到什么山上唱什么歌”和“看菜吃饭，量体裁衣”来说明文章的长短要依据内容的需要而定，不能仅仅以其长短定优劣。用“懒婆娘的裹脚又长又臭”说明党八股“空话连篇，言之无物”的罪状。灵活运用俗语比直接讲道理，要深入浅出、形象生动，使人容易明白，记忆深刻。

对于成语，在使用时，也能赋予其新义。如“对牛弹琴”，毛泽东在运用的时候就反其义而用之，使语言新鲜活泼。他说：“‘对牛弹琴’这句话，含有讥笑对象的意思。如果我们除去这个意思，放进尊重对象的意思去，那就只剩下讥笑弹琴者这个意思了。为什么不看对象乱弹一顿呢？何况这是党八股，简直是老鸦声调，却偏要向人民群众哇哇地叫。射箭要看靶子，弹琴要看听众，写文章做演说倒可以不看读者不看听众么？”

正是由于毛泽东非常注意语言的艺术，所以这篇在延安干部会上的演讲，不时引起听众的共鸣，使演讲收到了很好的效果。

“我们有两支军队，一支是朱总司令的，一支是鲁总司令的”

——毛泽东在延安文艺座谈会上的演讲

1942年5月，中共中央宣传部在延安杨家岭召开文艺座谈会。毛泽东在会上发表了极其重要的讲话，即《在延安文艺座谈会上的讲话》。5月2日，讲了引言，23日又讲了结论。

毛泽东在讲话中提出了文艺要为工农兵服务的问题。他强调指出:“我们的文学艺术都是为人民大众的，首先是为工农兵的，为工农兵而创作，为工农兵所利用的。”这个为什么人的问题，是一个根本的问题，原则的问题。我们的文艺要做到为工农兵服务，首要的是文艺工作必须有无产阶级的立场，那种坚持个人主义的小资产阶级立场的作家是不可能真正地为工农兵服务的。毛泽东在讲话中，要求文艺工作者一定要解决这个为什么人的问题，一定要把立足点移到无产阶级这方面来。

毛泽东在文章中勇于解剖自己，说自己过去当学生时不愿挑行李，觉得这样做不像样子；工人农民的衣服也不愿穿，觉得脏。他在与斯诺谈话时还回忆了早年在长沙当兵时，绝不去挑水的情形。总之，那时毛泽东觉得自己是知识分子，不屑也不该去做那种体力活。因那时，多多少少他还受孔子——这位封建主义的圣人教导过“劳心者治人，劳力者治于人”之类，而后来就完全不同了，正如毛泽东自己在“延讲”中所说:“革命了，同工人农民和革命战士在一起了。”彼此熟悉了，他也改变了过去那种“资产阶级和小资产阶级的感情”。同时，他“觉得知识分子不干净了，最干净的还是工人农民，尽管他们手是黑的，脚上有牛屎”。

毛泽东通过自己的感情变化，通过“由一个阶级变到另一个阶级”，深深地打动并说服了在场的文艺工作者。

接着毛泽东旗帜鲜明地提出他的文艺思想：文艺为人民大众服务，为工农兵服务，这是中国无产阶级文艺发展的根本方向、根本原则。要做到这一切，文艺工作者首先要真爱工农兵，否则描写出来的工农兵，“也是衣服是劳动人民，面孔却是小资产阶级知识分子”。

毛泽东认为在阶级社会里一切文艺都将打上阶级的烙印。这是看得非常深刻的，古今中外的大文豪都基本持这个观点，萨特这位存在主义大师也说过相似的话，文艺为什么人的问题，这是每一个文艺家都躲不开的问题，必须去面对的问题。如果你不为工农兵歌唱，你就会为剥削阶级歌唱，为所谓的“贵族”歌唱，文艺家总是（身不由己地）要成为某个阶级的代言人，这就是毛泽东所说的阶级立场问题，这是一个大问题，必须解决好，否则革命就不可能成功，更谈不上有革命的文艺了。

毛泽东曾风趣地说过：“我们有两支军队，一支是朱总司令的（朱德），一支是鲁总司令的（鲁迅）。”对于鲁总司令领导下的“文化军队”，毛泽东是最为欢喜并随时为他大声欢呼的。在“延讲”中他就多次提及鲁迅，并在结尾处，号召所有人（包括党员、革命家、文艺家）都应该学习鲁迅的榜样，尤其要以鲁迅的“横眉冷对千夫指，俯首甘为孺子牛”两句诗为座右铭，为工农兵鞠躬尽瘁，死而后已。

毛泽东在讲话中，谈了如何为工农兵服务的问题，也就是普及和提高的问题。毛泽东指出：所谓普及，就是向工农兵普及，所谓提高，就是从工农兵方面提高。毛泽东讲了文艺与生活的关系，指出：人民生活是一切文学艺术的取之不尽、用之不竭的惟一源泉。文艺源于生活，但又高于生活。文艺作品中反映出来的生活可以而且应该比普通的实际生活更高，更强烈，更有集中性，更典型，更理想，因此就更带普遍性。革命的文艺应当根据实际生活创造出各种各样的人物来，帮助群众推动历史的前进。在目前条件下，普及工作的任务较之提高的任务更为迫切，但是普及和提高又是截然不能分开的。人民要求普及，跟着也就要求提高，普及和提高的关系应该是：在普及的基础上提高，在提高的指导下普及。

如果一直都停留在“小放牛”“人、手、口、刀、牛、羊”这一个基础上，人民群众也不会喜欢的，毛泽东还风趣地针对柯仲平所说的他们每次演完“小放牛”后，群众都给他们吃鸡蛋这一现象，说道：要更好地为群众服务，要拿出更好的节目来为群众演出，不要骄傲自满。你们如果老是《小放牛》，就没有鸡蛋吃了。

怎样提高文艺水平，毛泽东也十分内行地为我们指出了方向：“生活源泉（最重要），学习和借鉴古今中外的文艺作品（第二重要）。”

毛泽东又讲了文艺和政治、文艺和整个革命事业的关系，以及文艺界的统一战线问题。毛泽东指出：在阶级社会中，一切文化或文学艺术都是属于一定的阶级，属于一定的政治路线的。无产阶级的文学艺术是无产阶级整个革命事业的一部分。“文艺是从属于政治的，但又反转来给予伟大的影响于政治。”

毛泽东指出，文艺批评是文艺界的主要斗争方法之一。文艺批评有两个标准，一个是政治标准，一个是艺术标准。革命的文艺批评必须坚持“政治标准第一，艺术标准第二”的原则。我们要求革命的政治内容和尽可能完美的艺术形式的统一。毛泽东对形形色色的资产阶级文艺观点和糊涂思想作了深刻的批判。

毛泽东作为一代文学大师，还提出了非常精到的文艺创作方法，即“古今中外法”，他形象地说，就是屁股坐在中国的现在，一手伸向古代，一手伸向外国。这也就是他后来总结出来的“古为今用，洋为中用”。

毛泽东号召从事文艺工作的共产党员和党外的文艺工作者，积极参加整风运动，经过整风积极走与工农相结合的道路，为人民创造出更多的优秀作品，把革命根据地和全国的文艺运动推进到一个光辉的新阶段。

毛泽东在延安文艺座谈会上的讲话，提出了一条无产阶级的文艺路线，发展了马克思列宁主义的文艺理论。可以说，“延讲”是中国文学艺术的指路明灯。《在延安文艺座谈会上的讲话》的发表，开辟了中国革命文艺的新阶段。延安和各解放区的文艺界，立即掀起了学习《讲话》、实践《讲话》的热潮，展开整风运动。

诗人、作家们开始找到了一条正确而可靠的文艺方向。他们深入生活，深入工农兵，创造出一大批反映现实生活、反映实际斗争的好作品。何其芳从“梦中道路”上惊醒，从“为伊消得人憔悴”中高唱起战斗进行曲；卞之琳也开始从暗淡的幻美与象征中变得青春盎然，他写完《前方的神枪手》，又写《地方武装的新战士》。丁玲写出了《田保霖》，欧阳山写出了《生活在新社会里》。毛泽东读后十分兴奋，当即写信给丁玲、欧阳山，说：“我替中国人民庆祝，替你们两位的新写作作风庆祝。”

“你就再也无法吓唬群众了”

——毛泽东在延安“鲁艺”的演讲

1942年5月30日。延安“鲁艺”。毛泽东就文艺与文艺工作者方面的问题发表演讲。

在演讲中，毛泽东用一个生动具体的事例讲了社会生活比文学艺术更丰富，但文学艺术作品反映出来的生活又比普通实际生活更高、更强烈，更有集中性，更典型，更理想，因此就更带有普遍性这个问题。

毛泽东恰到好处地说道：从你们不久以前演出的《带枪的人》里面，我们看见了列宁。列宁在这个戏中和群众谈话，打电话，办公，赶走孟什维克……可是在戏里列宁没有吃过饭，也没有睡过觉。戏里面并没有把列宁的一切活动都写出来。这也就是说，实际生活中的列宁比我们从戏里见到的列宁要丰富得多，但是，列宁没有来过中国，更用不着说延安，何况他已经去世了。戏里的列宁却仍然活着，还可以永远活下去。他出现在延安边区大礼堂的舞台上，并且还可以出现在世界所有的舞台上，所以我们说文艺作品反映出来的生活要比普通的实际生活更高，更强烈，更有集中性，更典型，更理想，因此就更带有普遍性。

毛泽东在讲话中又一次讲到普及和提高的关系问题。他这次还用了毛儿盖的大树和豆芽菜来比喻提高和普及。

他风趣地说：红军在过草地的路上，在毛儿盖那个地方，长着很高很大的树，但是毛儿盖那样的大树，也是从豆芽菜一样矮小的树苗苗长起来的。提高要以普及为基础，不要瞧不起普及的东西。

毛泽东讲到这个问题时，还用了一些动作描述和讽刺那些瞧不起普及的人，他们在豆芽菜面前熟视无睹，结果把豆芽菜随便踩掉了。讲到此处，大家都被毛泽东生动的口才逗笑了。毛泽东最主要的还是讲了与工农相结合的问题。

他兴奋而高兴地对“鲁艺”各系的同学们说，你们快毕业了，将要离开鲁艺了。你们现在学习的地方是小鲁艺，还有一个大鲁艺。只是在小鲁艺学习还不够，还要到大鲁艺去学习。大鲁艺就是工农兵群众的生活和斗争，广大的劳动人民就是大鲁艺的老师。你们应当认真地向他们学习，改造自己的思想感情，把自己的立足点逐步移到工农兵这一边来，才能成为真正的革命文艺工作者。

毛泽东越说越有劲，只见他层层推进，还说了一个中国典故，来比喻今天的事情。

他说，你们从小鲁艺到大鲁艺去，就是外来干部。不要瞧不起本地干部，不要以为自己是洋包子，瞧不起土包子。他用柳宗元的《黔之驴》的故事来说明这个道理。他说，贵州没有驴驹子，有人运了一匹驴驹子到那里去。它到那里就是外来的洋包子。贵州的老虎个子不大，是个本地的土包子。小老虎看见驴驹子那种庞然大物的样子，很害怕，驴驹子叫了一声，小老虎吓坏了，就逃得远远的。后来久了一点，小老虎觉得驴驹子也没有什么了不起，就走近它，并且碰碰它。驴驹子大怒，用脚踢了小老虎一下。小老虎这才看出它那两下子，就说，原来你不过有这点本事！结果小老虎就吃掉了这头驴驹子。

毛泽东借这个故事巧妙地说明：外来干部对本地干部，洋包子对土包子，知识分子对工农群众，如果态度不端正，没有自知之明，自高自大自以为了不起，高踞在群众之上，吓唬群众，开头群众也许还摸不清你有什么本事，对你还有些尊敬；等到他们看透了你并没有什么真正的本事，只不过有一副臭架子，就不佩服你了，你就再也无法吓唬群众了。

毛泽东具有说服力的口才以及他对文艺工作者的关心，产生了一股巨大的推动力。广大文艺工作者遵照毛主席的指示，奔向抗日前线，深入生活，深入工农兵，在疾风暴雨般的火热生活中，创作出了《兄妹开荒》《白毛女》等一大批反映现实生活、反映实际斗争生活的作品，发挥了文艺在革命斗争中应有的战斗作用。

第五篇

毛泽东集会、会议的语言魅力

“没有挫折和失败，就不会有成功和胜利”

——毛泽东在红军“三湾改编”后的讲话

1927年9月，毛泽东率秋收起义的工农红军一支不足千人的队伍向井冈山进发。抵达江西永新县三湾村时，一清点人马，仅余七百多人。部队里弥漫着一股消沉的情绪，一些革命意志不坚定的分子跑的跑、散的散。

面对如此严峻的情况，该怎么办？该怎样保存这支“星星之火”般的革命队伍？

毛泽东当机立断，在三湾进行了举世闻名的“三湾改编”，着手创建一支前所未有的新军。党对军队的绝对领导，军队内部的民主制度，使这支军队开始以一个崭新的面貌出现了。

改编后的第二天，毛泽东在全体官兵会上发表演讲。他头上蓄着长久未剪的头发，身上穿着一件旧棉袄，腿上打着绑腿，脚上穿着草鞋。他不顾连日征战的疲劳，依然精神抖擞地对全体官兵讲话。

他说道：“现在官多兵少，枪多人少，不利作战。因此要整编。要建立后方，放下担子，轻装上阵。多余的军官全部上军官队，伤病员归卫生队管理，其余同志编入部队。”接着，他话锋一转，说道：“一路上有些人不辞而别了。要走最好打一个招呼。现在宣布，愿留则留，不愿留下的可以请假回去。凡回去的根据路远近发给路费。希望走的同志回到家乡要坚持革命，将来如果愿意，还可以再回来。”

毛泽东很动情地讲的这番推心置腹、语重心长的话，使许多战士听得哭了起来，大受感动。

毛泽东又继续演讲，激励在场的全体官兵。他说道：“同志们，现在敌人只是在我们后面放冷枪，有什么了不起！……大家都是娘生的，敌人他有两只脚，我们也有两只脚……贺龙同志两把菜刀起家，现在当了军长，带了一军人。我们不只是两把菜刀，我们有两个营，还怕干不起来吗？……你们都是起义出来的，一个可以当敌人十个，十个可以当他一百个。我们现在有这样几百人的队伍，还怕什么！失败是成功之母。没有挫折和失败，就不会有成功和胜利。”

第五篇毛泽东集会、会议语言魅力听着毛泽东这番火热的话，在场的战士们的情绪开始活跃起来了。

毛泽东乘兴把话题往纵深引去：“有人说，蒋介石现在力量很大，我们的力量很小，担心搞不出什么名堂来。依我看，我们力量小只是暂时的。我们好比一块石头，蒋介石好比一个大水缸，我们这块小石头总有一天会打烂蒋介石那个大水缸。”

毛泽东不仅是军事指挥家，同时也是一位具有魅力的演说家。

毛泽东这番演说真正称得上是一股春风，温暖了官兵的心；又似一声号角响起，闻者无不争先恐后地响应。

毛泽东讲完话后，战士们的情绪一下高涨起来，大家纷纷热烈地表示：“毛泽东不怕，我们还怕什么？”“贺龙两把菜刀能够起家，我们几百人还不能起家吗？”“跟着毛委员干！”

毛泽东以自己的火点燃了旁人的火，点燃了全体官兵的火，使部队很快红火了起来。这是毛泽东以他那旺盛的革命激情、饱满的工作热情所作的演讲产生的积极效果。

“根据地之于红军，就像屁股之于人一样”

——毛泽东对红军战士们的讲话

1928年，毛泽东率领的红军早已在井冈山扎稳了脚跟，并在同年春天完成了中国军事史上划时代的朱毛会师。

在朱毛会师大会上，毛泽东身兼师长，以新鲜之感挎了一支匣子枪（他终身就只挎了这一天的枪），诙谐地说：“背上驳壳枪，师长见军长。”

他说道：“现在我们虽然在数量上和装备上不如敌人，但是我们有马列主义，有群众支持，不怕打不败敌人，敌人并没有孙悟空的本事，即使有孙悟空的本事，我们也有办法对付他们，因为我们有如来佛的本事，他们总逃不出如来佛的手掌！我们要专找敌人的弱点，然后集中兵力打这一部分。十个指头有长短，荷花出水有高低，敌人也有强有弱，兵力分布也难保没有不周到的地方，我们要抓住敌人的弱点，狠狠地打一顿，打胜了，立刻分散躲到敌人背后去玩‘捉迷藏’。这样我们就掌握了主动权，把敌人放在我们手心里玩。”

这年秋天，毛泽东在一次对战士们的讲话中，以非常朴素、生动的语言，形象地道出了根据地的重要性。

他说：“根据地之于红军，就像屁股之于人一样。没有根据地或没有屁股，人就无法休息，只得到处乱跑，直到累死。”

毛泽东所讲的这番道理是从革命斗争实践中摸索出来的。最初他所领导的秋收暴动，一开始也是要攻打长沙这样的大城市。当起义部队严重受挫后，他才陡然清醒过来，敏感到党内有些人老是热衷于城市暴动的路线是一个错误。必须改变打法，先去农村建立革命根据地。

这样，毛泽东选择了在井冈山建立根据地。事实证明，这是一条正确的道路，它保证了军队得以休整，喘过气来，继续作战，而这一切正如人有屁股能坐下来休息一样。把根据地比作人的屁股，可见毛泽东对根据地的看重。然而，党内一些极左派，如王明一伙却根本无法懂得这个道理。

1931 年秋冬之季，王明一伙竟然解除了毛泽东的兵权，基本上让毛泽东处于赋闲状态。

1933 年 10 月，蒋介石调动 100 万大军向我苏区根据地发起了大规模的第五次“围剿”。

面对这一泰山压顶的严峻局势，王明、博古一伙大唱高调反调，指责毛泽东关于游击战与根据地的思想，公开反对毛泽东的打法。

毛泽东这时常独自一人坐在瑞金沙洲坝元太屋他住处的门前一株百年大樟树下沉思。他一坐就是半天，一根接一根地抽烟，有时几天都不说一句话。他凝视着天空、原野，不禁心潮难平。他早已无兵权了，但仍心系战场。

这时，他已有了一种预感，红军的根据地，也就是他 1928 年所说的红军的“屁股”很快就将保不住了。

忧心如焚的毛泽东仍然寻找机会力陈自己的正确主张。

然而，博古、李德一伙就是不听。对毛泽东“敌进我退，敌驻我扰，敌疲我打，敌退我追”这十六字诀作战方针置若罔闻，对毛泽东早在井冈山时期就提出的打仗就如“雷公打豆腐——拣软的欺”也根本不理解。

博古是一个不懂中国革命战争规律的青年知识分子，李德又是一个不懂得中国革命战争规律的外国人。这两个外行人凑在一起，指挥红军作战，真是可悲可叹！到头来岂有不丢掉“屁股”之理。

事实果然如此。当敌人发动第五次“围剿”时，红军不但没有把敌人放在自己手里玩，当成如来佛，反而把自己的“屁股”都“玩”掉了。这一惨痛教训只能使红军更加想念毛泽东，想念毛泽东那鼓舞人心的讲话与稳操胜券的指挥，同时也更加痛恨李德、博古的瞎胡说与瞎指挥。

发扬长征精神，开创中国革命新局面

——毛泽东给红军中央纵队直属队的讲话

1935年，中央红军到达陕北。11月5日，毛泽东冒着鹅毛大雪，迎着严寒，来到甘泉县象鼻子湾。在这个小村子的一片树林里，毛泽东给中央纵队直属队发表了一次鼓舞人心的讲话。

毛泽东讲：“我们长征结束了，敌人围剿堵截的计划都破产了。从江西瑞金算起，我们走了一年多时间，走过了赣、闽、粤、湘、桂、黔、滇、川、康、甘、陕十一个省，翻越了五岭山脉，苗山、娄山、大凉山、六盘山，渡过了湘江、乌江、赤水河、金沙江、大渡河、白龙江、渭水以及雪山草地、万水千山，经过了苗、瑶、回、彝、藏等许多兄弟民族地区，攻下了几十座大中小县城。我们每个人开动两只脚，走了二万五千里。这是从未有过的真正的长征。长征是历史记录上的第一次，是宣言书，是宣传队，是播种机，它将载入史册。在十二个月的光阴中间，天上几十架飞机侦察轰炸，地下几十万大军围追堵截，路上遇着了说不尽的艰难险阻。我们却开动了每人的两只脚，长征二万余里，纵横十一个省，这是史无前例的伟大创举与奇迹，它说明在中国共产党领导下的工农红军是没有克服不了的困难，没有战胜不了的敌人。它向全世界宣告，红军是英雄好汉，帝国主义和他们的走狗蒋介石等辈是完全无用的。长征是宣传队，它向十一个省的二万万人民宣布，只有红军的道路，才是解放他们的道路。从江西、福建出发，一路行军一路宣传，走到哪里，就宣传到哪里，发动群众，组织群众，打土豪，求解放。工农要翻身，推翻国民党反动统治，建立人民革命政权，北上抗日救亡。联合一切抗日的力量，建立抗日民族统一战线，依靠全国人民大团结，停止内战共同抗日。我们在长征中还执行了三大纪律八项注意，赢得了广大人民的拥护和支持。我们到了陕北革命根据地，要自觉遵守纪律，爱护陕北人民的一草一木，不拿群众一针一线。要做遵守纪律的模范。长征是播种机，播撒了许多革命种子，在各地生根、开花、结果，将来是会有收获的。我们红军的人数是比以前少了一些，出发时我们有八万多人，现在只剩下七千多人，十多个换一个，留下来的是中国革命的精华。都是经过严峻锻炼和考验的。留下来的同志不仅要以一当十，而且要以一当百、当千、当万。敌人总想消灭我们，我们并没有被消灭。总之，长征是以我们的胜利，敌人的失败而告结束。现在我们又与陕北红军胜利会师了。今后，我们红军要与陕北人民团结一起，红军战士要做团结的模范，共同完成中国革命的伟大使命。长征胜利结束了，我们新的任务开始了，我们要发扬长征精神，继续努力做好多方面的工作，开创中国革命新局面。”

毛泽东的这个讲话，生动而深刻地总结过去工作的成绩和胜利，提出新的工作任务，给人以精神力量和工作方法，鼓舞人们奋发向上，勇往直前。毛泽东的这个即席讲话，紧紧围绕中心问题展开，绝无节外生枝、啰嗦冗长之嫌。这种演讲方式很值得我们学习。

“社会也是学校，一切要在工作中学习”

——毛泽东接见抗大学员时的讲话

1938 年 3 月 15 日，毛泽东在延安城外一个傍山的矿场接见了抗大全校二千多名学员。

第三期学员这天举行毕业典礼，毛泽东的讲话就从他们谈起。毛泽东说：“你们到抗大来学习，有三个阶段，要上三课：从西安到延安，八百里，这是第一课；在学校里住窑洞，吃小米，出操上课，这算第二课；现在第二课上完了，但是最重要的还是第三课，这便是到斗争中去学习。”

毛泽东强调说：“社会也是学校，一切要在工作中学习。学习的书也有两种，有字的讲义是书.‘无字天书’——社会上的一切也是书。”

接下来毛泽东讲了敌后各战场的斗争形势。要求学员走出学校后，一定要做到有坚定正确的政治方向，艰苦朴素的工作作风，灵活机动的战略战术，并把三者有机地结合起来。

“把三者结合起来很关键啊！”毛泽东引用中国古典小说《西游记》中的人物作比喻说：“唐僧这个人，一心一意去西天取经，遭受九九八十一难，百折不回，他的方向是坚定不移的，但他也有缺点：麻痹，警惕性不高，敌人换个花样就不认识了。猪八戒有许多缺点，但有一个优点，就是艰苦。臭柿胡同就是他拱开的。孙猴子很灵活，但他最大的缺点是方向不坚定，三心二意……”

毛泽东还特别提到那匹白马，说：“你们别小看了那匹小白龙马，它不图名，不为利，埋头苦干，把唐僧一直驮到西天把经取了回来，这是一种朴素、忠实的作风，是值得我们取法的。”

这一席话博得了全场的热烈掌声和欢笑声。大家都十分钦佩毛泽东讲话就是深刻。

毛泽东的这个讲话，主要是鼓励广大学员们“到斗争中去学习”，并讲了在斗争实践中的学习方法，引用家喻户晓人人皆知的《西游记》中人物作比说明问题，更增加了讲话内容的生动性、趣味性。由于语言的简洁、朴实，讲话就更加扣人心弦，引人深思。

吴老“就是这样一个几十年如一日的人”

——毛泽东在吴玉章60岁生日时的祝词

1940年1月15日这天，在延安，举办了为吴玉章60岁生日的庆祝会。

当时延安有“五老”（吴玉章、林伯渠、徐特立、董必武、谢觉哉）的美好说法，而吴玉章就是其中之一。

喜逢吴老60寿辰之日，毛泽东满怀热情和深厚的感情献了寿辰祝词。

毛泽东说：“今天大家欢聚一堂，为吴老祝寿。想起我在三年前为徐老祝寿时的感想，我那时就说过，我们替他祝寿，不是无原因的。记得我在小的时候，很不喜欢老人，因为他们是会欺负青年人的，青年人谁没点错误呢？但是你错不得，他们对你是很凶的。一切事情，小孩子和青年人是没有发言权的。中国的青年人受封建家庭封建社会的苦太大了，但是现在世界是变了，青年人欢喜老年人，就像我们的吴老、林老、徐老、董老、谢老，都是很受青年们欢迎的。为什么有这个转变呢？因为这些老同志不但不欺负青年，而且非常热心地帮助青年，他们的行为足为青年模范，所以青年都十分热爱他们。党外也有很多受青年尊敬的老人，例如马相伯就是一个，他做寿时我们共产党还打了贺电去，因为他主张抗日与民主政治。人总是要老的，老人为什么可贵呢？如果老就可贵，那末可贵的人太多了。因此，我们一定要有一个标准，就是说，可贵的是他一辈子总是做好事，不做坏事，做有益于人类的事，不做害人的事。如果开头做点好事，后来又做坏事，这就叫做没有坚持性。一个人做点好事并不难，难的是一辈子做好事，不做坏事，一贯地有益于广大群众，一贯地有益于青年，一贯地有益于革命，艰苦奋斗几十年如一日，这才是最难最难的啊！

“我们的吴玉章老同志就是这样一个几十年如一日的人。他今年60岁了，他从同盟会到今天，干了40年革命，中间颠沛流离，艰苦备尝，始终不变，这是很不容易的啊。从同盟会中留下到今天的人，已经不多了，而始终为革命奋斗，无论如何不变其革命节操的更没有几个人了。要这样做，不但需要有坚定正确的政治方向，而且需要艰苦奋斗的精神，不然就不能抵抗各种恶势力恶风浪，例如死的威胁，饿饭的威胁，革命失败的威胁等等，我们的吴玉章同志就是经过这样无数的风浪而来的。因此，我们要学习他的各方面的好处，但特别要学习他对于革命的坚持性。这是最难能可贵的一件事，这是我们党的光荣，这是中国革命的光荣。我们今天大家欢欢喜喜地庆祝他的60生日，我想主要的意义是在这里。”

这“寿辰祝词”，毛泽东讲得非常精彩，为吴老60寿辰的生日增添了更为快乐、喜庆的气氛。

毛泽东先说为吴老祝寿“不是无原因的”，接着一笔宕开，又说：“记得我在小时候，很不喜欢老人……”接着再一笔带回来，“但是现在世界是变了，青年人欢喜老年人”。毛泽东此时又具体地点出“五老”，因他们都极受青年们的欢迎。

“为什么有这个转变呢？”毛泽东为我们说得明明白白。顺便，他还举了马相伯（1840—1939）这位民主人士为例。马老是江苏丹阳人，教育家，抗战时，发起组织文化界救国会，被国人誉为爱国老人。

紧接下来，毛泽东开始从前面的铺排上升到一个更高更深的层次来谈论“老人”这个问题了，犹如毛泽东1939年5月4日在《青年运动的方向》一文中所定下的“革命青年的标准”一样，毛泽东也定了一个可贵的老人标准。

这样，我们就来到了毛泽东此文中最为著名的段落：“一个人做点好事并不难，难的是一辈子做好事，不做坏事……”在此文最后一段，毛泽东精练地浓缩了吴老40年的革命斗争生涯，而且点明吴老“就是这样一个几十年如一日的人”。毛泽东的这席“寿辰祝词”充满了感情，虽是对吴老而发，但也可看作是对全中国所有革命老人而发。再扩大些来看，我们可以深切地感受到毛泽东伟大而平凡的人生境界，那也是他一贯倡导的“为人民服务”的崇高境界。

“只有大家动手，开荒种地，解决困难”

——毛泽东在延安召集各单位负责人开会时的讲话

1941年，日本帝国主义疯狂进攻、残酷“扫荡”；国民党反动派不顾大敌当前，对解放区搞军事包围和经济封锁，他们不遵守协议，连很少的一点军饷也不发了。对此，党中央和毛泽东向解放区军民发出了“自己动手，克服困难”的伟大号召，提出了“发展经济，保障供给”的方针，动员解放区全体军民开展以农业为主的大生产运动。

毛泽东召集在延安的各单位负责人开会。毛泽东讲：“何应钦不发饷了。我们怎么办？等着饿死吗？我想大家都不会同意的。解散回家吗？我想大家也不会同意。那么怎么办呢？只有大家动手，开荒种地，解决困难。”会上，展开了热烈的讨论，一致拥护毛泽东的指示，还提出了一些很好的建议。毛泽东表示自己“也参加开荒”。大家认为，毛泽东领导全党全国抗战，工作重要，不必参加。有人提出：“我们为主席代耕！”毛泽东坚定不移地说：“我一定参加开荒！地点就选在我门口，只开一亩地，不多也不少。我还能自己动手，坚决不要人代耕。”

于是，毛泽东就利用早晨睡觉前的时间和办公劳累之余，多次手持锄头干活，终于开出了一亩荒地。

毛泽东对大生产运动的经验作了总结，亲笔题写了八个大字：“自己动手，丰衣足食。”

面对当时解放区所面临的困境，毛泽东向大家提出了一系列发人深省的问题，最后发出号召“只有大家动手，开荒种地，解决困难”，才是战胜困难的唯一途径，并以身作则，“一定参加开荒”，“坚决不要人代耕”，后来这种“大生产运动”便轰轰烈烈地开展了起来，使解放区军民战胜了困难。

“向大家赔个不是，向大家赔个礼”

——毛泽东在延安中央党校大会上的讲话

1945年2月的一天，延安中央党校在礼堂召开大会。毛泽东穿着一套打着补丁的灰色布军装，站在正中央给大家讲话。他操着一口浓重的湖南口音，声音特别洪亮。他一边讲一边不停地打着各种手势，还不时诙谐地开句玩笑。全场听众聚精会神，聆听他的讲话。

毛泽东的讲话持续了三个多小时，当谈到“抢救运动”的错误时，毛泽东主动对错误承担了责任。在这里说明一点，“抢救运动”是延安整风运动后期，转入审干阶段，当时具体负责审查干部工作的康生在延安搞的“抢救失足者”运动，由于搞逼、供、信，制造了一些冤假错案，使延安审干工作出现了偏差。毛泽东说：“这个党校犯了这许多错误，谁人负责？我负责。我是校长嘛！整个延安犯了这许多错误，谁人负责？我负责。我是负责人嘛！”毛泽东停顿一下，又接着说：“错误也有两重性，一个叫坏处，一个叫好处，坏处是犯了错误，好处也是犯了错误。”毛泽东这句幽默而又含义深刻的话引起了全场一片笑声，会场的气氛立刻活跃起来。

毛泽东又说：错误可以给人教训。给人错戴了帽子的同志，以后再给别人戴帽子时，你就要谨慎；被错戴了帽子的同志也得了一条经验，以后你不要乱给别人戴帽子，因为你自己吃过这个亏，以后要谨慎，有了这两个方面的经验，将来我们到北平、上海、南京去审查干部，做反奸工作，情况就会好得多。

毛泽东还说：这次大家都洗了个澡，就是水热了一点。不少同志被搞错了。凡是被搞错了的要一律改正，坚决平反！

毛泽东的话博得了全场长时间热烈鼓掌，不少受了冤屈的同志眼里噙满了晶莹的泪花。

毛泽东说：“有的同志被错戴了帽子，这也没什么要紧的。帽子戴错了，现在我把它给你们摘下来就是了。”说着，毛泽东顺手把坐在他旁边主持会议的同志的帽子摘下来放在桌子上。全场顿时又响起了一阵暴风雨般的掌声。

最后，毛泽东说：“我们共产党人是革命者，不是神仙，我们也吃五谷杂粮，也会犯错误。我们的高明之处主要在于犯了错误就检讨，就立即改正。今天，我就是特意来向大家检讨错误的，向大家赔个不是，向大家赔个礼。”说到这里，毛泽东恭恭敬敬地把手举在帽檐下，向被整错了的同志赔礼道歉。随后，毛泽东又诙谐地说：“我向你们赔礼，你们也该还我一个礼吧？你们不还礼，我这手就放不下来了。”

大家用长时间的热烈鼓掌向毛泽东答礼。有的同志一面拼命地拍手，一面任凭激动的泪水在脸颊上流淌。“抢救运动”压在人们心中的种种烦恼、苦闷也随着这泪水渐渐地流逝了。

毛泽东运用马克思主义辩证法“一分为二”的观点，分析了延安审干工作中出现的错误，使审干工作中犯错误的干部不致背上思想“包袱”，吸取教训，在今后更好地工作；使被挨整的人受洗礼，增智慧，长才干，并阐明共产党人犯错误的原因和知错就改的态度。毛泽东礼贤下士，主动承担错误，并赔礼道歉。毛泽东不愧为人民的伟大领袖！

“人民万岁！”

——毛泽东在开国大典时回应群众的欢呼

1949年10月1日，天安门广场。开国大典正在这里隆重举行。人们热烈欢庆中华人民共和国的成立！特别是当黄昏降临时，天安门广场忽地一下子灯火齐明、花炮竞响。在热烈的气氛中，欢呼的群众开始游行。游行的队伍经过天安门时，人们都高兴得手舞足蹈，振臂高呼：

“庆祝中华人民共和国成立！”

“拥护中央人民政府！”

“毛主席万岁！”

后来喊得最多最响的是"毛主席万岁！"这是人民群众对自己领袖的无限崇敬和热爱的自然流露。面对群众震耳欲聋的呼喊声，毛泽东的脸上始终焕发着庄严和慈祥的光辉。他理解人民的情感，并为这种情感而激动。

"毛主席万岁！"工人们在呼喊，农民们在呼喊，所有的人都在呼喊。

毛泽东挥手向游行群众致敬，并对着扩音器高呼：

"人民万岁！"

"工人同志们万岁！"

"农民同志万岁！"

"同志们万岁！"

听到毛泽东的声音，游行的群众兴奋得热泪盈眶。他们欢呼雀跃，热情地、用力地鼓着掌。经过天安门的队伍，时而涌向金水桥边，时而放慢步伐，有的甚至停下来向天安门上翘望，想把毛泽东看得清楚些，再清楚些。他们多么盼望时间能不流逝，使这一热烈的场面固定在这一瞬间！播音员的催促声已经失去了任何作用。只是由于走在后面游行队伍的推动，前面的队伍才恋恋不舍地从天安门前缓缓走过……

这中间，毛泽东很少到大厅里休息，即使休息片刻，也是与代表们会见、交谈。毛泽东正在与程潜交谈时，周恩来走了过来为难地说：

"主席，游行群众站在那里不走了，要见主席！"是啊！谁也代替不了毛泽东在人民群众心目中的威望，谁也代替不了他站在主席台上。台下游行的群众，谁都想亲眼看一下毛泽东，谁都想在此时表达自己对领袖的热爱和崇敬之情。见不到毛泽东，谁也不愿意走开。

“毛主席！毛主席！毛主席！……”

当毛泽东出现在主席台上时，台下顿时响起了热烈的掌声和欢悦的喊声。人们眼里含着幸福的泪花，欢呼着、跳跃着，然后才恋恋不舍地离开。一批又一批的群众就是这样走过了天安门前。

晚上，城楼下遍地点起灯笼，紫红、大红、桃红、金黄、橙黄……像人民的希望在广场上跳跃闪烁。群众举着灯笼蜿蜒行进，交互环绕，就像一幅巨大无比的活动起来的织锦。歌声、口号声海潮一样起伏不息，最响亮的声音始终是“毛主席万岁！”

服务员为毛泽东搬来了一把椅子，毛泽东微笑着轻轻地一摆手，他不能在领导群里显特殊，他也不能让群众在下面等着……

除了吃饭，从午后3点到晚上10点，毛泽东一直与人民在一起。他站在那里，举着一只手，时而迅速有力地挥动一下，时而庄严地停在半空中。右手举累了就换左手，左手累了又换右手。城楼下的呼喊声越来越响，越来越热烈。毛泽东情不自禁地探身到栏杆外，去伸手招呼群众。毛泽东对着扩音器高呼：

“同志们万岁！”

“人民万岁！”

退场的群众发现领袖仍在他们中间，并且通过广播高声和他们讲着亲切的话语，便改变了原来向东西分走的路线，潮水一般涌向天安门，挤在金水桥畔，想尽情地看着毛泽东和其他国家领导人的英姿、风采，接受他们的检阅。兴奋的群众热烈地高呼：

“毛主席万岁！”……

毛泽东也在城楼上激动地呼喊：

“同志们万岁！”

“人民万岁！”

一呼一应，一片沸腾，一片热烈。领袖和人民的心是连在一起的，共同沉浸在幸福和欢乐之中……

人民领袖爱人民，人民领袖人民爱，人民领袖更加热爱人民。

大典结束后，毛泽东乘车回到菊香书屋，激动地说："人民喊我万岁，我也喊人民万岁，这才对得起人民呀。"

毛泽东不同于李自成，他是中国人民的领袖，深深地理解人民群众在历史上的作用。他认为，没有人民，就没有中国革命的胜利；没有人民，就没有整个社会的进步和发展。

"人民万岁！"只有毛泽东，只有与人们有血肉之情的领袖，才能喊得出来。

"人民万岁！"只有毛泽东，只有从人民中走出来，深刻了解人民、热爱人民、相信人民、依靠人民，给人民谋求幸福的人民领袖，才能喊得出来。

要搞出我们自己的原子弹来

——毛泽东在中共中央书记处扩大会议上的讲话

1955年1月14日，也就是赫鲁晓夫走后不到三个月，毛泽东把周恩来请到他的办公室。他对周恩来说："我们已经发现了铀矿石，这是一个福音，把那些石头搬到中南海来，让大家都看一下，我们自己能不能搞出原子弹？"

第二天，毛泽东在中南海主持召开了中共中央书记处扩大会议。出席会议的有刘少奇、周恩来、朱德、陈云、彭德怀、彭真、邓小平、李富春、薄一波等。会议听取了李四光、刘杰、钱三强的汇报，研究了发展原子能事业的问题。汇报人员将铀矿石标本和探测器带到会上，向出席会议的毛泽东等领导人作了操作表演。当听到盖革计数器探测到铀矿石发出"嘎、嘎、嘎"的响声时，在场的人们都高兴地笑了。

听完了汇报，毛泽东心情激动，点燃了一支香烟，深深地吸了两口，便开始作总结讲话。他说："我们的国家，现在已经知道有铀矿，进一步勘探，一定会找到更多的铀矿来。解放以来，我们也训练了一些人，科学研究也有了一定的基础，创造了一定的条件。过去几年，其他事情很多，还来不及抓这件事。这件事总是要抓的。现在到时候了，该抓了。只要排上日程，认真抓一下，一定能搞起来。"

"你们看怎么样？"毛泽东看了看大家，接着强调说："现在苏联对我们援助，我们一定要搞好。我们自己干，也一定能干好！我们既有人，又有资源，什么奇迹都可以创造出来。"

会议得出一致结论，对大力发展原子能表示了极大兴趣和决心。

会议从下午 3 点开始，一直进行到晚上 7 点多钟。晚饭安排在中南海餐厅，毛泽东站起身来，举着酒杯，大声说："为我国原子能事业的发展，大家共同干杯！"

毛泽东通过对国内外客观形势的分析，作出了抓住机遇，一定能搞出我们自己的原子弹来的指示。

毛泽东为了国家的强盛、人民的幸福，日夜操劳。他要让全世界看到，中国人民不仅站起来了，而且有能力、有志气，在各方面赶超世界先进水平。

要搞好调查研究工作

——毛泽东对警卫一中队干部战士的讲话

1955 年 5 月 14 日，毛泽东在他的住地——中南海丰泽园颐年堂前的院子里，接见了警卫一中队的干部和战士，专门给他们讲了调查研究的重要意义和怎样才能作好调查研究工作。毛泽东的目的，是帮助警卫战士更好地作社会调查，写出调查材料交给他，使他间接地同广大农民联系起来，更广泛深入地了解农村。

战士们席地而坐，毛泽东微笑着走到大家面前，用喜悦的目光把每个战士看了一遍，和蔼地向大家问好。战士们的心情非常激动，热烈而长时间地鼓掌。毛泽东开始讲话，大家全神贯注地听着。他首先讲了警卫部队的三项任务：一、要搞好保卫工作；二、要努力学习文化知识；三、要做群众工作，要学会调查研究。怎样做调查工作呢？毛泽东教导大家说："你们对人要谦虚，要尊重父母、尊重老百姓、尊重区乡干部。不要摆架子，我的学问不高，我向你们摆架子，你们不会高兴，团长向你们摆架子，你们也不会高兴。所以，不要向群众摆架子。谦虚就可以调查出东西。"

毛泽东又嘱咐大家要注意保密，不要说是给他做警卫工作的，是他派来的。接着，他给大家讲了两个小故事：我们国务院就有这么一个同志，回家召开干部会，说是总理派来的，结果这个同志还没有回来，国务院就知道了。

说到这里，毛泽东不禁笑了起来，因为在警卫战士中，也曾经发生一个有趣的故事，毛泽东一提起来就想笑。一个家在陕北的战士，回家探亲时，遇到一个当年的老游击队员。老人问这个战士："在哪个部队里？干什么工作？"士兵说："在北京搞警卫工作。"老人问："可见过毛主席？他老人家身体可好？"战士这时想起了部队的保密制度，对毛主席的情况要保密，回答说："我没见过毛主席。"老人看着这个满脸稚气的小战士，试探性地说："听说毛主席病了，还病得很厉害呢！"这个战士一听就急了，马上反驳说："不对，这是造谣！"老人问："你咋知道？"小战士急着要为毛泽东的健康辟谣，说："我回来的时候还亲眼看见毛主席在海边散步嘛，毛主席的身体很好，你不要听信谣言！”老人听了哈哈大笑，说：“娃，你还小呢！”

毛泽东讲的故事，引得在座的人们都笑了。

毛泽东对警卫一中队的干部、战士们的讲话，重点突出，强调了搞调查研究工作的方法、态度和有关注意的问题。毛泽东谈笑风生，会议气氛活跃，作为听众的干部、战士们情绪高昂。

“不能看眼色行事”

——毛泽东在武汉召开的一次座谈会上的讲话

毛泽东一向重视调查研究，他认为，先要明了情况，才能有正确的方法，才会下最大的决心；情况不明，方向不对，下决心是胡闹。

1956 年，毛泽东在武汉开过一个调查座谈会，中心议题是对农业合作化的经验进行总结。

当时安排座谈会的人，除安排会议上记录的人与毛泽东坐在正面外，其他人都是面向主席台。地委书记第一排，省委领导坐在第二排。毛泽东进来一看，便以浓重的湖南口音说：“这不是搞‘三堂会审’吗？还是圆桌会议好，没有主席台，不要记录席。”按毛泽东的要求安排后，座谈会才开始。毛泽东亲切地问：“同志们接到提纲没有？”接着说：“现在不按提纲发言，各人畅所欲言，一不划右派，二不扣帽子，知无不言，言无不尽，要讲真话，不要讲假话，否则我就会上当，就会浪费时间。”

座谈会开始后，过了 15 分钟无人发言，后来发言的人也大多是一个调子，多唱赞歌。毛泽东感到不对头，便提议休会，明天再开。

会后，毛泽东对一位省委领导人说：“真是可惜，时间浪费了。”又说：“可惜呀，大家说一样的话，千篇一律，这个不是党的传统。开一大时就有争论，二大、三大、四大、五大等都是如此。党魁这么讲，下面就跟着讲，人们不用自己的语言讲，而用领袖的语言讲话。所以，第一，我还是不能死掉，我还得搞一段，第二，怎么提高我们党的理论水平，延安整风以后，我快活了一阵子，指导思想统一，领导机构改善了，‘七大’开成了团结的大会，胜利的大会。今天开的是重复发言的小会，耽误时间的小会。你把我的意思转王任重同志，明天开会，中心议题是否能搞生产规划，要畅所欲言。”

果然，第二天的座谈会开得很成功。毛泽东高兴地说：“好，同志们都说出了心里话。昨天的会议使我失望，今天的会议使我高兴。你们不能看眼色行事，尤其不要看我的脸色办事。我的脸色是千变万化的，蒋介石是以不变应万变，我是以万变应蒋介石的不变的。”

“不能看眼色行事”这句话，生动地概括出了调查研究的规律。调查研究应从实际出发，实事求是，不从哪个领导人的个人意愿出发。搞好调查研究有它自身的规律，那就是要有满腔的热忱，要有眼睛向下的决心，要有求知的渴望，要有放下臭架子、甘当小学生的精神，否则是一定不能做，也一定做不好的。毛泽东在武汉开的两次调查座谈会，以其不同的形式、不同的做法，收到不同的效果，就是一个不容置疑的明证。

“不能看眼色行事”，是在人民群众中一句比较流行的口语，但巧用口语，既通俗，又生动地说明道理，这是毛泽东语言艺术的一大特点。

“打倒贾桂作风”

——毛泽东在几次会议上的讲话（片段）

1956年4月25日，毛泽东在中共中央政治局扩大会议上的讲话中，谈到中国和外国的关系时说：“我国过去是殖民地、半殖民地，不是帝国主义，历来受人欺负。工农业不发达，科学技术水平低，除了地大物博，人口众多，历史悠久，以及在文学上有部《红楼梦》等等以外，很多地方不如人家，骄傲不起来。但是，有些人做奴隶做久了，感觉事事不如人，在外国人面前伸不直腰，像《法门寺》里的贾桂一样，人家让他坐，他说站惯了，不想坐。在这方面要鼓点劲，要把民族自信心提高起来，把抗美援朝中提倡的‘藐视美帝国主义’的精神发展起来。”

1958年5月，毛泽东在中共八大二次会议上的讲话中这样说：“京剧《法门寺》这个戏里有个角色叫贾桂，他是刘瑾手下的人。刘瑾是明朝太监，实际上是‘内阁总理’，掌大权的人。有一次刘瑾叫贾桂坐下，贾桂说：我站惯了。不敢坐，这就是奴隶性。中国人当帝国主义的奴隶当久了，总免不了要留一点尾巴，要割掉这个奴隶尾巴，要打倒贾桂作风！”

在这两次讲话中，毛泽东借“打倒贾桂”表达出了他对苏联大国沙文主义的斗争精神。毛泽东还曾在一个报告上批示：“尊重苏联同志，刻苦虚心学习，但又一定要破除迷信，打倒贾桂！贾桂（即奴才）是谁也看不起的。”在毛泽东的语境里，贾桂是奴隶性的代名词，打倒贾桂，就是打破对大人物、洋教条、大国、强国的迷信。

“打倒贾桂作风。”无论是过去，还是现在，从小到个人，至大到国家，在向他人学习，向外国学习的同时，一定要自尊、自重、自强，只有这样，才能发展自己、创造自己，使自己走向成功，走向辉煌。

“我身上有你，你身上有我”

——毛泽东在苏联的一次宴会上致祝酒词

1957年11月，毛泽东出席了在苏联克里姆林宫召开的社会主义国家共产党和工人党代表会议。

在即将离开莫斯科时参加的一个盛大的宴会上，毛泽东说了一段充满童趣、天真稚拙的祝酒词，毛泽东说：“谢谢苏共中央和苏联政府的邀请。谢谢今天招待我这么多好吃的东西。”“我们开了两个很好的会，大家要团结起来，这是历史的需要，是各国人民的需要。”接着，他说中国有首古诗，大意是：两个泥菩萨，一起打碎了。用水一调和，再来做两个，我身上有你，你身上有我。

毛泽东讲的这首诗，是宋末元初时期赵孟頫夫人的一首诗，是毛泽东用白话讲出来的。

童心童趣是毛泽东身上常见的东西，赵孟頫夫人的这首诗也颇有点儿儿歌的味道，毛泽东用它来做祝酒词，既准确地说明了自己的意思，又充满了欢乐，充满了情趣，真是再好不过了。

“要防备疯子”

——毛泽东在苏联的一次会议上的讲话

1957年11月14日，在克里姆林宫召开了社会主义国家共产党和工人党代表会议，毛泽东在大会上作了即席讲话。这次讲话是针对苏联在1957年8月发射了一枚洲际导弹，10月和11月连续发射两颗人造卫星而言的。苏联的伟大成就令毛泽东欢欣鼓舞。毛泽东激情飞扬，才华横溢，虽然是在大庭广众之下讲话，仍讲得潇洒自如，奔放灵动，没有丝毫的呆板和拘谨。他在讲话中接连用了几个动词“抛”，使讲话一下子变得生动活泼起来。

毛泽东说：“苏联抛了一个500公斤的小月亮，我们大家要督促苏联的同志一下，希望他们以后抛的卫星要大于500公斤，搞一个5万公斤的抛上去，我说事情就更加好办了。你搞个5万公斤的抛上去，就有可能订立和平协定了。”

“世界上谁胜谁负的问题并没有解决，还有严重的斗争，还有战争的危险。要防备疯子。当然世界上常人多，疯子少。但是有疯子，偶然出那么一个疯子，他用原子弹来打，你怎么办？所以，我们必须有那么一个国家，有那么一个党，它随时可以召集会议；为首，与召集会议差不多是一码事。”说到这里，毛泽东把脸转向他旁边的赫鲁晓夫说：“我们的赫鲁晓夫同志你干不干呀？”赫鲁晓夫笑了，大家也跟着笑了。毛泽东又说：“大家共同努力，那也对，不过我看主要由你努力！我们希望你们在不长的时间里，再搞一个很大的东西上去，把资本主义世界远远地抛在后边，我们的日子就更加好过了，而且全人类的生活就都好过了。就‘免于恐怖’了。罗斯福不是讲过‘免于恐怖’吗？资产阶级政治家有时也讲几句好话。不过他们讲的是一套，做的又是一回事。要‘免于恐怖’，要有5万公斤，或者更大的东西抛上去，而这首先依靠苏联。不是讲美国非常厉害吗？你为什么现在连一个山药蛋也没抛上去呢？你有一亿吨钢，牛皮吹得那么大呀，还做出了什么‘先锋计划’，我看先锋计划要改名，得改成落后计划了。”

毛泽东的讲话赢得热烈的掌声，连赫鲁晓夫也情不自禁地上去拥抱毛泽东。

毛泽东的讲话是颇为风趣的，他用“山药蛋”来形容美国的卫星发射情况，真是生动活泼、准确恰当，并体现了一种居高临下、藐视敌手的气概。“抛卫星”的说法也显得既有生趣又有宏大之气，发射卫星本来是项艰巨复杂的事情；毛泽东在这里用“抛卫星”来代替说“发射卫星”，口气中就有一种游戏的成分，使这项麻烦而难办的事情变得轻松起来，容易起来，就仿佛小孩子抛石子、抛皮球的游戏一般。由此看出毛泽东极强的自信心和大无畏的精神气质，以及他那孩子般的欢快和童趣。

“绝不答应放弃台湾”

——毛泽东在一次政治局常委会议上的讲话

针对美国国务卿杜勒斯妄图制造“两个中国”的图谋，毛泽东在1958年10月召开的政治局常委会议上，发表了重要谈话。

毛泽东说，我们同蒋介石有共同点：都反对两个中国，他自然坚持他是正统，我是匪；都不会放弃使用武力，他念念不忘反攻大陆，我也绝不答应放弃台湾。但目前的情况是，我们在一个相当时期内不能解放台湾。可以设想，让金（金门）、马（马祖）留在蒋介石手里如何？这样做的好处是金、马离大陆很近，我们可以通过这里同国民党保持接触，什么时候需要就什么时候打炮。我们一打炮，蒋介石就要求美国人救援，美国人就紧张，担心蒋介石给他闯祸。如果我们收复金、马，或者让美国人迫使蒋介石从金、马撤退，我们就少了一个对付美、蒋的凭借……

毛泽东面对美国妄图制造当时“两个中国”的图谋，表明了中国人民的鲜明态度和坚定立场，同时还提出了当时对台的对策、策略等问题。“绝不答应放弃台湾。”台湾自古以来就是中国不可分割的一部分。我们一定要解放台湾。祖国要统一，台湾要回归，这是大势所趋。

讲《聊斋》故事教人不怕鬼

——毛泽东在1959年召开的最高国务会议上及而后接见外宾时的讲话

1959年4月15日召开的最高国务会议上，毛泽东在通报当前的形势和党的大政方针时，说：从去年8月起，出了两件事，都跟我们有关。一个是台湾问题，一个是西藏问题。接着，他讲了1959年我们炮击金门的事，在说到"我们要奋斗下去，什么威胁我们都不怕"时，毛泽东的灵感来了，他绘声绘色地讲起了《聊斋志异》里的一个故事：

有一个书生，晚上坐着读书，有个鬼吓他，从窗户口伸进舌头来，这么长，它以为这个书生就吓倒了。这个书生不慌不忙，拿起笔把自己的脸画成张飞的样子，画得像我们现在戏台上的袁世海的样子，然后也把舌头伸出来，没有那么长就是了。两个人就这样盯着，你望着我，我望着你，最后那个鬼只好悻悻地走了。

讲完这个故事，毛泽东总结说，《聊斋志异》的作者告诉我们，不要怕鬼，你越怕鬼，你就不能活，他就要跑进来把你吃掉。我们不怕鬼，所以炮击金门、马祖。这一仗打下去之后，现在台湾海风平浪静，通行无阻，所有的船只不干涉了。

5月6日，毛泽东、周恩来、陈毅在中南海紫光阁接见11个国家的访华代表团和这些国家的驻华使节。周恩来、陈毅借此机会向全世界表明中国对西藏叛乱和随之陡然紧张的中印关系的态度。毛泽东又耐人寻味地讲了一番不怕鬼的话："世界上有人怕鬼，也有人不怕鬼。鬼是怕它好呢，还是不怕它好？经验证明，鬼是怕不得的。越怕鬼就越有鬼，不怕鬼就没有鬼了……今天世界上鬼不少。西方世界有一大群鬼，就是帝国主义，在亚洲、非洲、拉丁美洲也有一大群鬼，就是帝国主义的走狗、反动派。”接着，他又讲了《聊斋志异》里耿去病夜读，涂面伸舌与鬼相视的故事。

毛泽东对不怕鬼话题特别感兴趣。事隔 4 天，他接见民主德国人民议院访华代表团，在谈到西藏和中印关系时说：“我对朋友们说，不要怕鬼，鬼是这样的，越怕它，它就越多；不怕它，它就没有了。你们德国文学中有无这种材料，说明有人怕鬼，有人不怕？”接着又说：“马列主义教我们别怕鬼。资本主义这个鬼确实有其事，不过不要怕。希特勒是大鬼，蒋介石这个鬼也不小，在他以前还有袁世凯、清朝皇帝等鬼。”

毛泽东把帝国主义、修正主义、反动派和一切敌对势力都视为鬼，并说：“我就是不怕鬼。”

《聊斋志异》的作者蒲松龄，是借书中谈狐说鬼的故事来讽刺鞭挞当时黑暗丑恶的社会现实；而毛泽东讲的《聊斋志异》中这个关于鬼的故事，则是联系国内国际形势来谈论的，另有深意。

《聊斋志异》中这个关于鬼的故事，出自该书中《青凤》篇里的一个情节。《青凤》篇写的是，一个名叫耿去病的书生，一次偶然机会见到美女青凤（小狐狸精变的），便一见钟情，被青凤的美貌、聪明、善良所深深吸引和打动，顿生爱恋之心，魂不守舍、穷追不已，惹恼了青凤的叔父（老狐狸精变的），他从中作梗，变成恶鬼相报去吓唬书生，书生不但不害怕，还扮成恶鬼相狠狠盯视回报，致使对方惭愧胆怯离去；书生仍执着追求青凤，心中片刻不能忘怀，又经曲折和磨难，而后与青凤终成眷属。毛泽东截取的是其情节中的一小段，即：书生读书“读于楼下。夜凭几，一鬼披发入，面黑如漆，张目视生。生笑，拈指研墨自涂，灼灼然相与对视，鬼惭而去。”（原文）毛泽东拿来“古为今用”，类比说事，借题发挥，阐述道理，不仅增强了讲话的趣味性和感染力，充分表现了毛泽东藐视困难、无所畏惧、勇往直前、敢于斗争、敢于胜利以及无产阶级革命新人民的伟大领袖应有的豪迈气魄和伟大的革命英雄主义革命乐观主义精神，同时又活跃了会议或会谈的气氛。

“应该给赫鲁晓夫发一个一吨重的大勋章”

——毛泽东在北戴河主持召开会议期间的讲话

1959年6月20日，苏共中央来信明确表示拒绝提供原子弹教学模型和有关技术资料。8月23日，苏联又单方面终止两国签订的国防新技术协定。1960年8月，苏联又撤走了在中国的全部专家，甚至连一张图纸都不留下，还讥讽说：“离开外界的帮助，中国20年也搞不出原子弹。就守着这堆废铜烂铁吧。”

毛泽东是在北戴河主持召开中央工作会议期间得知这一消息的，尽管他的心情有些沉重，但全身的热血在沸腾，他声音铿锵地对在场的人员说：“不要怕，没什么了不起！我们还是要下决心搞尖端技术。赫鲁晓夫不给我们尖端技术，极好。如果给了，这个账是很难算的。”他还嘲讽地说：“应该给赫鲁晓夫发一个一吨重的大勋章。”毛泽东再次发出号召：“自己动手，从头做起来，准备用8年时间，拿出自己的原子弹！”毛泽东的讲话，表现了他在困难、压力、挑战面前，坚强不屈，敢于斗争、敢于胜利的革命英雄主义精神和革命乐观主义精神。

在毛泽东、党中央的英明决策和正确领导下，在全国的大力协同下，我国广大科技工作者不信神不信鬼，破除迷信，打破赫鲁晓夫领导集团的科技封锁，充分发挥自己的聪明才智，奋力拼搏，攻克一个个技术难关，再次创造了人间奇迹。

1964年10月16日15时，在死一般寂静的罗布泊上空，突然爆发了一道强光，紧接着，一团巨大的火球腾空击起，并伴随着山呼海啸般的轰鸣，随着轰鸣声的消失，雪白的烟雾在空中翻卷，地面上涌起的尘柱不断蹿高，烟雾和尘柱连在一起，形成一朵蘑菇云状，冉冉升起……中国第一颗原子弹爆炸成功！

中国第一颗原子弹的爆炸成功，实现了毛泽东关于中国要拥有自己的原子弹的夙愿。

“拿出自己的原子弹！”不信邪，非要搞成功！在毛泽东的英明领导下，中国人努力地不懈地奋斗，经历了重重的艰难险阻并战而胜之，终于争了这口气，挺直了腰板，在国际政治舞台上有了自己的话语权。

“你们提意见是对党的热爱，对政府的支持”

——毛泽东在韶山主持乡村座谈会的讲话

1959年6月25日晚，毛泽东刚回到故乡韶山，便在松山寓所设宴招待父老乡亲们。宴会前，毛泽东召集一些年老的乡亲们开座谈会，当地的社、队干部也参加了。

毛泽东对大家说：“我离开韶山30多年了，难得回来一次，今天请大家来，就是想听听各位的意见，特别是想请你们老人对我提点意见。你们对当地政府有什么看法和意见，请尽量提，放心讲，不要有顾虑。”他说完，没谁敢提，毛泽东便从生活、生产、食堂等方面动员引导，还用了激将法：“我不回，你们盼我回，我回了，你们又不同我讲真话！”

他这一激还真灵。毛顺清首先讲水稻密植中存在的问题："密植密植，越插越密，得有个边。"毛顺清还说："食堂粮食硬是少了一点。要吃两斤米一天才行。"另一个人说："韶山过去粮食比较足，山上种玉米、种红薯，种经济作物，可现在不种了，为什么不种呀？让农民饿肚子！"又有人说："农民粮食不够，还要交各种各样的'粮'，征粮、购粮、爱国粮……剩下的就不多了，好多人连饭都吃不上！基层干部却瞎指挥横扮蛮，不交粮或交不起，就打人骂人。主席，要是您不回，我们都快饿死了呀！"毛玉生老人说："去年以来，浮夸风很严重，说亩产几万斤，十几万斤，深耕要翻几尺，我们不同意，就说我们是'老保守'，如今对老年人太不尊重了……"毛顺清又发了言："现在吃食堂，搞集中，男男女女要分开住。历来是各家各户，夫妻一起居住，互相照顾，现在男女要分开，像个什么世道……"

对大家提的意见，毛泽东逐一回答。谈到"绝对密植"的问题时，他说："我是主张合理密植的"，"包产不要太高，密植不要太密"。讲到"缺粮"时，毛泽东问："你们能不能多种点蔬菜？"讲到"浮夸风"时，他有点生气地对身边的一位负责人说："你们向党中央汇假报，欺骗党，对人民不负责任，这是告你们的状！"讲到"农村食堂"问题时，毛泽东说："办食堂不符合实际的，将来要停办，要让夫妻住在一起，要使群众满意。"

对于群众的意见，毛泽东充分肯定："你们的意见提得好。像这样的话，只有在家乡，在韶山才能听到，在中央、在其他地方是听不到的。"毛泽东还和两位提意见的老人单独照了相。他说："你们提意见是对党的热爱，对政府的支持，希望你们今后多提意见，大胆讲，我们会尽量采纳的……""……我们是初搞社会主义，经验不足，出了一些问题，中央要负责，特别是我要负责。"毛泽东还听取了地方干部的意见和建议。他说："你们这些意见提得好（指建议中央要有统一政策），我回到中央，会着重研究采纳。中央会从全局着想制定统一的政策和法规。希望你们今后多提意见，多反映情况。"

毛泽东最后对干部说："你们要关心群众生活，搞好生产，把韶山建设好，韶山是我的家乡，外宾们常来，是不开放的开放。如果韶山人民的生产搞不上去，生活不好，将会影响整个社会主义国家的荣誉。"干部们表示："请主席放心！我们一定带领群众建设好主席的家乡，把生产、生活搞上去。"

毛泽东深入实际搞调查研究，他回到韶山乡亲们中间，召开座谈会，真诚地、虚心地、想方设法地征求意见，而且闻过则喜，表现了毛泽东与人民群众心连心和对人民群众的高度重视的群众观念。

欢迎人民群众对党和政府等提批评意见，进行民主监督，这是毛泽东一贯倡导的，是共产党要一贯坚持这样做的，因为共产党是代表广大人民群众利益的，是全心全意为人民服务的政党，当官的是公仆，而广大人民群众则是我们这个社会主义国家的真正的主人。

主持宴会，其乐融融

——毛泽东回韶山宴请乡亲们时的谈话

1959年，毛泽东回到故乡韶山的第二天就邀请并接待了堂弟和堂弟媳毛泽连、张玉莲夫妇及韶山的乡亲们，和他们进行了亲切的交谈；晚上，在松山寓所设宴招待了他们，并和他们一起共进晚餐。

宴会上，毛泽东端着酒杯对乡亲们说:“我原先跟泽连老弟讲过，到韶山有个转打（走一趟），今天我回来了，请在座的各位父老兄弟姊妹都到了堂，只剩下我的干娘没来了。”乡亲们好奇地望着他，不知他哪来的干娘。毛泽东见大家在互相打听，便微微一笑，风趣地说:“这件事，恐怕只有泽连老弟晓得了。今天天气热，干娘老了，走不来，又抬不动，大家就莫等了，开始喝酒吧，还客气么子?”

毛泽连一听，才恍然大悟，忍不住笑出声来。原来毛泽东讲的干娘，就是指韶峰北坡那块人形巨石。毛泽东少年时才智不凡，聪敏过人，他母亲文氏夫人特意请算命先生看相，测到毛泽东八字大，非拜个干娘难保平安。他便在母亲、外婆和舅妈的陪伴下，爬山越岭，在大石鼓处寻查到这块人形巨石，叩拜它为干娘，以后，便被称为“石头干娘”。

毛泽连把这个故事一说，满堂人哄然大笑，于是，在融洽、热闹的气氛中，毛泽东纷纷给乡亲们敬酒夹菜，如同一家人团聚……

在宴会上，为了创造一个融洽、热闹的气氛，毛泽东不失幽默地讲了一番话，使大家顿感无拘无束亲如一家。毛泽东的这番话，既主持了宴会，劝了酒，又使他与乡亲们的感情更加亲近了。

伟大出于平凡。毛泽东历来称自己是人民中的一员，是为人民服务的。毛泽东身居高位，心里时刻装着人民，不脱离人民，密切联系人民群众，不愧为来自人民中间的人民的伟大领袖。

生日聚众，忧国忧民

——毛泽东召集众人了解民情民意

1960年12月26日，是毛泽东67岁生日。这天，他起床后，不吃不喝，只是一支接一支地抽烟，烟灰缸快满了，才对值班卫士封耀松交代："你去把子龙、银桥、高智、敬先、林克和东兴同志叫来，今天在我这里吃饭。"下午，这七位同志同毛泽东一起围着一张饭桌吃饭。是给主席祝寿吗？不是，因为毛泽东从不允许为他祝寿。今天，大家也忘了是毛泽东的生日。饭桌上，没有酒，没有肉，只是多了些油和盐。毛泽东的竹筷子伸向菜盘，没夹菜便又放下了，只是环视就座的人。于是，大家都放下了筷子。

毛泽东心情沉重地对大家说："现在老百姓遭了灾。你们都去搞些调查研究。那里到底有些什么问题啊？把情况反映上来……人民公社、大办食堂，到底好不好？群众有什么意见？反映上来。"大家纷纷点头。毛泽东指着银桥、子龙说："你们下去……广泛调查研究。"银桥、子龙应声："是，主席。"毛泽东又说："小封啊，你去不去？"小封说："去。"毛泽东点头："那好，那好……要讲真话，不许说假话。不许隐瞒欺骗！"那天夜里，仍是封耀松值班，毛泽东流着泪对小封说："小封，我不放心哪。他们许多事瞒着我，我出去到哪里，他们都能有准备。你们要下去，你们能看到真实情况，要告诉我真实情况。"

银桥一行去了河南信阳。半年后回到北京，如实向毛泽东汇报了大办食堂确实不好在什么地方。不久，中央下指示取消大食堂。这样，农民生活方便了。而后，李银桥等人又去江西劳动半年，同时搞社会调查。

毛泽东非常关心人民群众的生活问题，急于想了解民情民意，生日不过，聚众谈工作，分派大家下去搞社会调查，表现了毛泽东勤政为公、忧国忧民的高尚情怀和伟大胸襟。

全民皆兵，“试看天下谁能敌？”

——毛泽东给卫士们上队列课

60年代初的一天，毛泽东走进卫士值班室：“你们来，都出来站到院子里。”“去，把理发员、炊事员都叫来。”霎时，毛泽东身边的七八个服务人员都在丰泽园里集合好了。大家都不知道干什么。

三军最高统帅向这七八个战士下达了命令：“现在，你们都站好，排成一列横队。”“全体注意了，立正——！”毛泽东也立正站着。“现在我们国家全民皆兵。我身边的你们这些人呢，当然也是兵，我也是兵嘛。今天呢，你们听我来发号施令，操练一下看你们到底像不像兵。”“听口令！齐步——走！”大家甩开两臂，强劲有力地走起来。“立定！向左——转！齐步——走！”因为院子小，毛泽东不停地变换着口令。这几位受到严格军事训练的工作人员没有一个做错动作，达到了步调完全一致，宁静的丰泽园里响彻有力的口令声、脚步声……

毛泽东等战士们来到自己面前：“立定！稍息。看来你们还像个兵。我们全国全民皆兵，就是六亿兵，试看天下谁能敌?！现在帝国主义叫嚷要侵犯我们，那是白日做梦！以后你们要坚持训练，保卫国家、保卫人民……今天就到这里。解散！”

在毛泽东的一生中，为战士们上队列课，这是仅有的一次。

毛泽东给卫士们等一些人上队列课，听来很有意思。在当时那种国内遭受严重自然灾害、国外又遭受苏联逼债的严峻形势下，毛泽东给卫士们等一些人上队列课，表现了毛泽东饱满的政治热情和高昂的革命乐观主义精神与革命英雄主义精神。

第六篇

毛泽东文章的语言魅力

毛泽东与《中国社会各阶级的分析》

1925年，全国人民反帝反封建的革命热情空前高涨。当时国内革命的群众运动，特别是工农运动有了重大发展，以广州为中心的南方革命根据地和革命的武装力量已日益发展和壮大起来，工人阶级和共产党的威信，在人民群众中有着很大的影响。这一切都表明了革命向统治全国大部分地区的北洋军阀进军的条件已经成熟，革命高潮即将到来，全国已处于革命与反革命大决战的前夜。在这种情况下，就不能不引起资产阶级右翼的严重恐惧和不安。他们积极地和隐藏在民主革命统一战线内部的各种反动势力勾结起来，阻碍、破坏革命运动，加紧篡夺革命领导权的活动，妄图使革命按照他们的意志发展，把中国革命引向同帝国主义、封建势力妥协的道路上去。同时，“戴季陶主义”的反动理论盛行一时，大肆叫嚣共产主义不适合中国的国情，积极宣扬阶级调和论和阶级斗争熄灭论，反对国共合作，反对共产党员加入国民党，对马克思列宁主义和中国共产党恶意中伤。戴季陶这种反动思想正是反映了资产阶级右翼对中国无产阶级及其政党在思想上的进攻，并为资产阶级右翼进行反革命阴谋破坏作了理论上的准备。

在这资产阶级反动势力与无产阶级进行争夺革命领导权的紧急关头，中国共产党内存在着两种错误的路线。一种是以陈独秀为代表的右倾机会主义路线。他们认为中国无产阶级“幼稚”，力量薄弱，不能领导中国的革命运动，认为农民“落后、保守”，“难于参加革命”，中国资产阶级“力量最集中、最雄厚”，只有他们才是革命的领导力量，因而错误地论断中国的革命只能是资产阶级领导的民主主义革命，革命的前途只能是建立资产阶级专政的资本主义国家。因此，他们对资产阶级右派所进行的反革命活动，采取了一系列右倾机会主义的政策，放弃了无产阶级对革命的领导权，只注意同国民党合作，忘记了农民，从而助长了反动势力的气焰，使革命遭受了极大的损失。另一种是以张国焘为代表的“左”倾机会主义路线。他们虽然在口头上承认现阶段中国革命是无产阶级领导的民主革命，但只注意工人运动，而否认农民在革命中的重要作用，认为农民没有革命要求。这实质上也就否定和取消了无产阶级对革命的领导权，因为无产阶级领导权的根本标志就是对于农民革命的领导。同时，对于民族资产阶级也做出了错误的估计，只看到它对敌人的妥协性和叛变的可能性的一面，而无视它可能参加革命或保持中立的一面。因此，他们的统一战线的政策，主张无产阶级单独进行革命。这两种机会主义都感觉自己力量不足却不知道到何处去寻找力量，到何处去取得广大的同盟军。为了纠正“左”、右倾机会主义的错误路线，从思想和理论上明确中国革命的对象、中国革命的领导力量和同盟军，以及中国革命的前途等一系列革命的根本问题，1925 年 12 月 1 日在国民革命军第二军司令部编印的《革命》第四期上发表了毛泽东的《中国社会各阶级的分析》。

在这篇文章里，毛泽东运用马克思列宁主义阶级斗争的理论和阶级分析的方法，正确地解决了中国革命中的一系列带有根本性的问题。文章指出了中国过去一切革命斗争成效甚少的根本原因就是因为不能团结真正的朋友，以攻击真正的敌人。在对中国社会各阶级分析的基础上，文章明确指出中国工人阶级是革命的领导力量，中国无产阶级最广大和最忠实的同盟军是农民。该文的发表，使我们党在此基础上确定了党在农村中“依靠贫农、雇农，巩固地联合中农”的阶级路线，这样就把广大农民紧密地团结在自己的周围，正确地解决了革命中最主要的同盟军问题，对于我国民主革命的胜利，有着极其重大的意义。

《中国社会各阶级的分析》的写作及语言艺术的主要特点：

1. 文章布局结构严谨。起首一段是简洁的总论，说明“中国社会各阶级的分析”的重要性和必要性，接下来就是分门别类对各个阶级进行周详而准确的分析，最后得出结论。

开头一连两个设问句，一下就抓住了读者，而且立即使人感到问题十分重大，因为任何人（不仅是革命者）都关心这两个问题，敌人或朋友。这个问题也不仅仅是革命的首要问题，同时也是所有人将面临的首要问题。深度和高度在此陡然出现了。

接着，毛泽东笔锋一转，几笔总结了过去失败的原因。那原因很简单，就是做人行事分不清敌友。

怎么办！

赶快对中国社会各阶级作一个详尽、准确的分析，并在分析中找准朋友、认清敌人。

接下来，毛泽东以冷静、深刻、生动而富有文采的大手笔全面展开了对各阶级的分析。问题是尖锐的，分析却是复杂而细致的，说得非常之透，非常之明晰。

最后，毛泽东得出了结论，朋友、敌人、中间派、摇摆不定分子，分门别类，各就各位了。而毛泽东心里也有数了，他笃定下来了，他知道下一步该怎样去做了。而这一切之中，他是让其他共产党人心明眼亮了，不再迷惘了，尤其是曾担任过五四运动“总司令”的陈独秀（他也是中国共产党的发起人），恰恰在这个关键问题上迷了路，此时，他也必然在读了毛泽东的这篇文章后猛醒了。

2. 用形象、生动的语言取类型，讲道理，不仅深化、丰富所讲的道理，而且以栩栩如生的形象感，激起读者的强烈爱憎，给读者留下具体深刻的印象。如:“这种人发财观念极重，对赵公元帅礼拜最勤，虽不妄想发大财，却总想爬上中产阶级地位。他们看见那些受人尊敬的小财东，往往垂着一尺长的涎水。”就把小资产阶级强烈的发财欲望的形象刻画出来了，刻画得惟妙惟肖。再如:“他们每逢年终结账一次，就吃惊一次，说:‘咳，又亏了！’”这就把每况愈下的小资产阶级的经济状况描绘得绘声绘色。

《中国社会各阶级的分析》精彩语句、段落摘录:

1. 革命是群众的向导，在革命中未有革命党领错了路而革命不失败的。我们的革命要有不领错路和一定成功的把握，不可不注意团结我们的真正的朋友，以攻击我们的真正的敌人。

2. 有一个自称为戴季陶“真实信徒”的，在北京《晨报》上发表议论说:“举起你的左手打倒帝国主义，举起你的右手打倒共产党。”这两句话，画出了这个阶级的矛盾惶遽状态。他们反对以阶级斗争学说解释国民党的民生主义，他们反对国民党联俄和容纳共产党及左派分子。但是这个阶级的企图——实现民族资产阶级统治的国家，是完全行不通的，因为现在世界上的局面，是革命和反革命两大势力作最后斗争的局面。

毛泽东与《反对本本主义》

《反对本本主义》这篇著作，是毛泽东为了反对当时党内和红军中存在的教条主义思想而写的（那时没有用“教条主义”这个名称，而称之为“本本主义”）。在20世纪20年代后期和30年代前期，国际共产主义运动中和中国共产党内盛行着一种把马克思主义教条化、把共产国际决议和苏联经验神圣化的错误倾向。1928年以来，党和红军中的教条主义倾向比较严重。一些人忽视调查研究的重要性，不注重研究当时中国的国情，理论同实际相脱离，生吞活剥地搬用马克思列宁主义的原理和外国的革命经验。1929年1月初，党的第六次全国代表大会决议案传送到了井冈山革命根据地，于是一些人又以教条主义的态度对待“六大”决议案，认为“党的第六次全国代表大会的‘本本’保障了永久的胜利，只要遵守既定办法就无往而不胜利”。为了纠正党内和红军中的这种错误倾向，毛泽东写了本文，深刻地批判了本本主义即教条主义，阐明了辩证唯物主义和历史唯物主义的思想路线。毛泽东在文中第一次提出了“没有调查就没有发言权”的著名科学论断，阐明了调查研究的重要性。为什么要做调查？为了解决革命中的问题。他深刻地指出，坐在房子里冥思苦想地“想办法”、“打主意”，是绝对想不出好办法，打不出好主意的。调查就是解决问题，一切结论应产生于调查情况的末尾而不是在它的先头。离开实际调查就要产生唯心的阶级估量和唯心的工作指导，就会出现机会主义或者盲动主义的错误。旗帜鲜明地提出了“反对本本主义”的口号，严肃地批评了当时的教条主义倾向，比如：一味盲目地执行上级的指示，把六大决议案当作保障永久胜利的“本本”而不根据实际情况进行讨论和审察的保守思想；对马克思主义理论存在着一种“先哲”式的神秘观念，专门从书本上讨生活的社会科学研究方法等等。指出这种脱离革命实际的错误思想路线，对革命具有严重的危害性，同时还明确指出，“马克思主义的‘本本’是要学习的，但是必须同我国的实际情况相结合。我们需要‘本本’，但是一定要纠正脱离实际情况的本本主义”。创造性地提出了“中国革命斗争的胜利要靠中国同志了解中国情况”这一重要思想，提出了共产党人必须抛弃思想上的保守路线，采取“从斗争中创造新局面的思想路线”。中国革命是世界革命的一部分，它必须学习别国的经验。但是，只有从中国的实际出发，创造性地运用马克思主义的基本原理和别国的经验，中国革命才能胜利。如果只会机械地复述书本上的个别词句或照搬照抄外国的具体公式，中国革命是不可能胜利的。

毛泽东从青年时代起，就十分注重社会调查工作。在大革命时期和大革命失败后，他都从事大量的调查工作，掌握了第一手资料，并写成了不少调查材料。《反对本本主义》这篇著作，是从哲学基础上、认识路线上、工作方法上清除“左”右倾机会主义的极其重要的文件。它第一次阐述了实事求是、群众路线、独立自主的思想，对于端正党和红军的思想路线和工作作风起到了重大的指导作用，成为党的指导思想。经过毛泽东的倡导，社会调查成为共产党的系统的工作方法和认识路线。红军每到一处，都首先要弄清当地的阶级关系情况，然后再提出切合群众需要的措施和口号。这种理论联系实际的作风，成为无产阶级政党区别于任何其他阶级的政党的优良作风之一。认识来源于实践，而人民群众是实践的主体。毛泽东在本文中所阐明的唯物主义的思想路线，同坚持依靠群众的工作路线是完全一致的。

毛泽东写作本文时，正是马克思主义的普遍真理与中国革命的具体实践相结合的产物——毛泽东思想开始在中国形成的时期。

1929年冬和1930年春，随着全国革命形势的发展和斗争实践经验的积累，毛泽东进一步分析了半封建半殖民地中国社会政治经济发展不平衡的规律，集中全党的斗争经验，科学地揭示了中国革命的基本特点及其发展规律，从而在“工农武装割据”思想的基础上，提出了中国革命道路的基本思想，形成了以农村包围城市、最后夺取政权的中国革命道路的基本理论，正确地开辟了中国革命胜利发展的新道路。正是由于以毛泽东为代表的中国马克思主义者坚持了实事求是、群众路线和独立自主的思想原则，他们才能够提出有关中国革命道路的理论，以及在农村环境下建设无产阶级政党和新型人民军队的理论，从而为发展中国革命和争取中国革命的胜利指明了道路。在我们从事社会主义建设事业的今天，这篇著作中体现出来的思想精华，仍然很有指导意义。它启示我们，革命和建设的成功，首先要依靠本国的革命者把马克思主义的基本原理同本国的国情结合起来，制定正确的方针政策，并且坚持联系和依靠广大人民群众。

《反对本本主义》这篇文章，是论述调查研究工作的经典之作，当时曾在红四军和中央革命根据地广为传播。

我们知道毛泽东一生都喜欢做调查研究。他还在长沙求学时，就曾与早年的密友萧瑜（萧子升）利用暑假在湖南境内“游学”，进行广泛的社会调查。后来，他又在大革命时代写下《湖南农民运动考察报告》以及《中国社会各阶级的分析》。这些著名的文章都是他在作了深入地调查后写出的。

1930年5月，毛泽东又作了寻乌调查，这次调查的内容相当全面深入。很快，他又依据大量的第一手材料，写下了8万多字的《寻乌调查》。这次调查，使毛泽东对中国各阶层（尤其是中国广大的农村）有了进一步的了解。

就在毛泽东进行大规模的寻乌调查的同时，毛泽东写下了《调查工作》一文。这篇著作在革命战争环境中曾经一度丢失，直到1959年才在福建龙岩找到，后来以《反对本本主义》为题收入《毛泽东选集》（第二版）第一卷中。

关于这篇文章，毛泽东在1961年3月召开的中央工作会议上曾追忆说：这是1930年写的一篇老文章，是为了反对当时红军中的教条主义而写的。那时没有用“教条主义”这个名称，我们叫它做“本本主义”。这篇文章是经过一番大斗争写出来的。我对自己的文章有些并不喜欢，这篇我是喜欢的。看来还有些用处，印若干份供同志们参考。

毛泽东之所以对这篇文章情有独钟，甚至30年后还要提它，是因为毛泽东在此阐发了他一贯倡导和坚持的一个极重要的思想，那就是把马克思列宁主义和中国革命的具体实际相结合。

我国大搞改革开放，建设有中国特色的社会主义，提倡实事求是和“实践是检验真理的唯一标准”，这些提法与毛泽东所提倡的“反对本本主义”和搞调查研究是一致的，是对毛泽东思想完整、准确的理解和坚持。

《反对本本主义》的写作及语言艺术的主要特点：

1. 谋篇布局非常讲究，条理清楚。

毛泽东在本文中，先谈调查的意义与实质，以及本本主义的危害性，然后把调查研究上升到了一个理论的高度，同时在最后还为我们指出了作调查工作的具体技巧。

2. 语言精练，写了许多警句。如：“没有调查，就没有发言权。”“你对于那个问题不能解决吗？那末，你就去调查那个问题的现状和它的历史吧！”“调查就像‘十月怀胎’，解决问题就像‘一朝分娩’。调查就是解决问题。”

《反对本本主义》精彩语句、段落摘录：

1. 你对于那个问题不能解决吗？那末，你就去调查那个问题的现状和它的历史吧！你完完全全调查明白了，你对那个问题就有解决的办法了。一切结论产生于调查情况的末尾，而不是在它的先头。只有蠢人，才是他一个人，或者邀集一堆人，不作调查，而只是冥思苦索地“想办法”，“打主意”。须知这是一定不能想出什么好办法，打出什么好主意的。换一句话说，他一定要产生错办法和错主意。

2. 迈开你的两脚，到你的工作范围的各部分各地方去走走，学个孔夫子的“每事问”，任凭什么才力小也能解决问题，因为你未出门时脑子里是空的，归来时脑子已经不是空的了，已经载来了解决问题的各种必要材料，问题就是这样子解决了。

3. 调查就像“十月怀胎”，解决问题就像“一朝分娩”。调查就是解决问题。

4. 马克思主义的“本本”是要学习的，但是必须同我国的实际情况相结合。我们需要“本本”，但是一定要纠正脱离实际情况的本本主义。

5. 必须洗刷唯心精神，防止一切机会主义盲动主义错误出现，才能完成争取群众，战胜敌人的任务。必须努力作实际调查，才能洗刷唯心精神。

毛泽东与《关心群众生活，注意工作方法》

《关心群众生活，注意工作方法》，是毛泽东1934年1月27日在江西瑞金召集的第二次全国苏维埃代表大会上所作的结论的一部分。

由于王明“左”倾路线影响，从1931年到1934年，毛泽东在中央毫无发言权。他被撤销了党的苏区中央局书记、红军总政委、总前委书记等职务，只能从事政府领导工作。毛泽东以无产阶级革命家的雄伟气魄，并没有气馁，一方面坚持原则，同王明“左”倾路线进行坚决斗争，另一方面利用这一段时间积极地调查研究，领导革命根据地的各项建设工作。当时根据地正处于巩固扩展时期，从扩大红军到修桥筑路，苏维埃上级机关发布了很多计划与决议。在决议执行中出现了两种情况：有些地方的苏维埃机关敷衍塞责甚至强迫命令，使苏维埃与群众的关系十分不好，大大地阻碍了苏维埃任务与计划的执行，而另一些地方的苏维埃却与群众打成一片，工作取得了很大成功。根据这两种情况，毛泽东对汀州、长冈、才溪等地进行深入的实地调查。通过调查发现，只有关心群众的实际生活，注意实际的工作方法，反对官僚主义，反对命令主义，才能使群众真正团结在党的周围，为争取革命战争胜利而作努力。汀州市是工作较差的一个地方。汀州市群众在日常生活上存在着一些问题，群众缺少柴烧，缺少米吃，没有盐可买，有些人没有房子住。他们迫切要求苏维埃政府解决这些问题，但汀州市政府完全不考虑群众生活，只管要求扩大红军，扩充运输队，在几次市工农代表会议上都没有讨论群众生活问题，结果群众很不满意，100多个工农代表会议的代表都不高兴到会，工农代表会无法召开，而且扩大红军、扩充运输队的成绩也很少。江西的长冈乡，福建的才溪乡，是两个模范乡。他们在扩大红军、推销经济公债方面成绩很大。长冈乡青壮年男女100个人中有80人参加了红军，才溪乡100个人中有88人参加了红军，长冈乡全乡1500人，公债推销了4500块钱。这两个乡取得这些成绩的主要原因是关心群众生活，群众没有米吃，乡政府就办米救济群众，群众生活遇到困难，乡政府就组织乡民互助。

为了真正发动、组织群众，依靠群众，把革命引向胜利，毛泽东通过对这些地区的实地调查，提出了关心群众生活，注意工作方法的重大意义。长冈乡、才溪乡的成功经验引起毛泽东重视，所以，在第二次全国苏维埃代表大会的总结报告中，毛泽东特意提到了“关心群众生活，注意工作方法”两个问题，提醒到会同志注意，号召到会同志以这一思想作指导，在实际工作中学习先进，赶超先进，争取建立更多的模范根据地，以这些根据地为巩固的阵地，为打倒帝国主义、打倒国民党争取全国胜利做准备。

这篇文章为根据地建设提供了很好的方法论，具有重要的历史意义。

《关心群众生活，注意工作方法》，这篇文章主要谈了两个问题：

1.关于群众生活的问题。它指出革命的中心任务是动员广大群众参加革命战争，通过革命战争打倒帝国主义和国民党，从而把革命扩展到全国去，把帝国主义赶出中国去。革命战争是群众的战争，只有动员群众才能进行战争，只有依靠群众才能进行战争。动员群众，依靠群众，必须注意群众生活问题，关心群众切身利益。第一，明确群众的实际生活问题，领导农民进行土地斗争，分土地给农民；提高群众的劳动热情，增加农业生产；保障工人的利益；建立合作社；发展对外贸易；要解决群众穿衣问题，吃饭问题，住房问题，柴米油盐问题，疾病卫生问题，婚姻问题。第二，注意群众生活问题的意义在于：①满足了群众的需要，我们就真正成了群众生活的组织者，群众就会真正围绕在我们的周围，热烈地拥护我们。②使广大群众认识到我们是代表他们的利益的，是和他们呼吸相通的。他们能从这些事情出发，了解我们提出来的更高的任务，革命战争的任务，拥护革命，把革命推到全国去，接受我们的政治号召，为革命的胜利斗争到底。③广大群众把革命当作他们的生命，国民党要来进攻红色区域，广大群众就要用生命同国民党决斗。国民党现在实行他们的堡垒政策，大筑其乌龟壳，以为这是他们的铜墙铁壁。但真正的铜墙铁壁是千百万真心实意地拥护革命的群众，这是什么力量也打不破的。在革命政府的周围团结起千百万群众来，发展我们的革命战争，我们就一定能消灭一切反革命，就能夺取全中国。

2. 关于工作方法的问题。①文章指出必须注意工作方法的原因。我们是革命战争的领导者和组织者，我们又是群众生活的领导者、组织者。组织革命战争，改良群众生活，这是我们的两大任务。我们不但要提出任务，而且要解决完成任务的方法问题。不解决方法问题，任务也只是瞎说一顿。②文章提出正确的工作方法。反对官僚主义的工作方法，采取实际的具体的工作方法；抛弃命令主义的工作方法，采取耐心说服的工作方法。解决了工作方法问题，将群众生活与革命战争联系起来，便是革命战争的良好的领导者和组织者，是群众生活的良好的组织者和领导者。党的干部，群众中涌现出来的很好的工作同志，应该担负起一种责任，就是帮助那些工作薄弱的地方，帮助那些还不善于工作的同志很好地工作。③文章指出改善工作方法的前景。采用切实的办法来改善我们的工作，先进的地方应该更加前进，落后的地方应该赶上先进的地方。造成众多的模范乡，形成巩固的根据地，占据这些阵地，就能从这些阵地出发去粉碎敌人的“围剿”，去打倒帝国主义和国民党在全国的统治。

《关心群众生活，注意工作方法》的写作及语言艺术的主要特点：

这篇文章在语言上的最大特色是大量采用了设问句。

“国民党现在实行他们的堡垒政策，大筑其乌龟壳，以为这是他们的铜墙铁壁。同志们，这果然是铜墙铁壁吗？一点也不是！你们看，几千年来，那些封建皇帝的城池宫殿还不坚固吗？群众一起来，一个个都倒了。俄国皇帝是世界上最凶恶的一个统治者；当无产阶级和农民的革命起来的时候，那个皇帝还有没有呢？没有了。铜墙铁壁呢？倒掉了。同志们，真正的铜墙铁壁是什么？是群众，是千百万真心实意地拥护革命的群众。这是真正的铜墙铁壁，什么力量也打不破的，完全打不破的。”这里一连用了五个设问句，以引起人们的注意，启发人们思考。

“妇女群众要学习犁耙，找什么人去教她们呢？小孩子要求读书，小学办起了没有呢？对面的木桥太小会跌倒行人，要不要修理一下呢？许多人生疮害病，想个什么办法呢？一切这些群众生活上的问题，都应该把它提到自己的议事日程上。应该讨论，应该决定，应该实行，应该检查。”这是一种问而不答的设问，它有发人深省的作用。

“要得到群众的拥护吗？要群众拿出他们的全力放到战线上去吗？那末，就得和群众在一起，就得去发动群众的积极性，就得关心群众的痛痒，就得真心实意地为群众谋利益，解决群众的生产和生活的问题，盐的问题，米的问题，房子的问题，衣的问题，生小孩子的问题，解决群众的一切问题。”这里采用了连问合答的设问形式，从问到答都有层层递进的意思，使论证深入，说理透彻。

“如果我们单单动员人民进行战争，一点别的工作也不做，能不能达到战胜敌人的目的呢？当然不能。我们要胜利，一定还要做很多的工作。”这是在一段开头用的设问。

“同志们，那时候，我们号召群众参加革命战争，能够不能够呢？能够的，完全能够的。”这是在一段结尾处用的设问。

在开头或结尾处使用设问，常常能起到承上启下的过渡作用。

“我们是这样做了么，广大群众就必定拥护我们，把革命当作他们的生命，把革命当作他们无上光荣的旗帜。国民党要来进攻红色区域，广大群众就要用生命同国民党决斗。这是无疑的；敌人的第一、二、三、四次‘围剿’不是实实在在地被我们粉碎了吗？”这种设问放在一段的末尾，设问后面没有回答，实则设问前面的话就是回答，最后以问的形式进一步加强了肯定的语气。

总之，这篇讲话由于运用了设问句，扣住了听众的心弦，产生了良好的效果。

《关心群众生活，注意工作方法》精彩语句、段落摘录：

1. 因为革命战争是群众的战争，只有动员群众才能进行战争，只有依靠群众才能进行战争。

2. 一切群众的实际生活问题，都是我们应当注意的问题。假如我们对这些问题注意了，解决了，满足了群众的需要，我们就真正成了群众生活的组织者，群众就会真正围绕在我们的周围，热烈地拥护我们。

3. 要得到群众的拥护吗？要群众拿出他们的全力放到战线上去吗？那末，就得和群众在一起，就得去发动群众的积极性，就得关心群众的痛痒，就得真心实意地为群众谋利益，解决群众的生产和生活的问题，……解决群众的一切问题。我们是这样做了，广大群众就必定拥护我们，把革命当作他们的生命，把革命当作他们无上光荣的旗帜。

4. 真正的铜墙铁壁是什么？是群众，是千百万真心实意地拥护革命的群众。这是真正的铜墙铁壁，什么力量也打不破的，完全打不破的。反革命打不破我们，我们却要打破反革命。

5. 我们不但要提出任务，而且要解决完成任务的方法问题。我们的任务是过河，但是没有桥或没有船就不能过。不解决桥或船的问题，过河就是一句空话。不解决方法问题，任务也只是瞎说一顿。

6. 一切工作，如果仅仅提出任务而不注意实行时候的工作方法，不反对官僚主义的工作方法而采取实际的具体的工作方法，不抛弃命令主义的工作方法而采取耐心说服的工作方法，那末，什么任务也是不能实现的。

毛泽东与《实践论》

中国共产党领导人民革命，从实践中开辟出的一条世界无产阶级革命历史上不曾有过的中国自己的独特道路——在农村建立根据地，以农村包围城市，武装夺取政权，是在理论准备不足，不成熟的情况下进行的。随着革命的发展，客观形势的变化，中国革命的理论准备和理论建设，成为当时之必需。而中国革命的理论准备和理论建设，正是要从总结中国革命的实践经验中，从研究中国革命的条件、特点和规律中，把马克思列宁主义的理论同中国革命的实践结合起来而求得发展。当时，正是毛泽东从实践和理论上代表了这个正确的方向。在教条主义者看来，似乎只有在外国，在城市，在书本上，才能有马克思主义，山沟里不能有马克思主义。他们指责所谓"山沟里的马克思主义"，认为它是"否定理论"的狭隘经验论。当时党内还有一部分经验主义的同志长期拘守于自己的片面经验，不了解革命理论对于革命实践的重要性，看不见革命的全局，虽然也是辛苦地——但却是盲目地在工作。这两类同志的错误思想，特别是教条主义思想，曾在1931年至1934年使得中国革命蒙受了极大的损失，而教条主义者更是披着马克思主义的外衣迷惑了广大的同志。1937年，毛泽东发表了《实践论》，用马克思主义的认识论观点，揭露了党内的教条主义和经验主义——特别是看轻实践的教条主义这种主观主义的错误。实践是检验真理的唯一标准，则是此篇名著的主旨。

当时正是抗日战争时期，为指导抗日战争的实践，提高全党的马克思列宁主义理论水平，毛泽东在《实践论》中从哲学上深刻地阐明了马克思列宁主义理论必须同中国革命实践相结合的原则，指导和代表着中国共产党的理论建设工作的正确方向。

后来，《实践论》在苏联发表后，受到了苏联理论界\各共产党国家和许多国际进步人士的普遍重视和高度评价。

直到今天，尽管时过境迁，《实践论》中的观点——实践是检验真理的唯一标准，在坚持走建设有中国特色的社会主义的道路中，仍发挥着积极的指导性作用。

《实践论》的写作及语言艺术的特点：

运用波浪起伏的排比句，反复有力地论述实践的重要性；通过生动形象的比喻，阐述哲学的深奥道理：实践出真知。动词的选用准确、生动；用典自然贴切；短句子，平常话，逻辑严密，深入浅出。

《实践论》精彩语句、段落摘录：

1.原来人在实践过程中，开始只看到过程中各个事物的现象方面，看到各个事物的片面，看到各个事物之间的外部联系。例如有些外面的人们到延安来考察，头一二天，他们看到了延安的地形、街道、屋宇，接触了许多的人，参加了宴会、晚会和群众大会，听到了各种说话，看到了各种文件，这些就是事物的现象，事物的各个片面以及这些事物的外部联系。这叫做认识的感性阶段，就是感觉和印象的阶段。

2.《三国演义》上所谓“眉头一皱计上心来”，我们普通说话所谓“让我想一想”，就是人在脑子中运用概念以作判断和推理的工夫。这是认识的第二个阶段。

3.我们的实践证明：感觉到了的东西，我们不能立刻理解它，只有理解了的东西才更深刻地感觉它。感觉只解决现象问题，理论才解决本质问题。

4.“秀才不出门，全知天下事”，在技术不发达的古代只是一句空话，在技术发达的现代虽然可以实现这句话，然而真正亲知的是天下实践着的人，那些人在他们的实践中间取得了“知”，经过文字和技术的传达而到达于“秀才”之手，秀才乃能间接地“知天下事”。如果要直接地认识某种或某些事物，便只有亲身参加于变革现实、变革某种或某些事物实践的斗争中，才能触到那种或那些事物的现象，也只有在亲身参加变革现实的实践的斗争中，才能暴露那种或那些事物的本质而理解它们。这是任何人实际上走着的认识路程，不过有些人故意歪曲地说些反对的话罢了。世上最可笑的是那些“知识里手”，有了道听途说的一知半解，便自封为“天下第一”，适足见其不自量而已。知识的问题是一个科学的问题，来不得半点的虚伪和骄傲，决定地需要的倒是其反面——诚实和谦逊的态度。你要有知识，你就得参加变革现实的实践。你要知道梨子的滋味，你就得变革梨子，亲口吃一吃。你要知道原子的组织同性质，你就得实行物理学和化学的实验，变革原子的情况。你要知道革命的理论和方法，你就得参加革命。一切真知都是从直接经验发源的。

5. 理性的东西所以靠得住，正是由于它来源于感性，否则理性的东西就成了无源之水，无本之木，而只是主观自生的靠不住的东西了。

6. 无数相对的真理之总和，就是绝对的真理。

7. 通过实践而发现真理，又通过实践而证实真理和发展真理。

8. 在阶级社会中，每一个人都在一定的阶级地位中生活，各种思想无不打上阶级的烙印。

毛泽东与《矛盾论》

《矛盾论》可以说是为揭露党内长期存在的教条主义和经验主义——特别是教条主义这些主观主义的错误而写的。

中国共产党从1921年7月诞生，到《矛盾论》一书的发表，经历了16年艰苦卓绝的战斗历程。在这一历史时期，党内出现过几次机会主义的错误，给中国革命带来了很大的危害。北伐战争时期，在建立统一战线的过程中，一方面党内出现了以张国焘为代表的反对国共合作的“左”倾错误和以陈独秀为代表的右倾投降主义错误；另一方面，在革命统一战线内部，代表地主阶级、买办阶级和民族资产阶级右翼利益的国民党右派，竭力与无产阶级争夺革命的领导权，力图扭转中国革命的方向。北伐战争后期，陈独秀的右倾机会主义放弃革命的领导权，搞投降主义，致使轰轰烈烈的第一次大革命归于失败。北伐战争的失败反映了中国共产党对于中国社会和中国革命的性质、特点，对无产阶级掌握革命领导权和领导革命军队的重要性，以及对中国资产阶级的特点和应当采取的革命策略等问题还缺乏充分的认识，同时还缺乏对于马克思主义和中国革命的实际的全面了解。这些问题促使毛泽东对马克思主义和中国革命的实际情况进行进一步的研究和探索。

在10年土地革命战争期间，党内相继出现了瞿秋白“左”倾盲动主义、李立三“左”倾冒险主义和王明“左”倾冒险主义和教条主义的错误，尤其是王明的错误在党内统治达4年之久，使党和红军遭受了严重损失，不得不放弃中央根据地，进行举世闻名的二万五千里长征。

中国共产党与右倾或“左”倾错误思想的斗争，归根到底就是唯物主义和唯心主义、辩证法和形而上学两种世界观和方法论的斗争。而“左”右倾错误思想的根源就是当事者在思想上犯了主观主义的错误。主观主义就是把主观和客观相分裂，使理论和实践相脱离，也就是说当事者不能把马克思主义的基本原理与中国革命的具体实践相结合。而教条主义和经验主义是主观主义中最常见的两种表现。教条主义则轻视革命理论的作用，从狭隘的经验出发，把局部经验当成普遍真理。

以毛泽东为代表的坚持正确路线的人们与党内的这种主观主义者进行了长期的斗争。在1935年1月召开的遵义会议上，批判了王明“左”倾教条主义的错误，确立了以毛泽东为代表的中央领导。在会上，毛泽东对中国共产党14年来的经验教训进行了深刻的总结，对党内存在的政治路线、军事路线和组织路线上的分歧，对思想路线上的对立进行了科学的分析。1937年，在中国革命即将进入新的历史时期之际，为了把全党的思想提高到一个新水平，从思想上、理论上彻底消除王明“左”倾教条主义的思想路线，用马克思主义教育广大党员和干部，使他们从教条主义、经验主义和形而上学的思想束缚中解放出来，毛泽东开始亲自在干部中讲授辩证唯物论，带动大家学习马克思主义哲学，对中国革命的经验教训进行了科学的总结。正是在这样的历史背景下，《矛盾论》这篇重要的哲学著作诞生了。

《矛盾论》包容着深邃的哲理和巨大的力量，其内容博大精深。它以如何分析客观的、复杂的、具体的矛盾为中心，建立了一个关于矛盾学说的逻辑体系，着重论证了矛盾普遍性和矛盾特殊性的关系，从辩证法的高度论证了马列主义普遍原理同中国的具体实际相结合的问题。实际上这是在更深一层的意义上来研究这个“结合”问题。因为客观实际总是具体的矛盾的统一体，所以要克服主观性，就“必须从客观的实际运动所包含的具体的条件，去看出这些现象中的具体矛盾，矛盾各方面的具体的地位以及矛盾的具体的相互关系”。我们只有掌握矛盾学说，具体地研究中国社会的矛盾，才能认清中国社会的本质和规律，达到主观和客观的统一。在实际工作中分析矛盾、解决矛盾，最重要的是要研究矛盾的特殊性以及普遍性和特殊性的关系。《矛盾论》正是重点研究了这个问题，阐发了许多重要的思想，其主要包括：第一，明确指出各种特殊的矛盾，构成了各种特殊的本质、个性，强调每一物质的运动形式所具有的特殊的本质，为它自己的特殊的矛盾所规定。第二，明确指出矛盾特殊性是认识事物的基础的东西。第三，对矛盾特殊性作了科学的理论概括，指出矛盾的事物及其每一个侧面各有其特点，这是矛盾的特殊性和相对性。第四，具体地分析了矛盾特殊的各种情形，并且提出了一个大的事物，包含着许多矛盾的观点，以此作为具体地分析具体的情况的客观依据。第五，阐明普遍性和特殊性的辩证关系，提出了关于事物矛盾问题精髓的论断，深刻揭露主观主义的思想根源。

《矛盾论》的许多思想，得益于30年代苏联的哲学教科书。十月革命后马克思主义在苏联得到前所未有的宣传和普及，尤其是马克思主义哲学思想受到党和国家的高度重视。马克思主义哲学就被列入高等学校的教学课程。为了适应教学需要，一系列试图系统阐述马克思主义哲学原理的教科书也陆续问世。其中最有代表性的是1931年出版的西洛可夫、爱森堡等著的《辩证法唯物论教程》和稍后出版的米丁等著的《辩证唯物论与历史唯物论》。

毛泽东是在1936年下半年至1937年上半年期间读到以《辩证法唯物论教程》和《辩证唯物论与历史唯物论》为代表的苏联哲学教科书的。当时，红军经过长征到达陕北根据地，有了一个相对和平稳定的环境，毛泽东可以抽出较多的时间和精力，认真研读马列主义，深入探讨长期困扰着他的一系列重大现实问题。毛泽东一遍又一遍地认真批读了《辩证法唯物论教程》和《辩证唯物论与历史唯物论》。毛泽东在学习中不断对照思考中国革命的现实问题。例如：中国社会的特点；中国革命战争的特点；中国革命中的土地问题；中国民主革命中各个不同的阶段；中国对帝国主义的认识，等等。他力图运用书中提供的马列主义理论观点分析和总结中国革命的经验教训。

苏联哲学教科书初步建构起马克思主义哲学的理论体系，其中尽可能全面地介绍了马克思主义哲学的主要观点。但是，关于矛盾的观点在书中还没有处于特别突出的地位。然而，毛泽东在批读苏联哲学教科书的时候，却对实践的观点和矛盾的观点特别重视，由于急迫的现实问题与缺乏解决重大问题的理论知识的推动，使之成为毛泽东思维的焦点。

在毛泽东读《辩证法唯物论教程》一书的时候，他重点研读了认识论和辩证法两章，并批画出有关“矛盾”的所有论述，重要之处反复批画，有些句子下面竟画了四五条线。对于《辩证唯物论与历史唯物论》一书，毛泽东对“对立体一致的法则”和“量变质和质变量的法则”等有关章节也进行了批注。他通过读书以及自己的思考、理解和消化，逐渐形成了一些重要思想并以批注形式记录下来。具体说来，关于矛盾的思想主要有：对立统一法则是辩证法的本质，所谓认识事物就是认识事物本身所固有的矛盾；矛盾普遍存在着，一切客观事物都由其内部矛盾引起发展，事物内部的根本矛盾是该事物自己运动的源泉；矛盾具有特殊性，每一个过程的矛盾互不相同，每一过程中矛盾的不同方面也有其特殊性；所谓对立统一，就是统一物分裂为互相排斥的对立以及这些对立间的相互联结；对立双方互为条件、相互渗透和相互转化就是对立的同一性；同一性包括于斗争性之中，同一是相对的，斗争是绝对的；一个复杂的过程有许多矛盾，其中有一对主要矛盾决定过程的本质，同时矛盾双方必有一方是主要方面，对于矛盾的发展和另外一方起主导和决定作用，抓住主要矛盾和矛盾的主要方面是解决问题的关键，等等。

上述思想尽管在其批注形式中还是片段的、不连贯的，但是它们无疑是毛泽东进一步系统整理、加工、发挥，以至写作《矛盾论》的基本素材。

毛泽东正是基于对马克思主义的正确理解和对中国革命实践经验的深刻观察，才能在阅读苏联哲学教科书的时候，准确地发现马克思主义哲学在中国这块土地上的生长点，并加以浇灌和培育。在此基础上产生的《矛盾论》，不仅极大地丰富和发展了苏联教科书所展示的辩证法，而且为中国革命的胜利奠定了坚实的思想基础，为中国共产党奠定了思想路线的哲学基础。《矛盾论》以中国革命经验为基础，系统地论述了唯物辩证法的实质和核心，在马克思主义哲学史上第一次把对立统一规律的丰富内容，组成一个完整的体系。这是《矛盾论》对唯物辩证法的杰出贡献。

《矛盾论》是毛泽东哲学思想的重要代表著作之一，也是继承和发展马克思主义哲学思想的著作之一。

《矛盾论》发表以来，从多方面发挥了指导作用，产生了深刻广泛的影响力。主要表现在：

> 第一，毛泽东的著述，虽然是哲学高度上的宏论，然而，正如他的其他著作一样，是有强烈的针对性的。中国共产党从诞生之前到创建之后，从初创时期到经历了两次国内革命战争，直到抗日战争，机会主义始终是一个巨大的阴影。无论是右倾投降，还是“左”倾冒险；无论是主观主义，还是教条主义；无论是在对敌斗争、战略方针、统一战线上，还是在党内建设、群众关系、地方政权、土地政策等上，机会主义的影响给党造成一次又一次的重大损失。但是，领导成员的调整、

政策纲领的清算，都无法代替世界观和方法论上的深刻转变。尤其是长期在党内占统治地位的王明先“左”后右的机会主义思想还有较大的市场。复杂多变的斗争形势迫切需要全党加强马克思主义理论修养，需要在思想素质上的内在提高。《矛盾论》的发表和广大干部、党员、群众对《矛盾论》的学习，从理论体系和思想方法上彻底清算了机会主义。这充分体现了中国共产党领导集体从根本上指导中国革命实践的伟大能力。《矛盾论》连同《实践论》等著作，使中国共产党人真正区别于中国历史上任何仁人志士，是领导核心在思想理论方面成熟的重要标志，是以思想的、精神的武器武装党、军队和群众的重大胜利。从此，机会主义思想方法和政策主张的思想基础受到毁灭性打击，其影响力大大削弱，党的政治领导获得了思想理论上的有力保障。

第二，《矛盾论》的发表，为中国共产党人进一步将马克思主义同中国革命相结合树立了楷模，架设了桥梁。机会主义领导者既有“理论权威”的形象，又有“国际背景”的优势，而他们却以理论和实践相脱离为共同特征。经历了痛苦挫折、面临着复杂矛盾的干部群众，在革命的每一个阶段都需要具体的、生动的、中国式的马克思主义。如果没有这样的思想武器，以马克思主义指导中国革命就是一句空话。《矛盾论》再次及时而有力地提供了这一切。无数事实证明，共产党人通过《矛盾论》的学习，开始更加自觉地改造主观世界。他们言必称“矛盾”，行必讲“辩证”，他们在指导战争、分析形势、观察敌我、制定策略、武装群众等各方面学会了具体情况具体分析，学会了抓住主要矛盾，学会了用全面的、全局的眼光看问题。《矛盾论》造成了一种真正的思维变革与社会变革的“辩证运动”；引起了一种真正的改造主观与改造客观的“对立统一”。

第三,《矛盾论》拥有众多的读者，人们在接触中国古代朴素辩证法和各种哲学典籍时，在研读西方哲学大师的鸿篇巨制时，都自觉不自觉地联系到《矛盾论》；人们在社会生活、日常工作、人际关系，甚至婚姻家庭中，都自觉不自觉地运用着辩证思维。《矛盾论》自1937年发表，已经历了半个多世纪，这期间的两三代人受到它潜移默化的影响。《矛盾论》内容博大，纵论古今，横贯东西，又通俗易懂，生动形象，是一部符合中国人阅读习惯和接受方式的哲学精品。进入21世纪的人们，知识更新，信息丰富，视野开阔，但如果联系今天的社会现实品味《矛盾论》，会感到其哲学智慧和文化魅力依然熠熠生辉。

邓小平提出的“建设有中国特色的社会主义”的理论，就闪耀着《矛盾论》的思想光辉。

“中国特色的社会主义”体现了矛盾的普遍性和特殊性、共性和个性的统一。社会主义是普遍性、共性，中国特色是特殊性、个性。一方面，我们要始终如一地坚持社会主义的普遍原则，坚持社会主义道路。片面地强调中国特色，就会偏离社会主义的方向。另一方面，如果只讲社会主义而忘记了“中国特色”，就会犯教条主义、思想僵化的错误。因此，建设有中国特色的社会主义成为我国社会主义现代化建设的总的行动纲领。

《矛盾论》的写作及语言艺术的主要特点：

1. 善于用典，增加了文章的生动形象性。例如，毛泽东在教育人们遇事要注重调查，学会唯物辩证法，以免犯错误的文字中，就成功地用了《水浒传》中的一个典故“宋江三打祝家庄”，充分有力地证明了只有运用唯物辩证法，深入调查研究，客观地、全面地掌握情况，才能制订出正确的战略战术，从而赢得革命战争的胜利；再如，对于矛盾的同一性这么个深奥的哲学命题，毛泽东没有限于用抽象的、概括的、纯理性的哲学词语作解释，而是一连用了“夸父追日”“羿射九日”、“孙悟空七十二变”和“鬼狐变人的故事”等几个典故，来说明神话中的矛盾互相变化，“并不是具体的矛盾所表现出来的具体的变化”，跟我们所说的“矛盾在一定条件下的同一性”截然不同。

2. 善于引用，增强文章的论证力度和说服力。例如，毛泽东在批驳形而上学思想的文字中，就引用了西汉董仲舒说的“天不变，道亦不变”的话，把中国形而上学的反动性、荒谬性揭露无遗。再如，毛泽东在针对工作中思想上的片面性来进行分析批评时，引用了春秋孙子说的话“知彼知己，百战不殆”，又引用了唐朝魏征说的话“兼听则明，偏信则暗”，从而深化了论题的内涵，强化了论证的力度和说服力。

3. 运用人们习惯用的、形式简洁而意思精辟的成语来证明自己的论点，加强文章的表达效果。例如，毛泽东论述矛盾的对立统一性、矛盾的斗争同一性时，就用了成语“相反相成”结合本文的实际问题来加以释义，说明问题。毛泽东说：“‘相反’就是说两个矛盾方面的互相排斥，或互相斗争。‘相成’就是说在一定条件之下两个矛盾方面互相联结起来，获得了同一性。”这种紧扣论点、言简意赅、恰如其分的释语，大大增强了文章的表达效果，使得深奥的哲理变得浅显易懂。

4. 论证周密，无懈可击。

5. 语言简洁、口语化。

6. 以《矛盾论》为题，既形象生动、准确深刻，又简洁有力，发人深省。

“矛盾”一词，来源于两千多年前的《韩非子》中的典故。这个典故是这样的：有一个楚国人，拿着矛和盾两种兵器在大街上叫卖，他先拿起矛说，我的矛锋利无比，无论什么坚硬的东西都能刺穿，哪怕天下最坚硬的东西；然后又拿起盾说，我的盾是天下最坚硬的，任何东西都不能穿透它。有人问：如果用你的矛刺你的盾，会怎么样呢？那人无言以对。

韩非子的这则寓言，比喻了自相矛盾、自相抵触、不能自圆其说的逻辑混乱。实际上，这则寓言故事在两层意义上提出了矛盾：第一是“以子之矛，陷子之盾，何如？”也就是悖论的矛盾；第二是“古有鬻矛与盾者”，也就是矛和盾是对立的事物，共同构成了一对兵器。有矛就有盾，有盾就有矛，事物的两个方面对立统一，后来，这两层意义上的矛盾都有了进一步的引申和发展。所以，“矛盾”一词通常在两个意义上被使用，一是形式逻辑的层面，二是哲学辩证法的层面。

在哲学上，矛盾是对事物对立统一规律的既形象生动、又准确深刻的表达。

《矛盾论》精彩语句、段落摘录：

1. 所谓形而上学的或庸俗进化论的宇宙观，就是用孤立的、静止的和片面的观点去看世界。这种宇宙观把世界一切事物，一切事物的形态和种类，都看成是永远彼此孤立和永远不变化的。如果说有变化，也只是数量的增减和场所的变更。

而这种增减和变更的原因，不在事物的内部而在事物的外部，即是由于外力的推动。形而上学家认为，世界上各种不同事物和事物的特性，从它们一开始存在的时候就是如此。后来的变化，不过是数量上的扩大或缩小。他们认为一种事物永远只能反复地产生为同样的事物，而不能变化为另一种不同的事物。在形而上学家看来，资本主义的剥削，资本主义的竞争，资本主义社会的个人主义思想等，就是在古代的奴隶社会里，甚至在原始社会里，都可以找得出来，而且会要永远不变地存在下去。说到社会发展的原因，他们就用社会外部的地理、气候等条件去说明。他们简单地从事物外部去找发展的原因，否认唯物辩证法所主张的事物因内部矛盾引起发展的学说。因此，他们不能解释事物的质的多样性，不能解释一种质变为他种质的现象。这种思想，在欧洲，在十七世纪和十八世纪是机械唯物论，在十九世纪末和二十世纪初则有庸俗进化论。在中国，则有所谓“天不变，道亦不变”的形而上学的思想，曾经长期地为腐朽了封建统治阶级所拥护。近百年来输入了欧洲的机械唯物论和庸俗进化论，则为资产阶级所拥护。

2. 研究问题，忌带主观性、片面性和表面性。所谓主观性，就是不知道客观地看问题，也就是不知道用唯物的观点去看问题。这一点，我在《实践论》一文中已经说过了。所谓片面性，就是不知道全面地看问题。例如：只了解中国一方、不了解日本一方，只了解共产党一方、不了解国民党一方，只了解无产阶级一方、不了解资产阶级一方，只了解农民一方、不了解地主一方，只了解顺利情形一方、不了解困难情形一方，只了解过去一方、不了解将来一方，只了解个体一方、不了解总体一方，只了解缺点一方、不了解成绩一方，只了解原告一方、不了解被告一方，只了解革命的秘密工作一方、不了解革命的公开工作一方，如此等等。一句话，不了解矛盾各方的特点。这就叫做片面地看问题，或者叫做只看见局部，不看见全体，只看见树木，不看见森林。这样，是不能找出解决矛盾的方法的，是不能完成革命任务的，是不能做好所任工作的，是不能正确地发展党内的思想斗争的。孙子论军事说:“知彼知己，百战不殆。”他说的是作战的双方。唐朝人魏征说过:“兼听则明，偏信则暗。”也懂得片面性不对。可是我们的同志看问题，往往带片面性，这样的人就往往碰钉子。

3.《水浒传》上宋江三打祝家庄，两次都因情况不明，方法不对，打了败仗。后来改变方法，从调查情形入手，于是熟悉了盘陀路，拆散了李家庄、扈家庄和祝家庄的联盟，并且布置了藏在敌人营盘里的伏兵，用了和外国故事中所说木马计相像的方法，第三次就打了胜仗。《水浒传》上有很多唯物辩证法的事例，这个三打祝家庄，算是最好的一个。

4.所谓矛盾在一定条件下的同一性，就是说，我们所说的矛盾乃是现实的矛盾，具体的矛盾，而矛盾的互相转化也是现实的、具体的。神话中的许多变化，例如《山海经》中所说的“夸父追日”,《淮南子》中所说的“羿射九日”,《西游记》中所说的孙悟空七十二变和《聊斋志异》中的许多鬼狐变人的故事等等，这种神话中所说的矛盾的互相变化，乃是无数复杂的现实矛盾的互相变化对于人们所引起的一种幼稚的、想象的、主观幻想的变化，并不是具体的矛盾所表现出来的具体的变化。

5.我们中国人常说:“相反相成。”就是说相反的东西有同一性。这句话是辩证法的，是违反形而上学的。“相反”就是说两个矛盾方面的互相排斥，或互相斗争。“相成”就是说在一定条件之下两个矛盾方面互相联结起来，获得了同一性。而斗争性即寓于同一性之中，没有斗争性就没有同一性。

毛泽东与《反对自由主义》

《反对自由主义》是毛泽东1937年9月7日在延安写的一篇文章。那时，抗日战争刚刚开始两个月，中华民族正处于生死存亡的危急关头。国内各阶级、各派政治势力纷纷发表自己的政治主张，中日的民族矛盾成为国内的主要矛盾。中国共产党从中华民族的根本利益出发，不但率领全体党员和所属的军队投入到抗战中来，而且还为早日建立抗日民族统一战线而不懈地努力，发表了一系列的宣言、通电、书信和决议，并派遣代表多次与国民党谈判，要求停止内战，共同抗日，建立广泛的抗日民族统一战线。由于中国共产党的感召、全国人民的支持和国内政治舆论的压力，终于使国民党于1937年8月22日正式公布了红军改编的命令。9月22日，由国民党中央通讯社发表了延搁已久的《中国共产党为公布国共合作宣言》。9月23日，蒋介石发表谈话，实际上承认了中国共产党的合法地位，表示国共两党合作抗日。抗日民族统一战线正式成立。在建立抗日民族统一战线的过程中，中国共产党自始至终没有停止过同国民党顽固派、投降派的斗争。同时，又要领导全国人民同当时的最主要的敌人——日本帝国主义进行艰苦的斗争，因此，任务十分艰巨，斗争极其复杂。要完成如此伟大的历史使命，就要中国共产党必须进一步增强党的团结和统一，教育全体党员要以真正共产党员的标准严格要求自己，成为广大群众的表率。由于中国共产党长期处于分散的游击环境，党内绝大多数成员又来自农民小生产者和其他小资产阶级，尤其是抗日战争爆发以后，这些成分不断增加，这样就带来了小生产者、小资产阶级所固有的许多自私自利的、散漫的自由主义倾向，这对保持党和革命队伍的高度团结和思想统一，保证民族革命战争的彻底胜利，妨碍极大，必须予以批评和克服。为了有效地批评和克服自由主义的倾向，毛泽东在抗日战争刚刚开始之际，适时地写了《反对自由主义》这篇文章。

在文章中，毛泽东对于自由主义的表现、危害、产生的根源、性质及反对自由主义的重大意义等，作了极其深刻的分析和论述：

1. 文章列举了自由主义的11种表现，诸如：对熟人、同乡、同学、知心朋友、亲爱者、老同事、老部下的错误不作原则上的争论和彻底解决，而是姑息迁就，求得和平和亲热；“不负责任的背后批评，……当面不说，背后乱说；开会不说，会后乱说”；“事不关己，高高挂起；……明哲保身，但求无过”；“命令不服从，个人意见第一”；“个人攻击”，“听了不正确的议论也不争辩，甚至听了反革命分子的话也不报告”；“忘记了自己是一个共产党员”，把自己混同于一个普通老百姓；“做事不认真”，“做一天和尚撞一天钟”；等等。

2. 阐述了自由主义的严重危害：“使团结涣散，关系松懈，工作消极”，“使革命队伍失掉严密的组织纪律性”，“党的组织和党所领导的群众发生隔离”，毛泽东指出“这是一种严重的恶劣倾向”。

3. 指出自由主义产生的思想根源“在于小资产阶级的自私自利性”。由此产生了在思想上、政治上、组织上的自由主义。自由主义者以抽象的教条看待马克思主义，他们的思想方法是：对人马克思主义，对己自由主义，因而自由主义的性质是一种机会主义，是消极的东西，与马克思主义是格格不入的，客观上起着援助敌人的作用。

4. 在对自由主义的表现、危害、来源和性质的分析和论述的基础上，毛泽东在文章的最后号召全党“要用马克思主义的积极精神，克服消极的自由主义，……一个共产党员，以革命利益为第一生命，以个人利益服从革命利益；无论何时何地，坚持正确的原则，同一切不正确的思想和行为作不疲倦的斗争，用以巩固党的集体生活，巩固党和群众的联系；关心党和群众比关心个人为重”。只有这样“才算得一个共产党员”，并强调，在全党范围内反对自由主义的倾向，是我党思想战线上的重要任务之一，具有重大意义。

这篇文章发表后，对克服当时存在于党内和革命队伍内的自由主义倾向，增强党在马克思主义基础上的团结和统一，保证抗日战争的最后胜利和中国革命的胜利，起了重要的作用。这篇文章后来成为延安整风运动和两次党内教育的重要学习文献，成为从思想上建党和党员党性修养的座右铭，成为全党开展积极的思想斗争，以促进全党和革命队伍团结的思想武器。

《反对自由主义》的写作及语言艺术的主要特点：

1. 谋篇布局，十分考究。

毛泽东开门见山，首先号召革命同志都拿起思想斗争这拿武器。为什么要拿起这个武器呢？因为自由主义取消思想斗争。

毛泽东单刀直入、直奔主题，不愧作文章的高手。

接着，他绝不拖泥带水，先总体说自由主义的危害：一是腐朽庸俗作风发生，二是政治上腐化起来。然后再分门别类，详细数点自由主义的各种表现形式，共计十一种。

所有这十一种自由主义形象的刻画可谓栩栩如生，击中要害。

由于以上这些坏形象，自由主义的确有害，因此它是腐蚀剂的结论就更加有说服力了。

毛泽东又乘胜追击，剖析了自由主义的来源、思想方法，并点出它的实质是机会主义。文章写得峰回路转，层层向前，往纵深走去。最后又为我们指出了消灭自由主义的方法，以及一个共产党员的责任。文章写得滴水不漏、无懈可击，真是一篇十分考究的好散文。

2. 语言口语化，简洁有力，生动活泼，朗朗上口。

如对十一种自由主义的嘴脸的刻画，每种仅几笔，就刻画得达到了传神的地步。

《反对自由主义》精彩语句、段落摘录：

1. 我们主张积极的思想斗争，因为它是达到党内和革命团体内的团结使之利于战斗的武器。每个共产党员和革命分子，应该拿起这个武器。

2. 一个共产党员，应该是襟怀坦白，忠实、积极，以革命利益为第一生命，以个人利益服从革命利益；无论何时何地，坚持正确的原则，同一切不正确的思想和行为作不疲倦的斗争，用以巩固党的集体生活，巩固党和群众的联系；关心党和群众比关心个人为重，关心他人比关心自己为重。这样才算得一个共产党员。

毛泽东与《论持久战》

《论持久战》，是毛泽东 1938 年 5 月在延安抗日战争研究会上发表的一篇演讲。

1937 年抗战爆发后，许多问题出现在国人面前。抗日战争究竟会如何发展？是持久战还是速决战？战争能否取得胜利？如何取得胜利？这些问题，在许多人中都未解决。特别是当时流行的“亡国论”和“速胜论”两种错误论调，更引起人们思想上的混乱。“亡国论”主要来自国民党。在抗日战争爆发之前，“亡国论”者很嚣张，他们到处散布“中国武器不如人，战必败”等悲观论调。抗战开始后的一个短时期内，公开的“亡国论”没有了，但暗地里却仍然很多。随着国民党军战场上的大溃败，“亡国论”又嚣张起来。国民党中的汪精卫集团就是“亡国论”的主要散播者。“速胜论”主要来自两个方面。一是在国民党中，除有“亡国论”外，也有“速胜论”。蒋介石早在宣布抗战后，就怀着一种侥幸的心理，希望在外国的帮助下取得速胜。徐州失守后，国民党中的“速胜论”便迅速破灭，于是他们又陷于“亡国论”中。二是在共产党内，有少数人也存在着一种轻敌倾向，认为日本不值一打。他们还过高地估计了国民党，认为国民党有很大的力量，只看到国民党参加抗日的一面，忘记了国民党反动腐败的一面，认为只要国民党同共产党一起有效地打击日本，很快就可以取得胜利。

“亡国论”和“速胜论”都是极端错误的，对抗日战争的危害也是很大的。它们在群众中造成了思想混乱，瓦解了中国人民的斗志，影响抗日战争的顺利进行。为了澄清党内外的混乱思想，驳斥“亡国论”和“速胜论”，中国共产党除在洛川会议上明确指出抗日战争是一场持久战外，在抗战的最初几个月里，朱德、周恩来、张闻天、彭德怀等许多领导人，都在报告或论著中，阐述了持久战的战略方针。为了进一步从马克思主义理论的高度揭示抗日战争发展的客观规律，为全国人民指明胜利方向，毛泽东集中全党的智慧，总结了抗日战争10个月的经验，在《论持久战》中对抗日战争中一系列的实际问题作了精辟的分析，把持久战的思想更加系统化和理论化。

《论持久战》全文共21个问题，分为两个部分：第一部分包括8个问题，主要分析了中日两国的基本特点，揭示抗日战争发展的客观规律；第二部分包括13个问题，主要论述了怎样进行持久战争和怎样争取抗日战争的最后胜利的问题。

《论持久战》的一个突出特点，就是从世界观和方法论上着眼，客观地、全面地认识中日战争的特点和规律。

第一，从特定的时代背景出发考察中日战争的特点。任何社会现象都是在一定历史条件下发生和发展的。只有把它放在当时的历史条件下进行考察，才能了解它的产生原因和发展规律。毛泽东在"问题的根据"一节中就强调了时代的特点，明确指出："中日战争不是任何别的战争，乃是半殖民地半封建的中国和帝国主义的日本之间在20世纪30年代进行的一个决死的战争。全部问题的根据就在这里。"20世纪是帝国主义和无产阶级革命的时代，中国反抗日本帝国主义侵略的民族革命战争是世界革命的一部分。从这一根本的时代条件出发，他运用阶级分析的方法，对敌、我和国际三个方面的基本特点和发展趋势进行考察，提出了我国足以战胜日本的主要根据。这就抓住了事物的本质，从总体上找到了中日战争的特点和发展规律的前提。

第二，从矛盾分析的方法入手，具体分析战争诸因素相互矛盾的基本特点及其相互联系。矛盾分析的方法是认识事物的根本方法。战争是最尖锐的矛盾运动形式，是一个复杂的矛盾系统，包含着敌我双方相互对立的各种矛盾运动形式。要认识战争的规律，就必须对敌我双方的全部基本因素及其相互联系，进行具体的对比分析。通过具体分析，找到了中日双方的四个基本特点，然后又将他们联系起来进行综合的整体考察，阐明了敌之一长三短和我之一短三长，从而得出了抗日战争是持久战、最后胜利属于中国的结论，并指出亡国论者和速胜论者犯了主观片面性的错误。

第三，从时间进程上揭示抗日战争诸特点的发展趋势。分析战争诸因素相互矛盾的特点，还要进一步作动态考察，才能在运动中把握住矛盾的特点及其变化规律。毛泽东在考察中日双方的特点之后指出："战争就是这些特点的比赛。这些特点在战争中将各依其本性发生变化。"认识这些特点的变化，可预见到战争发展过程的各个阶段。在"持久战的三个阶段"一节中，毛泽东对此作了具体分析。随着战争的发展，敌我力量将发生根本的变化，敌人从战略进攻到战略保守，最后是战略退却；我军则由战略防御到准备反攻，最后是战略反攻，取得最后胜利。历史证明了毛泽东的科学预见。

第四，从空间位置上揭示抗日战争的特殊形态。由于日本的野蛮和兵力不足，中国的进步和土地广大这些矛盾因素，决定了持久的抗日战争将产生长期而又广大的犬牙交错的战争形态。这是抗日战争的特殊形态在空间位置上的突出表现。毛泽东在"犬牙交错的战争"一节中，分析了内线和外线、有后方和无后方、包围和反包围、大块和小块四种表现形式，描述了敌我之间的战线在空间上相互渗透、相互交错的复杂关系。

第五，进一步研究了怎样进行持久战、争取胜利的途径和方法等问题，其结论就是要依靠群众实行持久的人民战争。指出战争的正义性是实行人民战争的基础。在“为永久和平而战”“战争与政治”等节中，毛泽东对抗日人民战争的政治基础作了精辟的论述。他把战争分为正义的和非正义的两类，认为抗日战争是神圣的、正义的、进步的革命战争，它在整个反法西斯战争中占有重要的地位，具有为争取中国和世界永久和平而战的性质，对人类的和平事业将作出伟大的贡献。战争是政治的特殊手段的继续，政治目的是判定战争性质的基本依据，抗日战争的正义性来源于政治目的的正义性。“驱逐日本帝国主义，建立自由平等的新中国”这个政治目的，反映了中国人民的根本利益和要求，决定了持久的全面的抗日人民战争的正义性质。毛泽东在揭示人民战争的政治基础时，还论述了战争的特殊性，指出：“政治是不流血的战争，战争是流血的政治。”战争是政治斗争的最高形式，当其他斗争形式不能达到政治目的时，才采取战争形式，用以扫除政治道路上的障碍。基于战争的特殊性，就有战争的一套特殊组织、特殊方法和一种特殊过程。这就要求人们不仅要认识人民战争的政治基础，而且要认识战争的特殊规律，才能取得人民战争的胜利。

第六，全文中贯穿了“自觉能动性”的思想，为实行持久的人民战争提供了哲学依据。指出：“一切事物是要人做的，持久战和最后胜利没有人做就不会出现。做就必须先有人依据客观事实，引出思想、道理、意见，提出计划、方针、政策、战略、战术，方能做得好。”毛泽东特别强调自觉能动性是思想和行动、认识和实践、人心和人力的统一，它必须建立在客观物质条件的基础之上，同时，在一定条件下，又对战争胜负具有决定意义。他说:“思想等等是主观的东西，做或行动是主观见之于客观的东西，都是人类特殊的能动性。这种能动性，我们名之曰‘自觉的能动性’，是人之所以区别于动物的战争。”发扬正确的自觉能动性不能超越客观条件许可的限度，但当客观因素具备了取胜的可能时，“实现这种可能性，就需要正确的方针和主观的努力。这时候，主观作用是决定的了”。正是从强调人的自觉能动性的意义上，毛泽东批判了“唯武器论”，指出:“武器是战争的重要因素，但不是决定因素，决定的因素是人不是物。”因此，发扬自觉能动性还必须强调发扬人民群众的自觉能性动。他说:“抗日战争要赶走帝国主义，变旧中国为新中国，必须动员全国人民，统统发扬其抗日的自觉能动性，才能达到目的。”由此可见，人民战争路线则是群众路线的自觉能动性。政治动员是争取人民战争胜利的最基本条件。

第七，从战争的军事目的入手，阐明了人民战争的战略战术原则。在“战争的目的”一节中，他把“保存自己，消灭敌人”看作是战争的本质和目的，它普及于战争全体，贯彻于战争始终，是一场战争行动的根据。战争的政治目的必须通过战争的直接的军事目的来实现。军事目的是战争的基本原则。“一切技术的、战术的、战役的、战略的原理原则，一点也离不开它。”从这个总根据出发，毛泽东结合中日战争的基本特点，制定了抗日战争的持久战战略方针和一系列作战原则。

《论持久战》这篇光辉著作，是毛泽东运用辩证唯物主义和历史唯物主义具体分析研究抗日战争问题的光辉典范，它丰富和发展了马克思主义的军事科学，它也是重要的哲学著作。

《论持久战》内容博大精深，文字通俗易懂，文章发表后，就以其特有的魅力，在党内党外，国内国外产生巨大的反响和深远的影响，它鼓舞了全国人民争取抗战胜利的信心，成为中国人民打败日本侵略者的强大思想武器。

《论持久战》是在延安《解放日报》刊载的。《论持久战》的发表，使毛泽东赢得了全党同志发自内心的赞许、佩服甚至崇拜，从而更加确立了毛泽东在党内的领导地位和崇高威望。

《论持久战》的写作及语言艺术的主要特点：

1. 用鲜明的对比、辩证的分析来论述问题。

毛泽东在《论持久战》中唯物地把敌我双方作了全面的对比，并作出了辩证的分析，从而确立了《论持久战》的科学地位和军事价值。

毛泽东首先对中日双方的强弱、大小、进步退步、多助寡助等几个矛盾着的基本点作了对比分析。

（1）日本“是一个强的帝国主义国家，它的军力、经济力和政治组织力在东方是一等的，在世界也是五六个著名帝国主义国家中的一个。这是日本侵略战争的基本条件，战争的不可避免和中国的不能速胜，就建立在这个日本国家的帝国主义制度及其强的军力、经济力和政治组织力上面。”

而中国“是一个半殖民地半封建的国家……。是一个弱国，我们在军力、经济力和政治组织力各方面都不如敌人。战争之不可避免和中国之不能速胜，又在这个方面有其基础”。

（2）“由于日本社会经济的帝国主义性，就产生了日本战争的帝国主义性，它的战争是退步的和野蛮的。时至二十世纪三十年代的日本帝国主义，由于内外矛盾，不但使得它不得不举行空前大规模的冒险战争，而且使得它到了最后崩溃的前夜。从社会行程说来，日本已不是兴旺的国家，战争不能达到日本统治阶级所期求的兴旺，而将达到它所期求的反面——日本帝国主义的死亡。这就是所谓日本的退步性。跟着这个退步性，加上日本又是一个带军事封建性的帝国主义这一特点，就产生了它的战争的特殊的野蛮性。这样就要最大地激起它国内的阶级对立、日本民族和中国民族的对立、日本和世界大多数国家的对立。日本战争的退步性和野蛮性是日本战争必然失败的主要根据。”

而“中国近百年的解放运动积累到了今日，已经不同于任何历史时期，……今日中国的军事、经济、政治、文化虽不如日本之强，但在中国自己比较起来，都有了比任何一个历史时期更为进步的因素。……中国今天的解放战争，就是在这种进步的基础上得到了持久和最后胜利的可能性。中国是如日方升的国家，这同日本帝国主义的没落状态恰是相反的对照。中国的战争是进步的，从这种进步性，就产生了中国战争的正义性。因为这个战争是正义的，就能唤起全国的团结，激起敌国人民的同情，争取世界多数国家的援助”。

（3）“日本国度比较地小，其人力、军力、财力、物力均感缺乏，经不起长期的战争。日本统治者想从战争中解决这个困难问题，但同样，将达到其所期求的反面，这就是说，它为解决这个困难问题而发动战争，结果将因战争而增加困难，战争将连它原有的东西也消耗掉。”而“中国又是一个很大的国家，地大、物博、人多、兵多，能够支持长期的战争，这同日本又是一个相反的对比”。

（4）“日本虽能得到国际法西斯国家的援助，但同时，却又不能不遇到一个超过其国际援助力量的国际反对力量。这后一种力量将逐渐地增长，终究不但将把前者的援助力量抵消，并将施其压力于日本自身。这是失道寡助的规律，是从日本战争的本性产生出来的。总起来说，日本的长处是其战争力量之强，而其短处则在其战争本质的退步性、野蛮性，在其人力、物力之不足，在其国际形势之寡助。”

而“由于中国战争的进步性、正义性而产生出来的国际广大援助，同日本的失道寡助又恰恰相反。总起来说，中国的短处是战争力量之弱，而其长处则在其战争本质的进步性和正义性，在其是一个大国家，在其国际形势之多助”。

这样看来，“日本是小国，地小、物少、人少、兵少，中国是大国，地大、物博、人多、兵多这一个条件，于是在强弱对比之外，就还有小国、退步、寡助和大国、进步、多助的对比，这就是中国决不会亡的根据。强弱对比虽然规定了日本能够在中国有一定时期和一定程度的横行，中国不可避免地要走一段艰难的路程，抗日战争是持久战而不是速决战；然而小国、退步、寡助和大国、进步、多助的对比，又规定了日本不能横行到底，必然要遭到最后的失败，中国决不会亡，必然要取得最后的胜利”。

其次，又对敌我优势、劣势变化趋势作了对比分析。

“第一阶段敌是优势，我是劣势。我之这种劣势，须估计抗战以前到这一阶段末尾，有两种不同的变化。第一种是向下的。中国原来的劣势，经过第一阶段消耗将更为严重，这就是土地、人口、经济力量、军事力量和文化机关等的减缩。第一阶段的末尾，也许要减缩到相当大的程度，特别是经济方面。这一点，将被人利用作为亡国论和妥协论的根据。然而必须看到第二种变化，即向上的变化。这就是战争中的经验，军队的进步，政治的进步，人民的动员，文化的新方向的发展，游击战争的出现，国际援助的增长等等。在第一阶段，向下的东西是旧的量和质，主要地表现在量上。向上的东西是新的量和质，主要地表现在质上。这第二种变化，就给了我们以能够持久和最后胜利的根据。”

而“第一阶段中，敌人方面也有两种变化。第一种是向下的，表现在：几十万人的伤亡，武器和弹药的消耗，士气的颓靡，国内人心的不满，贸易的缩减，一百万万日元以上的支出，国际舆论的责备等等方面。这个方面，又给予我们以能够持久和最后胜利的根据。然而也要估计到敌人的第二种变化，即向上的变化。那就是他扩大了领土、人口和资源。在这点上面，又产生我们的抗战是持久战而不能速胜的根据，同时也将被一些人利用作为亡国论和妥协论的根据”。

再次，对战争形态诸如内线和外线、有后方和无后方、包围和反包围、大块和小块，作了辩证分析。

毛泽东认为抗日战争中，我方是“整个处于内线作战的地位”，但相对地说，“主力军在内线，游击队在外线，形成夹攻敌人的奇观”。而各个游击区，则“以自己为内线，而以其他各区为外线，又形成了很多夹攻敌人的火线”。从战争的发展看，“在战争的第一阶段，战略上内线作战的正规军是后退的，但是战略上外线作战的游击队则将广泛地向着敌人后方大踏步前进，第二阶段将更加猛烈地前进，形成了后退和前进的奇异形态”。

所谓有后方和无后方，是说主力军，“利用国家的总后方，而把作战线伸至敌人占领地之最后限界”。游击队则“脱离总后方，而把作战线伸至敌后”。“但在每一游击区中，仍自有其小规模的后方，并依以建立非固定的作战线。和这个区别的，是每一个游击区派遣出去向该区敌后临时活动的游击队，他们不但没有后方，也没有作战线。”

毛泽东在分析包围和反包围时，分为三种形式：一是“从整个战争看来，由于敌之战略进攻和外线作战，我处战略防御和内线作战地位，无疑我是在敌之战略包围中。这是敌对于我之第一种包围。由于我以数量上优势的兵力，对于从战略上的外线分数路向我前进之敌，采取战役和战斗上的外线作战方针，就可以把各路分进之敌的一路或几路放在我之包围中。这是我对于敌之第一种反包围”。

二是“再从敌后游击战争的根据地看来，每一孤立的根据地都处于敌之四面或三面包围中。……这是敌对于我之第二种包围。但若将各个游击根据地联系起来看，并将各个游击根据地和正规军的阵地也联系起来看，我又把许多敌人都包围起来。……这又是我对于敌之第二种反包围”。

三是如把世界分为侵略阵线与和平阵线，“敌以前者来包围中、苏、法、捷等国，我以后者反包围德、日、意”。这又形成了第三种包围和反包围。

此外，毛泽东在谈抗日战争中的决战问题时，非常辩证而生动地指出：“英勇战斗于前，又放弃土地于后，不是自相矛盾吗？这些英勇战斗者的血．不是白流了吗？这是非常不妥当的发问。吃饭于前，又拉屎于后，不是白吃了吗？睡觉于前，又起床于后，不是白睡了吗？可不可以这样提出问题呢？我想是不可以的。吃饭就一直吃下去，睡觉就一直睡下去，英勇战斗就一直打到鸭绿江，这是主观主义和形式主义的幻想，在实际生活里是不存在的。谁人不知，为争取时间和准备反攻而流血战斗，某些土地虽仍不免于放弃，时间却争取了，给敌以歼灭和给敌以消耗的目的却达到了，自己的战斗经验却取得了，没有起来的人民却起来了，国际地位却增长了。这种血是白流了吗？一点也不是白流的。放弃土地是为了保存军力，也正是为了保存土地；因为如不在不利条件下放弃部分的土地，盲目地举行绝无把握的决战，结果丧失军力之后，必随之以丧失全部的土地，更说不到什么恢复失地了。资本家做生意要有本钱，全部破产之后，就不算什么资本家。赌汉也要赌本，孤注一掷，不幸不中，就无从再赌。”

2. 文中多处运用设问、比喻、排比、警句、成语、典故、俗语、群众口语，使文章更生动、形象，更雅俗共赏，更具说服力。

（1）广泛而多类型地使用设问句，如文章一开头便一连串地使用了设问句：“身受战争灾难、为着自己民族的生存而奋斗的每一个中国人，无日不在渴望战争的胜利。然而战争的过程究竟会要怎么样？能胜利还是不能胜利？能速胜还是不能速胜？很多人都说持久战，但是为什么是持久战？怎样进行持久战？很多人都说最后胜利，但是为什么会有最后胜利？怎样争取最后胜利？这些问题，不是每个人都解决了的，甚至是大多数人至今没有解决的。”

接着，在批评对抗战有急性病的意见时，又是接连使用了设问句。“平型关一个胜仗，冲昏了一些人的头脑；台儿庄再一个胜仗，冲昏了更多的人的头脑。于是敌人是否进攻武汉，成为疑问了。许多人以为：'不一定'；许多人以为：'断不会'。这样的疑问可以牵涉到一切重大的问题。例如说：抗日力量是否够了呢？回答可以是肯定的，因为现在的力量已使敌人不能再进攻，还要增加力量干什么呢？例如说：巩固和扩大抗日民族统一战线的口号是否依然正确呢？回答可以是否定的，因为统一战线的现时状态已够打退敌人，还要什么巩固和扩大呢？例如说：国际外交和国际宣传工作是否还应该加紧呢？回答也可以是否定的。例如说：改革军队制度、政治制度，发展民众运动，厉行国防教育，镇压汉奸托派，发展军事工业，改良人民生活，是否应该认真去做呢？例如说：保卫武汉、保卫广州、保卫西北和猛烈发展敌后游击战争的口号，是否依然正确呢？回答都可以是否定的。"

这两段的设问又不同。前者是连问总答，而总答又是正面的、非具体的回答，只是从侧面予以回答意向。后者是边问边答，只是肯定或否定，没有具体内容，但这些具体内容，却已含在前面的设问里。

（2）多处运用了比喻，例如："革命战争是一种抗毒素，它不但将排除敌人的毒焰，也将清洗自己的污浊"；"中国抗战的三幕戏，这是第二幕。由于全体演员的努力，最精彩的结幕便能很好地演出来。""我之包围好似如来佛的手掌，它将化成一座横亘宇宙的五行山，把这几个新式孙悟空——法西斯侵略主义者，最后压倒在山底下，永世也不得翻身"；"战争指挥员活动的舞台，必须建筑在客观条件的许可之上，然而他们凭借这个舞台，却可以导演出很多有声有色，威武雄壮的戏剧来"；"动员了全国的老百姓，就造成了陷敌于灭顶之灾的汪洋大海”；“我用两个或三个或四个机械化的师对敌一个机械化的师，更能确定地消灭这个师。几个大汉打一个大汉之容易打胜，这是常识中包含的真理”，“我们要把敌人的耳朵和眼睛尽可能地封住，使他们变成瞎子和聋子，要把他们的指挥员的心尽可能地弄得混乱些，使他们变成疯子，用以争取自己的胜利”；“盲目举行绝无把握的决战，结果丧失军力之后，必随之以丧失全部的土地，更说不到什么恢复失地了。资本家做生意要有本钱，全部破产之后，就不算什么资本家。赌汉也要赌本，孤注一掷，不幸不中，就无从再赌。”“日本敢于欺负我们，主要的原因在于中国民众的无组织状态。克服了这一缺点，就把日本侵略者置于我们数万万站起来了的人民之前，使它像一匹野牛冲入火阵，我们一声唤也要把它吓一大跳，这匹野牛就非烧死不可。”

（3）文中多处运用了警句，如：“事物是往返曲折的，不是径情直遂的”；“军队须和民众打成一片，使军队在民众眼睛中看成是自己的军队，这个军队便无敌于天下”。

（4）文中多处用了成语，如：“或则拿一时一地的强弱现象代替了全体中的强弱现象，一叶障目，不见泰山，而自以为是。”“要胜利又忽视政治动员，叫做‘南其辕而北其辙，’结果必然取消了胜利”；“孙子的规律，‘知彼知己，百战不殆’，仍是科学的真理”；“古人所谓‘运用之妙，存乎一心，’这个‘妙’，我们叫做灵活性，……”；“‘凡事预则立，不预则废’，没有事先的计划和准备，就不能获得战争的胜利”；“游击战争没有正规战争那样迅速的成效和显著的名声，但是‘路遥知马力，事久见人心’，在长期和残酷的战争中，游击战争将表现其很大的威力”；“如果避免了战略的决战，‘留得青山在，不愁没柴烧’，虽然丧失若干土地，还有广大的回旋余地，可以促进并等候国内的进步，国际的增援和敌人的内溃”。

（5）文中多处运用了典故，例如：“中国如晋楚城濮之战，楚汉成皋之战，韩信破赵之战，新汉昆阳之战，袁曹官渡之战，吴魏赤壁之战，吴蜀彝陵之战，秦晋淝水之战等等，外国如拿破仑的多数战役，十月革命的苏联内部，都是以少击众，以劣势对优势而获胜”；“错觉是什么呢？‘八公山上，草木皆兵’，是错觉之一例”；“我们不是宋襄公，不要那种蠢猪式的仁义品德”；“历史上，俄国以避免决战，执行了勇敢的退却，战胜了威震一时的拿破仑”。

（6）俗语，如：“世界上只有猫和猫做朋友的事，没有猫和老鼠做朋友的事”；“吃饭于前，又拉屎于后，不是白吃了吗？……可不可以这样提出问题呢？我想是不可以的。”

（7）群众口语，如：“这种情况的好处是，无论如何我们怎是消耗了敌人，对于持久作战和最后胜利有其意义，我们的血不是白流的。”

（8）排比，文中运用的较多，这里只举几例：“一切想要缩短战争时间的人们，惟有努力于增加自己力量减少敌人力量之一法。具体地说，惟有努力于作战多打胜仗，消耗敌人的军队，努力于发展游击战争，使敌之占领地限制于最小的范围，努力于巩固和扩大统一的战线，团结全国力量，努力于建设新军和发展新的军事工业，努力于推动政治、经济和文化的进步，努力于工、农、商、军各界人民的动员，努力于瓦解敌军和争取敌军的士兵，努力于国际宣传争取国际援助，努力于争取日本的人民及其他被压迫的民族的援助。”“抗日战争是全民族的革命战争，它的胜利，离不开战争的政治目的——驱逐日本帝国主义，建立自由平等的新中国，离不开坚持抗战和坚持统一战线的总方针，离不开全国人民的动员，离不开官兵一致，军民一致和瓦解敌军等项政治原则，离不开统一战线政策的良好执行，离不开文化的动员，离不开争取国际力量和敌国人民援助的努力。”“怎样去动员？靠口说，靠传单布告，靠报纸书册，靠戏剧电影，靠学校，靠民众团体，靠干部人员。”“在一切有利的场合，每战集中优势兵力，采用包围迂回战术——不能包围其全部也包围其一部，不能俘获所包围之全部也俘获所包围之一部，不能俘获所包围之一部也大量杀伤所包围之一部。而在一切不利于执行歼灭战的场合，则执行消耗战。对于前者，用集中兵力的原则，对于后者，用分散兵力的原则。在战役的指挥关系上，对于前者，用集中指挥的原则；对于后者，用分散的原则。这些就是抗日战争战场作战的基本方针。”

《论持久战》精彩语句、段落摘录：

1. 革命战争是一种抗毒素，它不但将排除敌人的毒焰，也将清洗自己的污浊。凡属正义的革命战争，其力量是很大的，它能改造很多事物，或为改造事物开辟道路。

2. 我们主张为着争取最后胜利所必要的一切条件而努力，条件多具备一分，早具备一日，胜利的把握就多一分，胜利的时间就早一日。

3. 跨过战争的艰难路程之后，胜利的路途就到来了，这是战争的自然逻辑。

4. 武器是战争的重要因素，但不是决定的因素，决定的因素是人不是物。

5. 人类一经消灭了资本主义，便到达永久和平的时代，那时便再也不要战争了。那时将不要军队，也不要兵船，不要军用飞机，也不要毒气。从此以后，人类将亿万斯年看不见战争。

6. 历史的战争分为两类，一类是正义的，一类是非正义的，一切进步的战争都是正义的，一切阻碍进步的战争都是非正义的。我们共产党人反对一切阻碍进步的非正义的战争，但是不反对进步的正义的战争。

7. 我们反对主观地看问题，说的是一个人的思想，不根据和不符合于客观事实，是空想，是假道理，如果照了做去，就要失败，故须反对它。但是一切事物是要人做的，持久战和最后胜利没有人做就不会出现。做就必须先有人根据客观事实，引出思想、道理、意见，提出计划、方针、政策、战略、战术，方能做得好。思想等等是主观的东西，做或行动是主观见之于客观的东西，都是人类特殊的能动性。这种能动性，我们名之曰“自觉的能动性”，是人之所以区别于物的特点。一切根据和符合于客观事实的思想是正确的思想，一切根据于正确思想的做或行动是正确的行动。我们必须发扬这样的思想和行动，必须发扬这种自觉的能动性。抗日战争是要赶走帝国主义，变旧中国为新中国，必须动员全中国人民，统一发扬其抗日的自觉的能动性，才能达到目的。坐着不动，只有被灭亡，没有持久战，也没有最后胜利。

8. 战争指挥员活动的舞台，必须建筑在客观条件的许可之上，然而他们凭借这个舞台，却可以导演出很多有声有色、威武雄壮的戏剧来。……他们不但要有压倒敌人的勇气，而且要有驾驭整个战争变化发展的能力。指挥员在战争的大海中游泳，他们要不使自己沉没，而要使自己决定地有步骤地到达彼岸。作为战争指导规律的战略战术，就是战争大海中的游泳术。

9. 动员了全国的老百姓，就造成了陷敌于灭顶之灾的汪洋大海。

10. 战争就是两军指挥员以军力财力等项物质基础作地盘，互争优势和主动的主观能力的竞赛。竞赛结果，有胜有败，除了客观物质条件的比较外，胜者必由于主观指挥的正确，败者必由于主观指挥的错误。我们承认战争现象是较之任何别的社会现象更难捉摸，更少确实性，即更带所谓“盖然性”。但战争不是神物，仍是世间的一种必然运动，因此，孙子的规律，“知彼知己，百战不殆”，仍是科学的真理。错误由于对彼己的无知，战争的特性也使人们在许多场合无法全知彼己，因此产生了战争情况和战争行动的不确实性，产生了错误和失败。然而不管怎样的战争情况和战争行动，知其大略，知其要点，是可能的。先之以各种侦察手段，继之以指挥员的聪明的推论和判断，减少错误，实现一般的正确指导，是做得到的，我们有了这个“一般地正确的指导”做武器，就能多打胜仗，就能变劣势为优势，变被动为主动。这是主动或被动和主观指导的正确与否之间的关系。

11. 战争的基本要求是：消灭敌人；其另一要求是：保存自己。保存自己的目的，在于消灭敌人；而消灭敌人，又是保存自己的最有效的手段。

12. 战争的伟力之最深厚的根源，存在于民众之中。……军队须和民众打成一片，使军队在民众眼睛中看成是自己的军队，这个军队便无敌于天下，……

第七篇

毛泽东书信的语言魅力

毛泽东与《为徐特立六十岁生日写的贺信》

徐特立1913年至1919年曾任教于湖南省立第一师范学校，毛泽东当时也在该校求学。大革命失败后，徐特立毅然加入中国共产党。

徐特立在湖南省立第一师范学校任教时，发现毛泽东的雄才大略，把他视为得意门生。在漫长的革命征途中，他们一起战斗，一起工作。徐老的崇高风范和伟大人格使毛泽东非常敬佩。毛泽东心忧天下、救国救民的远大抱负也使徐特立对他十分挚爱。1937年1月30日，在延安各界为徐特立举行60寿辰庆祝大会的前一天，毛泽东怀着对师长的尊敬之情，给时任中华苏维埃共和国中央政府教育部长的徐特立先生写了这封信：

徐老同志：

你是我二十年前的先生，你现在仍然是我的先生，你将来必定还是我的先生。当革命失败的时候，许多共产党员离开了共产党，有些甚至跑到敌人那边去了，你却在一九二七年秋天加入共产党，而且取的态度是十分积极的。从那时至今长期的艰苦斗争中，你比许多青年壮年党员还要积极，还要不怕困难，还要虚心学习新的东西。什么“老”，什么“身体精神不行”，什么“困难障碍”，在你面前都降服了。而在有些人面前呢？却做了畏葸不前的借口。你是懂得很多而时刻以为不足，而在有些人本来只有“半桶水”，却偏要“淌得很”。你是心里想的就是口里说的与手里做的，而在有些人他们心之某一角落，却不免藏着一些腌腌臜臜的东西。你是任何时候都是同群众在一块的，而在有些人却似乎以脱离群众为快乐。你是处处表现自己就是服从党的与革命的纪律之模范，而在有些人却似乎认为纪律只是束缚人家的，自己并不包括在内。你是革命第一，工作第一，他人第一，而在有些人却是出风头第一，休息第一，与自己第一。你总是拣难事做，从来也不躲避责任，而在有些人则只愿意拣轻松事做，遇到担当责任的关头就躲避了。所有这些方面我都是佩服你的，愿意继续地学习你的，也愿意全党同志学习你。当你六十岁生日的时候写这封信祝贺你，愿你健康，愿你长寿，愿你成为一切革命党人与全体人民的模范。此致革命的敬礼！

毛泽东

一九三七年一月三十日于延安

全文从一开始就很讲究，采用一贯到底的对比手法，自然而然地烘托出徐特立老先生的动人形象，即一个优秀的革命者的形象，一个襟怀坦白的勇于负责的形象，一个全心全意为人民服务的形象，一句话，一个真正共产党员的形象。

文章一开始就把徐特立和许多变节的共产党员放到“革命失败”的大环境中作比较。这个比是那样令人信服，因为它有“你却在一九二七年秋天加入共产党”这雄辩事实来支撑。“疾风知劲草，路遥知马力”，经历了大革命风风雨雨的毛泽东，深知在革命逆境中能继续坚持革命的品德的重要。毛泽东用这样一个比，既显示了徐特立的高尚品德，又表示了自己对先生的崇敬，所以实质上这个比就成了文章开头的论点：“你是我二十年前的先生，你现在仍然是我的先生，你将来必定还是我的先生”的坚实论据。这个比是一个总比，尔后在此基础上，开始触及徐特立的内心境界，从各个侧面进行一系列的比：一是对待困难的比，二是对待言行的比，三是对待群众的比，四是对待纪律的比，五是对待革命工作的比，六是对待责任的比。这样，既对徐老进行了高度赞扬，又对与徐老风范差之千里的“有些人”的表现进行了批评，由此，反衬出徐特立的高风亮节和崇高风范，一步步地把徐特立的形象突现出来。

这种用对比一以贯之的议论，从作法上看，是带有冒险性，容易让读者感到单调呆板，但毛泽东之所以要这样的作法，一是和大环境有关，因为 1937 年，红军历尽千辛万苦，经过举世闻名的长征，到达延安不久，延安处在四面包围之中，当时的革命干部文化程度不高，这种对比的写法既通俗又生动，合大家的胃口；二是毛泽东为先生祝寿，固然是他对老师的尊敬，但更重要的是借先生的形象来教育全党，因此，他把党内一些干部的问题集中起来，和徐特立的优秀品质作比，具有针对性、现实性，这样也就使对比充满活力，避免了单调、呆板的毛病。

徐特立的动人形象被烘托、突现出来后，毛泽东衷心地表示：“我都是佩服你的，愿意继续地学习你的，也愿意全党同志学习你。”这也表达了毛泽东对老师徐特立的敬仰之情和高尚的革命情操。在信末，毛泽东敬祝先生健康长寿，并祝愿他成为一切革命党人与全体人民的模范。

毛泽东尊敬徐特立，并不仅仅是尊敬“二十年前的先生”，而是更尊重他的一贯积极、坚决的革命精神和高尚品德。先生的高风亮节永远值得全党同志学习。所以，毛泽东谦逊地说：“你将来必定还是我的先生。”

模范人物的事迹是值得肯定的。毛泽东十分重视对模范人物的表扬，这并不仅仅是为了鼓励这些党的先进分子继续奋斗，而是为了给人们树立学习的榜样。在新民主主义革命时期，毛泽东赞扬张思德、白求恩毫不利己、专门利人、全心全意为人民服务的高尚品质，赞扬刘胡兰大义凛然、视死如归的革命气节；在社会主义建设时期，他也发出了“向雷锋同志学习”的号召。“榜样的力量是无穷的”，他避开了空洞的说教，通过对现实生活中的一个个真实可见的人物，使人们可感、可知、可信、可学，从而使众多模范人物所表现出的高尚品质和革命精神代代相传、发扬光大。毛泽东在这封信中号召全党全体人民向徐特立学习，也正是为了这一点。

《为徐特立六十岁生日写的贺信》的写作及语言艺术的主要特点：

1. 善于运用排比和对比。

几项对比，娓娓写来，生动地刻画出徐特立无私无畏、老当益壮的革命精神，鲜明地批判了落后者贪生怕死、自私自傲的错误和观点。七处排比，扬善弃恶，充分表现出涌动在伟人胸中的爱师之意、尊师之情。

2. 语言朴实，寓意丰富，情感自然流露，亲切自然，行文一气呵成，极具感染力。

特别值得一提的是，此信开头称“徐老”，并称“同志”，最后，致老师的敬礼又是“革命的敬礼”，从这寻常字眼中，可以看出毛泽东不仅把徐老当作自己的老师，更是把他当作革命征途上一位十分难得的无产阶级的革命战友来看待的。此信不仅正确地评价了徐特立的高尚情操和革命精神，也为全党树立了一个光辉的榜样。

《为徐特立六十岁生日写的贺信》的精彩语句、段落摘录：

1. 你是我二十年前的先生，你现在仍然是我的先生，你将来必定还是我的先生。

2. 你是懂得很多而时刻以为不足，而在有些人本来只有“半桶水”，却偏要“淌得很”。

3. 你是处处表现自己就是服从党的与革命的纪律之模范，而在有些人却似乎认为纪律只是束缚人家的，自己并不包括在内。

毛泽东与《给雷经天的信》

1937年10月10日。延安。宝塔山下的窑洞里，毛泽东挥笔写下了给时任陕甘宁边区高等法院院长雷经天的回信，就不久前发生在延安的已经闹得议论纷纷、令人瞩目的情杀案——“黄克功案件”，谈了看法和处置意见，作出了明确的指示。

黄克功，时任延安抗日军政大学第六队队长，少年时就参加了红军，参加过井冈山的斗争和长征。“七七”事变后，来到延安的爱国女青年刘茜在黄克功任队长的那个队学习，后编入陕北公学。黄、刘二人建立了恋爱关系，后因刘认为情趣、习惯、爱好有许多不同，要结束恋爱关系，黄不同意，逼婚未遂，将刘茜开枪打死。一些反动报纸大肆渲染这起所谓的“桃色新闻”，一哄而起，掀起了一场轩然大波，并借此对党中央及其领导的根据地进行恶毒地污蔑和攻击。

对黄克功如何处置，意见是不一致的。有人主张杀人者应该偿命；有人认为黄克功是重要干部，革命有功，抗战需要，不可杀。黄克功也在狱中给毛泽东写信，列举其对革命的功绩，请求宽恕，并表示如果死的话宁愿死在抗日前线。当时陕甘宁边区高等法院院长、此案的审判长雷经天举棋不定，专为此事致信毛泽东，请求指示。

革命队伍竟出现如此丧失人性的败类，毛泽东对此极为重视和愤慨。作为党和红军的缔造者之一，毛泽东一贯强调，作为人民的军队，应该有以往一切旧军队所没有的革命觉悟和严明的纪律。早在井冈山时期，他就为红军制定了“三大纪律八项注意”，把严明的纪律作为人民军队战胜敌人的根本保证，何况黄克功所为不是一般的违纪现象，他是随便杀人，他是违法犯罪，必须依法处置，决不宽恕。毛泽东的回信，很快到了雷经天的手里。该如何判案，雷经天的心里豁然明朗，有了定夺。毛泽东给雷经天的信是这样写的：

雷经天同志：

你的及黄克功的信均收阅。黄克功过去斗争历史是光荣的，今天处以极刑，我及党中央的同志都是为之惋惜的，但他犯了不容赦免的大罪，以一个共产党员红军干部而有如此卑鄙的、残忍的、失掉党的立场的、失掉革命立场的、失掉人的立场的行为，如为赦免，便无以教育党，无以教育红军，无以教育革命者，并无以教育做一个普通的人，因此中央与军委便不得不根据他的罪恶行为，根据党与红军的纪律，处他以极刑。正因为黄克功不同于一个普通人，正因为他是一个多年的共产党员，是一个多年的红军，所以不能不这样办。共产党与红军，对于自己的党员与红军成员不能不执行比较一般平民更加严格的纪律。当此国家危急革命紧张之时，黄克功卑鄙无耻残忍自私至如此程度，他之处死，是他的自己行为决定的。一切共产党员，一切红军指战员，一切革命分子，都要以黄克功为前车之戒。请你在公审会上，当着黄克功及到会群众，除宣布法庭判决外，并宣布我这封信。对刘茜同志之家属，应给以安慰与抚恤。

毛泽东

一九三七年十月十日

此信以黄克功为典型，教育全党全军，要严肃法纪，严于律己，并告诫一切共产党员，一切红军指战员，一切革命分子都要以此为前车之鉴，吸取教训。信中肯定了黄克功过去光荣的斗争史，但也指出了他犯下的不容赦免的大罪。黄克功为了个人私利，将爱国女青年枪杀，手段残忍，心灵卑鄙，完全把党的立场、革命的立场、人民的立场抛于脑后，这是与党与红军的宗旨不相容的。他虽然有功，但其过更大，所以，信中说："如为赦免，便无以教育党，无以教育红军，无以教育革命者，并无以教育做一个普通人。"针对有些人提出的黄克功是一个多年的共产党员和多年的红军应该赦免的观点，毛泽东断然写道："所以不能不这样办。"针对有些人提出的大敌当前，不宜斩将的观点，毛泽东在信中指出："当此国家危急革命紧张之时，黄克功卑鄙无耻残忍自私至如此程度，他之处死，是他的自己行为决定的。"

此信入情入理，功过严明，充满了正义的力量，给全党全军上了一堂生动的教育课，充分显示了毛泽东执法如山、处事果断、从严治军、从严治党的伟大品格和政治胆魄。

治罪不可手软，治乱不可犹豫，执法不可敷衍。因为在毛泽东看来，人民军队和革命胜利的果实来之不易，必须很好地捍卫和珍惜，必须与一切有损于革命和军队立场的人作不妥协的斗争。联想到建国后对刘青山、张子善的处理，我们可以发现毛泽东这一革命家的品格是一贯的，坚决的。

10月11日，延安陕北公学大院里，陕甘宁边区高等法院召开公审大会，雷经天亲自担任审判长。黄克功向法庭陈述了自己的简历，交代了犯罪经过后，审判长问："你有什么请求？"黄克功说："如果被判处死刑，希望死在与敌人作战的战场上。"他要求"给一挺机关枪，由执法队督阵，死在敌人的冲杀中"。

雷经天当众宣读了毛泽东的信，并庄严宣布："判处黄克功死刑，立即执行！"黄克功深深地低下了头，被刑警队押赴刑场，执行枪决。极力渲染"桃色新闻"的反动报纸顿时哑口无言。对黄克功的正确处理，不仅教育了全党、全军，也是对国民党反动宣传言论的致命痛击。这一案件的妥善处理，维护了党和红军的声望，保证了革命的本色和初衷，老百姓对毛泽东、共产党大加称颂，边区政府的威望也大大提高。

对黄克功案件的处理，正如毛泽东3个月后在抗大的一次宴会上谈起所说的那样："这叫做否定之否定。黄克功一粒子弹，否定了刘茜，违反了政策，给共产党和红军造成了极坏的影响；我们的一粒子弹，又否定了黄克功，坚持了政策，在群众中又挽回了影响，使群众更拥护我们了。"

《给雷经天的信》的写作及语言艺术的主要特点：

1. 大量使用排比句。有句子成分的排比，如"卑鄙的、残忍的、失掉党的立场的、失掉革命立场的、失掉人的立场的"，"一切共产党员，一切红军指战员，一切革命分子……"；有句子的排比，如“如为赦免，便无以教育党，无以教育红军，无以教育革命者，并无以教育做一个普通的人”。感情强烈，气势雄伟，无可辩驳。各排比项的排列也有秩序。“卑鄙的、残忍的……失掉人的立场的”中，前两项属表层的“性”，后三项属内在的“质”。“无以教育党……无以教育做一个普通的人”和“一切共产党员，一切红军指战员，一切革命分子……”中各排比项都是按由中心向外围的秩序排列的。前者，教育的对象由“党”到“红军”、“革命者”、“做一个普通人”，后者，由“共产党员”到“红军指战员”、“革命分子。”

2. 语言冷静而强硬，准确而有力，严谨而庄重。信中四处运用的排比句，更显得理直情激，掷地有声，充分表现出了正义必将压倒邪恶的勇气和力量。另外，像“不得不”“不能不”等三处运用了双重否定句式，加重了语气，具有不容置疑、无可辩驳的震憾力和说服力。

3. 悲与壮完美结合。该信写得豪气冲天，是“壮”的，这可以由排比句的气势与感情从一个侧面证明。它又是“悲”的，沉痛是该信的基调。信的第二句这样写：“黄克功过去斗争历史是光荣的，今天处以极刑，我及党中央的同志都是为之惋惜的。”正好相反着的“过去”与“今天”赫然排列在一起，令人震惊、深思，继之以沉痛。信中的“不容”“不得不”“不能不”这类词，也充分体现矛盾的心理，感情上不忍处之以极刑，理智却逼令这样做，沉痛的面容宛然在目。

《给雷经天的信》精彩语句、段落摘录：

他犯了不容赦免的大罪，以一个共产党员红军干部而有如此卑鄙的、残忍的、失掉党的立场的、失掉革命立场的、失掉人的立场的行为，如为赦免，便无以教育党，无以教育红军，无以教育革命者，并无以教育做一个普通的人。

毛泽东与《给毛岸英、毛岸青的信》

毛泽东对子女们的要求是很严格的，对他们的成长也是很关心的。1941年1月31日，毛泽东在写给两个儿子的信中对他们讲："只有科学是真学问"，"趁着年纪尚轻，多向自然科学学习，少谈些政治"。这样的话，在毛泽东的文稿中是空前绝后的，因为毛泽东历来爱看历史小说，笔记小说，哲学等书，只有对自己的爱子才能说出这样的肺腑之言，是在其他场合绝无仅有的语言。

毛泽东的这封信是这样写的：

岸英、岸青二儿：

很早以前，接到岸英的长信，岸青的信，岸英寄来的照片本，单张相片，并且是几次的信与照片，我都未复，很对你们不起，知你们悬念。

你们长进了，很欢喜的。岸英文理通顺，字也写得不坏，有进取的志气，是很好的。惟有一事向你们建议，趁着年纪尚轻，多向自然科学学习，少谈些政治。政治是要谈的，但目前以潜心多习自然科学为宜，社会科学辅之。将来可倒置过来，以社会科学为主，自然科学为辅。总之注意科学，只有科学是真学问，将来用处无穷。人家恭维你抬举你，这有一样好处，就是鼓励你上进，但有一样坏处，就是易长自满之气，得意忘形，有不知脚踏实地、实事求是的危险。你们有你们的前程，或好或坏，决定于你们自己及你们的直接环境，我不想来干涉你们，我的意见，只当作建议，由你们自己考虑决定。总之我欢喜你们，望你们更好。

岸英要我写诗，我一点诗兴也没有，因此写不出。关于寄书，前年我托西安林伯渠老同志寄了一大堆给你们少年集团，听说没有收到，真是可惜。现再酌检一点寄上，大批的待后。

我的身体今年差些，自己不满意自己；读书也少，因为颇忙。你们情形如何，甚以为念。

毛泽东

一九四一年一月三十一日

展读全信，我们看到，毛泽东对儿子的进步感到很高兴，并给予了表扬，接着毛泽东劝告他们趁着年纪尚轻，多向自然科学学习，少谈些政治，然后他又说，政治是要谈的，但目前以潜心学习自然科学为宜，社会科学辅之。将来可以倒置过来，以社会科学为主，自然科学为辅。由此可见，毛泽东并不是教儿子不问政治，而是指出了儿子当前主要任务就是专心致志地读书，以科学知识武装头脑，为将来从事社会实践提供有利条件。毛泽东对自然科学和社会科学的态度是重视的，而且对于如何重视，重视的时间先后，有自己辩证的观点。将来，毛岸英这一代，必定会成为新中国的建设者，没有自然科学知识是不行的。所以，毛泽东在信中写道："总之注意科学，只有科学是真学问，将来用处无穷。"接着，毛泽东正确分析了别人对岸英、岸青的鼓励和赞赏，说："人家恭维你抬举你，这有一样好处，就是鼓励你上进，但有一样坏处，就是易长自满之气，得意忘形，有不知脚踏实地、实事求是的危险。”提醒儿子辩证地对待别人的表扬。毛泽东一向对子女要求严格，历来反对躺在老子的功劳簿上不思进取，而要胸怀远大，奋发进取，所以，他在信中说：“你们有你们的前程，或好或坏，决定于你们自己及你们的直接环境，我不想来干涉你们。”作为伟人和父亲的毛泽东教子有方，当严则严，当宽则宽，信中“我的意见，只当作建议，由你们自己考虑决定”一句，不仅体现出慈祥、宽厚的情怀，又有利于儿子的独立思考。

毛泽东这封写给两位爱子的信，主旨是讲为学与做人的道理，充满了深深的慈父情怀。而且，毛泽东还将爱落到实处，这就是，毛泽东对两个儿子讲的：“趁着年纪尚轻，多向自然科学学习，少谈些政治”，“只有科学是真学问”。这些话，不仅反映出毛泽东对科学的重视，更反映出毛泽东对儿子的关心。

实际上，毛泽东在几个子女中，已经把毛岸英视为成人，有时和他评论其他孩子的进步和优点，有时以他为中介，加强与子女们的感情交流。

从毛泽东对毛岸英的安排看，也是在毛岸英身上寄予厚望。他让岸英留苏学习，还让岸英参加土改，到工厂从事党的工作和工业生产技术工作，又去朝鲜战场经受战火的考验，等等。而毛岸英对父亲感情笃深，对父亲的话，常常当座右铭。他对父亲给自己的安排是非常认真对待的。这从他牺牲前三个月给朋友蔡博的信中可看出。他在信中说：“如果党不调动我的话，我准备在这个工厂连续不断地做十年工作，随着它的进步而进步，发展而发展，搞出一套完整的工厂中党的工作经验来……”在业务技术方面，他也“下决心并开始学习技术——从工具机、动力机、技工理化、工艺数字、机械制图学起”。他给自己订下了一个漫长而艰巨的学习计划，利用一切业余时间攻读数理化及工程技术书籍，桌子上的书堆得像小山一样。

毛泽东为毛岸英的安排，正是建设时期所需要的经历丰富、才能全面的治国人才成长的道路。

《给毛岸英、毛岸青的信》的写作及语言艺术的主要特点：

1. 内涵丰富，语气恳切，平易而不失庄重，威严而不显强硬。毛泽东不许子女有任何特殊行为，也从不把自己的意志凌驾于子女的意愿之上，而是以理服人，以情感人，循循善诱，促人自醒，集中体现了毛泽东善教的一面。此信两次用“建议”一词，显得气氛融洽，字里行间既有不尽的喜爱之情，又有严格要求的态度；既有进步的褒奖，又有对问题的辩证分析，充分体现了一代伟人毛泽东对革命后代的殷切期望和谆谆教导之情。

2. 语言平实，恳切，充满了深深的慈父情怀。道理讲得十分朴实、具体，没有丝毫的玄虚之处。

《给毛岸英、毛岸青的信》精彩语句、段落摘录：

1. 趁着年纪尚轻，多向自然科学学习，少谈些政治。政治是要谈的，但目前以潜心学习自然科学为宜，社会科学辅之。将来可倒置过来，以社会科学为主，自然科学为辅。总之注意科学，只有科学是真学问，将来用处无穷。

2. 人家恭维你抬举你，这有一样好处，就是鼓励你上进，但有一样坏处，就是易长自满之气，得意忘形，有不知脚踏实地、实事求是的危险。

毛泽东与《致萧军的信》

萧军（1907—1988），原名刘鸿霖，曾用笔名三郎、田军。辽宁义县人。1931年“九一八”事变后，在吉林舒兰县筹谋组织抗日义勇军，事败后潜入哈尔滨，开始文学创作生涯。1933年，完成其代表作《八月的乡村》。随后，在鲁迅先生的指导下从事左翼文学活动。1937年“七七”事变后，积极从事抗日救亡活动。参加了延安文艺座谈会。1946年，曾受到错误的批判和处分。1951年初，创作长篇小说《五月的矿山》《第三代》。“文化大革命”中受到残酷迫害。1979年11月，重返文坛。是第六、七届全国政协委员，中国文联委员，中国作家协会顾问，鲁迅研究会理事等。1988年6月22日病逝。

在与毛泽东交往的文人中，萧军当是一位有个性的作家。1938年初，萧军应李公朴先生之邀，到达山西临汾，任民族革命大学文艺指导，因不满于校长阎锡山的反共言论，愤然辞别，参加了游击队。后因日军威胁临汾，辗转来到延安。毛泽东从丁玲那里得知此事，专程前去陕甘宁边区政府招待所看望，并与之共进午餐。毛泽东平易近人，和蔼可亲，毫无首长架子，使年轻气傲的萧军深受感动。1940年6月，他携夫人、女儿第二次来到延安。1941年，他先后被选为中华全国文艺界抗敌协会延安分会理事、主席。起初，大家相处友好，萧军本人心情舒畅，工作很有成绩。后来，萧军因对同志之间的矛盾和革命文艺队伍里的宗派主义作风不满，决定离开延安返回重庆。同年7月，萧军当面与毛泽东辞别。毛泽东询问原因，萧军直言不讳地向毛泽东反映了延安存在的一些不良现象，特别是某些同志的宗派主义，并建议毛泽东应当有一个文艺政策，便于统一思想，统一行动，只有这样，才能加强团结，有利于革命文艺的正确发展。一向从谏如流的毛泽东当即表示赞同，并极力挽留他，让他收集一下文艺界的情况。

盛情之下，焉能再辞？萧军回心转意，把专心收集到的材料寄给毛泽东，并再次写信向毛泽东借阅《毛泽东抗战言论集》。萧军是一位敢于斗争、勇于批评的文人。他在与民族的阶级敌人作斗争的同时，也大胆抨击革命阵营内部的种种不良现象。虽然萧军有自己的缺点，但在交往中，毛泽东也了解到萧军直言率真的性格。1941年8月2日，毛泽东从团结、友爱、帮助的愿望出发，提笔写了这封信：

萧军同志：

两次来示都阅悉，要的书已付上。我因过去同你少接触，缺乏了解，有些意见想同你说，又怕交浅言深，无益于你，反引起隔阂，故没有即说。延安有无数的坏现象，你对我说的，都值得注意，都应改正。但我劝你同时注意自己方面的某些毛病，不要绝对地看问题，要有耐心，要注意调理人我关系，要故意地强制地省察自己的弱点，方有出路，方能“安心立命”。否则天天不安心，痛苦甚大。你是极坦白豪爽的人，我觉得我同你谈得来，故提议如上。如得你同意，愿同你再谈一回。敬问近好！

毛泽东

八月二日

在信中，毛泽东写得诚恳坦率，严肃认真：“我因过去同你少接触，缺乏了解，有些意见想同你说，又怕交浅言深，无益于你，反引起隔阂，故没有即说。”这一段娓娓道来，如同促膝交谈。接着，毛泽东首先作自我批评：“延安有无数的坏现象，你对我说的，都值得注意，都应改正。”然后善意地批评萧军“不要绝对地看问题，要有耐心，要注意调理人我关系”。可以说这既击中萧军的要害，但又不是以势压人，而是以理服人。毛泽东在批评萧军之后，又表扬萧军“是极坦白豪爽的人，我觉得我同你谈得来”，并再次邀请萧军“再谈一回”，让人感到一种耐心周到的爱护之情。

毛泽东写信的时候，恰逢延安整风的运动开始后不久。毛泽东亲自倡导的“惩前毖后，治病救人”的方针，就是指对同志要采取“团结——批评——团结”的原则，也就是在团结的前提下，通过善意的批评达到最后的团结。萧军才华横溢，性格鲜明，是当时颇有争议的人物。毛泽东喜欢他的耿直秉性，对他十分尊重、谅解和爱护，但对他当时的弱点也逐步得以了解。为了帮助同志进步，毛泽东才写了这封信帮助他克服缺点。

胸阔如海，心细如丝。毛泽东这封信既诚恳虚心地接受了萧军的意见，也严肃认真地指出了他的缺点，既有善意的规劝，又有积极的引导；既有友好的理解，又有深刻的道理，可谓推心置腹，至情至理。一位领袖对待一位青年作家竟然如此平易诚挚！其光辉的人格，宽广的胸怀，真诚的友情，深深地打动了萧军。此后，萧军一心革命工作，为革命事业辛勤工作了几十个春秋。

《致萧军的信》的写作及语言艺术的主要特点：

此信从团结的大局出发，以同志式的推心置腹的语言展开叙述，知无不言，言无不尽，心平气和。一“不要”、三“要”，有此排比句式，细剖症结，指点迷津，有劝导之情，无教训之意，完全是出自帮助朋友完善自我的良好愿望。

《致萧军的信》精彩语句、段落摘录：

我劝你同时注意自己方面的某些毛病，不要绝对地看问题，要有耐心，要注意调理人我关系，要故意地强制地省察自己的弱点，方有出路，方能“安心立命”。

毛泽东与《关于诗致臧克家的信》

毛泽东不仅是当代伟大的政治家、理论家、军事家，也是一位独领风骚的伟大诗人。他常有感于伟大的革命实践，写诗借诗抒怀，在人生的各个阶段都留下了满怀激情的诗篇。毛泽东的诗词反映了中国革命的光辉历程，体现着革命导师的伟大思想。它根植于中国人民的斗争生活，又闪烁着马列主义真理的光芒；既有人民领袖的伟大胸怀，又有哲学家、理论家的深邃和军事家的睿智，而且气势博大、恢宏，给人以壮美之感。郭沫若曾评论道：“经纶外，诗词余事，泰山北斗。”姚雪垠说：“他不是为写诗而写诗，而是由他在长期革命斗争的大风大浪中培养成的革命乐观主义与革命英雄主义的伟大人格，以及蓄积了胸中的革命激情，喷发而为诗。”毛泽东的诗词不仅在国内享有盛誉，在世界文坛上也有极高的声誉。为了便于中国乃至世界的人们对历史巨人毛泽东的诗词进行学习和借鉴，臧克家写信给毛泽东，要求在新创刊的《诗刊》上刊载毛泽东的诗词。1957年1月12日，毛泽东写了这封信：

克家同志和各位同志：

惠书早已收到，迟复为歉！遵嘱将记得起来的旧体诗词，连同你们寄来的八首，一共十八首，抄寄如另纸，请加审处。

这些东西，我历来不愿意正式发表，因为是旧体，怕谬种流传，贻误青年；再则诗味不多，没有什么特色。既然你们以为可以刊载，又可为已经传抄的几首改正错字，那末，就照你们的意见办吧。

《诗刊》出版，很好，祝它成长发展。诗当然应以新诗为主体，旧诗可以写一些，但是不宜在青年中提倡，因为这种体裁束缚思想，又不易学。这些话仅供你们参考。

同志的敬礼！

毛泽东

一九五七年一月十二日

臧克家是一位紧紧把握时代脉搏的杰出诗人，曾长期担任我国当代最大的诗歌期刊《诗刊》的主编，任职期间，与毛泽东多有书信来往并曾面晤。这些交往既有臧克家对毛泽东的爱戴，也体现了毛泽东对《诗刊》、对新中国诗歌事业的殷切期望。信的第一层意思是为复信迟而道歉。第二层意思集中体现了毛泽东自己的主张。毛泽东虽然在审美趣味上一直把我国瑰丽而辉煌的古体诗词放在了突出位置上，但在理智上，却极力主张新诗的大力发展。他在信中说："诗当然应以新诗为主体。"因为，在毛泽东看来，旧体诗容易贻误青年。所以，他在信中表示："我历来不愿意正式发表。"由此不难看出毛泽东对诗歌发展的独到见解以及对青年成长的关心。但对于旧体诗，毛泽东也不是一味地排斥，认为"可以写一些，但是不宜在青年中提倡"。所以，毛泽东最终还是给寄去了诗歌，以引起百家争鸣，达到百花齐放。"就照你们的意见办吧"一句，表达了毛泽东对《诗刊》编辑部同志们的尊重以及对《诗刊》的支持。信的第三层意思，是对《诗刊》成长发展的关切。因为《诗刊》创刊不久，所以，毛泽东在信中提出，诗要以新诗为主体，旧诗也可以写一些，但不应该在青年中提倡，因为这种体裁束缚思想，又不易学。这就为《诗刊》的工作和今后的发展指明了方向。提倡写新诗，提倡在民歌和古典诗歌基础上发展新诗，是毛泽东对于诗歌创作的要求。他号召人们，特别是青年要从民歌中吸取营养，发展能够吸引广大读者，为广大读者所喜闻乐见的新体诗歌，并预言，照此努力，大约需要 50 年或可达到成功。

《关于诗致臧克家的信》的写作及语言艺术的主要特点：

1. 通篇层次分明，说理透彻，体现了毛泽东对《诗刊》的支持，表达了毛泽东倡导新诗的愿望。

2. 短小精悍，言简意赅。“惠书”“遵嘱”“请加审处”“就照你们的意见办吧”“这些话仅供你们参考”等语言，尽显谦逊美德，蕴含闪光人格，虽是寥寥数语，也是可引人读之再三，以至击节赞叹了。

《关于诗致臧克家的信》精彩语句、段落摘录：

1. 这些东西，我历来不愿意正式发表，因为是旧体，怕谬种流传，贻误青年；再则诗味不多，没有什么特色。既然你们以为可以刊载，又可为已经传抄的几首改正错字，那末，就照你们的意见办吧。

2. 诗当然应以新诗为主体，旧诗可以写一些，但是不宜在青年中提倡，因为这种体裁束缚思想，又不易学。

第八篇

毛泽东诗词的语言魅力

毛泽东与《虞美人·枕上》

毛泽东在湖南第一师范读书期间，对伦理学教师杨昌济先生的学问和品德十分敬仰，常到他的寓所去请教和讨论各种问题。杨昌济对毛泽东也很赏识器重。1918 年杨昌济应聘到北京大学任文科教授。1918 年和 1919 年，毛泽东因组织赴法勤工俭学活动和领导驱逐军阀张敬尧的运动，两次到北京，曾住在杨先生的家中。在多年与杨家的密切交往中，毛泽东与杨昌济的女儿杨开慧由互相逐渐了解、倾慕而产生了真挚的爱情，并受到杨昌济夫妇的支持。在北京时，故宫、北海、香山都留下这对情侣的游踪。

1920 年 1 月，杨昌济在京病逝，毛泽东倾全力帮助杨家料理丧事，安排杨开慧一家扶柩南下，将杨昌济归葬长沙板仓故里。杨开慧在北京受过五四运动的洗礼，加之毛泽东的帮助和影响，思想进步很快。回长沙后，她进入福湘女子中学读书，同时积极参加湖南学生反帝反封建的爱国斗争，全力支持毛泽东的革命活动。毛泽东在湖南建立中国社会主义青年团，她是最早的一批女团员之一。在共同的革命斗争中，这对忠实情侣和战友爱情日益加深，于 1920 年冬结婚。他们相约“不作俗人之举”，没办嫁妆，也没办酒席。此时毛泽东 27 岁，杨开慧 19 岁。

婚后，开慧仍在福湘女中读书，毛泽东当时受聘担任湖南第一师范学校附属小学主事（校长），住在学校。每逢假日，杨开慧便与毛泽东住在一起。这年寒假，这对新婚夫妇一起到板仓杨家过春节。春节过后，杨开慧继续在福湘女中读书，同时协助毛泽东工作。两人志同道合，互敬互爱，生活甜甜蜜蜜。

1921 年春夏之间，毛泽东到沿洞庭湖的岳阳、华容、南县、常德、湘阴等地进行社会调查，第一次离别新婚的爱妻。

在旅途中，毛泽东深深思念着开慧。一天晚上，万种情愁如波涛翻滚，向枕边扑来。他辗转反侧，不能成眠，只恨夜太长，天难明。好不容易熬到天破晓，只感到百念俱灰，惟有离别的恋人如在眼前。遥望西天一弯残月，不由落下相思泪！曾经熟读唐宋婉约词的青年毛泽东，这时不禁情意缠绵，不能自已。随即拿出纸笔，饱蘸相思的泪水，填了一首词牌为《虞美人》的词：

堆来枕上愁何状？江海翻波浪。
夜长天色总难明，寂寞披衣起坐数寒星。
晓来百念都灰尽，剩有离人影。
一钩残月向西流，对此不抛眼泪也无由。

这首词可散译为：

思念妻子的万种情愁涌来，在枕上堆积起来，成了什么形状呢？好像是江海上翻滚的波涛。我无法入睡，长夜漫漫没时候亮天，在这孤独、凄苦的寂寞中，只好披衣坐了起来，翘首窗外，望着夜凉如水的天空，而天空中只有数点寒星。

经过一夜的苦苦相思，尝尽了人间况味，随着天亮了，人生的各种念头都化成了灰，不复存在了，惟有妻子的倩影还萦绕在心头，时时闪现在眼前。我遥望着寥落的天空中正挂着的那一弯西斜的月牙，不由得流下了伤情的泪水。

全词所写的就是诗人彻夜不眠，思念妻子的愁苦情状，抒发了毛泽东对新婚妻子杨开慧的无限思念之情。上阕写夜晚难以入睡，备受爱情相思之苦的煎熬；下阕，写天亮后百念俱灰，情结未解，眼中只有爱人的身影。

毛泽东后将这首词赠给杨开慧，倾诉别后相思情。开慧反复诵读，心扉为词中如火的恋情所震撼，激动不已。有一天，她与福湘女中的同学兼挚友李淑一在留芳岭下散步，很高兴地将毛泽东赠词一事告诉李，并让她看了这首词。

这首《虞美人》就是今天能见到的毛泽东的最早的词作了，也是他的第一首爱情词。《虞美人》是一首纯情之作，写得愁肠百转，缠绵悱恻，是毛泽东的婉约词作，其所表露的强烈感情以及思极而悲的各种表现，真实细腻，毫无遮掩，是一首充满了真情实感，袒露内心世界的“诗的书信”。因这首词本来就是寄给他的夫人杨开慧的，其中自然有不便与外人道的一些“感情隐秘”。所以，1957年李淑一向他索取此词，他觉得不好，没有抄给，而另作《蝶恋花》回赠。毛泽东十分珍视《虞美人》这首词。他曾对这首词作多次修改，并加上词题《枕上》。1961年，他将这首词写给卫士张仙朋，说：“这个由你保存。”1973年冬，他又将自己作过几处修改的这首词特意交给保健护士吴旭君用毛笔抄清，但直到逝世也没将此词公开发表。这首《虞美人》是一块铭刻在毛泽东心灵深处热爱杨开慧的词碑。

毛泽东的《虞美人》一词最早披露于1983年5月22日《解放军报》王谨所写《从〈虞美人〉到〈蝶恋花〉》一文。1989年9月19日《湖南广播电视报》又刊载此词。多年来这首情词流传极广，曾被许多书刊转载、引用。但因未经作者审定，均系非正式发表，辗转抄录，难免讹误。后来作者又作了认真的修改。1994年12月26日《人民日报》正式发表此词，题为《虞美人·枕上》，系“根据作者审定的抄件刊印”，而同时刊登的作者手迹，“是未经修改的原稿，有几处与发表文字不同。”

毛泽东究竟对该词作了哪些修改呢？发表时未作具体说明。

这就要将定稿与原稿，以及以往披露的非正式发表流行稿加以对照分析。这首词目前能见到的有三个版本，从题目、写作时间到正文都有差别。一是以往流行版本：

虞美人　一九二〇年

堆来枕上愁何状？江海翻波浪。夜长天色总难明，无奈披衣起坐薄寒中。晓来百念皆灰烬，倦极身无凭。一钩残月向西流，对此不抛眼泪也无由。

有的书刊在词牌后加上题目“赠杨开慧”；有的将“总”作“怎”，“凭”作“恁”，“钩”作“勾”，可视为传抄、印刷之误。二是《人民日报》刊登的原稿手迹：

虞美人·枕上　一九二一年

堆来枕上愁何状？江海翻江浪。夜长天色总难明，无奈披衣起坐薄寒中。晓来百念皆灰尽，剩有离人影。一钩残月向西流，对此不抛眼泪也无由。

三是《人民日报》正式发表的作者审定稿：

虞美人·枕上　一九二一年

堆来枕上愁何状？江海翻波浪。夜长天色总难明，寂寞披衣起坐数寒星。晓来百念皆灰尽，剩有离人影。一钩残月向西流，对此不抛眼泪也无由。

将三个版本的文字相互对照，就会发现：全词八句，第一、

二、三、七、八句三者都基本相同（原稿手迹这第二句“江海翻江浪”说不通，第二个“江”字应为“波”，可视为手书笔误，定稿已改正）。差别主要在题目、写作时间和正文第四、五、六句。

以往流行稿原无题目（“赠杨开慧”系编者所加），写作时间是“一九二○年”，故论者多误解为婚前热恋之情词；第五、六句“灰烬（尽）”、“倦极身无凭（剩有离人影）”原稿手迹与定稿均已改。流行稿的来源，可能是出于李淑一的回忆记录稿，也可能是由毛泽东最初的回忆稿传抄而来，目前尚未披露确切的资料依据。因此，“枕上”这个题目，有可能是作者手书原稿时加上的。题目极好，未用“赠杨开慧”，更含蓄、更形象地点明了主题。写作时间作者审定为“一九二一年”，据此可确定此词并非热恋时之情词，而是新婚别离相思之作，因为毛泽东与杨开慧已于一九二○年冬结婚。“灰烬”改“灰尽”，“倦极身无凭”改“剩有离人影”，可能是作者手书时作的第一次修改。“尽”含义更深，“剩有离人影”写恋人倩影时时闪现在眼前，比原稿“倦极”之状更形象地表现出思念离人之深切。同时，原稿的“凭”字平声，未入韵亦不合词谱平仄，改“影”则可。

定稿与原稿手迹对照，主要修改了第四句：“无奈”改“寂寞”，“无奈”表主观心态，“寂寞”则既表主观心态，又状客观环境，意境更深。“薄寒中”改“数寒星”，“薄寒中”只说了深夜微寒的环境，“数寒星”则描述诗人因相思良苦，深感长夜难明，只好以数着天上的寒星来挨过时光，排遣相思之苦，较原稿更生动感人。此外，从押韵的角度看，“中”与上句的“明”所属韵部相去太远，不能押韵，而“星”与“明”是分属相邻的两个韵部，词中可以通押，改得很好。

毛泽东对《虞美人》一词的反复锤炼修改，渗透着诗人对

"最亲爱的夫人"杨开慧的无限思念之情。

《虞美人·枕上》的写作及语言艺术的主要特点：

1. 以婉约之情写个人的爱情生活，具有深婉错综之妙，含蓄隽永，且全词不觉纤细柔弱，而显刚劲雄奇，如："江海翻波浪"，"剩有离人影"。

2. 用词贴切、准确，修辞手法的运用，更增加了全词的生动、形象，创造了浓浓的"思念"氛围，写缠绵思念之情，真实而极富人情味。词中写"枕上"心态的，用了"愁""寂寞""百念都灰尽"以及"抛眼泪"等词语，用了夸张、衬托和想象，"愁"到像"江海翻波浪"，"寂寞"到"披衣起坐数寒星"，思念伊人到"剩有离人影"等等。这一些，实则就是两个字——"思念"，彻夜不眠的"思念"，出现幻觉的"思念"，最后，"思念"终不得见，只有"对此不抛眼泪也无由"了。

《虞美人·枕上书》精彩词句摘录：

1. 堆来枕上愁何状？江海翻波浪。

2. 一钩残月向西流，对此不抛眼泪也无由。

毛泽东与《贺新郎·别友》

《贺新郎·别友》这首词，有研究者认为，是毛泽东写给好友（女友）陶斯咏（陶毅）的；但大多数研究者认为，是毛泽东写给爱妻杨开慧的；笔者也认为，是写给杨开慧的，这是较为合乎情理和事实的。

1921年6月下旬，毛泽东与何叔衡去上海参加中国共产党第一次全国代表大会，杨开慧去湘江码头送毛泽东登上轮船远行。“一大”以后，毛泽东回湖南建立了中共湘区委员会，并担任书记。

这年冬天，杨开慧加入中国共产党。此时，毛泽东为了掩护党的工作，以湖南第一师范学校附属小学主事的身份，在长沙东郊小吴门外的清水塘22号租了一栋平房，作为中共湘区委员会的秘密机关。为了保护湘区党委机关和毛泽东的安全，杨开慧担任了区委机关的机要和联络工作，同时在生活上照顾毛泽东，并接来母亲也住在一起。

为了革命工作，毛泽东常常离家四处奔走。1923年4月，毛泽东奉调到上海党中央工作，6月赴广州出席党的第三次全国代表大会，9月回长沙从事反对赵恒惕的斗争和发展工农群众运动。11月底，毛泽东奉中央通知，准备经上海再到广州，参加国民党第一次全国代表大会。

“多情自古伤离别”。毛泽东与开慧分离半年，重聚未久，如今又要离家只身远行，何况此时长子岸英刚满周岁，次子岸青生下未满月，妻子是特别需要丈夫的照顾。

夜深了，孩子已入睡。开慧忙着为丈夫收拾行装。她与毛泽东恩爱相伴，情意绵绵。一方面，她对毛泽东的远大抱负和深刻见解十分钦佩；另一方面，她倾心的钦佩又变成了深沉的依恋。丈夫频繁的离别，使她平添了许多感伤。但是，毛泽东毕竟是以天下为己任的革命家，此时正值大展宏图的而立之年。他虽然经常从她那温存的目光中感受到幸福和人生进取的力量，也十分感激妻子为革命、为自己作出的贡献和牺牲，深知开慧是与自己心灵相通的知己，抛妻别子不能不万分依恋，但是，他早已确定革命事业这人生的主旋律，绝不能为了爱情和家庭而抛弃为之奋斗的事业。

因而，他对妻子的过分缠绵依恋似乎感到了拖累，以致不久前他在给开慧信中的一些话使开慧发生误会，感到自己受了伤害。以往的委屈未平，如今丈夫又要冒着风险出门远行，心中的依恋、担心和痛苦，自难以言状。

天快亮了，晴朗的冬夜，一弯冷月斜挂在西天。毛泽东早行去搭乘火车。门外清水塘边，凄清的月色里，开慧与毛泽东泪眼相对，恋恋不舍地诉说苦情。开慧毕竟不是寻常女子，她深知丈夫的离别是革命的需要，是舍小家，为国家。她强用理智战胜感情，忍住满眶热泪不让落下来。毛泽东感慨万端，忙以好言抚慰。晨曦中他断然一挥手，告别了爱妻和战友，踏上了旅途。

寒霜铺地，残月悬天。毛泽东风尘仆仆，孤旅天涯，顿然感到莫名的冷落凄清。登上火车，忽闻汽笛一声长鸣，不禁销魂断魄，愁肠百结。在这种情感的背景下，毛泽东挥笔写下了这首著名的情深意挚的诗词《贺新郎·别友》：

挥手从兹去。更那堪凄然相向，苦情重诉。眼角眉梢都似恨，热泪欲零还住。知误会前番书语。过眼滔滔云共雾，算人间知己吾和汝。人有病，天知否？

今朝霜重东门路。照横塘半天残月，凄清如许。汽笛一声肠已断，从此天涯孤旅。凭割断愁丝恨缕。要似昆仑崩绝壁，又恰象台风扫寰宇。重比翼，和云翥。

这首词可散译为：

挥手告别，从现在起要离开了。互相对着悲伤难过，一再倾诉痛苦的心情，那情景更加令人难以忍受。眼角和眉梢都好像满是恨怨。热泪想要掉下，却又强忍住。我们了解上次书信中的话语都是一种误会。云虽浓，雾虽大，都不过在眼前一闪就消失了，在这个世界上，真正算得上彼此了解而情谊深切的就是我和你。人的身体有了病，天知道吗？

今天大清早，我们走在寒霜浓重的东门外的道路上，空中一弯残月仍留在半天上，寒光照到那清水塘畔，这样的凄凉冷清。听到火车要开动时的那一声汽笛长鸣，早已肝肠寸断，从此天各一方。请割断那一点一滴的忧愁和恨怨吧。要似那高山大岭处崩塌的悬崖绝壁一般，又好像十二级大台风横扫大地和天空那样，为革命建功立业。在那胜利重逢的时候，我们将再在云霄中一起比翼双飞。

这首词，上阕以非常浓重的笔调写与爱妻临别的心情和情态，表明他们夫妻间最真挚的深情；下阕，写送行时的情景，相期一心为了革命作出贡献，迎接重逢相聚。

《贺新郎·别友》，此处的“友”，指的是杨开慧，此时正值1923年，毛泽东已走上了职业革命家的道路，所以抛家舍业的事是时有发生的。诗题“别友”，道出了毛泽东与杨开慧的特有的关系，他们既是夫妻，又是战友和朋友。“别友”，写出了离别之苦，读后令人黯然神伤。这年的年底，毛泽东又要出远门去广州，准备参加次年召开的国民党第一次全国代表大会，以便在国共合作共建国家中发挥更大的作用，这是革命的需要，绝无别的选择。然而，家又是难离的，刚刚安顿下来的杨开慧不得不扶老抚幼，挑起整个家庭的重担。这首词着力描绘了“挥手从兹去”的一刹那夫妻感情的微妙变化，由“凄然相向”到“苦情重诉”，由“都似恨”到“欲零还住”的“热泪”，甚至连“前番书语”中的“误会”也一齐涌上了心头，这一对“人间知己”的离别之苦，恐怕连老天爷也难以知道那么清楚。这上阕的几波几折，全在突现“离别”之苦，真是情意绵绵，难舍难分。其委曲婉转的词风透出一股沁人肺脾的阴柔之美的韵致，特别是上末三句“算人间知己吾与汝。人有病，天知否？”坦诚以诉，指天地以为证，一种不可言传的复杂则又简单、明晰而又朦胧的“感情链”交织得人心中立即涌起一阵凄楚，是感动、是同情，还是赞许？敬佩？一对革命夫妻的分别所造成的心灵震颤竟是如此的强烈，其中最重要的原因是真实，它真实地反映出了革命者的别离之苦，生离死别，人之常情中的难堪事。只有纯真的感情才有可能是善的、美的。这首《别友》意在写“别”，那么什么是“别”时的真实感情呢？这就是词的上下阕出现的一个“凄”字，人是“凄然相向”，月是“凄清如许”，而凄就是悲伤，其他“恨”也好，“热泪”也好，“肠断”“愁丝”也好，皆出于此，这是“别友”时的感情基调，唯有这样的基调才是真实的。唯有承认这一点，才能以“昆仑崩绝壁”“台风扫寰宇”那样的气势和力量，摆脱“悲伤”，而且重新比翼齐飞、直上云霄的一天终究会到，那时就再不会有离别之苦了。所以，一个“凄”字成一线贯穿，并由此使人真切地感受到这一对革命夫妻的“相知之深，相爱之笃”。

我们现在看到的这首词，是经过毛泽东精心修改过的。这首词在定稿之前有三种原稿，这说明作者至少修改过三次。1937年毛泽东给杨开慧的同学、革命女作家丁玲手书《贺新郎》(“贺新郎”词牌别名)，是目前见到的关于毛泽东词《贺新郎》最早的手迹。也可能是此词的初稿。全词是这样的：

挥手从兹去，更那堪凄然相向，惨然无绪。眼角眉梢都似恨，热泪欲零还住。知误会前番书语。过眼滔滔云共雾，算人间知己吾和汝。曾不记，倚楼处？

今朝霜重东门路，照横塘半天残月，凄清如许。汽笛一声肠已断，从此天涯孤旅。凭割断愁丝恨缕。我自精禽填恨海，愿君为翠鸟巢珠树。重感慨，泪如雨！

在建国后的五六十年代，毛泽东看着中国翻天覆地的新景象，不时地唤起对往日艰难岁月的回忆。他多想与爱妻杨开慧分享这胜利的喜悦，因此更加怀念患难之妻杨开慧。他把这种无限的思恋寄于字里行间，曾对这首词反复作了修改和审定。

在中南海，毛泽东曾手书《贺新郎·挥手从兹去》，寄托对亲爱的夫人杨开慧的无限怀念之情。其中对初稿有几处修改：开头“挥手从兹去，更那堪凄然相向，惨然无绪”，“惨然无绪”改为“苦情重诉”；“曾不记，倚楼处？”改为“重感慨，泪如雨。”“我自精禽填恨海，愿君为翠鸟巢珠树。重感慨，泪如雨！”改为“我自欲为江海客，更不为昵昵儿女语。山欲坠，云横翥。”另有一稿“更不为昵昵儿女语”作“不愿作昵昵小儿女”。改稿用了两处典故：“江海客”出自杜甫的诗《洗兵马》：“张公一生江海客，身长九尺须眉苍。征起适遇风云会，扶颠始知筹策良。”“昵昵儿女语”，出自唐代诗人韩愈的古诗《听颖师弹琴》：“昵昵儿女语，恩怨相尔汝。”毛泽东引用这两个典故，表达诗人以四海为家，不沉湎于儿女情长的远大革命志向。较之原稿思想境界显然更高了。

1978年9月9日，为纪念毛泽东逝世两周年，《人民日报》首次公开发表了毛泽东手书改定稿《贺新郎》。改定稿对前修改稿又作了几处重要修改：“重感慨，泪如雨”又改为“人有病，天知否？”同样是对夫妻惜别时复杂心境的描写，但由表面的直抒胸怀，改为内在、含蓄的诘问，再现“苦情重诉”的悲怆，形成感情的高潮，词的韵味更浓烈，且避免了语意与前重复以及两个“泪”字的出现。“我自欲为江海客，更不为昵昵儿女语（不愿作昵昵小儿女）。山欲坠，云横翥。”改为“要似昆仑崩绝壁，又恰像台风扫寰宇，重比翼，和云翥。”改定稿结尾用两个形象的比喻，以凌绝一切的气势，比拟“凭割断愁丝恨缕”，去参加革命斗争的决心，并表示要像比翼鸟那样，在未来的革命风暴中直上云端。这一修改，不但写出了一个革命者以四海为家，不沉湎于儿女情长的志向，而且词意一转，异峰突起，诗人的决心与豪放，陡然高境自立，使全词既水乳交融，拳拳柔情；又昂扬豪放，意境高卓。这种修改，进一步提高了这首词的思想性和艺术性。单从艺术标准来看，定稿在意境、形象、气势等方面，都比初稿和修改稿更胜一筹，因而有了别一境界的情味和诗味。

《贺新郎·别友》是毛泽东和杨开慧恩爱夫妻的惜别词，从词语的运用和修改中，我们可以看到毛泽东对爱妻杨开慧的深情怀念。

毛泽东曾说过，语言这东西不是随便可以学好的，非下苦功不可。我们从此篇词作中，可以看出毛泽东锤词炼句，对语言的精益求精，可以说是颇下了一番苦功的。

毛泽东生前十分珍爱这首词，曾几次精心修改和手书，但直至逝世，毛泽东也未公开发表此词。

《贺新郎·别友》的写作及语言艺术的主要特点：

1. 缠绵恋情与革命激情的密切融合。

这首词的上阕和下阕的第一大层用了大量的篇幅进行描述和议论都是为了抒情，而这些都抒发了夫妻告别时的缠绵恋情，到了下阕的第二大层笔锋突转，笔端迸发出昂扬的革命激情。有了缠绵恋情的酣畅淋漓的抒写，才显得昂扬的革命激情的突出和崇高，反过来，革命激情有着缠绵深厚的恋情作基础，这些缠绵的恋情对于革命激情的奔放有着重要的意义。为革命舍生忘死的斗争，正是为了千千万万爱侣免除劳燕分飞的痛苦，为了将来大家都过着比翼齐飞的美好幸福生活。

2. 写景与抒情恰当密切配合。

时间在“今朝”，地点在“东门路”、“横塘”及火车站，景况是冬天“霜重”寒气迫人，“半天残月”冷照，“凄清如许”，火车“汽笛一声”长鸣，叫人肝肠寸断。这些景色描写既是当时送行时真实景物的描绘，也是借此表现出送行的气氛，表现出送别的伤悲情绪，起到加强夫妻告别时缠绵恋情的作用，从而反映出这一对革命伴侣之间深切而真挚的感情。

3. 用词准确，激活全篇。如“凄”字的运用，人是“凄然相向”，月是“凄清如许”，一个“凄”字，成一线贯穿全篇，确立了“别友”时的感情基调。

《贺新郎·别友》精彩词句摘录：

1. 过眼滔滔云共雾，算人间知己吾和汝。

2. 重比翼，和云翥。

毛泽东与《沁园春·长沙》

长沙是毛泽东青年时代学习生活和革命活动的中心，他在长沙生活先后长达13年。

1911年9月，毛泽东和肖三初次来到长沙，考进湘乡驻省中学。不久，辛亥革命在武昌爆发，推翻了清王朝。受革命的影响，他参加了湖南革命军。以后，他又在商业学校、省立第一中学读书。1913 年至 1918 年，他在省立第一师范学校读书（先考入第四师范，不久四师合并入一师）。1918 年 4 月，他和一批进步同学于长沙市溁湾镇周家台子蔡和森家中成立了新民学会，肖子升被选为总干事，毛泽东和陈书农被选为干事，该会“以革新学术，砥砺品行，改良人心风俗为旨”，五四运动后确立了“改造中国与世界”的斗争目标。在一师毕业后，他先后在长沙修业小学、一师附属小学任教。五四运动时期，他组织领导了有学生和市民参加的爱国运动，主编《湘江评论》，宣传十月革命，宣传马列主义，宣传反帝反封建，该刊还发表了他的《民众的大联合》。接着，他领导了轰轰烈烈的“驱张运动”，为了扩大影响，争取广泛支持，他奔走于长沙、北京和上海等地。1920 年 9 月，他和何叔衡在长沙建立了湖南共产主义小组。1921 年 7 月，他和何叔衡代表湖南出席了中国共产党第一次全国代表大会，10 月 10 日，他们在长沙正式成立了中共湖南支部，毛泽东被选为书记。不久，毛泽东又组建中共湘区委员会，任书记。1923 年 4 月，毛泽东离开长沙，在上海、广州等地进行革命活动，并参加中央的领导工作。9 月，毛泽东又返回长沙，领导反对赵恒惕的斗争并开展工农运动。

1924 年 12 月，在党中央工作的毛泽东因工作过于劳累患病，携夫人杨开慧等从上海回到韶山。他这次在韶山自己的家里住了半年多，一边养病，一边作社会调查，发动农民运动，进行建党工作，开展反帝爱国斗争。1925 年春天，毛泽东在韶山指导农民运动，并组建了中央韶山支部。秋天，8 月 28 日下午，韶山冲一青年农民转给毛泽东一封信，报告紧急情况：湖南军阀赵恒惕得到韶山土豪、团防局长胥成生密报毛泽东在韶山活动情况，今日已电示县团防总局即日派兵前来捉拿毛泽东。要他火速转移。毛泽东在韶山人民的帮助下，即于当夜化妆离开韶山，经宁乡道林秘密来到长沙。9月上旬，转赴大革命策源地广州，参与中国国民党第二次全国代表大会的筹备工作。离长沙前夕，毛泽东重游了橘子洲头。

长沙是毛泽东青年时期学习和从事革命活动长达10多年的地方。他对这块土地有着特殊深厚的感情。湘江是他的母亲河，他曾多次投入她的怀抱。橘子洲是湘江中的狭长洲岛，俗称水陆洲，因洲上盛产橘子而得名橘子洲，橘子洲西面湘江对岸是风景优美的岳麓山。橘子洲南端沙洲，每到夏季湘江水涨都被淹没，那里沙平水浅，是游泳的好场所。

任袅袅秋风吹动满头长发，毛泽东独立橘子洲头，湘江水从东西两面向北流去。远眺岳麓，群山红叶如火；仰望长空，雄鹰展翅翱翔；俯瞰水底，鱼儿自在嬉游；江水清澈碧绿，江面千帆竞发。在这烂漫的秋光中，万物争荣，一派生机。面对寥廓江天，毛泽东深思遐想，不禁向苍茫大地发问：这世界的命运，究竟由谁来主宰呢？

旧地重游，唤起他对学生时代不平凡生活的美好回忆。曾记得那时每年夏天，他都与学友们来此游泳，许多人坚持直到隆冬，还在江中搏风击浪；就在岳麓山下蔡和森家中，他与蔡和森、何叔衡、陈赞周、张昆弟、罗章龙等10余名学友聚会，成立了新民学会；在爱晚亭、云麓宫、湀湾市、橘子洲头，他与一群爱国青年携手同游，议论着祖国的前途，争论着改造中国的根本方法；他们热情奔放，意气风发，立志匡时。扭转乾坤，向世界挑战，不畏艰险。

纵览长沙山水壮丽秋光，回忆往昔峥嵘岁月，青年毛泽东激情满怀。联想到全国工农运动蓬勃兴起，国共两党革命统一战线已经确立，大革命高潮即将到来，更觉信心百倍。他在橘子洲头徘徊沉思良久，面对着滔滔江水、满山红叶，忆昔抚今，豪情激荡，于是填词一首《沁园春·长沙》：

独立寒秋，湘江北去，橘子洲头。看万山红遍，层林尽染；漫江碧透，百舸争流。鹰击长空，鱼翔浅底，万类霜天竞自由。怅寥廓，问苍茫大地，谁主沉浮？携来百侣曾游。忆往昔峥嵘岁月稠。恰同学少年，风华正茂，书生意气，挥斥方遒。指点江山，激扬文字，粪土当年万户侯。曾记否，到中流击水，浪遏飞舟？

这首词可散译为：

正当寒秋季节，我独自站立在向北方奔流的湘江中的橘子洲头。远眺群山，处处一片通红，层层叠叠的枫林全都像用红色染过了；满江秋水碧绿透明，清澈见底，许多船只在江流里争先疾驶。雄鹰在广阔的天空中矫健飞翔，鱼儿在清澈的江底轻快地盘旋游动，万物在深秋寒冷的天气里为争取生存的自由积极奋斗着。面对无边的宇宙，引起深沉思虑：试问这苍茫的大地，谁去主宰它的发展变化呢？

回忆起当年和许多战友来这里一起学习和生活，过去那些不平凡的战斗岁月真的不少啊！同学们正处在青春少年风采焕发的时期；革命知识青年气概轩昂，热情奔放，血气方刚。大家评论国家大事，发表文章揭露批判黑暗的社会，宣传革命真理，把当时那些显赫的反动统治者看成粪土一样。还记不记得，我们在那大风大浪的江心游泳，水急浪涌，竟把迎面飞驶而来的船只都挡住了的情景呢？

这首题为“长沙”的词，内容所表达的却不只是写长沙，也不只是写毛泽东回忆年轻时与同学少年在长沙的活动，更重要的是表达了已经是共产党员并在湖南领导革命运动的毛泽东在深秋的长沙蕴蓄在胸中的大志，由共产党人来主宰大地沉浮的大志。词的上阕，通过湘江秋景的描写，展现出当时蓬勃发展的革命形势，提出了“谁主沉浮”的问题。下阕，通过对往昔斗争生活的回忆，回答了“谁主沉浮”的问题。

这是一首畅抒豪迈革命情怀的瑰丽辞章，是将深刻的政治内容与完美的艺术形式相结合的上乘之作，是显示青年毛泽东艺术才华的最佳词作之一，也是毛泽东全部诗词中的代表作名篇。有的学者评论它“从起笔到收结，笔势是那么雄劲，潇洒，又那么有分寸，那么倾吐自如，起承转合异常自然，一韵到底，一气贯通，全然是一个既不朦胧、迷茫，又蕴藉深沉、耐人寻味的完美的艺术世界”。

《沁园春·长沙》这首词，令人百读不厌，不愧为精湛的革命艺术品的典范。

《沁园春·长沙》的写作及语言艺术的主要特点：

1. 写景、叙事和抒情紧密结合。

写景、叙事和抒情紧密结合，是这首词在写作上的一个重要特点。词中刻画了湘水江畔的深秋景色，也叙述了学习生活和革命斗争的往事，但不是单纯的景物描写，也不着眼于对事件过程的叙述。它描写的寒秋中湘江一带的壮丽景象，正是象征着当时的革命形势。尽管深秋季节寒气迫人，万物仍生机盎然，为争取生存的自由而斗争着，这正是当时广大革命者迎着反动势力的疯狂迫害在大江南北燃起熊熊革命烈火的生动写照。作者在把红遍了的大好河山与中国革命的必胜前途联系起来的同时，也把眼前的自然景色与往昔的革命活动联系起来。这些结合都在于抒发革命豪情，抒发无产阶级革命者英勇无畏、顽强斗争，掌握领导权，把革命引向胜利的伟大抱负。正是这种情景交融，使这首词艺术地表达出它的深刻寓意。

2. 用词精当，极富表现力。

用词精当，富表现力，是这首词另一重要的写作特点。例如，它用“红遍”“尽染”“碧透”等词语刻画了一个红叶满山、江水碧绿的生动画面，色彩非常鲜明。又如，它用“击”“翔”等词语写出雄鹰飞翔的矫健，写出群鱼游动的活跃，非常传神。再如，它用“遏”字来体现“中流击水”的力量，贴切有力，恰到好处。

《沁园春·长沙》精彩词句摘录：

1. 万类霜天竞自由。
2. 忆往昔峥嵘岁月稠。
3. 指点江山，激扬文字，粪土当年万户侯。

毛泽东与《菩萨蛮·大柏地》

为了打破国民党反动派对井冈山的第三次会剿，1929年1月14日，毛泽东、朱德率领红四军二十八团、三十一团和军部特务营、独立团共3600余人，离开井冈山向地处江西南端与湘、粤交界的大余县进发，以图“围魏救赵”。不幸连战失利，连井冈山也无法回去。敌军李文彬部、刘士毅部一路紧追不舍。2月9日，即除夕之夜，红军到达大柏地，毛泽东选择了麻子坳狭谷布下了“口袋阵”，并派特务营和独立营去诱敌钻“口袋阵”，2月10日下午3时许，特务营和独立营与刘士毅部接触交火后即退走，刘士毅部尾追而来，于夜间渐进“口袋”。2月11日拂晓，埋伏的红军突然发起攻击，一举歼敌两个团，活捉团长萧致平、钟垣，缴枪八百多支。陈毅在给党中央所作《关于朱毛军的历史及其状况的报告》中说:“是役我军以屡败之余作最后一掷击破强敌，官兵在弹尽援绝之时，用树枝石块空枪与敌在血泊中挣扎始获最后胜利，为红军成立以来最有荣誉之战争。”大柏地之战大振士气，它为红军立足赣南、闽西创造了有利条件。接着，毛泽东指挥和领导了三次反“围剿”战争并取得辉煌胜利。1931年1月，在党的六届四中全会上，王明取得党中央领导权，他全面推行“左”倾机会主义路线。在1931年11月于瑞金叶坪召开的“赣南会议”上，毛泽东遭到严厉批判，被撤销了中共苏区中央局代理书记职务。1932年10月，中共苏区中央局会议在宁都召开，毛泽东又遭无理指责，尽管周恩来多方解释仍无济于事，被调离红军领导岗位，改为主持中央政府工作，并“服从组织决定”去福建汀州休养。行前，他对周恩来说:“军事工作我还愿意做，前方何时电召便何时来。”次年初，回瑞金主持中央政府工作。不久，中央批“罗明路线”，接着批邓、毛、谢、古（邓小平、毛泽覃、谢维俊、古柏）都是针对毛泽东来的。毛泽东在艰难的处境中坚持工作、调查研究和学习。3月，红军在周恩来指挥下取得了第四次反“围剿”的胜利，由于“左”倾冒险主义的干扰，红军在反“围剿”的前期曾严重受挫。夏，国民党反动派又在筹划组织更大规模的第五次“围剿”，红军和中央革命根据地面临着巨大威胁。就在这时，毛泽东因工作需要到大柏地或经过大柏地，抚今追昔，感慨系之，写下了《菩萨蛮·大柏地》：

赤橙黄绿青蓝紫，谁持彩练当空舞？
雨后复斜阳，关山阵阵苍。

当年鏖战急，弹洞前村壁。
装点此关山，今朝更好看。

这首词可散译为：

天空出现了一条七彩长虹，是谁在拿一条美丽的彩色丝带在万里长空中飘飘舞动呢？大雨过后，出现斜射的阳光，群山呈现出一片山峦叠翠的美丽的青翠颜色。

当年大柏地的战斗是多么激烈紧张呀，林前房舍的墙壁上留下了许多被子弹穿透的痕迹。这些弹痕把祖国的江山装饰打扮起来，江山今天更加好看了。

《菩萨蛮·大柏地》这首词，分为上、下阕。上阕，描写大柏地的雨后景色，借以反映经过革命武装斗争、暴风雨冲击后的胜利景象；下阕，追忆大柏地战斗，热情歌颂革命武装斗争给祖国带来的无限美好的前途。

毛泽东后来虽说，这首词表露了“郁闷”的心情，可我们在词里却难以找出这种情绪。这就只有一种解释了，对于一个信仰“与天奋斗，其乐无穷；与地奋斗，其乐无穷；与人奋斗，其乐无穷”的斗争哲学的战士来说，离开了火热的斗争生活，“养病”赋闲，靠写昔日战场来抒发情怀，难道不是一种最大的痛苦、最大的郁闷?!

《菩萨蛮·大柏地》的写作及语言艺术的主要特点：

1. 寓情于景。

这首词的上阕着重写景，但不是单纯写景，写景是为了抒情。虽在表面上没有写出实际的思想含义，但其思想感情寄托在景物的描绘里面。像第1、2句写彩虹的景色，实际是写出革命形势的美好，写了诗人欢乐的心情和胜利的喜悦。又如第3、4句写雨后的壮丽山色，实际是写出经过战斗洗礼的祖国河山的美好面貌，写出诗人对革命根据地和武装斗争的赞美。

2. 叙述和抒情的紧密结合。

这首词的上阕是暗写，下阕是明写。下阕着重叙述，它叙述当年大柏地战斗的情景，这个叙述是为了抒发对革命武装斗争热烈歌颂之情。第1、2句叙事后，第3、4句就紧接着直接抒情，二者是紧密结合的。

3. 秀丽的描绘中饱含着豪放的气概。

这是歌颂革命武装斗争的诗篇。一般来说，关于战争题材的诗歌都会写得气势磅礴、雄壮刚毅、高昂激荡。但这个战争题材的诗篇却别有一种风味。它写得非常秀丽，但绝不轻飘纤弱。它写得意味深长，但绝不艰涩难懂。它在秀丽的描绘中饱含着豪放的气概。

《菩萨蛮·大柏地》精彩词句摘录：

1. 赤橙黄绿青蓝紫，谁持彩练当空舞?

2. 装点此关山，今朝更好看。

毛泽东与《七律·长征》

中国工农红军二万五千里长征，简称长征，是由于“左”倾机会主义路线的错误领导，导致红军第五次反“围剿”失败，红军被迫作战略转移所进行的军事行动。1934年10月10日，中央军委命令各路红军从第一集中点开始移动，这天被认为长征的起始日。10月16日，中央红军（红一方面军）从赣南瑞金、雩都和闽西长汀、宁化出发，突破敌人四道封锁线，渡过赣水、潇水和湘江，进入敌人力量薄弱的贵州，接着强渡乌江，占领遵义，四渡赤水河，巧渡金沙江，摆脱了40万敌军的围追堵截。然后，强渡大渡河，翻越夹金山，于1935年6月14日到达四川懋功，与红四方面军会合。过雪山、草地后，战胜张国焘分裂主义，继续北上，突破天险腊子口，于10月19日到达陕北吴起镇，与陕北红军胜利会师。至此，红军长征虽尚未结束，但已取得决定性胜利。红军长征历时1年，经过11个省，行程二万五千里，是世界历史上前所未有的壮举。

据载，1935年9月18日红军突破天险腊子口，进入甘南，占领岷州；10月2日，占领通渭；占领通渭后，在副排长以上干部会议上，毛泽东高兴地朗诵了《七律·长征》一诗。这样看来，此诗当作于红军翻越岷山之后，占领通渭之前。

此诗是这样的：

红军不怕远征难，万水千山只等闲。
五岭逶迤腾细浪，乌蒙磅礴走泥丸。
金沙水拍云崖暖，大渡桥横铁索寒。
更喜岷山千里雪，三军过后尽开颜。

这首诗可散译为：

红军面对长征的艰难困阻毫不畏缩，征途要渡过无数巨川大河、翻越无数崇山峻岭，都看得十分寻常。五岭弯弯曲曲连绵不断，在红军眼里只不过像微小的波浪那样在涌动翻腾而已，乌蒙山脉气势宏大、壮阔，在红军的眼里，也不过是小小的泥丸在弹跳滚动罢了。金沙江汹涌澎湃的巨浪拍击着两岸高耸入云的峭崖，红军把这些天险成功地抢渡了，只觉得是暖流注入了心田；大河上横架的泸定桥，那一根根悬空的铁索发出闪闪的寒光，这样的险阻也被红军强攻胜利越过。千里岷山终年积雪，空气稀薄人迹罕见，红军更用喜悦的情绪去迎接这巨大的困难，翻越这座大雪山，全军战胜了无数的艰险，人人都显出十分欢乐的神情。

《七律·长征》这首诗，高度精练地概括了红军长征的战斗历程，形象地集中表现了红军伟大的革命英雄主义和革命乐观主义精神。

红军长征是人类历史上最伟大的壮举，而《七律·长征》则是反映长征并与之匹配的最伟大的诗篇。

《七律·长征》是红军二万五千里长征的历史记录，是一首大气磅礴的史诗，是红军长征这一伟大壮举的热情颂歌。

《七律·长征》这首诗，毛泽东曾作过多处修改。在建国初期，此诗尚未正式发表，就已广泛流传。当时东北师范大学历史系教授罗元贞读了这首诗，赞赏之余，反复吟咏又觉得仍有一字未妥：第五句“金沙浪拍悬崖暖”和第三句“五岭逶迤腾细浪”中都出现“浪”字。若将第五句的“浪”改为“水”，就比较好了。

1952年元旦那天，罗元贞欣然提笔给毛泽东写信祝贺新年，表达他对毛泽东和共产党的敬爱与感激之情。在信中顺笔谈了自己学习毛泽东诗词的体会，并建议将《七律·长征》第五句中的“浪拍”改为“水拍”，以避免诗中两个“浪”字的重复。

过了半个月，罗元贞先生意外地收到一个特大信封的来信，下方署“中共中央办公厅”，拆开一看，一张八行信笺上写着几行龙飞凤舞的毛笔字，原来是毛泽东的亲笔回信：

元贞先生：

一月一日来信收到，感谢你的好意。此复。顺颂

教祺。

毛泽东

一九五二年一月九日

罗元贞读后异常惊喜，他的建议得到毛泽东的重视。他将毛泽东的复信视为传家宝珍藏，并作七绝一首《传家宝》：“寒舍新年喜欲狂，中南海上赐华章。妻儿共贵传家宝，摄影薰香久秘藏。”此事也便在东北师大校内传扬开来。

果然，当毛泽东《七律·长征》一诗在1957年《诗刊》创刊号上正式发表时，诗中的“浪拍”已改为“水拍”。1958年12月21日，毛泽东在对自己诗词的批注中，就此诗的修改作了特别说明：“水拍：改浪拍。这是一位不相识的朋友建议如此改的。他说不要一篇内有两个浪字。是可以的。”以后出版的毛泽东诗词，此处均已照改。罗元贞先生便得到了毛泽东“一字师”的美称。

根据最早收集在《中国工农红军长征记》中的《毛泽东同志长征诗》和毛泽东在延安时期的手书《七律·长征》第五句作“金沙浪拍悬崖暖”，1957年在《诗刊》正式发表时，“悬崖”也已改为

“云崖”。

从这两处修改，可以看到，毛泽东对自己诗词在格律上的要求是十分严格的。律诗除修辞上的特殊需要外，一般在同一首诗中不用同字，特别是不用含意也相同的同字。在要求对仗的颔联、颈联中一般更不要用同字。此诗中第五句的“浪拍”与第三句的“腾细浪”中两个“浪”字重复，位于中间两联，就略显不工。“浪拍”改“水拍”，虽然“水”字又与第二句的“万水千山”的“水”字重复，但两字相距较远，而且两个“水”字含义又有差别。因此，“浪拍”改“水拍”是比较好的。同时，“水拍”的“水”是整个金沙江水，其拍岸之势，更比“浪”气势雄伟有力，形象描绘也更胜一筹。“悬崖”改“云崖”，使之与下句的“铁索”对仗更工整，不仅整个词相对，而且“云”与“铁”两字也相对了。同时，“悬”字较虚，改“云”字更加形象逼真地写出金沙江高耸云天的山崖绝壁，读之更为顺口、和谐。

《七律·长征》的写作及语言的艺术特点：

1. 气势雄伟，风格豪迈。

诗篇开头的“不怕……难”“只等闲”的描写就显示出任何困难都不可阻挡的气势，表达出红军一往无前的雄阔气魄和伟大胸怀。篇中“腾细浪”“走泥丸”的生动比喻又刻画出红军对翻越高山大岭重重困难的藐视，反映出红军的英雄气概。诸如此类的豪迈风格在诗中处处可见。

2. 语言精练，概括力强。

诗歌的语言是精练的，从这首诗里可以看到诗人十分善于提炼语言。“红军把在长征途中渡过无数的巨河大川、翻越无数的崇山峻岭这许许多多的困难都看作极寻常的事情”，这样的句子在结构和含意上都比较繁复，可是诗人却把它提炼成简洁的七个字："万水千山只等闲。"正因为语言的精练，它概括出的内容是十分丰富的。这首诗许多地方都使用了典型概括的方法来创造艺术形象。如翻越"五岭"和"乌蒙山脉"的胜利，代表了红军在长征途中翻越崇山峻岭排除重重困难的一切征战的胜利。又如："巧渡金沙江"和"强渡大渡河"的两次战役，概括了长征中所有的越过巨江大川的战斗，反映红军战胜困难的气概和精神。再如"岷山千里雪"，既概括了长征途中翻越座座雪山的艰苦，也概括了整个长征途中的一切巨大而严酷的困难。

3. 选字用词严谨、准确、生动。

如"金沙水拍云崖暖，大渡桥横铁索寒"中的"暖"和"寒"的选用。一个"暖"字，把金沙江巨浪澎湃汹涌并猛烈冲击拍打崖岸那种自然景观反映出来，就是对"万水千山只等闲"进一步的深刻描述。一个"寒"字，既把大渡河上凌空高悬的孤零零的铁索发出那闪闪寒光以及下临万丈深渊令人倒抽一口寒气的那种险恶的自然景观反映出来，又把红军为夺取胜利不畏艰难、不怕牺牲、怀着殊死战斗的精神冒险冲过铁索前仆后继的壮烈场面及悲壮气氛显现出来。古代荆轲抱着牺牲的决心去执行任务前高唱"风萧萧兮易水寒，壮士一去不复返"的悲歌中的"寒"也正是这种"悲壮"的含意。所以，这"寒"跟"暖"一样是红军"万水千山只等闲"那种豪迈气概的具体体现。再如，"更喜岷山千里雪，三军过后尽开颜"中的"喜"、"过"、"尽开颜"的选用。一个"喜"字，进一步反映出红军对待长征困难的乐观精神；一个"过"字，不但指的是翻过岷山和座座雪山的胜利，而且也指的是战胜长征中一切困难所取得的胜利；“尽开颜”，这三个字，非常形象地刻画了全体红军战士取得长征胜利时无比欢乐的神态和愉悦的心情。

《七律 · 长征》中精彩诗句摘录：

1. 红军不怕远征难，万水千山只等闲。
2. 金沙水拍云崖暖，大渡桥横铁索寒。

毛泽东与《沁园春 · 雪》

1935年10月，中国工农红军完成了二万五千里长征，胜利到达了陕北革命根据地。这时，正如毛泽东指出的：“长征一完结，新局面就开始”，“中国处在新的全国大革命的前夜”，一个“新的民族革命高潮”就要到来了。同年12月25日，党中央在陕北瓦窑堡召开了政治局会议。会议根据国内外形势和国内阶级关系的变化，讨论并决定了建立抗日民族统一战线的问题。27日，毛泽东在党的活动分子会议上作了《论反对日本帝国主义的策略》的报告，极其深刻地分析了当时的政治形势，指出建立抗日民族统一战线的可能性和重要性，着重强调了共产党在统一战线中的领导作用，既反对狭隘的“左”倾关门主义，又反对右倾投降主义。毛泽东以无比巨大的气魄庄严宣布：“我们中华民族有同自己的敌人血战到底的气概，有在自力更生的基础上光复旧物的决心，有自立于世界民族之林的能力。”会后，立即组织了“东征部队”，准备东渡黄河对日寇作战。1936年1月26日（即旧历正月初三），“东征部队”由陕北子长县出发，挺进至清涧县高杰村的袁家沟一带，部队在这里休整了16天，并庄严发布了《东征宣言》。2月20日，红军以“中国人民红军抗日先锋军”的名义，在毛泽东、彭德怀指挥下，渡过黄河，发起东征战役，遭到阎锡山军队的拦击。红军英勇作战，取得很大的胜利。蒋介石急忙任命陈诚为“剿共”军总司令，率20万人马增援阎锡山。红军为顾全抗日大局，保存国防实力，履行中国共产党提出的“停止内战，一致抗日”的主张，于5月初决定从河东回师。5月5日，中共中央发出《停战议和一致抗日通电》，呼吁蒋介石及其一切爱国军人“停战议和，一致抗日”。经过两个月的东征，红军的力量得到扩大，并在山西的十多个县开展群众工作，宣传党的抗日主张，建立了一些抗日游击队，为后来开辟抗日根据地打下了基础。毛泽东在陕北袁家沟这里居住期间，曾下过一场大雪，下得长城内外，白雪皑皑，隆起的秦晋高原，冰封雪盖，那平日奔腾咆哮的黄河，一经冰封，顿失滔滔。毛泽东面对雪后初晴的高原风光，心情极好，填了一首以雪为题的词《沁园春·雪》：

北国风光，千里冰封，万里雪飘。望长城内外，惟余莽莽；大河上下，顿失滔滔。山舞银蛇，原驰蜡象，欲与天公试比高。须晴日，看红装素裹，分外妖娆。

江山如此多娇，引无数英雄竞折腰。惜秦皇汉武，略输文采；唐宗宋祖，稍逊风骚。一代天骄，成吉思汗，只识弯弓射大雕。俱往矣，数风流人物，还看今朝。

这首词可散译为：

祖国北方的严冬啊，千里大地坚冰封结，万里长空雪花飘舞。远望长空里里外外，只剩下白茫茫的一片，无边无际；

黄河上游下游，顷刻之间失去了波涛滚滚的气势。群山好像银白色的蟒蛇在舞动，高原好像蜡白色的大象在奔跑，都好像要和天公比一比高低。等到雪停天晴的日子，看那红日和白雪交相辉映，祖国河山像美妇人的素衣衬着红装，更加艳丽多姿。

祖国江山这样美好壮丽，使得无数英雄争着对她表达热爱敬慕的深情。像秦始皇、汉武帝、唐太宗、宋太祖都是祖国历史上显赫一时的人物，可惜他们文治方面的才能都是稍差一等的啊！那称雄一代的天之骄子成吉思汗，更只是懂得拉满弓射大雕罢了。过去历史上的所谓“英雄”都已经消逝了，算得上真正英雄人物的，还得看今天从事人类最崇高革命事业的无产阶级和革命人民。

全词以无比的革命豪情，展示了为冰雪覆盖的北国大地山川的壮丽图景，历数并评价了历代为统一国家、保卫疆土、能征惯战的英雄人物，突出地塑造了今天敢于斗争、敢于胜利、远远超出前人的，在中国共产党领导下的无产阶级和劳动人民的伟大形象，预示了革命必将取得伟大胜利的光明前途。

这首词，上半阕结合长城、黄河、秦晋高原描写北方的雪景，大气磅礴，景象雄伟，写出祖国河山的壮丽。下半阕从祖国山河的壮丽引出英雄人物，历数历史上功业显赫的英雄，都不能跟当前的革命英雄相比，然后热忱地赞美当代的革命英雄，充满着对革命胜利的信心。

毛泽东的这首咏雪词，呈现的是大眼光、大胸襟、大气魄。《沁园春·雪》是毛泽东词中成就最高、影响最大、发表最早的一首最杰出的辞章。

1945年8月28日，毛泽东从延安飞赴重庆与国民党举行和平谈判。谈判期间，毛泽东会见了柳亚子。柳亚子向毛泽东"索句"，毛泽东于10月初便将9年前创作的《沁园春·雪》录赠给他，并致信云："初到陕北看见大雪时，填过一首词，似与先生诗格略近，录呈审正。"同年11月14日，重庆《新民报晚刊》首次刊出这首词的传抄稿。不多日，重庆《大公报》又把《新民报晚刊》刊登的毛泽东原作和重庆《新华日报》刊登的柳亚子和作合并发表，一时传遍山城，赞成者和反对者都大和特和，成为当时一件轰动全国的大事。

这首词的写作与发表的时间，都处在中国社会历史大变动的前夜。写时，正是中国全面抗日战争即将开始的时刻；公开发表时，是中国人民解放战争即将开始的时刻。因此，可以说，它是对当时革命形势的鲜明反映，是对人民群众高涨的革命情绪的集中表现。

《沁园春·雪》的写作及语言艺术的主要特点：

1. 写景、议论和抒情紧密结合。

虽然上阕以写景为主，下阕以议论为主，但都和抒情紧密地结合。写景是为了抒发对祖国壮丽河山的热烈赞美之情，议论是为了赞扬为祖国作出贡献的英雄，尤其是为了鼓舞我们今天为祖国去创造无产阶级的英雄业绩，透露出无产阶级的英雄气魄。

2. 语言精确。

这首词在语言的运用上是经过锤炼的，用得十分确切。如"望"和"看"虽是同义词，但不能移易，如果写成"看长城内外""望红装素裹"就不妥帖。因前者失去远眺的韵味，后者则没有了细看的意趣。又如“惜”这个领字和下面的“略输”及“稍逊”均有关联，语气也一致，在表达上既有肯定的一面，又有批判的一面，用得恰如其分，很有分寸。此外，如“惟”与“须”，“舞”与“驰”，“引”与“数”，以及“只识”等等，它们的运用十分恰当。“惟”，说明景象的单一性，大雪覆盖，无边无沿，大地一片皆白；“须”，说明所写的情景只有等候才能出现，引起下文；“舞”与“驰”，把原来都是静态的群山和高原，写成了动态，刻画得十分形象生动；“引”，一方面反映出“江山如此多娇”具有的强大吸引力，另一方面，又是以它转入对英雄人物的议论；“数”，承上启下，英雄人物，今非昔比，历代英雄成过去，真正英雄看今天；“只识”，对成吉思汗的有力批判，比“略输”“稍逊”更有分量。

《沁园春·雪》精彩词句摘录：

1. 须晴日，看红装素裹，分外妖娆。
2. 江山如此多娇，引无数英雄竞折腰。
3. 数风流人物，还看今朝。

毛泽东与《七律·人民解放军占领南京》

抗战胜利后，国民党反动派悍然发动内战，于 1946 年 7 月向解放区大举进攻。在党中央和毛泽东的英明领导与指挥下，我人民解放军于 1947 年 7 月，由内线作战转入外线作战，挺进大别山，开始了战略大反攻阶段。1948 年 9 月至 1949 年 1 月，又接连取得了辽沈、淮海、平津三大战役的伟大胜利，消灭了国民党反动派军队的主力，解放了长江以北大片土地，国民党反动派已经面临总崩溃的局势。

1949年1月31日，人民解放军进驻北平，3月23日上午，毛泽东随中共中央、中央军委由河北平山县西柏坡启程来北平，25日晨到达北平，下午又到西苑机场同各界代表及民主人士会面和检阅人民解放军，直到晚间才乘车到达香山双清别墅住下。

当1949年来到时，蒋介石因为连吃败仗，主力基本被消灭而又受到国民党内其他派别的压力，同时为了迷惑那些善良人士以积蓄兵力卷土重来，因而于1949年1月2日假装“引退”，把李宗仁推到前台任代总统，自己躲在浙江奉化老家遥控指挥玩弄“和谈”花招。2月24日，毛泽东、周恩来在西柏坡同李宗仁派来的代表，达成了和谈的非正式协议，并于4月1日至15日，双方和谈代表在北平经过半个月的磋商，拟定了《国内和平协定（最后修正案）》，但到4月20日签字日期，南京国民党政府受蒋介石操纵拒绝签字。4月21日，毛泽东和朱德向中国人民解放军发布了《向全国进军的命令》，命令人民解放军“奋勇前进，坚决、彻底、干净、全部地歼灭中国境内一切敢于抵抗的国民党反动派，解放全国人民”。遵从命令，我第二、第三野战军即在西起江西湖口、东至江苏江阴的千里防线上强渡长江，彻底摧毁了敌人苦心经营了三个半月的长江防线。22日午夜，第三野战军进入南京，23日解放全城。南京的解放，宣告了国民党反动统治的覆灭，标志着时代已经发生巨大的变化。毛泽东在双清别墅得知这一重大历史事变的喜讯后，心情异常振奋，“浮想联翩，遥望南天，欣然命笔”，写下了《七律·人民解放军占领南京》：

钟山风雨起苍黄，百万雄师过大江。

虎踞龙盘今胜昔，天翻地覆慨而慷。
宜将剩勇追穷寇，不可沽名学霸王。
天若有情天亦老，人间正道是沧桑。

这首诗可散译为：

南京的革命暴风雨来得多么迅猛啊，人民解放军的百万雄师胜利地渡过了万里长江。被反动统治者统治的古城今天宣告解放，比过去雄伟得多了，这天翻地覆的巨大变化真叫人无比欣喜、激昂和振奋呀。应该发挥所有勇气乘胜前进，追歼日暮途穷的残敌，不要学那沽名钓誉的楚霸王项羽。大自然如果顺乎情理的话，大自然也是在变化的；人类社会的正常规律就应该是不断向前变化发展的呀！

这首诗，描写刻画了人民解放军解放南京的壮举，并热情地讴歌了南京的解放，指出要将革命进行到底，而不断革命、不断改革、不断前进正是人类发展的必然规律。

《七律·人民解放军占领南京》是最后大决战的颂歌，也是创造新世界的颂歌；是一首光辉的革命史诗，也是一首喻理诗。当时，中共中央军委曾将这首诗电发前线，给战斗中的全军指战员以巨大的鼓舞。

《七律·人民解放军占领南京》的写作及语言艺术的主要特点：

1. 语言形象，笔调雄健，气势磅礴。

这首诗运用十分形象的语言刻画了人民解放军解放南京的磅礴气势，充满了雄健的格调。“风雨起苍黄”形象而恰当的比喻显示出了革命斗争风暴的迅猛及其强大的威力。“百万雄师过大江”生动地刻画出千军万马胜利进军的情景。“天翻地覆慨而慷”更加使人感到革命的巨大力量，语句气势雄壮，热情奔放。整首诗处处都表现了一种豪放的风格。

2. 叙事、抒情、议论融合一体。

这首诗第一层写解放军渡江解放南京，它着重于事件叙述，对雄伟的场面进行了生动的描绘。第二层的诗句凝聚着爱与恨的深情，它着重于抒情，表达对南京解放的讴歌。第三、四层要求人们乘胜前进革命到底，揭示了革命发展的规律，它着重于议论，点明主旨。当然，第一层在叙事中融进赞美解放军英勇进军讴歌南京解放的激情；第二层在抒发讴歌南京解放的高昂振奋的激情的同时，也在描述南京解放时的情景。第三、四层在议论中也展现着对革命前途充满必胜信心的革命感情。

3. 灵活运用典故。

这首诗运用了一些典故，在典故的灵活运用方面，诗人作出了典范。有些地方用典是借以指出历史教训应该借鉴，如“不可沽名学霸王”。有些典故的运用化出了新的深刻的含意。如“宜将剩勇追穷寇”，从《孙子兵法》中的“穷寇勿追”的典故中化出了“要将革命进行到底”的崭新意义；而“虎踞龙盘”典故的运用，则在于对比描述，反映出今昔的不同性质；“天若有情天亦老”，出自唐代诗人李贺诗篇《金铜仙人辞汉歌》，直接引用，不取原义出新义。

《七律·人民解放军占领南京》精彩诗句摘录：

1. 宜将剩勇追穷寇，不可沽名学霸王。

2. 天若有情天亦老，人间正道是沧桑。

毛泽东与《水调歌头·游泳》

50年代中期，是一个欣欣向荣、催人上进、令人鼓舞的时代。

1956年，社会主义改造运动已经基本结束，第一个五年建设计划（1953～1957）原定的主要指标，大都提前完成。我国第一座生产载重汽车的长春汽车制造厂建成投产，我国第一座飞机制造厂试制成功第一架喷气式飞机，我国第一座制造机床的沈阳第一机床厂建成投产，我国第一座生产电子管的北京电子管厂正式投产。贯通中国南北的武汉长江大桥正在紧张施工。青藏、康藏、新藏公路建成通车。毛泽东又开始认真探索中国自己的建设社会主义的道路。从这年2月开始，他和中央政治局的同志用了两个半月的时间，向34个经济部门的同志作调查，在此基础上形成了《论十大关系》的著名讲话。这篇讲话，研究、总结了我国建设情况，以苏联经验为鉴戒，明确提出建设社会主义必须根据我国的实际情况走自己的道路。9月15日至27日，中国共产党第八次全国代表大会在北京召开。会上，周恩来作了关于发展国民经济的第二个五年计划的建议的报告。大会提出了团结全党，团结国内外一切可能团结的力量，建设一个伟大的社会主义中国的基本任务。

5月，毛泽东南巡，住在广州的一个小岛上。他喜欢长江，把长江比作“天然的最好的游泳池”。他要去长江游泳，此前他在不少江河湖海中游泳过，就是还未去过长江。5月30日，他从广州飞到长沙，当天上午畅游湘江，算是准备活动。5月31日，飞到武汉。6月1日，晴空万里，中午时分，毛泽东从武昌岸边长江大桥8号桥墩附近下水，游到汉口谌家矶江面登船，历时两小时，全程近14公里。6月3日，下午2时许，毛泽东再次畅游长江。为了考察建设中的武汉长江大桥，他从汉阳鹦鹉洲附近下水，穿过桥墩，游到武昌八大家江面上船，共回游14公里。6月4日，他执意不游东湖，第三次畅游长江，仍从汉阳回游到武昌。

就在畅游长江期间，毛泽东为横渡万里长江的豪情所激荡，有感于突飞猛进的社会主义建设的大好形势，提笔写下了《水调歌头·游泳》：

才饮长沙水，又食武昌鱼。万里长江横渡，极目楚天舒。不管风吹浪打，胜似闲庭信步，今日得宽馀。子在川上曰：逝者如斯夫！

风樯动，龟蛇静，起宏图。一桥飞架南北，天堑变通途。更立西江石壁，截断巫山云雨，高峡出平湖。神女应无恙，当惊世界殊。

这首词可散译为：

刚刚喝过清甜的长沙水，又转到这里吃上鲜美的武昌鱼。横渡波涛滚滚的万里长江，放眼远眺，只觉得楚地天空一片辽阔，心情无限舒畅。任凭它风吹浪打也算不了什么，这比在清静的院子里安闲地散步还要舒服呢！今天我的身心多么畅快，心情多么开朗呀！孔子当年面对奔流的河水，感慨光阴飞逝如此之快啊！

动的是江面飞驰的无数风帆，静的是两岸安然屹立的龟蛇二山，一个伟大的建设规划将在这里实现。一座大桥凌空跨越南北两岸驾了起来，把号称天堑的长江变成了畅通无阻的大道。还要在长江西段筑起拦江大石坝，在巫山地方拦住上游的江水，在三峡一带便将出现波平如镜的大水库。料想神女身体还健康安然无恙，当她看到这些人间奇迹，一定会惊讶赞叹这世界发生的不同往昔的巨大变化啊！

《水调歌头·游泳》这首词，分为上、下两阕。上阕，写游泳，抒发游泳横渡长江的豪迈气概，表现敢于战胜困难的大无畏精神；下阕，写建设，描绘我国社会主义建设的宏伟图景，赞美祖国的伟大成就，显示中国人民强大的威力。总之，这首词，通过抒写畅游长江时的感受，表达了作者叱咤风云、气吞山河的伟大情怀。

《水调歌头·游泳》这首词，是咏游泳咏长江游泳之第一词。写游泳又不局限于游泳，而能感物言志，见景生情，实乃一篇述志抒情之力作。

《水调歌头·游泳》的写作及语言艺术的主要特点：

1. 用词精当，富表现力。

这首词用语非常准确、鲜明、生动，每个字都用得恰到好处，不但有尽情达意的功能，且能绘声绘色，放出灿烂的光彩，例如写游过长江，用“横渡”；写建起大桥，用“飞架”；写拦住江流，用“截断”，都很准确精当而又形象生动。一个“动”字，既点出了江上运输的繁忙，又反映了大江上热火朝天的建设景象。一个“静”字，把龟蛇二山安静地立在大江两岸，驯服地将大桥两端牢固地扛起来的情态有趣地反映出来。此外，词篇中的“才”“又”“起”“变”等字词也无不运用得十分恰切，极富表现力。

2. 联想和想象丰富而奇妙。

这首词通过不少丰富而奇妙的联想和想象去进行描写、抒情。由眼前的景象联想到两千多年前孔子站在河边感慨光阴飞逝“逝者如斯夫！”。由眼前船只往来，龟蛇静卧，大桥工程紧张施工，想象到大桥落成时的雄姿。由眼前建设想象到未来的三峡水库工程完成时的景象。由日新月异、改天换地的建设事业的发展变化联想到神话世界中的神女。这些联想和想象使作品所要描写的事物更加生动形象，使所要抒发的感情更加浓郁和强烈。

3. 巧用典故、推陈出新。

毛泽东在他的诗文中常常运用不少典故，但他并没有生硬地搬用，而是把过去的东西用活了，让它表现出新鲜的丰富内容。如“饮水”和“食鱼”典故的运用，使人感到乡土风物的可爱，显示了无限亲切的意味。引用《论语》中的名言，赋予崭新的情思，使思想内容特别深刻和丰富。结尾用了美丽的神话传说，烘托祖国建设的伟大成就，增添了绚丽神奇的色彩，深化了词的意境。

《水调歌头·游泳》精彩词句摘录：

1. 不管风吹浪打，胜似闲庭信步。
2. 神女应无恙，当惊世界殊。

毛泽东与《蝶恋花·答李淑一》

李淑一是杨开慧的好友，她的丈夫柳直荀是毛泽东早年的战友。她与毛泽东在20年代就很熟识，后来由于战争年代的艰苦环境，彼此失去了联系。1950年1月17日，李淑一给毛泽东寄去了新中国诞生后写给毛泽东的第一封信，把杨开慧牺牲的情景以及自己的近况告诉了他。4月18日，毛泽东回信，深情地说：“直荀牺牲，抚孤成立，艰苦备尝，极为佩慰。”并勉励李淑一在工作之暇学习马列著作，还问候柳直荀父亲柳午亭先生和李淑一的父亲李肖聃先生。

1957年1月，《诗刊》创刊号首次发表毛泽东诗词18首，反响很好，广及国内外。李淑一怀着激情反复诵读，爱不释手。她想起毛泽东早年曾用《虞美人》词牌填过一首词赠给杨开慧，但只记得词的开头两句，余俱忘却了，于是在同年2月7日（春节期间）写信给毛泽东。信中她除谈及自己阅读毛泽东诗词的感想外，还附上了她在1933年写的悼念自己的丈夫柳直荀的词《菩萨蛮·惊梦》。她说：“1933年夏，道路传言直荀牺牲，我结想成梦，大哭而醒，和泪填《菩萨蛮》一首。”其词如下：“兰闺索寞翻身早，夜来触动离愁了。底事太难堪，惊侬晓梦残！征人何处觅？六载无消息。醒忆别伊时，满衫清泪滋。”同时，信中还请求毛泽东把过去书赠杨开慧的《虞美人》词抄赠给她。同年5月11日，毛泽东在百忙中复信给李淑一，诚挚地说：“大作读毕，感慨系之。开慧所述那一首不好，不要写了罢。有《游仙》一首为赠。”他还请李淑一“到板仓代我看一看开慧的墓。此外，你如去看直荀的墓的时候，请为我代致悼意”。信中所说的《游仙》一首，就是书写在信中的《蝶恋花》词。李淑一收到毛泽东的复信后，当时正在李淑一执教的长沙市第十中学实习的湖南师院中文系三年级的学生读到了这首词，于是即写信给毛泽东请求同意在他们的刊物上首先发表。这一年11月底，毛泽东又在百忙中给青年学生复信：“来信收到，迟复为歉！《蝶恋花》一词，可以在你们的刊物上发表。《游仙》改《赠李淑一》。祝你们好！”1958年1月1日，《湖南师院》院刊便最先发表了这首词。这是毛泽东诗词中，唯一首先在地方刊物上发表的词，而后，《人民日报》《诗刊》等报刊，才相继刊出。

题为《答李淑一》，说明它是一首答词，同时又是一首赠词，有赠答唱和的意思。此词题是几经更动才确定下来的，毛泽东最初将此词书赠李淑一时，题为《游仙》，首次公开发表时题为《蝶恋花·游仙（赠李淑一）》；1963 年收入《毛主席诗词》时，征得作者同意，删去“游仙”二字，并把“赠”改为“答”，成为现在的《蝶恋花·答李淑一》。此词既要向对方答、赠、和，这就不但要同对方的词意有所联系，而且还必须有新意，这当然比自命词题、自立主旨来运笔填写难得多，但是作者写得非常成功，成为他诗词中著名的代表作之一。

原词是这样的：

我失骄杨君失柳，杨柳轻飏直上重霄九。

问讯吴刚何所有，吴刚捧出桂花酒。

寂寞嫦娥舒广袖，万里长空且为忠魂舞。

忽报人间曾伏虎，泪飞顿作倾盆雨。

这首词可散译为：

我牺牲了坚强而引以自豪的杨开慧烈士，您也失去了爱侣柳直荀烈士，他们两位烈士的忠魂，正像洁白的杨花柳絮轻盈地在空中飘荡，一直飘上了九重云霄的高空。向吴刚仙翁探问一下讯息，你们月宫究竟有什么东西好好款待他们呢？吴刚恭敬地捧出月宫中最出色的佳酿桂花美酒。

一直处在月宫里的孤独寂寞的女神嫦娥，这时却也舒展开宽阔长大的衣袖，在万里广阔的长空中又为烈士们的忠魂献舞。忽然间传来了人间胜利的消息，凶恶的吃人猛虎已被降伏，凶残的反动派已被消灭。烈士们和仙人们欢喜的热泪顿时夺眶而出，变成一场倾盆大雨泼向人间。

《蝶恋花·答李淑一》这首词，分为上、下两阕。上阕，描写杨柳二烈士牺牲后忠魂上飞九霄，受到月宫中吴刚欢迎的情景；下阕，描写月宫中的嫦娥给烈士忠魂献舞及人间传来革命胜利消息时的情景。总的来说，整首词，艺术地反映并热情地歌颂了杨柳二位烈士感天动地的伟大革命精神，表达了对烈士的深切悼念和崇高敬意。

《蝶恋花·答李淑一》这首词，是针对李淑一《菩萨蛮》一词而写的。李词中“醒忆别伊时，满衫清泪滋”两句特别突出表达自己因怀念烈士而流泪的悲痛之情。毛泽东这首词也写“泪”，但不是为烈士牺牲而哀痛的泪，却是写人们，包括烈士为革命胜利而高兴所飞洒的热泪。这首词意在告诉烈士的亲人们不要因为烈士的牺牲而哀伤，应该看到革命事业取得了伟大的胜利，烈士生前的愿望已经实现，他们在天之灵有知，应该是含笑而欣慰不已。“为人民利益而死，就比泰山还重”，这首词就充分表现了毛泽东这种崇高的思想境界，是革命乐观主义精神和革命英雄主义精神的体现。

填词，必须依词律守谱押韵，否则，即破韵，这种“破韵”，在诗词用韵上是犯忌的，在形式的完善上自然有所不足。

毛泽东精通词律，他填词守谱押韵，总的来说是严谨的。《答李淑一》一词的用韵，他曾考虑过修改，但是出于表情达意的需要，却终于没有改动。他在 1958 年 12 月 21 日批注道：“上下两韵，不可改，只得仍之。”说上下两韵都“不可改”，是因为这八个韵脚“柳”“九”“有”“酒”“袖”“舞”“虎”“雨”，在用词上都是同这首词的人物形象和奇特的情节构思密切相连的，表情达意是最准确、最生动的，无论改动前五个韵脚或改动后三个韵脚，都将有损整首词的艺术构思和形象描绘，影响内容的表达。因而“只得仍之”，即只能照此用韵了。但是，人们吟诵起来，其韵律感还是颇强的，因为其韵脚还是大体相近、和谐的，并不感到有什么不完美。

可见，毛泽东对待诗词格律，“不可改”的地方不强改，作灵活处理，使内容不为形式所束缚，为了更好地、充分地表达内容，甚至对形式有所突破。这是实事求是的态度。

《蝶恋花·答李淑一》的写作及语言艺术的主要特点：

1. 艺术形象生动，思想性与艺术性高度统一。

这首词赞美和歌颂了革命烈士们为了人民的利益，为了革命的事业，英勇顽强坚贞不屈，不怕流血壮烈牺牲的高尚品格，有着高度的思想性。在作品里，人们可以看到两位烈士忠魂轻飘飘地升上蓝天进入月宫那无比崇高的境界。除了两位烈士忠魂的形象之外，还可以看到月宫里吴刚和嫦娥两位仙人的形象，他们向忠魂献酒献舞。烈士永远活在人们心中，人们无比热爱崇敬烈士的思想感情，便通过这些生动的画面形象地表现出来。所以作品的思想性和艺术性是高度统一的。

2. 一语双关，比喻巧妙。

杨开慧和柳直荀两位烈士，一个姓杨，一个姓柳，他们两个的姓合起来，凑巧造成“杨柳”一词。杨柳树开花结子，带着白色绒毛那样的柳絮，风一吹它便随风飞散轻盈飘扬。传说中的灵魂也是到处轻盈飘荡的。这样“杨柳轻飏”既指柳絮轻盈飘扬，也指杨柳两烈士忠魂轻盈飘扬，把杨柳花絮轻飘上扬比喻杨柳两烈士忠魂轻飘升天，作品就这样运用了一语双关的手法，进行了巧妙的比喻，刻画出烈士精神不死的生动形象。

3. 美丽神话传说的恰切运用。

这首词上阕的描写从现实世界进入幻想世界，下阕的描写又从幻想世界向现实世界回归。在写幻想境界时，恰切地运用了神话传说中的吴刚和嫦娥两个人物。作者根据神话的特点，让想象的翅膀充分展开，把神话色彩和现实的景况有机地结合。作品按照人们的真实意愿，幻想着烈士忠魂升天遨游月宫，希望他们的精神永远不死。还想象着月宫里感到寂寞无聊的嫦娥会为烈士忠魂欢乐地献舞。这些幻想的生活情景，恰恰就是现实生活中人们爱戴景仰情景的真实反映。这首词可以说是浪漫主义与现实主义紧密结合的典范。

4. 语言精练准确、生动传神

这首词在语言的运用上做到了精炼准确，它的遣词造句可谓巧夺天工。作品不用"死""亡""逝"等词语，却用了两个"失"字，表明两位烈士的牺牲是巨大的损失，但没有表现出哀伤悲痛的情绪，却只抒发出一种怀恋悼念的深情。"轻""直上"等词语，生动传神地写出絮花飘杨、忠魂上天的情景，给人以十分形象的感受。"泪飞"一词，如果换成"泪垂""泪落""泪流""泪洒"等都不能表达出听到胜利消息时顿时表现出的欢喜欲狂而迸涌出热泪的激动感情，只有一个"飞"字才很恰切准确而又生动形象地写出那泪花飞溅的情景。

《蝶恋花·答李淑一》精彩词句摘录：

1. 我失骄杨君失柳，杨柳轻飏直上重霄九。

2. 忽报人间曾伏虎，泪飞顿作倾盆雨。

毛泽东与《贺新郎·读史》

毛泽东酷爱读书，尤其非常酷爱读中国的史书。他曾通读《二十四史》。他逝世的一年前就两次读了《晋书》。不仅喜读正史，还喜读诸如“演义”“笔记小说”的野史。他提倡读史的目的不是因循守旧，而是从中吸取历史经验教训，古为今用，指导今天的工作。他早在1940年所著的《新民主主义论》中就指出：“我们必须尊重自己的历史，决不能割断历史，但是这种尊重，是给历史以一定的科学地位，是尊重历史的辩证法的发展，而不是颂古非今，不是赞扬任何封建的毒素。”

1964年春，写下了《贺新郎·读史》这首词。

原词是这样的：

人猿相揖别。只几个石头磨过，小儿时节。铜铁炉中翻火焰，为问何时猜得，不过几千寒热。人世难逢开口笑，上疆场彼此弯弓月。流遍了，郊原血。

一篇读罢头飞雪，但记得斑斑点点，几行陈迹。五帝三皇神圣事，骗了无涯过客。有多少风流人物？盗跖庄屩流誉后，更陈王奋起挥黄钺。歌未竟，东方白。

这首词可散译为：

人类拱手行礼，跟猿人相告别。人类社会进入了用一些砸打成或磨制过的石头做工具的石器时代，那是像一个人婴儿时期那样的人类社会发展的初级阶段。到了用炉火冶炼铸造的青铜器和铁器做工具的时候，那是人类发展到了奴隶社会和封建社会，要请问这些阶段从什么时候开始，大家都在对这个问题进行研究、摸索和估计，这些阶段只不过是几千年罢了。这时的人世间很难碰到欢乐愉快的情态，大都走到战场上拉开像圆月的弓，彼此剑拔弩张，斗个你死我活。殷红的鲜血流遍了宽阔的郊外，布满了广大的原野。

读完了一部中国古代史头发已经变白了，这部几千年的中国社会发展的阶级斗争史，却让人只记得几行点点滴滴的一些历史陈迹而已。那些所谓史家，把三皇五帝这些神话传说中的人物说成是最有本事，最高尚神圣的，这些怪事欺骗了无穷无尽的只到人世上匆匆来去没有留下什么的平庸的人。历史上有多少对一个时代有很大影响的杰出的英雄人物呢？春秋时候被诬蔑为盗贼的跖及战国时候的庄屩都是奴隶起义的领袖，他们的英雄事迹被后世流传和赞誉，还有秦末的陈胜领导着农民揭竿挥斧进行起义，被起义军拥戴为张楚王。这些在阶级社会中进行反抗斗争的起义英雄还来不及一一歌颂完毕，东方天亮了，新历史进程到来了，中国革命的胜利，使中国历史进入了一个崭新的阶段。

《贺新郎·读史》这首词，分为上、下两阕。上阕，概括叙述人类从原始社会到封建社会的发展历史；下阕，对中国社会发展历史的记载进行了简要的评述，表达了诗人的历史观，也表现了诗人特有的史识。

《贺新郎·读史》高屋建瓴，气势恢宏、境界阔大，表达了诗人辩证唯物主义的科学的历史观和社会观，给人以深刻的教益和启示。

《贺新郎·读史》只有115个字，却囊括了以中国历史为中心的整个人类社会发展史，语言高度精练，不愧大家手笔。但这115

个字的敲定，诗人不知费了多少心血。仅据毛泽东手书此词墨迹，就有五个字作了修改，有的字改动了两次。这五处修改，各有不同情况。

上阕末二句，原作“洒遍了、郊原血”，“洒”字圈改为“流”；下阕首句，原作“一遍读罢头飞雪”，“遍”字圈改为“篇”。这两个字的修改，一些解说都是从“炼字”角度分析，认为在这里“流”字比“洒”字、“篇”字比“遍”字表达更准确、更有力。如“洒”改为“流”，加重了诗句的分量，使形象更加鲜明、生动，更能表现阶级斗争残酷性。我国古代就有成语“血流漂杵”，形容战争流血之多。这种解释自有其道理，但也不尽然。仅从用字是否贴切来看，“读罢”一“篇”阶级斗争史，也就是将这一“篇”读完了一“遍”。说读完一“篇”固然可以，说读完一“遍”未必不可以。我认为，作者对此二字的修改虽有炼字方面的考虑（如“洒”改“流”），但主要的是出于格律上“平仄调”的需要。《贺新郎》词谱上阕末二句为“平仄仄，仄平仄”，第一字应为平声，不能用仄声，而“洒”字是仄声，不合律，改为“流”（平声）就合律了。由此可见，毛泽东填词对遵守词谱是很严格的，除了个别字出于内容表达的特殊需要而突破格律外，对初稿中不合律的字，总要尽量改得合乎格律。

下阕第二句原作“但忆得斑斑点点”，“忆”字圈改为“记”；末二句原作“歌未尽，东方白”，“尽”字圈改为“竟”。此二字修改，是出于用字准确性的推敲。“记”“忆”近义，但“忆”偏重“回想”，“记”偏重记忆的印象，在词语搭配上，习用“记得”而不用“忆得”，“忆”改“记”，更准确也更通俗。“尽”，指从有到无；“竟”，指从头到尾，过程的终结。“歌未竟”是说歌未终结，“竟”比“尽”更准确。

此外，下阕第五句，“骗了无涯过客”，“涯”字先圈改为“穷”，旋又改为“涯”。这里用“涯”字更形象、新颖。“无涯过客”指历史长河中川流不息、望不到边际的无数过往者，而“无穷过客”徒言过客之多得无限，比较抽象，又不能与“历史长河”相联系，故反复斟酌，仍定为“无涯”。

这首词中的“不过几千寒热”一句，按《词律》应为上三下四的七字句。赵朴初认为，此句可能是在“不过”二字下脱漏了一个“是”字，“是无心的笔误”，建议加个“是”字。萧涤非不以为然。他说，毛主席真迹俱在，这句写得清清楚楚，无任何涂改迹象。下句脱漏“口”字郑重作了添补，此句有脱文必会察觉。且《贺新郎》一调原有114字、115字和116字三体。这首虽少一字，仍自成一体，在词谱上是允许的，不必添字。“不过几千寒热”，语健而气足，不是无心的笔误，而是有意的精简。其实，两种说法都有道理，无论采用哪种说法，只要无损于作者原意、符合作词规律，都是可以的。

毛泽东一向非常重视对自己诗稿的修改，呕心沥血，认真推敲。

1973年冬，有一天，毛泽东叫护士长吴旭君把由她保管的卷宗里的全部诗词用毛笔抄写一遍。抄完第一遍，毛泽东核对，对其中有的诗词又再作修改。

核对《贺新郎·读史》一词时，其中一句他的手稿是：“为问何时猜得？”“为”字本来写得清楚，但吴旭君特意问：是“为”还是“如”？

毛泽东却说：是“如”不是“为”。也许，毛泽东想来用“如”更妥。

吴旭君请毛泽东在手稿上改一改，毛泽东却又说：“不要改了，随它去。”

词的下阕有一句“盗跖庄屩流誉后”。毛泽东叫吴旭君在盗字上加引号，即“盗”。吴旭君又请毛泽东在手稿上也改一下，毛泽东又说：“不要麻烦了，就这样。”

吴旭君抄完第二遍（将第一遍抄稿烧毁了），再与毛泽东核对，特意又问：是“如问何时猜得”？毛泽东点点头。

毛泽东将他的全部诗词推敲10年，亲笔在手稿上改了又改，从不肯“随它去”，不厌其烦，现在却说“随它去”“不要麻烦了”！身体的衰老，疾病的折磨，人事上的烦心，诸多困扰使他太疲倦了，力不从心了，所以，想再改诗，又懒得动笔了。

这年，毛泽东年届80岁高龄。自1971年，他就已是头发花白，明显地衰老了。从这年春天起，身体健康状况明显不行了（以后每到开春和入冬，他总是生病，而且都是些比较严重的老年性疾病。1972年1月，由于工作过度劳累，毛泽东再次患病，竟至突然休克，经紧急抢救才醒过来）。直到1971年冬，毛泽东还在护士长吴旭君的帮助下修改、整理自已的全部诗稿。然而，由于1971年林彪事件和严重老年性疾病的接连打击，英雄暮年出现了悲凉的心态。所以，到1973年冬，毛泽东连始终十分珍视的诗稿也不愿再亲自动笔修改了。这样，现存的毛泽东诗词手稿，与吴旭君的抄稿中《贺新郎·读史》这首词，就留下了两处差异，这也正是毛泽东这位伟大诗人殚精竭虑修改诗词的见证。

《贺新郎·读史》的写作及语言艺术的主要特点：

1. 小中见大，通俗形象地揭示重大的历史内容。

小中见大，通俗形象地揭示重大的历史内容是这首词的一个重要特点。例如“只几个石头磨过”，这是生活中常见的一些细小的事情，但它既通俗又形象地反映出人类社会发展的一个重大时期——石器时代生产的特征，揭示出原始社会的普遍生产情景。又如“小儿时节”，用一个婴儿时期这样人生一段极短促的时间，去说明原始社会是人类发展的一个极幼稚的阶段这一重大的历史内涵。再如“铜铁炉中翻火焰”，用铜制与铁制工具的生产过程中的一个小环节，反映出奴隶社会两个重大的历史时期，使人感到形象鲜明，平易好懂。

2. 概括力极强。

这首词另一个重要特点就是概括力极强。人类社会最初阶段的石器时代经历了三百多万年，却用了“只几个石头磨过，小儿时节”两句作了高度的概括。从人猿分家，人类诞生，经过原始社会进入阶级社会，又从奴隶社会进入社会主义社会这一漫长的人类社会发展历程，全词用了115字便概括了。一个“血”字就概括了阶级斗争的尖锐性残酷性，一个“歌”字又概括了对中国历史上真正的风流人物的赞歌，一个“白”字更高度概括了中国共产党领导全国人民进行长期的英勇顽强的斗争，夺取了建立新中国的伟大胜利。

《贺新郎·读史》精彩词句摘录：

1. 一篇读罢头飞雪，但记得斑斑点点，几行陈迹。

2. 有多少风流人物？盗跖（zhí）庄屩（jué）流誉后，更陈王奋起挥黄钺（yuè）。

毛泽东与《念奴娇·鸟儿问答》

60年代初始，中苏矛盾加剧，赫鲁晓夫不仅对中国实行大国沙文主义，企图在国际共产主义运动中孤立和压制中国，而且还企图与美、英等国联手，对中国实行核垄断、核讹诈。1963年8月5日苏、美、英三国在莫斯科签订了《禁止在大气层、外层空间和水下进行核武器试验条约》，想借此约束其他国家包括我国研制核武器。赫鲁晓夫害怕战争，说什么“在本世纪中叶所制成的火箭——核武器，改变了以前关于战争的概念”，“任何一个小小的局部都会成为引起世界大战的火灾的星星之火”，还主张什么没有武器、没有军队、没有战争的“三无世界”，无原则地讲和平共处。为了打破美苏的核垄断、核讹诈，中国坚持研制原子弹，终于在1964年10月成功地爆炸了一颗原子弹。中国不怕美帝的战争威胁，采取一反对、二不怕的态度坚持进行反美斗争。

毛泽东在这首《念奴娇·鸟儿问答》的词中，借用庄子寓言，讽刺赫鲁晓夫修正主义。

原词是这样的：

鲲鹏展翅，
九万里，
翻动扶摇羊角。
背负青天朝下看，
都是人间城郭。
炮火连天，
弹痕遍地，
吓倒蓬间雀。

怎么得了，
哎呀我要飞跃。
借问君去何方，
雀儿答道：
有仙山琼阁。
不见前年秋月朗，
订了三家条约。
还有吃的，
土豆烧熟了，
再加牛肉。
不须放屁，
试看天地翻覆。

这首词可散译为：

鲲鹏巨鸟展开翅膀，掀起急剧盘旋的风暴，乘风回旋上升，一直冲上九万里的高空。俯视大地，看到的全是生活着的人们的城市。激烈的斗争中，炮火声震云霄，硝烟连天弥漫，弹痕累累，遍地皆是，把跳跃在蓬蒿之间的虚弱小雀吓破了胆。小雀惊惶叫道：这怎么得了？哎哟，我要赶快飞跃躲开呀！

鲲鹏问道：请问你要飞跃到什么地方去？小雀回答说：我要飞到像仙人所居住的宫殿楼阁那清静幸福的仙境去呀！你没看见吗，前年秋月明朗的时节，“三家和平条约”签订了。还有丰盛好吃的东西，那就是土豆烧熟了以后再加上牛肉的好菜呀！鲲鹏严斥小雀说：住口，不要再放屁了！睁开你的狗眼看看，整个世界正是天地翻覆的景象呀！

通篇借用庄子《逍遥游》中关于大鹏和斥鴳的寓言，并作了创造性的发挥，赋予这个典故以崭新的意义。

庄子《逍遥游》中关于大鹏和斥鴳的寓言，其原文是这样的："穷发之北有冥海者，天池也。有鱼焉，其广数千里，未有知其修者，其名为鲲。有鸟焉，其名为鹏，背若大山，翼若垂天之云，抟扶摇羊角而上者九万里，绝云气，负青天，然后图南，且适南溟也。斥鴳笑之曰：彼且奚适也？我腾跃而上，不地数仞而下，翱翔蓬蒿间，此亦飞之至也。彼且奚适也？"译成现代的话说，就是："光秃秃的西伯利亚北边，有个黑油油的海洋，那是个天然的大鱼塘。这里有种鱼，躯体的宽度有好几千里，没有人能够知道它有多长，它的名字叫做鲲。这里有种鸟，名字叫做鹏，脊背像泰山那样大，翅膀像遮盖天空的黑云，它翻动着巨大的热带风暴像羊角盘旋而上到九万里太空，浮到大气层的上面，背负着青天，这样以后才图谋着向南转移，将要到南方的海洋里去。有个叫斥鴳的小鸟，嘲笑鲲鹏的做法，说道：你看那个鲲鹏，不晓得要往哪里飞呢！我腾身一跃，就上到空中，不超过几丈就下来了，在沙蓬黄蒿林里飞翔，这也是一种飞行的极致，多么快活！而那个鲲鹏，不晓它想成神啊还是变圣啊！飞得那么高远，何苦呢？"庄子寓言的原意，在于泯灭现实世界的"大""小"差别，追求一种所谓"无待"的"逍遥"。庄子认为，鲲鹏这样的大鸟，与雀儿一样也是不自由、不逍遥的。真正的自由和逍遥是不受任何束缚，不用任何凭借的。即是说，鲲鹏虽大，也有其不自由之处。毛泽东对此寓言作了一番巧妙的改造，取其鲲鹏大象，不用庄子之原意，肯定鲲鹏的胸怀、气势，赞扬其崇高的英雄精神，将"鲲鹏"比喻为坚持马克思主义的共产党人和革命者，而将"蓬间雀"比作为妄图背离马克思主义的人。通过大鹏鸟和蓬间雀的问答对话，批判了赫鲁晓夫等在战争与和平等问题上的机会主义观点。诗人用极大的鲲鹏和极小的蓬间雀之间的问答，造成强烈的对比，给人以深刻的印象。

词的上半阕借用鲲鹏展翅九万里，看到人间是一个充满矛盾、炮火连天、弹痕遍地的世界，这是对当时国际形势的写照。词的下半阕写雀儿的回答。雀儿要逃避现实，逃离充满战争恐怖的人间，到一个没有矛盾、没有战争的仙山琼阁去。词的最后两句，作者一方面斥责赫鲁晓夫是在胡说八道，另一方面指出了世界形势的发展前途：世界是不会平静的，世界会发生天翻地覆的变化的。

鲲鹏与蓬间雀，一个博大，一个渺小；一个高瞻远瞩、英勇无畏，一个寸光短视、怯懦自私。这种反衬对比，给人以深刻的哲理启示和快慰的审美享受。这首《念奴娇·鸟儿问答》，创造的审美形象和所表现的英雄主义、无畏的战斗精神，将长久地存留在读者心中。

词中大鹏搏击风云、翻覆天地的气概，表现出一颗伟大的心灵和广阔的胸怀，洋溢着豪迈的英雄气概。

在“大鹏”这个意象中，体现着毛泽东的人格理想和美学理想，是其英雄气概和领袖眼光的放射，也是东方大意像的诗的成功之作。

《念奴娇·鸟儿问答》，无论怎么说，究其实质，是一篇寓意深远的政论。

作为政论的主题，已经是历史课题了；但作为诗篇，结合当时的历史背景来赏析，我们仍可从中悟得许多道理，而且它的艺术价值是永具不朽生命力的。

《念奴娇·鸟儿问答》是毛泽东生前校订定稿、正式发表诗词的最后一首。将其初稿手迹及 1965 年 9 月 25 日加上批语送邓颖超的清样，与正式发表的定稿对照，毛泽东对这首词作了许多修改，有的字句更是改了又改，才最后定稿的。

上阕第三句初稿作“翻遍扶摇羊角”，“遍”始改为“起”，定稿改成“动”。“动”字最准确，动感更强，更具形象性。第五句初稿作“都是人民城郭”，“人民”定稿改为“人间”。鲲鹏从青天下看，所见甚为广阔，城郭尚未全属“人民”所有，而“人间”与“青天”相对，泛指人世之间，用在这里更为准确。上阕末句初稿原作“哎呀我想逃却”，定稿“我想逃却”改为“我要飞跃”。“逃却”显得抽象而无特色，“飞跃”活画出蓬间雀逃跑的惊慌之状。“要”比“想”程度更甚，表达更准确。

下阕首句，初稿作“借问你去何方”。定稿“你”改为“君”。此诗采用尖锐泼辣的讽刺笔法，寓庄于谐。用“君”更适合全词风格。第三句初稿原作“有西方欢乐”，改为“有仙山琼阁”。雀儿回答其去处，是借指现代修正主义者所鼓吹的“没有武器，没有军队，没有战争”的“三无世界”，因为他们被革命战争吓倒了，要飞离“炮火连天，弹痕遍地”的战场。“西方欢乐”意思含糊，而“仙山琼阁”是传说中仙人居住的地方，自然没有炮火硝烟，此典故用在这里既准确又形象。

下阕第四、五句，初稿原作：“不见前年八月间，订了三强条约？”“八月间”改为“秋月朗”，旋又作“秋月白”，最后定稿又改回“秋月朗”；“三强”改为“三家”。此两句是说，1963年8月15日在莫斯科签订了苏、美、英三国部分禁止核试验条约。“八月间”用语直白，以“秋月”代之，形象鲜明，而“朗”比“白”更切合秋月之明亮。“三家”比“三强”通俗。第八句初稿作“再加牛肉”，“加”改为“添”，定稿复改回“加”。二字词义，“加”比“添”更好读一些。

末句初稿作“请君充我荒腹”，改定为“试看天地翻覆”。原句意谓马克思主义者必然战胜现代修正主义者，语言锋芒太露，缺少诗的含蓄、雅致。改句展示各国人民革命的风暴已经成为不可阻挡的历史潮流，整个世界正在发生翻天覆地的巨变。结句以对国际形势及其发展趋势的艺术概括，进行批判，义愤填膺，理直气壮，气势磅礴，笔力千钧。

《念奴娇·鸟儿问答》的写作及语言艺术的主要特点：

1. 用俗语化、口语化的对话入词，增添了词的生动性和生活气息，体现了词人驾驭口语、俗语的高超的艺术技巧。

2. 用大量口语化的句子写形传神，既庄重、雄浑，又诙谐、泼辣，与全词寓庄于谐的总体风格一致，具有一种特殊的艺术美感和巨大的艺术感染力。

3. 词人嬉笑怒骂，信笔挥洒，典故随意驱遣，格律不在话下，正所谓别裁奇语壮风雅，斥敌警懦胜惊雷。这首词的语言，正与特殊题材相吻合。

《念奴娇·鸟儿问答》精彩词句摘录：

1. 鲲鹏展翅，九万里，翻动扶摇羊角。

2. 不须放屁，试看天地翻覆。

主要参考书目

1.《毛泽东选集》(1～4 卷) 人民出版社 1991 年 6 月版。
2.《毛泽东著作选读》中共中央党校出版社 2002 年 2 月版。
3.《毛泽东文集》(1～8 卷) 人民出版社 1993 年 12 月版。
4.《毛泽东年谱》(上、中、下) 中共中央文献研究室编，中央文献出版社 2002 年 8 月版。
5.《毛泽东传》(1893～1949) 中共中央文献研究室编，中央文献出版社 1996 年 8 月版。
6.《毛泽东传》(1949～1976)(上、下) 中共中央文献研究室编，中央文献出版社 2003 年 12 月版。
7.《毛泽东诗词全集译注》张仲举编著，陕西人民出版社 1999 年 9 月版。
8.《毛泽东诗词疏证》胡国强主编，西南师范大学出版社 1993 年 7 月版。
9.《毛泽东与佛教》王兴国著，中国书籍出版社 1996 年 1 月版。
10.《毛泽东之魂》陈晋著，中央文献出版社 1997 年 9 月版。
11.《伟人之初·领袖篇·毛泽东》曹志为著，浙江人民出版社 1996 年 1 月版。
12.《说不尽的毛泽东》张素华、边彦军、吴晓梅编著，辽宁人民出版社 1995 年 5 月版。
13.《中国出了个毛泽东丛书》毛岸青、邵华主编，中央文献出版社1993年12月版。
14.《中流砥柱》刘益涛著，中央文献出版社2005年5月版。
15.《握手风云——毛泽东交往实录》张秀娟主编，山东人民出版社2000年1月版。
16.《毛泽东的祖国山河情》孙宝义、张同锡编著，中国文联出版社2001年6月版。
17.《毛泽东的爱国情怀》张鹏主编，中央文献出版社1998年12月版。
18.《延安时代的毛泽东》牛兴华、任学岭、高尚斌、杨延虎著，陕西人民出版社1999年4月版。
19.《历史的真迹——毛泽东风雨沉浮50年》邸延生著，新华出版社2002年7月版。
20.《中南海纪事——毛泽东身边工作人员的回忆》陈守信主编，西苑出版社2002年5月版。
21.《倾听毛泽东》吴晓梅编著，广东人民出版社1998年10月版。
22.《毛泽东诗词掌故佳话》公木著，珠海出版社1999年9月版。
23.《诗人毛泽东——毛泽东诗词美学漫步》公木著，珠海出版社1999年9月版。
24.《毛泽东与诗》龚国基著，中国文联出版公司1998年6月版。
25.《毛泽东诗词故事》郭永文主编，中央文献出版社1998年11月版。
26.《毛泽东诗词鉴赏》公木著，长春出版社1999年1月版。
27.《毛泽东诗词鉴赏》吴功正主编，江苏古籍出版社2001年6月版。
28.《我的父亲毛泽东》李敏著，辽宁人民出版社2001年9月版。
29.《毛泽东人际交往侧记》山西人民出版社1993年11月版。

30.《毛泽东与他的卫士们》李家骥、杨庆旺编著，中央文献出版社 1998 年 11 月版。
31.《毛泽东一家人》赵志超著，中央文献出版社 2000 年 4 月版。
32.《毛泽东生活档案》中共党史出版社 1999 年为 12 月版。
33.《毛泽东和省委书记》李约翰、镡德山、王春明著，中央文献出版社 2000 年 6 月版。
34.《毛泽东的故事》陈登才、石仲泉主编，中共党史出版社 1998 年 5 月版。
35.《毛泽东的历程》柯延主编，解放军文艺出版社 1996 年 6 月版。
36.《毛泽东轶事》王伯福著，山东人民出版社 2002 年 1 月第 2 版。
37.《毛泽东珍闻录》黄允升主编，中央文献出版社 2000 年 1 月版。
38.《开国领袖毛泽东逸事》黄允升主编，中央文献出版社 1999 年 12 月版。
39.《毛泽东和他的百位亲属》马玉卿主编，陕西人民教育出版社、陕西人民出版社 1998 年 12 月版。
40.《毛泽东遇险实录》苏北编著，广东人民出版社 2002 年 1 月版。
41.《毛泽东与国民党高级将领》李豫著，解放军文艺出版社 1998 年 1 月版。
42.《共和国风云中的毛泽东与周恩来》尹家民著，中共中央党校出版社 1999 年 1 月版。
43.《毛泽东与外国首相》文显堂、郑巧临编著，中共中央党校出版社 1999 年 12 月版。
44.《毛泽东与开国中将》李智舜著，中共中央党校出版社 1997 年 1 月版。
45.《巨人的情怀——毛泽东与中国作家》武在平编著，中共中央党校出版社 1995 年 11 月版。

46.《毛泽东口才》柏华著，海南出版社1996年10月版。
47.《毛泽东的艺术世界》王永盛、张伟主编，山东大学出版社1992年6月版。
48.《毛泽东语言艺术鉴赏大辞典》李巨胜编，中原农民出版社1997年12月版。
49.《毛泽东散文作品赏析》任傲霞编著，海南出版社1997年1月版。
50.《毛泽东书信赏析》王树山、王健夫主编，山东人民出版社1997年11月版。
51.《(毛泽东选集)导读》程敏主编，中国国际广播出版社1991年9月版。
52.《毛泽东诗词解读》吕祖荫著，同心出版社1999年1月版。
53.《毛泽东诗词品读》武俊平、刘志刚、郑亮编著，新疆人民出版社2002年4月版。
54.《毛泽东诗词助读》吴廷贵著，延边大学出版社1998年11月版。
55.《毛泽东的比喻艺术》梁颂成著，天津人民出版社1998年10月版。
56.《毛泽东大成智慧》雷国珍、吴珏编著，当代中国出版社2001年4月版。
57.《毛泽东与山东》山东省档案馆编，中央文献出版社2003年11月版。
58.《我和毛泽东的一段曲折经历》肖瑜著，昆仑出版社1989年6月版。
59.《我所知道的毛泽东》林克著，中央文献出版社2000年2月版。
60.《与毛泽东一起感受历史》李颖、程美东主编，湖北人民出版社2005年1月版。